Gerhard Bundschuh

# Klage und Urteil, zur Biologie des Verbrechens

**SICH**

Dieses Buch ist dem seit 2008
am Standort Berlin, Hannoversche Straße 6,
nicht mehr existierenden
**Institut für Gerichtliche Medizin
der Humboldt-Universität**
und insbesondere meinem dort über Jahrzehnte
tätig gewesenem Lehrer, Herrn
**Prof. Dr. O. Prokop,**
gewidmet, der mich logisch zu denken und Gedachtes
präzise zu formulieren gelehrt hat.

Historische Daten: s. WIRTH, I. u.a. (2008)

---

**Hinweise für den Leser**: Durch die Schriftzeichen » « werden Originalzitate markiert, die in [ ] stehenden Worte stellen innerhalb von Originaltexten durch den Autor zum besseren Verständnis der Zusammenhänge eingefügte Ergänzungen dar. Die Zitat-Texte einschließlich der darin enthaltenen Fehler sind in Calibri gesetzt. Drei Punkte … markieren Kürzungen eines Zitates.

Unterstreichungen (teilweise nur einzelne Silben betreffend) dienen der Hervorhebung: z.B. (juristisch exakt) schuld<u>un</u>fähig statt fälschlich unschuldsfähig.

Gerhard Bundschuh

# Klage und Urteil, zur Biologie des Verbrechens

Ein Spiegelbild von Fehlverhalten in Medizin und Justiz sowie durch religiös-kulturelle Einflüsse im vorwiegend deutschen Sprachraum

*Ein interdisziplinäres, wissenschaftlich-dokumentarisches Sachbuch*

**Impressum:**
Bibliographische Informationen der Deutschen Bibliothek
Die Deutsche Bibliothek verzeichnet diese Publikation in der Deutschen Nationalbibliographie.

**Bundschuh, Gerhard**
Klage und Urteil,
zur Biologie des Verbrechens

1. Auflage 2012
©2012 by SichVerlag
ISBN: 978-3-942503-28-0

Verlag Klotz GmbH und SichVerlag in der
SichVerlagsgruppe
Eschborn bei Frankfurt am Main/Magdeburg
Geschäftsstelle: Liebknechtstr. 51, 39108 Magdeburg
Telefon: +49(0) 391-7346927
Fax: +49(0) 391-7313980
E-Mail: info@sich-verlag.de
Web: www.sich-verlag.de

Text und Gestaltung: Gerhard Bundschuh
Lektorat und Satz: Gerhard Bundschuh
Umschlaggestaltung: Conrad Kubernath, SichVerlag
Redaktion: Petra Schuster
Druck/Bindung: Westarp & Partner Digitaldruckerei Hohenwarsleben

Das gesamte Werk ist im Rahmen des Urheberrechtsgesetztes geschützt. Jegliche vom Klotz Verlag nicht genehmigte Verwertung ist unzulässig. Dies gilt insbesondere für die Verbreitung durch Film, Funk, Fernsehen und elektronische Medien und den auszugsweisen Nachdruck und die Übersetzung.

# Kapitelübersicht

|  |  | Seite |
|---|---|---|
| **Einführung** | | 7 |
| I: | Forensische Fehlgutachten und ihre Folgen | 19 |
| II: | Induzierte Falschaussagen und ihre Folgen | 97 |
| III: | Rechtsverletzungen nach der Europäischen Menschenrechtskonvention durch die BRD | 141 |
| IV: | Schwerste klinische Kunstfehler | 164 |
| V: | Mord und Tötungen Schutzbefohlener | 218 |
| VI: | Amokhandlungen im deutschen Sprachraum | 273 |
| VII: | Islamistische Mord-Attentate | 282 |
| VIII: | Selbsttötungen | 304 |
| IX: | Auftragsmorde im deutschen Sprachraum | 324 |
| X: | Kannibalismus in der menschlichen Gesellschaft | 341 |

**Gliederung und Inhaltsverzeichnis**     370

# Gerhard Bundschuh

Gerhard Bundschuh — Mord und Totschlag

# Einführung

Unser höchstes Gut ist das menschliche Leben, jedoch wie leichtfertig damit bisweilen umgegangen wird, soll dem verehrten Leser nachfolgend eindringlich gezeigt werden.

Die Geschichte des Tötens und Mordens ist so alt wie die der Menschheit. Folgt man der biblischen Legende, der frühesten schriftlichen Erzählung eines solchen Vorfalles, so ereignete sich das diesbezüglich erste Verbrechen gleich nach dem „Sündenfall": Kain, Erstgeborener Adams und Evas, erschlug der Legende nach seinen Bruder Abel.

*Kain erschlägt Bruder Abel*

Abb. I/0

Dieser tödlich endende Bruderzwist ist in der Kunst des Öfteren behandelt worden, so in einem Detail-Gemälde des Jan van Eyck, dem flämischen Maler des Spätmittelalters im Altar der St. Bavo Kathedrale in Gent.

Über die Hintergründe dieses Hinrichtens sind sich die Geschichtenschreiber des christlichen Testamentes (1. Buch Mose, 4.8) und andererseits die des Korans (Sure 5, 27-31) uneins. Die der Bibel sind der Auffassung, es sei Neid gewesen, also ein rein „niederes" Motiv und damit, juristisch betrachtet, eindeutig Mord; doch dazu später. — Kain sei daraufhin von „Gott Vater", dem allmächtig geglaubten, mit einem auffallenden Merkmal an seiner Stirn, dem „Kainsmal", bestraft worden, von dem manchenorts noch heute die Rede ist. HUGHES ist im Lexikon des Islams allerdings der Auffassung, wie in der 30. Sure zu lesen steht:

> »Jeder der beiden war mit einer Zwillingsschwester geboren worden, und nach Gottes Willen sollte Abel die Zwillingsschwester Kains und Kain Abels Zwillingsschwester heiraten. Aber Kain weigerte sich ….«

Und das, man beachte, gegen den Willen Allahs! — Konnte so etwas gutgehen?

Unabhängig davon, welcher Auslegung wir folgen wollen, auf diese oder auch jene Weise scheinen beide Brüder aneinander geraten zu sein, abgesehen davon, dass in dem einen wie ebenso im anderen Falle Inzest bestanden hätte, Blutschande, das heißt: Geschlechtsverkehr zwischen Blutsverwandten wie bei einem Zuchtprinzip bei Tieren zur Entstehung reiner Linien! Und das beim Menschen, sogar auf Gottes Geheiß!

Wenn von Mord und Totschlag in der Gegenwartsgesellschaft die Rede sein soll, so ist abzugrenzen, wieweit reicht das Gegenwärtige in die Vergangenheit zurück. Manches wird uns erst verständlich, wenn Vergangenes in die Betrachtung einbezogen wird. Dazu gehört u.a. insbesondere das Verstehen der aktuellen Islamproblematik in unserer Gesellschaft, die Bewertung der kulturhistorisch-arabischen Wurzeln dieser Religion einschließlich jener jüdischen und christlichen Ursprungs. Folgen wir KERMANIs Auffassung, so gibt es nicht *den*, sondern *verschiedene* Formen des Islam.

Zurück zur Neuzeit: Grundanliegen human-medizinischen Wirkens ist seit altersher die Gesunderhaltung eines Menschen bzw. im Falle einer Erkrankung deren Wiederherstellung im Rahmen der medizinischen Möglichkeiten. Dabei können den Ärzten und ihren Helfern Fehler unterlaufen und das, wie gezeigt werden wird, mit zum Teil verheerenden Folgen.

Dem Autor dieses hier vorgelegten Textes, einem Rechtsmediziner, könnte wegen des gewählten Buchtitels und der Auswahl der darin enthaltenen Kapitel vorgehalten werden, er sei wie manche Journalisten auf Spektakularität bedacht. Einer solchen Annahme ist energisch zu widersprechen. Nicht das Spektakuläre soll hervorgekehrt werden[1], sondern beabsichtigt ist, durch eine objektive Analyse aufgelisteten Fehlverhaltens die daraus resultierenden, für den Betroffenen möglicherweise oft tragischen Konsequenzen eingrenzen zu helfen. Das kann nur durch Präsentation von Fallbeispielen und deren Analyse geschehen. — Kritik könnte auch an der getroffenen Auswahl der einzelnen Kapitel geübt werden: „Interessant schon", möge mancher fachfremde Leser meinen, „aber zu willkürlich gewählt und ohne Zusammenhang!". Dem wäre entgegenzuhalten, dass sich das Fachgebiet der Rechtsmedizin über ein noch viel breiteres Spektrum erstreckt, als es durch die hier vorgetragenen Fälle angedeutet wird.

Der Inhalt dieser Auflage gliedert sich im Wesentlichen in zwei Teile: Im ersten werden Gutachten- und Ermittlungsfehler sowie Falschaussagen (auch behördlich induzierte!) und schwerste klinische Kunstfehler analysiert, im zweiten Teil geht es um verbrecherisches Handeln, um Tötungen aus Vorsatz und deren Hintergründe. Es soll der Frage nachgegangen werden, warum bzw. **wodurch ein Mensch zum Straftäter** wird, welche biologischen Hintergründe haben ihn dazu gemacht. — Hier eingegliedert ist die Suizidproblematik.

Unberücksichtigt bleiben in diesem Teil die politisch motivierten Terroranschläge rechts- oder linksgerichteter Attentäter ebenso die Fälle

---

[1] LANGBEIN/EHRGARTNER: „Das Medizinkartell"; WEISS: „Korrupte Medizin"; LANGBEIN: „Verschlusssache Medizin"; MÜLLER: „Gierige Bestie".

von Kindesmisshandlungen und Tötungen im Homosexuellen-Milieu, deren Analyse einen II. Band erfordern.

Sich mit dem Thema „medizinische Kunstfehler" öffentlich auseinanderzusetzen, galt über Generationen hinweg als Tabubruch. — Kollegen, die das dennoch wagten, wurden als „Nestbeschmutzer" verfemt. Gemeint ist die Auseinandersetzung mit dem medizinischen Kunstfehler im weitesten Sinne. Was aber ist darunter zu verstehen, wo beginnt und wo endet er? Darauf eine verbindliche Antwort zu finden, ist nicht nur für klinisch verursachte Schadensfälle erforderlich, kaum minder wichtig ist es für rechtsmedizinisches Fehlverhalten.

Die Rechtsmedizin, das sei ausdrücklich hervorgehoben, ist wie kaum ein anderes medizinisches Fachgebiet der Wahrheit, der Objektivität verpflichtet[2]. Das gilt auch für die Justiz, aber an kaum einer anderen Stelle wird so viel gelogen wie in den Gerichtssälen der ganzen Welt, übertroffen allerdings von der Politik und der Werbung.

Bleiben wir zunächst bei dem allgemein verständlichen Begriff des ärztlichen Kunstfehlers, sehr wohl wissend, dass er in der Fachliteratur weder im medizinischen noch im juristischen Sprachgebrauch offiziell existiert. Eingeführt wurde er bereits im Jahre 1871 durch den Pathologen Rudolf Virchow, definiert als:

***Verstoß gegen anerkannte Regeln der ärztlichen Wissenschaft.***

Wie heikel diese Formulierung jedoch ist, soll sich in einigen nachfolgenden Textpassagen zeigen. Solche einmal anerkannten Regeln sind nicht starr, sie müssen neuen Bedingungen angepasst werden, sonst gäbe es keinen Fortschritt. Einen Überblick aus historischer Sicht geben DETTMEYER u. MADEA in: Handbuch Gerichtliche Medizin, Bd. II, Kap.15.

Erwiesen ist, dass Ärzten Fehler unterlaufen können. Wenn IMHOF (2010), ein Kritiker dieser Fehlbehandlungen, darauf hinweist, dass

---

[2] Objektivität ist nur bedingt möglich, heißen sollte es daher: so objektiv wie möglich, denn schon die Auswahl der Fälle und ihre Darstellungsweise folgen subjektiven Kriterien.

jährlich etwa 40.000 Behandlungsfehler-Vorwürfe zur Anzeige kommen, so versäumt er, diese freilich zu hohe Anzahl den fehlerfreien Behandlungen gegenüberzustellen. Nimmt jeder Bürger dieses Landes durchschnittlich nur zwei- bis dreimal jährlich eine Arztkonsultation bzw. -behandlung in Anspruch (in der Regel dürfte das jedoch wesentlich häufiger geschehen), so betragen die Fehlbehandlungen etwa 0,02%. Werden die von IMHOF genannten Behandlungsfehler-Vorwürfe nicht zur Anzahl der Arztkonsultationen, sondern zu fehlerfrei erfolgenden Krankenhausbehandlungen in Beziehungen gesetzt, so ergibt sich ein höherer Prozentwert.

BALZER (Fernsehdokumentation: Patient ohne Rechte) geht sogar von jährlich 175.000 Behandlungsfehlern in deutschen Krankenhäusern aus, von denen nach seinen Angaben 17.000 tödlich enden[3]. Ein Teil dieser ärztlichen Kunstfehler landet vor Gericht. Ob die Zahlen stimmen, sei dahingestellt, denn es gibt keine zentrale Erfassungsstelle. Nicht unerwähnt sei in diesem Zusammenhang die Anzahl jener Patienten — von 15.000/J. ist die Rede — die infolge mangelhafter Hygiene in deutschen Krankenhäusern und sich daraus entstehenden unbeherrschbaren Infektionen ihr Leben verlieren, in anderen Erhebungen ist sogar von 30.000 die Rede.

In Österreich gibt es für derartige Fälle einen sogenannten **Entschädigungsfond**[4] für Patienten. Die Entscheidungskommission, bestehend aus Vertretern verschiedener Gremien, befindet über die Ansprüche. Sie arbeitet weitgehend frei von „Beweislasten", die bei Anrufung von Gerichten der geschädigte Patient zu erbringen hat. — Auch in Deutschland beginnt auf diesem Gebiet ein Umdenkungsprozess mit dem Ziel, entsprechende Verfahren zu beschleunigen. „Nicht der Patient muss dann beweisen, dass er falsch behandelt wurde, sondern der Arzt hat zu belegen, dass er korrekt gearbeitet hat." (RUSCHE 2011).

Und ein Richter, „richtet" der immer richtig?

---

[3] Die Daten basieren auf Angaben von SCHRAPPE, M. (2006).
[4] Eine ähnliche Einrichtung existierte in der DDR (vgl. Glossar unter „EMU").

Sein Urteil, wenn es denn auf ungerechtfertigten Abwägungen beruht, wird nicht als juristischer Kunstfehler deklariert, sondern als **Justizirrtum** abgetan, und auch davon gibt es bekanntlich nicht wenige.

Höchst umstritten ist dabei der Paragraph 522 Abs. 2 der **Zivilprozessordnung** (in seiner noch gültigen Fassung), nachdem ein Gericht die Klage einer Partei (meist die des Patienten) durch einstimmigen Beschluss unwiderruflich abweisen kann. Dieser Paragraph wurde inzwischen kritisiert und harrt bezüglich des Absatzes 2 einer Neufassung.

Ein Staatsanwalt teilte dem Autor diesbezüglich mit:
>»Der Gesetzgeber wollte damit die eindeutig hoffnungslosen Berufungen, die weder vom Sachverhalt noch von der rechtlichen Seite Schwierigkeiten bieten, schnell und ohne mündliche Verhandlung erledigen lassen. Blauäugig und praxisfern, wie der Gesetzgeber nun einmal ist, hat er nicht bedacht, dass dieses Instrument förmlich danach schreit, unangenehme Verfahren in der zweiten Instanz zu beenden. Die Folge war ein Anstieg von Verfassungsbeschwerden.«

## Einleitende juristische Aspekte

Bevor der Versuch unternommen werden kann, sich über den Begriff des ärztlichen Kunstfehlers — oder, um im Fachjargon zu bleiben: des iatrogenen[5] Schadens — Klarheit zu verschaffen, ist es notwendig, den unvorbereiteten und fachfremden Leser mit einigen Fach- bzw. Sachbegriffen vertraut zu machen, insbesondere mit dem der *Fahrlässigkeit*. Dabei handelt es sich um eine juristisch zu definierende Form des Verschuldens. Nach zivilrechtlichem Grundsatz (Paragraph 276 BGB)[6] handelt jemand dann *fahrlässig*, „wenn er die *erforderliche Sorgfalt* außer Acht lässt". — Welche Sorgfalt allerdings gemeint ist, muss im Einzelnen festgelegt werden.

Im Strafrecht hingegen stellt der Begriff einer Fahrlässigkeit bereits konkret auf die jeweils handelnde Person als auch auf das Ausmaß der erforderlichen Sorgfaltspflicht ab.

---

[5] Ärztlicherseits zugefügt.
[6] Bürgerliches Gesetzbuch.

Es heißt: (§§ 138, 177, 251, 345 StGB)[7]:
»Fahrlässig handelt, wer die objektiv erforderliche und ihm persönlich mögliche und zumutbare Sorgfalt außer Acht lässt und deshalb pflichtwidrig nicht voraussieht, dass er das in einem strafrechtlichen Tatbestand geschützte Rechtsgut verletzen könnte.«
Das Strafgesetz unterscheidet zwischen bewusster und unbewusster Fahrlässigkeit. Im letzteren Fall heißt es:
»... obwohl er dies voraussieht, pflichtwidrig darauf vertraut, dass der tatbestandsmäßige Erfolg nicht eintreten werde.«
»Die fahrlässige Begehungsweise erlangt jedoch nur dann strafrechtliche Bedeutung, wenn fahrlässiges Handeln einer Tat durch das Gesetz ausdrücklich mit Strafe bedroht wird (§15 StGB).«

Für den Fall, dass ärztliche Meinungen einer vernachlässigten Sorgfaltspflicht darüber auseinandergehen, welches Maß an Vorsicht ein Arzt anzuwenden hat (oder hatte), so ist aus ethischer Verantwortung heraus stets die größere Vorsicht geboten. Darin eingeschlossen ist die Aufklärungspflicht des Arztes gegenüber dem Patienten.

Grundsätzlich gilt: Standesrechtlich haben die Berufspflichten eines Arztes bezüglich der Gesundheit des Patienten gegenüber dem Kollegialitätsgebot stets den Vorrang. Aber wird das immer befolgt? Kein Arzt, der einen Fehler begangen hat, ist zur Selbstanzeige verpflichtet. Resultieren im kausalen Zusammenhang jedoch schwerwiegende Risiken für den fehlerhaft behandelten Patienten, so sind bei einer Güterabwägung die gesundheitlichen Interessen des Patienten in jedem Fall höher zu werten als die des verursachenden Arztes, straffrei auszugehen.

Gilt auch für den Verteidiger das Beachten der Sorgfaltspflicht insbesondere im Rahmen seiner Berufsausübung, die Interessen des Patienten zu vertreten oder die des Arztes nebst denen der Versicherungen? Sie stehen sich in der Regel konträr gegenüber. Ist sie berufsethisch geregelt? Handelt der Verteidiger immer nach dem Prinzip, der Wahrheit zu dienen? Und unterliegt nicht auch jeder Staatsanwalt einer solchen Pflicht? Darf er seiner Fantasie ungezügelt freien Lauf lassen,

---

[7] Strafgesetzbuch.

um sich — wie gezeigt werden wird — eine fragwürdige *Anklagethese* „zurechtzubasteln"? Wie ignorant und arrogant sich manche Staatsanwälte über das von ihnen begangene Fehlverhalten bezüglich ihrer Anklagefantasien hinwegsetzen, wird an mehreren Fallbeispielen gezeigt werden.

## Einleitende medizinische Aspekte

Im Zusammenhang mit dieser Art ärztlichen Fehlverhaltens besteht bei einigen experimentell tätigen Wissenschaftlern eine besondere Form von Schuldverhalten, sogar von Scharlatanerie. Erwähnt sei als gravierendes Beispiel die unglaubliche Art von Betrugsversuch durch einen Wissenschaftler (Mediziner?) namens William Summerlin am renommierten Sloan-Kettering-Krebs-Forschungsinstitut: Er tat sich im Jahre 1974 dadurch hervor zu behaupten, das Abstoßungsproblem nach Transplantationen im Wesentlichen gelöst zu haben. Der Öffentlichkeit wurden weiße Mäuse präsentiert, denen er Haut andersfarbiger Mausstämme übertragen zu haben vorgab, die nicht mehr wie bei allogenen[8] Übertragungen nach bestimmter Zeit abgestoßen werde. Transplantiert hatte er den Empfängertieren zwar Haut, jedoch die ihres eigenen Stammes, welche bei sauberem Arbeiten naturgemäß einwächst. Die Andersfarbigkeit des Transplantates hatte er mit dem Filzstift vorgetäuscht.

„Publish or perish", veröffentlichen oder untergehen! Sollte so das Gesetz des Kapitalismus in der Wissenschaft lauten?

Auch in einem solchen Zusammenhang muss zwischen Irrtum und Vorsatz unterschieden werden. Bei Robert Koch mit seinem Tuberkulin als Therapeutikum ist es wissenschaftlicher Irrtum gewesen, den einzugestehen seine Exzellenz sich jedoch vehement wehrte. Bei Summerlin war es dagegen eindeutig Vorsatz und damit Wissenschaftsbetrug, dem wir in diesem Buch noch des Öfteren begegnen werden. Eine Übersicht zu weiteren Betrugsfällen in der Wissenschaft ist bei UMSTÄTTER (2009) nachzulesen.

---

[8] Genetisch different.

Auf ein weiteres, schwerwiegendes und allgegenwärtiges Phänomen ist an dieser Stelle hinzuweisen: auf das Problem des sich ergebenden **Kostendruckes** in medizinischen Einrichtungen. Eine Klinik, auch eine Arztpraxis stellen in diesem Staat ein nach kapitalistischem Denkmuster zu führendes Unternehmen dar. Das bedeutet: **Gewinnsicherung** z.B. durch Reduktion von Personal- u. Medikamentenkosten, Übertragung von Aufgaben an minderqualifizierte (geringer zu entlohnende!) Mitarbeiter, quantitativ erhöhte Anforderungen an Operateure durch Steigerung der gewinnbringenden Fallzahlen etc. Ökonomischer Druck dominiert über Sicherheitserwägungen; eine Zunahme von Behandlungsfehlern ist die Folge. Sie sind häufig das „Ergebnis von Systemfehlern, die in ihren gefährlichen Auswirkungen zwar bekannt, aber aufgrund wirtschaftlichen Druckes beibehalten oder sogar neu eingeführt werden" (zit. nach BRUNS, ArztR 2003, 60). Weitere Ausführungen zu dieser Problematik geben KUDLICH u. SCHULTE-SASSE (2011).

Nachzutragen bleibt der Versuch einer Antwort auf die oben gestellte Frage: Warum und wodurch kann ein Mensch zum Straftäter werden? Welche Grundbedingungen müssen vorliegen, um einen derartigen Sachverhalt möglich werden zu lassen? — Das Zusammenleben von Menschen in einer Gemeinschaft wird durch festgeschriebene Regeln bestimmt. Werden sie nicht eingehalten, so ergeben sich zwangsläufig Konflikte, die zu Auseinandersetzungen führen und nicht selten in ein kriegerisches Gemetzel münden. Ursache dafür sind u.a. meist Machtansprüche in der Politik wie in den Religionen.

---
Das Grundphänomen dafür ist in der Evolution tierischen Lebens begründet: Aufrechterhaltung des eigenen Lebens und das der eigenen Art! Das heißt: **fressen** und **vermehren**, **angreifen** oder **verteidigen**!
---

Diese archaischen Urphänomene, entwicklungsgeschichtlich tief im gesamten tierischen Leben verankert, stellen die Basis unseres Zusammenlebens dar. Extremer Hunger bringt gegenseitige Vernichtung hervor und mündet möglicherweise in Kannibalismus, fehlgesteuerter (männlicher) Sexualdrang endet in Triebtäterschaft, Verteidigung der

Brut durch mütterlichen Urtrieb führt zur Ausschüttung von Stresshormonen und erzeugt Aggression und Angriff. Wir werden diesem letztgenannten Phänomen in den nachfolgenden Kapiteln im Einzelnen wiederbegegnen, es ist die Basis für die Erzeugung von Hass (s. Kap. VII), und damit stehen Autor und Leser vor der Erklärung und dem Verständnis eines grundlegenden Phänomens des Lebens, dem des Stresses[9].

## Einleitende evolutionsbiologische[10] Aspekte

Das Leben sei im Wasser entstanden, wird uns gelehrt, und in groben Zügen wiederholen sich während der Ontogenese[11] eines Individuums die einzelnen Schritte unserer Phylogenese[12].

Für das Gedeihen eines menschlichen Lebewesens bedeutet das: Eine befruchtete Eizelle entwickelt sich monatelang im schützenden „Ozean" des Uterus und gedeiht dort zu einem Feten. Er ist in dieser Zeit („unter Wasser" lebend!) ein Teil, ein „Organ" des **mütterlichen Organismus** und steht demzufolge unter dem Einfluss ihres Hormonspiegels (neben den Sexualhormonen sicher auch dem von Stresshormonen, vorrangig dem Adrenalin). — Mit Fortschreiten der Hirnentwicklung des Feten werden die von außen auf den mütterlichen Körper wirkenden Einflüsse (in Analogie zu „Aggressoren" werden sie als „**Stressoren**" bezeichnet) selbstverständlich auch durch den Feten wahrgenommen und von ihm gezwungenermaßen (das neu entstehende Leben bereits in **dieser Phase prägend!**) verarbeitet. Übersteigt die Einwirkung von Stressoren auf die Schwangere ein von ihr kompensierbares Maß, so sind „Entwicklungsfehler" vorprogrammiert, die sich zwangsläufig auch auf den Feten auswirken. Eine Fehl- oder

---

[9] Unter Stress wird nicht das von außen auf einen Menschen einwirkende Geschehen verstanden, sondern die psychogene Verarbeitung der Problematik. Das Einwirken von außen erfolgt durch Stressoren.
[10] Allmähliche Entwicklung von niederen zu höheren Formen.
[11] Entwicklung **eines Lebewesens** von der befruchteten Eizelle bis zur Geschlechtsreife.
[12] Stammesentwicklung der Lebewesen, *genesis* (grch.): „Erzeugung".

Frühgeburt kann die Folge sein. Eine Leibesfrucht mit einem Geburtsgewicht unter 500g — auch wenn sie Lebensäußerungen zeigt — wird als **Fehlgeburt** bezeichnet, (s. Glossar unter Abort). Je geringer das Geburtsgewicht eines zu früh geborenen Kindes, desto größer ist die Gefahr möglicher Folgeschäden. So kann der „Brutkasten" zum Glanz oder Elend, zum Fluch oder Segen des Fortschritts der Medizin werden.

Aber auch im Falle einer normalen Geburt stellt der Akt des Gebärens (selbst eines geburtsreifen Kindes) für das die Welt betretende Neugeborene eine unvorstellbare Stressor-Wirkung, eine „Aggression" ganz besonderen Ausmaßes dar: Es wird wie ein Lebewesen, das bislang im Wasser aufgewachsen ist, in der Stunde seiner Geburt gleichsam „aus seinem bisherigen, ihm gewohnten Lebensmilieu, dem Wasser, auf das Land, in eine neue, ihm lebensbedrohlich erscheinen müssende Umgebung" hinausgeschleudert! Die ihm bisher vertrauten „Schaukelbewegungen" des mütterlichen Leibes entfallen; die neu auf seine Haut einwirkenden „groben" Tast-Reize sind völlig andere als bisher, denn statt des körperwarmen Fruchtwassers fühlt es sich um einer über zehn Grad kälteren, von ihm als feindlich zu empfindenden Umwelt ausgesetzt. Die Druckpunkte seiner Haut, insbesondere die der rückwärtigen Körperpartie, werden erstmalig belastet und dürften ein unbekanntes, angsterregendes Schweregefühl vermitteln. In ungewohnter Lautstärke dringen vollständig neue, bisher unbekannte Geräusche und fremde Stimmen auf das Neugeborene ein. Aus völliger Dunkelheit kommend ist es gezwungen, ungewohnte Lichtreize wahrzunehmen und zu verarbeiten. Als Antwort darauf stößt das Neugeborene einen entsetzten Schrei, einen „Ur-Schrei der Furcht" hervor, den der ersten „Angst", denn eine andere Art, sich zu äußern, kennt es noch nicht. Aber zugleich dient dieser Schrei auch dazu, einen Atemreflex auszulösen und dadurch die Lungenbläschen zur Entfaltung anzuregen.

In der evolutionsbiologischen Betrachtungsweise des Geschehens sind wir damit an einem wesentlichen Punkt angekommen, dem der Herausbildung unserer Gefühle, einem der bedeutendsten Kriterien für das Zusammenleben der Menschheit. Vorrang gewinnen dabei auch im späteren Leben die **Angstempfindung** und die Enttäuschungen. Die Liebe oder Lieblosigkeit in ihren verschiedensten Ausprägungen bis hin zum Gefühlschaos folgen.

**Negativ** empfundene Wahrnehmungen (ob wir es wahrhaben wollen oder nicht) erzeugen „emotionale Narben" im Gehirn, die bereits in den frühesten Monaten und Jahren der Kindheit gesetzt worden sein können und im späteren Leben unter dem Einfluss weiterer schädigender äußerer Einflüsse zum Ausgangspunkt einer möglichen Straftat werden können (ohne jedoch zu beteuern, dass es unbedingt so kommen muss). Welche Bedeutungen sich daraus ergeben, soll in den nachfolgenden Analysen von Tätern und ihren Taten herausgearbeitet werden.

Eine wesentliche Frage lautet: Kann *jeder* Mensch zu einem Straftäter werden, sogar zu einem Mörder? Neurowissenschaftler bejahen diese Frage, es komme auf die **Umstände** an, fügen sie hinzu. Wir wissen aber auch, dass danach nicht jede Klage zu einem gerecht empfundenen Urteil führen wird, wohl deshalb nicht, weil Recht und Gerechtigkeit „Nachkommen verschiedener Väter" sind. — Ein Sprichwort gemahnt uns:

**Verurteile nie einen Menschen, bevor du dir nicht in den Mokassins[13] des anderen die eigenen Füße selbst wundgescheuert hast.**

---

[13] Weicher Wildlederstiefel nordamerikanischer Indianer.

# I: Forensische Fehlgutachten und ihre Folgen

## Der Fall Hetzel,
das „Kälberstrick-Gutachten" des Herrn Prof. Dr. PONSOLD

Ein Tod durch Herz-Kreislaufversagen während des Geschlechtsverkehrs wird durch „unkundige Sachverständige" zum Mord hochstilisiert. Die Verwendung der benutzten Abbildungen erfolgt mit freundlicher Genehmigung der Zeitschrift: Kriminalistik u. forensische Wissenschaft, [PROKOP, 0.: Der Fall Hetzel, Heft 1/1970, S. 81-114] sowie des Sohnes meines Lehrers, Dr. Eberhard Prokop. Da die Namen sämtlicher Betroffenen hinlänglich bekannt sind, kann auf ihre Anonymisierung verzichtet werden.

### Sachverhalt:
Neben einer Bundesstraße, abgelegt in ein Brombeergebüsch, wurde am 3. September 1953 der entkleidete Leichnam einer zu diesem Zeitpunkt noch unbekannten jungen Frau gefunden. Die Leiche lag auf der linken Körperseite, der Kopf tieferliegend als der übrige Körper (darauf wird später Bezug zu nehmen sein).

Der den Totenschein unterzeichnende praktisch-tätige Arzt stellte „Würgemale" in der Halsgegend sowie Kratzspuren und ferner eine „Blutunterlaufung" am linken Auge fest. Das bedeutete in der Fachsprache: Verdacht auf einen nicht-natürlichen Tod. Die Betroffene war zu diesem Zeitpunkt bereits zwei Tage tot.

Am Fundort erschienen der
- Oberstaatsanwalt Dr. Naegele
- Amtsgerichtsarzt Dr. Erxleben,
- Amtsarzt Dr. Glaser,
- Dr. Rübsaamen, ein Pathologe und
- ein Justizangestellter als Urkundenbeamter.

Die Leichenöffnung wird angeordnet, aber nicht wie heute üblich durch die Rechtsmedizin, sondern durch einen Pathologen.

(Dr. Rübsaamen). Es heißt im Bericht[14]:
>»Leichenschau und Leichenöffnung betr.: Tod einer unbekannten Frauensperson, am 3. September abends tot aufgefunden, vermutlich ermordet.«

Und weiter:
>»Zusammenfassend ist zu sagen, daß der Tod offenbar an einem Herzversagen eingetreten ist.«

Soweit, so gut: Aber bereits hier liegt ein gewisser Widerspruch vor. Einerseits heißt es: »vermutlich ermordet« und gleich danach wird gemutmaßt, dass der Tod infolge eines Herzversagens eingetreten ist (was sich erst im zweiten Prozess als richtig herausstellt). Wenn ein Mordverdacht geäußert wird oder auch nur ein Tod aus nichtnatürlicher Ursache anzunehmen ist, so hat nach heutigem Verständnis eine gerichtsärztliche Obduktion zu erfolgen und zwar durch zwei Rechtsmediziner.

Im Verlaufe der Ermittlungen wird mit dem Tod dieser 25 Jahre alten, verheirateten Frau (Magdalena Gierth) ein Mann in Zusammenhang gebracht, ein Hans Hetzel, der mit der betreffenden Frau zuvor Geschlechtsverkehr ausgeübt hatte. In der Vernehmung sagt er aus, die Frau sei während der hohen Erregung des zweimalig erfolgten Verkehrs danach plötzlich tot gewesen.

Unter Ziffer 6 im Obduktionsprotokoll wird ausgeführt:
>»An der linken Halsseite, unter dem Kieferwinkel, findet sich eine nach oben aufgegabelte, blutunterlaufene Schnürmarke, von an der längsten Stelle 6 cm Länge. Eine weitere oberflächlich etwas abgeschürfte blutunterlaufene Würgemarke zieht sich unter dem Kinn in Höhe des Halsansatzes 6 cm lang auf die rechte Gesichtsseite hinüber.«

Die verwendeten und im Protokollauszug wiedergegebenen Begriffe »Schnür-« und »Würgemarke« präjudizieren bereits einen Handlungsvorgang, für den eine Obduktion keinen Beweis liefern kann (sie vermag lediglich Fakten zu erheben, aber niemals eine zuvor erfolgte *Handlung* festzustellen). Diese Präjudizierung zieht sich durch den gesamten Verlauf der 1. Verhandlungsfolge und führt zur Verurteilung

---

[14] Nachzulesen bei KUNKEL u. SCHUHBAUER (2004).

des Angeklagten. Sachlich und vorurteilsfrei hätte es z.B. heißen sollen: »*dunkelgefärbte Hautvertrocknung in Form von* ...«

Auf die übrigen an der Leiche vorgefundenen Verletzungen (Kratz- und Bissspuren sowie Kotverschmutzungen und fehlender Spermanachweis) braucht hier nicht eingegangen zu werden, da sie für die Fehlbegutachtung im ersten Prozessverlauf ohne wesentliche Bedeutung sind. In der nachfolgenden Abbildung I/1 wird die im Gutachten erwähnte, als »Schnürmarke« bezeichnete Hautveränderung abgebildet.

Im vorläufigen Obduktionsgutachten heißt es u. a., dass die Geschädigte schwanger gewesen sei und abgetrieben habe. Weiter heißt es:

»Zusammenfassend ist zu sagen, daß der Tod offenbar an einem Herzversagen eingetreten ist. Dieses wird erklärlich aus der durchgemachten multiplen Mißhandlung sowie dem entkräfteten Zustand nach unvollkommener Abtreibung.«

Die feingewebliche Untersuchung des Herzmuskels ergab folgenden Befund:

»Zwischen den Herzmuskelfasern finden sich verschiedentlich größere und kleinere bindegewebige Narbenherde. Besonders um die Gefäße sind solche kleinen Narben ausgebildet. Man sieht im Interstitium [Geweberäume zwischen den Zellen] weiter wiederholt Lymphozyten, Plasmazellen und gelapptkernige Leukozyten angesammelt. Auch ganz frische, kleine Faseruntergänge. (Keine nennenswerte Verfettung der Herzmuskelfasern.)

Diagnose: Narbenzustand des Herzmuskels nach abgelaufener Entzündung.«

Auf den Begriff »abgelaufene Entzündung« wird später zurückzukommen sein. Die erforderliche feingewebliche Untersuchung der Lunge wurde offensichtlich nicht durchgeführt.

PROKOP zitiert aus dem abschließenden Gutachten des Obduzenten Dr. R. (gemeint ist offenbar Dr. Rübsaamen):

»Es ist bekannt, daß es bei Afterverkehr[15] zu einer Reizung des Bauchfelles und anschließend zu Reflex-Reaktionen kommen kann, die einen schweren allgemeinen Kollaps, also ein allgemeines schweres Kreislaufversagen zur Folge haben können.«

Und weiter heißt es (zitiert aus dem Protokoll des Dr. R.) an dieser Stelle:

»Zusammenfassend ist also festzustellen, daß nach allen Befunden der Tod der Frau Gierth akut, plötzlich eingetreten ist. Bei dem Fehlen organischer Erkrankungen oder schwerer tödlicher äußerer Verletzungen, da weiter <u>eine Erstickung ausgeschlossen</u> werden kann und eine Alkoholbeeinflussung ebenfalls nicht bestand, bleibt nur eine der vorgenannten Möglichkeiten, den Tod zu erklären, als <u>akutes Kreislaufversagen</u> über den Weg eines Bauchfellreflexes durch Analverkehr bei bestehender Schwangerschaft oder als Reflextod durch starken Druck auf den Carotis-Sinus.« (Nachzulesen in PROKOPs Artikel S. 88; s. Fußnote 11).

Prof. Dr. PONSOLD (damaliger Chef des Gerichtsmedizinischen Institutes Münster) erklärt zu diesem Fall während der Hauptverhandlung (des ersten Prozessverlaufes) in seinem mündlichen Gutachten: Hetzel habe zunächst mit der Faust auf die Frau eingeschlagen. Wahrscheinlich habe die Frau daraufhin die Flucht ergriffen, sei aber von Hetzel eingeholt worden und erneut von ihm mit den Fäusten auf den Kopf geschlagen worden[16]. „An dieser Stelle", so schreibt SCHOLZ (S. 118), der bei der Verhandlung offenbar zugegen war, „bittet Ponsold einen der im Gerichtssaal anwesenden Kriminalbeamten, er möge vortreten und sich auf den Boden legen. Dann legt er [Ponsold] dem Beamten einen Strick um den Hals, einen Kälberstrick, wie er betont, und erklärt, das habe auch Hetzel so gemacht.

Weiter heißt es:

»<u>Er</u> [der Täter, also Hetzel] <u>drosselte die Frau, bis sie bewußtlos zusammenbrach.</u> Hetzel verging sich dann an seinem Opfer, das sich in Ersti-

---

[15] Nach der Beweisaufnahme ist der Tatbestand von stattgehabtem Analverkehr jedoch zweifelhaft.
[16] Woher will Herr Prof. Ponsold gewusst haben, was er im Prozess behauptete?

ckungskrämpfen am Boden wand[17]. Der Tod trat schließlich ein, weil der Strick[18] die Blutzufuhr zum Gehirn abdrosselte.«

Woher wollte Prof. Dr. Albert PONSOLD das wissen? War er bei der Tat zugegen? Er selbst hat die Leiche nie gesehen, kennt nur Fotos von ihr und zwar solche von minderer Qualität, wie später zu Protokoll gegeben wird. Ein Sachverständiger, ein Gerichtsarzt, hat lediglich Fakten vorzutragen und sie zu interpretieren. Er aber, Herr Ponsold, ergeht sich in Fantasien eines Anklägers.

Ein Erdrosseln stellt letztlich einen Tod durch Ersticken dar. In seinem Gutachten (s.o.) heißt es jedoch: Eine <u>Erstickung wurde ausgeschlossen</u>. Die dafür typischen punktförmigen Blutungen an den Prädilektionsstellen fehlen.

**Das Schwurgericht folgt dem Gutachten PONSOLDs und verkündet am 17. Jan. 1955 das Urteil:**

# Lebenslänglich.

Einen Tag später: Der Verteidiger geht in Revision, er bemängelt:

1. Herkunft, Art und Beschaffenheit der Fotos der Leiche seien nie kontrolliert worden.
2. Einen weiteren gerichtsmedizinischen Sachverständigen zu hören, sei abgelehnt worden, Ponsold selbst habe die Leiche nie gesehen.
3. Das Urteil beruhe auf Indizien, nicht auf Beweisen.

Auf Betreiben eines Dr. Gross (ehemals Staatsanwalt und neuer Verteidiger des Verurteilten) werden 1965 — zehn Jahre (!) nach der Urteilsverkündung — die Fotos der Leiche von Fachleuten betrachtet und

---

[17] Das heißt mit anderen Worten: Der Täter verging sich sexuell an der Frau, als sie, sich <u>in Erstickungskrämpfen windend, am Boden lag</u>. Eine geradezu groteske Vorstellung des Herrn Ponsold!
[18] Eine Tatwaffe dieser Art ist nie gefunden worden. Ponsold erfand diesen Begriff aus der Prämisse heraus, dass der Angeklagte vom Beruf her Schlachter war.

als unzureichend beurteilt. Die Wiederaufnahme des Verfahrens wird vom Landgericht und darauf vom Oberlandesgericht jedoch abgelehnt.

Der Fall geht durch die Presse; in der Fachzeitung EUROMED (Oktober 1966) sowie auf der Fachtagung der Gerichtsmedizin in Freiburg verteidigt Prof. PONSOLD seine Auffassung.

Unter den Rechtsmedizinern wächst Unruhe, neun sprechen sich gegen PONSOLDs Auffassung aus. 1967 wird die Einsetzung einer Expertenkommission angeregt. Auf politischen Druck hin wird durch den Oberstaatsanwalt beim LG Offenburg eine „Fünfer-Kommission" von Gerichtsärzten eingesetzt (bestehend aus Ordinarien der gerichtlichen Medizin), sie soll die Frage beantworten:

»... ob positiv nachzuweisen ist, daß Frau Magdalena Gierth **nicht** mittels eines Strangulierungswerkzeuges (strickähnliches Gebilde aus Fasern oder Metall) zu Tode gebracht worden ist oder ob eine Strangulierung mit einem solchen Werkzeug zumindest nach den Umständen auszuschließen ist?«

Diese Kommission kommt zu dem Schluss:

»... daß die auf den Fototographien erkennbaren Hautveränderungen ... mit den von den Obduzenten beschriebenen inneren Veränderungen korrespondieren und daß es sich <u>nicht</u> um Veränderungen handeln kann, die erst <u>nach dem Tode</u> entstanden sind.«

An anderer Stelle heißt es:

»Die horizontale, lineare Anordnung der Spuren am Hals auf gleicher Höhe mit <u>typischer Unterbrechung</u>[19], insbesondere die Form der Spuren an der linken Halsseite zusammen mit der Beschreibung unter Nr. 6 und 13 des Sektionsprotokolls sprechen für Drosselungsspuren.«

»... müssen wir die Feststellung treffen, daß eine erhebliche und nicht nur ganz kurze, etwa zufällige Gewalteinwirkung am Hals stattgefunden hat, ... daß Frau Gierth ohne ein massives Strangulieren zu diesem Zeitpunkt nicht gestorben wäre.«

---

[19] Anmerkung des Buchautors: Für eine Drosselmarke typische Unterbrechungen der Vertrocknungsmarke existieren weder an der linken Halsseite noch an anderer Stelle, geschweige gar solche, die von einem Strick herrühren.

Wie soll durch einen zirkulär um den Hals der Geschädigten verlaufenden Strick die Y-förmige Gabelung (Abb. I/1) zustande kommen? Dazu hätten die Herren der „Fünfer-Kommission" Stellung beziehen müssen. Die den fünf Gutachtern der Kommission gestellte Kernfrage: „... *ob Frau Magdalena Gierth mittels eines Strangulierungswerkzeuges zu Tode gebracht worden ist*", wird von ihnen nicht präzise beantwortet. Die Fragen an die Herren der „Fünfer-Kommission" waren so formuliert, heißt es in einem Brief[20], dass deren Beantwortung die Wiederaufnahme des Prozesses verhindern sollte.

Bei der Abbildung I/2, (eingefügt für Vergleichszwecke) kann die Doppelung der Strangmarke mit ihrer Gabelung in der Halsmitte durch doppelte Strickführung oder durch ein Verrutschen eines einfach um den Hals geschlungen gewesenen Erhängungswerkzeuges während oder nach dem Erhängen entstanden sein. Während die Hautvertrocknung am Hals des zum Vergleich abgebildeten Mannes eindeutig zugeordnet werden kann, ist die Vertrocknungsspur am Hals der Gierth weniger eindeutig. Ihr Zustandekommen wird erst im Wiederaufnahmeverfahren geklärt.

**Das Wiederaufnahmeverfahren im Hetzel-Fall:**

Offenbar auf Grund öffentlichen Druckes wird einem Wiederaufnahmeverfahren im April 1969 durch das **Oberlandesgericht Mannheim** zugestimmt. (Der Angeklagte saß inzwischen 14 Jahre in Haft.) Neuer Verteidiger ist Dr. Gross. Ein Sachverständiger, Dr. Max Frei-Sulzer, erklärt, dass bei der Fotoauswertung keine sich wiederholende Struktur an der Halsmarke gefunden werden konnte, die vom Abdruck eines Strickes aus Fasern oder Metall herrühren könnte. Ein anderer Sachverständiger erklärt die Fotos für die von Amateuren.

Am 30. Okt. 1969 legt Prof. Prokop als neu hinzugezogener Sachverständiger die bei der Obduktion begangenen kardinalen Fehler offen:
- Dass Blutungen auch nach dem Tode entstehen können, ist seit **1896** bekannt. Dazu werden Fotos aus entsprechenden neueren Experimenten als Beweis vorgelegt (s. Abb. I/3).

---

[20] Nachzulesen bei KUNKEL u. SCHUHBAUER: „Justizirrtum" (S. 127).

- Fehlen der für ein Erdrosseln typischen, zirkulär um den Hals verlaufenden Strangmarke.
- Fehlen der typischen Petechien[21] an den Prädilektionsstellen.

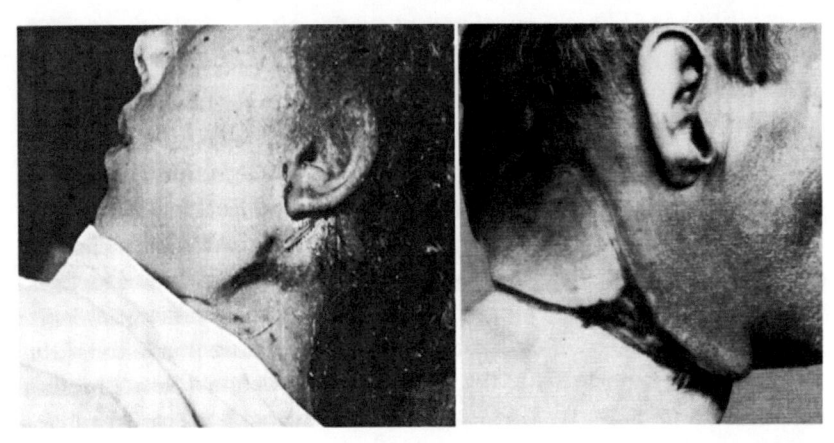

Abb. I/1: (Linkes Bild) Leiche der Magdalena Gierth mit der entsprechenden Hautvertrocknung an der linken Halspartie. Auf dem Foto versperrt die Abdeckung die Sicht auf den weiteren Verlauf der Vertrocknungsmarke bis hin zur Kinnspitze. Im Protokoll (dort S. 15) heißt es: »Eine weitere oberflächlich etwas abgeschürfte blutunterlaufene Würgemarke zieht sich unter dem Kinn in Höhe des Halsansatzes 6 cm lang auf die rechte Gesichtsseite hinüber«

Abb. I/2: (Rechtes Bild) Gabelförmige Hautvertrocknung an der rechten Halsseite eines Mannes, entstanden durch das zum Erhängen verwendete Strangwerkzeug (Sammlung WEIMANN, veröffentlicht in PROKOP: Lehrbuch der gerichtl. Med., 1. Auflg. Verlag Volk und Gesundheit Berlin 1960)

Wie die nachfolgende Abb. I/3 zeigt, können Vertrocknungsspuren an der Haut auch postmortal entstehen und, wie bei oberflächlicher Betrachtung geschehen, als scheinbar vitale Drosselmarken imponieren. Im vorliegenden Fall Hetzel sind sie nach dem Tode durch Ablegen der Leiche in ein Brombeergebüsch und Aufliegen des Leichnams mit

---

[21] Punktförmige Blutaustritte an Prädilektionsstellen (für den jeweiligen Prozess bevorzugten Körperregionen), die bei erdrosselten Personen der Literatur nach vorhanden sind.

der linken Halsseite auf einer Zweiggabelung, beziehungsweise (die vermeintlichen „Drosselspuren" betreffend) wahrscheinlich durch einen der Halshaut aufliegenden Zweig (Brombeerranke?) entstanden.

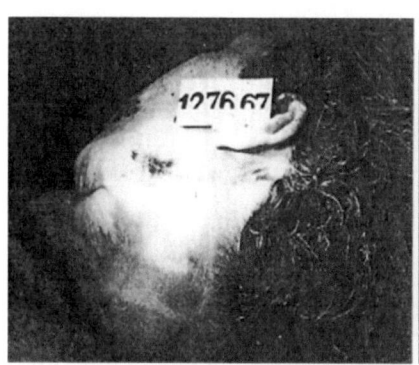

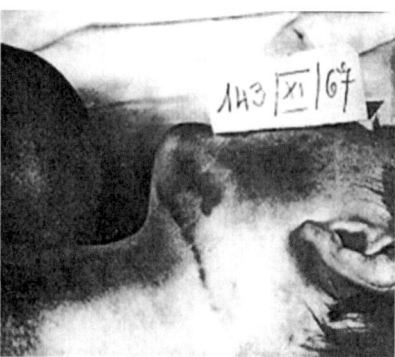

Abb. I/3: Nach Todeseintritt (artifiziell!) erzeugte Hautvertrocknungsmarken durch Aufliegen der Leiche auf einer entsprechenden Unterlage. Links acht Stunden nach dem Tode durch 14-stündiges Aufliegen der Halspartie auf einer stoffüberzogenen Steinkante entstanden; rechts: Hautvertrocknung an einer bei 10°C aufbewahrten fünf Tage alten Leiche, entstanden durch zwölfstündiges Aufliegen der Halspartie auf einer Steinkante

Auf die postmortale Entstehungsmöglichkeit von Vertrocknungsspuren weist auch STEINBURG hin: Entstehung einer Strangfurche beim Fortschaffen einer Leiche, (Dissertation Rostock 1937), eine heute noch bedingt lesenswerte Arbeit, erschienen bei Hinstorff (1937), dort auch Hinweis auf weitere einschlägige Arbeiten.

- Der Kopf der Leiche Gierth lag, als sie zwei Tage nach Todeseintritt aufgefunden wurde, tiefer als der Körper, also im Bereich der Hypostase[22], dadurch verstärkten sich Blutaustritte aus den Gefäßen in die Umgebung und imponierten als zu Lebzeiten entstandene Blutungen. (Das Blut ist zu dieser Zeit noch bedingt flüssig, Einzelheiten dazu werden vorgetragen.)
- Wörtlich: »Seziert man die Halsweichteile, so ist gerade [in einem solchen Fall] eine Sektion in Blutleere für die [exakte] Be-

---

[22] Absinken des Blutes in die tiefer gelegenen Körperregionen.

funderhebung eine conditio sine qua non, wie Ponsold das in seinem Lehrbuch selbst als Vorbedingung verlangt«. Das ist im Fall Gierth nicht geschehen. (Obduziert wurde durch einen Pathologen, nicht durch einen Gerichtsarzt!)

**Begangene medizinische Kunst-Fehler im ersten Verfahren:**

1. Obduktion einer Leiche, bei welcher der Verdacht auf eine nichtnatürliche Ursache bestand, durch einen zur Beurteilung dieser Problematik ungenügend vorgebildeten Arzt.
2. Unzureichende Fachkenntnis des hinzugezogenen Sachverständigen (Prof. Ponsold) über die bei der Leichenöffnung zu erwartenden pathognomonischen[23] Merkmale einschließlich der Unkenntnis, dass auch nach dem Tode Hautvertrocknungen entstehen können, die den zu Lebzeiten entstandenen sehr ähnlich sind und ferner präjudizierende, subjektive Wertung der realen Befunde durch insgesamt sechs (!) Fachärzte der gerichtlichen Medizin.

Histologische Untersuchungen der Lunge fehlen.

Als Todesursache wird Herz-Kreislaufversagen intra coitum infolge körperlicher Vorschädigung angenommen (Herzmuskelentzündung, Zustand nach artifiziellem Abort). Freispruch im 2. Verfahren mit Haftentschädigung für den im 1. Verfahren Verurteilten.

**Annotation:**

In diesem Zusammenhang wird deutlich, dass insbesondere für Juristen allgemeine wie speziellere Kenntnisse notwendig sind, um sich über die Möglichkeit eines Todeseintrittes aus natürlicher Ursache während oder nach erfolgtem GV sowohl im Ehebett, häufiger jedoch extramarital eine Vorstellung zu machen. Zugrunde liegt diesen Fällen im Wesentlichen das Pressdruckprinzip nach VALSALVA[24] (Veränderungen des Blutdruckes und der Pulsfrequenz nach intrathorakaler Druckerhöhung, Einzelheiten s. Fachlexika). Während des GV beste-

---

[23] Eine bestimmte Krankheit kennzeichnende Merkmale.
[24] Anatom u. Chirurg, Bologna 1666 – 1723.

hen frequente Herzaktion sowie ein erhöhter Blutdruck mit möglichen deutlichen Schwankungen, danach bleibt der Puls frequent, Doppelgipfligkeit des peripheren Pulses (bezeichnet als Dikrotie) und Abfall des Blutdruckes. Besondere Gefährdung dieser Art besteht bei gesundheitlich vorgeschädigten Personen wie im Falle der Betroffenen Gierth, bei der nicht nur eine abgeklungene, sondern eine noch mehr oder weniger floride Herzmuskelentzündung bestand, wie die feingewebliche Untersuchung des Herzmuskels ergeben hatte. Völlig außer Acht blieb bei der Erörterung im 1. Verfahren die Möglichkeit eines Todeseintrittes durch Luftembolie, die nach unvollständiger Fruchtabtreibung im Zusammenhang mit dem Pressdruckprinzip nach VALSALVA grundsätzlich bestehen kann.

---

Dem vorangestellten Fall Hetzel ähnelt in gewisser Weise die aktuelle, nachfolgend dargestellte rechtsmedizinische Fallanalyse:

**Der Fall Cb.**

**Sachverhalt** (Kurzdarstellung):

Im Frühjahr 2009 wird eine etwa 50 Jahre alte verheiratete Frau, auf der Rückbank ihres auf einem Parkplatz abgestellten PKW liegend, tot aufgefunden. Es wird ein Todesgeschehen mit intimbetontem Hintergrund vermutet.

Berichtet wird, dass die Frau seit kurzem ein Verhältnis zu einem allein lebenden, Ende 50 Jahre alten Manne ausländischer Herkunft unterhalten habe. Dieser gibt bei der Befragung an, zu der Geschädigten seit einiger Zeit ein zunächst freundschaftliches Verhältnis gehabt und vor kurzem auch mit ihr einvernehmlich intim verkehrt zu haben. — Am Nachmittag ihres Todes hätte sie ihn in seiner Wohnung besucht, dabei wäre es auf Drängen der Frau zu einem zweimaligen GV gekommen; während des zweiten GV hätte sie mit dem Gesicht nach unten auf dem Teppich gekniet, dabei wäre sie nach Schmerzäußerungen plötzlich tot zusammengesunken und habe aus Mund und Vagina stark geblutet.

Er hätte einen Wiederbelebungsversuch [Mund-zu-Mund-Beatmung und Herzdruckmassage] ohne Erfolg durchgeführt, die Tote danach in der Badewanne gesäubert, gerollt in einen Teppich in ihr Auto verbracht und das Fahrzeug auf einem Parkplatz abgestellt.

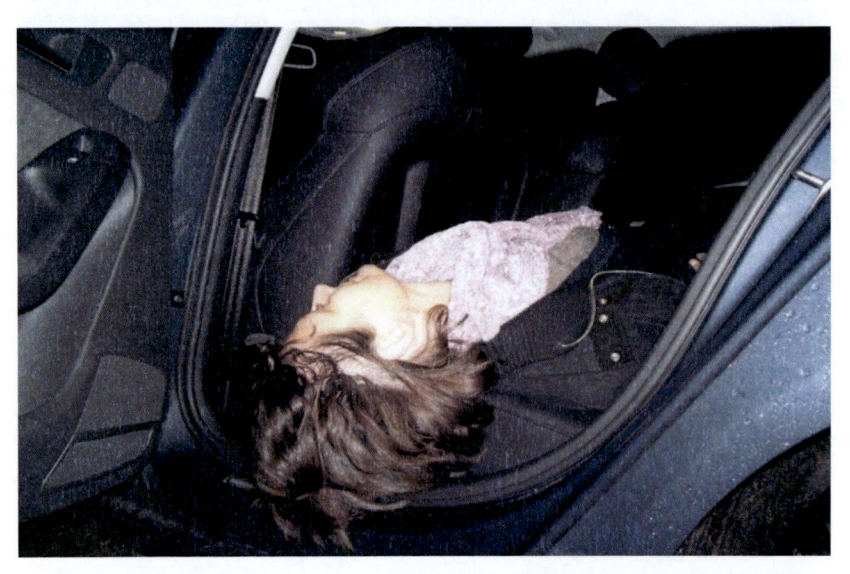

Abb. I/4: Lage der Leiche im Auto: Die Tote liegt auf der halblinken Körperseite. Nach dem Öffnen der Tür ragt der Kopf über das Ende der Sitzfläche hinaus (Abb. der Originalvorlage nachgestellt)

Im Sektionsprotokoll heißt es:
»Das Fahrzeug wird durch die Kriminaltechnik um 20:30 geöffnet. ... Der Notarzt sei [bereits] gegen 15:30 am Ereignisort erschienen. Er habe die Aussage gemacht, dass der Tod vor etwa 8 Stunden eingetreten sei.«

Die Sektion erfolgt am nächsten Tag. Bei der äußeren Besichtigung der entkleideten Leiche heißt es:
» ... Es werden an der Stirn kleine Punktblutungen erkannt. Die Bindehäute weisen am rechten Auge am Unterlid einzelne Punktblutungen auf. Unter der Oberlidknorpelspange finden sich staubkornförmige Punktblutungen in mäßiger Anzahl. Punktförmige Blutungen in der Lidhaut des linken Auges. Staubkornförmige Punktblutungen in mäßiger Anzahl unter der Oberlidbindehaut und auch in der Unterlidbindehaut.«

Weiter heißt es:

»Am Hals befinden sich ... im Bereich des rechten Kieferwinkels punktförmige Blutungen. Sichere Verletzungen der Halshaut werden nicht festgestellt«.[25]

[Ziffer 35:] »Herzkranzschlagadern verlaufen anatomisch regelrecht. 1,5 cm nach dem Abgang der linken zirkulär verlaufenden Herzkranzschlagader ein einzelnes, die Blutgefäßlichtung einengendes gelbliches Innenwandverdickungsbeet. 1 cm nach dem Abgang findet sich in der zwischen den Kammern verlaufenden Herzkranzschlagader ein 2,1 zu 0,3 cm messendes, die Blutgefäßlichtung hochgradig einengendes Innenwandverdickungsbeet. Keine frischen Gewebsuntergänge.«

[Ziffer 44:] »An der linken Scheidenseite sich von der Höhe der Harnröhreneinmündung bis zum hinteren Scheidengewölbe in Höhe des Muttermundes erstreckende, 8 zu 3 cm messende, relativ glattrandig erscheinende und am inneren Wundwinkel spitz auslaufende Zerreißung der Schleimhaut mit zahlreichen Gewebsbrücken in der Wundtiefe sowie zahlreiche zum Teil konfluierende kleinfleckige Unterblutungen. ... An der Bauchfellseite der Gebärmutter eine U-förmige, nach unten offene, 5 zu 4 cm messende und bis zu 0,7 cm breite Unterblutung.«

In Abb. 22 (des Sektionsprotokolls!) wird die Zerreißung der Vaginalschleimhaut gezeigt, wie oben beschrieben mit Einblutungen in das Gewebe. Weiter unter Ziffer 24:

»Zustand nach Präparation der Weichteile des Rückens: Rückenfettpolster bis zu 2 cm stark. Die Rückenmuskulatur ist mäßig ausgeprägt und auffallend blass. <u>Unterblutungen werden nicht gefunden</u> [allerdings wird weiter unten im gleichen Absatz das Gegenteil ausgesagt]. Korrespondierend mit der Verfärbung über dem Kreuzbein finden sich zwei jeweils 0,3 cm messende Einblutungen geringer Intensität. Nach tiefer Präparation der Längsmuskulatur des Rückens links der Wirbelsäule wird eine spindelartige Einblutung gefunden, welche 28 zu 3 cm misst.«

Die unter Ziffer 24 beschriebene „spindelartige Einblutung" in die tiefere Rückenmuskulatur (Abb. I/5) bei unauffälliger Rückenhaut wird in der histologischen Befundung als vital entstanden interpretiert. Hier liegt ein Widerspruch vor (s. dazu unten).

---

[25] Zum Aussehen der Punktblutungen vgl. Abb. im Abschnitt „Michaela G.".

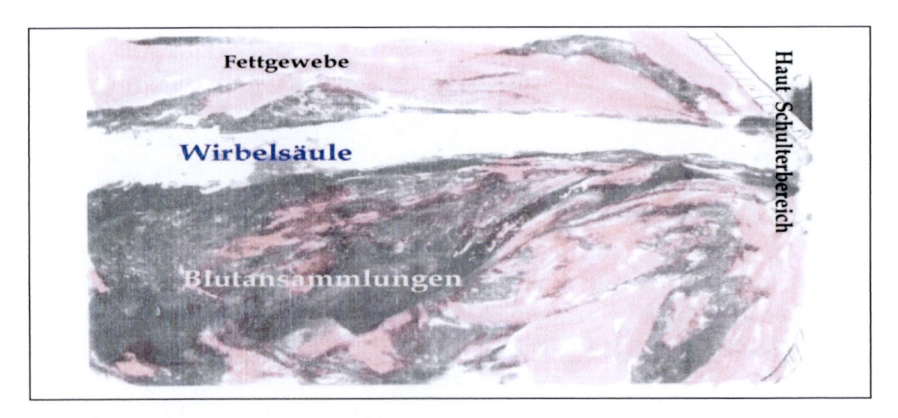

Abb. I/5: Einblutungen in die Rückenmuskulatur der Geschädigten (nach Abb. 17 des Protokolls)

Auf Seite 15 des Protokolls heißt es zusammenfassend:
»Zeichen des akuten Herz-Kreislauf-Versagens: relativ blasse, aber dunkellivide Totenflecken [wie passen einerseits blass und andererseits dunkellivid zusammen?]. Hirschwellung bei Flüssigkeitseinlagerung. Hirnwindungen abgeflacht, Hirnfurchen verstrichen. Herzmuskulatur unregelmäßig durchblutet, z.T. abgeblasst, z.T. blutvoll.
Fettstoffbeete in den Herzkranzschlagadern mit deutlicher bis hochgradiger Einengung der Gefäßlichtung.«

**Wesentliche Befunde aus dem Obduktionsprotokoll, die für die Beurteilung des Todeseintrittes von Bedeutung sind:**

- Punktblutungen (Petechien) an den Prädilektionsstellen.
- Zwei näherbeschriebene Einengungen der Herzkranzgefäße, eine davon hochgradig einengend[26].
- Vorschädigung des Herz-Kreislaufsystems der Betroffenen infolge Bluthochdrucks.

---

[26] Da nicht näher vermerkt, wurden die Herzkranzgefäße vermutlich wie üblich der Länge nach geöffnet. In diesem Falle wäre im Bereich der Wandverkalkung jedoch eine Lamellierung (Querdurchtrennung) der Koronararterien angezeigt gewesen, um auf diese Weise das Ausmaß der Einengung besser beurteilen zu können und einen möglichen Verschluss nicht zu übersehen.

- Einblutung in die tiefe Rückenmuskulatur (bei fehlenden Verletzungsspuren der äußeren Rückenhaut).
- Blutig verunreinigter Genitalbereich sowie zwei näherbeschriebene und durch Fotoaufnahmen dokumentierte Gewebeverletzungen der Vaginalschleimhaut.
- Auffallende Blässe der Totenflecke und der inneren Organe.
- Keine Angabe über den Flüssigkeitszustand des Blutes.
- Nach der Eröffnung des Brustraumes werden stark aufgeblähte Lungen sichtbar. (Zum Zeitpunkt der Gutachtenerstattung fehlen sowohl histologische wie toxikologische Untersuchungsergebnisse.)
- Luftembolie als mögliche Todesursache wurde nicht geprüft.

Aus den im Sektionsprotokoll dargelegten Befunden wird von den Obduzenten als **Todesursache** in Anspruch genommen, wörtlich heißt es:

»**Blutverlust** bei Verletzung der Scheidenschleimhaut durch stumpfkantige Gewalteinwirkung in Kombination mit Erstickung«

Gegen den Beschuldigten ergeht am 10. 3. Haftbefehl, darin heißt es:

»*Er ist dringend verdächtigt am ... einen Menschen getötet zu haben, ohne Mörder zu sein. ... Dem Beschuldigten wird zur Last gelegt: Am ... versetzte er der Geschädigten ... nach einvernehmlichen Geschlechtsverkehr mit einem noch nicht genau identifiziertem stumpfen Gegenstand, der eine Kante aufgewiesen hat, einen massiven Stoß in den Scheideneingang, der zu einem sehr schmerzhaften und stark blutendem Einriss der Scheidenschleimhaut ... führte. Wegen starker Schmerzäußerungen der Geschädigten bedeckte der Beschuldigte ihr Gesicht mit einem weichen Gegenstand, am ehesten mit einer Decke, wodurch er ihre Atemwege verlegte und petechiale Blutungen verursachte. Das Opfer verstarb in unmittelbarem zeitlichen Zusammenhang mit diesem Tun durch einen verletzungsbedingten Schock. ... .*«

Ein „Blutverlust", wie es an erster Stelle der Begutachtung wörtlich heißt, ist keine Todesursache, wennschon dafür in Anspruch genommen, dann sollte es eindeutig heißen: Tod durch Verbluten. Dazu können sich die Obduzenten ihrer Formulierung nach aber offenbar nicht entschließen. Sie fügen hinzu: in Kombination mit Erstickung.

1. Wie hoch müsste ein <u>Blutverlust</u> im Sinne von tödlich wirkender **Verblutung** sein, um primär als Todesursache geltend gemacht werden zu können? (s. u.).
2. Lässt sich das Volumen ausgetretenen Blutes überhaupt exakt feststellen? — Ja, jedoch nur in bedingter Weise, nämlich dann, wenn es infolge <u>innerer Verblutung</u> sich in einer der Körperhöhlen angesammelt hat (vgl. dazu Kap. IV, Fall Max E.).
3. Eine bei der Geschädigten möglicherweise vorhanden gewesene <u>Anämie</u>[27] als krankhafte, aber natürliche Ursache der Haut- und Organblässe wurde laut Protokoll nicht in Erwägung gezogen und demzufolge offensichtlich nicht ausgeschlossen.
4. Auf die Einblutung in die Rückenmuskulatur als wahrscheinliche Mitursache für die helle Färbung der Totenflecke und der inneren Organe wurde in der gutachterlichen Stellungnahme unverständlicherweise nicht eingegangen. Sie wird im histologischen Gutachten als vital entstanden gewertet, obwohl dafür jeder Beweis fehlt.

So ist die Formulierung ***Blutverlust*** (wie es S. 16 des Obduktionsprotokolls heißt) bei Verletzung der Scheidenschleimhaut als **Ursache eines eingetretenen Todes** oder als dafür mitursächlich zu postulieren, in der gewählten Formulierung nicht nur als fragwürdig, sondern als sachlich falsch zu bezeichnen.

Differentialdiagnostisch wären in Betracht zu ziehen gewesen:
1. Herz-Kreislaufversagen infolge von *Luftembolie*, die nicht geprüft wurde, aber infolge der verletzungsbedingt geöffneten Gefäße in der Vaginalschleimhaut und des Pressdruckes des

---

[27]Blutarmut, Klassifikation nach ICD-10. Hauptursachen: alimentär, hämolytisch, aplastisch. Ein Blutverlust kann sich über längere Zeit erstrecken, s. okkulter (versteckter), unbemerkter Blutabgang aus dem Darm via naturalis. Haut und Schleimhäute sind von auffallender Blässe gekennzeichnet, organisch: Sauerstoffunterversorgung des Gehirns, Mangelversorgung des Herzmuskels führt zu Angina pectoris und Tachykardie. (Beide Symptome waren bei der Geschädigten offensichtlich vorhanden, s. Therapeutika: Lingual-Spray und ß-Blocker).

Membrum virile[28] beim zweiten Verkehr hätte vorhanden gewesen sein können,
2. *Exitus letales intra coitum*[29] infolge eines Herzkreislaufversagens bei vorgeschädigtem Kreislaufsystem. (Die Betroffene war Hochdruckpatientin und gehörte damit einer Risikogruppe an, s. ferner hochgradig eingeengte Koronarie),
3. durch makroskopische Beurteilung nicht oder nur schwer nachweisbarer akuter, tödlicher Herz- oder Hirninfarkt,
4. als am Todeseintritt möglicherweise mitbeteiligt kommen ferner in Betracht: Herzkreislaufschwäche durch mögliche Grundkrankheit wie z.b. Anämie infolge chronischen Blutverlustes via naturalis nach Magen- oder Darmblutung bedingt durch mögliche Nebenwirkungen nach Einnahme bestimmter Medikamente, Diabetes mellitus (wie hoch war der Blutzuckerspiegel?).
5. Die Betroffene war laut Zeugenaussage Allergikerin: allergische Geschehen z.b. *Asthmareaktion* (die erst neun Monate später durch die Histologie ausgeschlossen wurde), bei Kondombenutzung (wenngleich unwahrscheinlich, theoretisch aber möglich), *Allergie gegen Latexbestandteile*, allergisch bedingter *Schock nach vaginalem Kontakt mit dem Ejakulat* des Sexualpartners (Fälle dieser Art sind nachzulesen bei BUNDSCHUH / SCHNEEWEISS, Lexikon der Immunologie). Keine der genannten Möglichkeiten wurde im Gutachten vor Festlegen der Todesursache erwogen. Auch ein möglicher Reflextod durch Bauchfellreizung hätte zumindest diskutiert werden müssen.

Leitsymptome bei der Festlegung der Todesursache waren ganz offensichtlich die beschriebenen punktförmigen Blutpunkte an den Prädilektionsstellen als Hinweiszeichen für eine anzunehmende Erstickung. Solche Blutungen sind aber nicht zwangsläufig ein Indiz für eine zugefügte Gewalt mit dem Ergebnis Tod durch Ersticken (s. dazu unten).

---

[28] Männliches Glied.
[29] Tod während des Geschlechtsverkehrs.

Doch zunächst zu dem von den Obduzenten festgelegten Volumen ausgetreten Blutes: In den Unterlagen formulieren die Obduzenten einen wahrscheinlichen Blutverlust von **1,5 l** als mitursächlich für den Tod. Wie kommen sie zu diesem Wert? Wie oben ausgeführt, ist er nicht messbar.

Die Angabe von 1,5 l etwa deshalb, weil ab einem solchen Volumen Bewusstlosigkeit einer betroffenen Person anzunehmen ist? Also eine willkürlich benannte Menge? — Ein solcher Blutverlust tritt jedoch nicht plötzlich ein, wie etwa nach suizidaler Eröffnung einer Pulsader oder unfallbedingter Schädigung. Welche größeren Gefäße, insbesondere Arterien des Genitalbereiches, waren bei der Geschädigten verletzt, so dass eine Exsanguination, eine Verblutung ad hoc[30], überhaupt hätte möglich werden können, wie etwa durch die Verletzung der A. ovarica bei einer Abrasio[31]? Wie viel Zeit wäre für den Austritt von 1,5 l Blut notwendig gewesen, in der die Verletzte, sich wahrscheinlich unter Schmerzen windend, am Boden lag oder (wie von der Staatsanwaltschaft angenommen) sich bei der unterstellten Gewalteinwirkung durch ein stielähnliches Gerät (s. Abb. I/7) hätte zur Wehr setzen können?

*Vergleichsweise* sei vermerkt, dass bei einer regulären Blutspende (aus der Ellbeugenvene zu entnehmen) zur Gewinnung von etwa **450 ml** Blut mit einer Kanüle von 1,2 mm Innendurchmesser ein Zeitraum zwischen acht bis zehn Minuten erforderlich ist. Um 1,5 l Blut auf diese Weise zu gewinnen, wären etwa 30 min erforderlich. Wird die Kanüle herausgezogen, so tritt Blut in das umgebende Gewebe und die Blutungsquelle versiegt.

---

[30] Ad hoc = zu diesem Zweck.
[31] Abrasio uteri = operative 'Ab-' bzw. 'Ausschabung' der Gebärmutter, auch 'Kürettage' genannt.

**Blutmenge und Symptome bei Blutverlust:**
Die anzunehmende Blutflüssigkeitsmenge eines Erwachsenen beträgt im Mittel **68,5 ml/kg** Körpergewicht. Das Körpergewicht der Betroffenen betrug angabegemäß 67,5 kg. Daraus errechnet sich für die Geschädigte ein Gesamtblutvolumen von ca. **4,6 l**.

Um den bei der Geschädigten vorhanden gewesenen Blutverlust sachlich begründet (und wie annahmebedingt durch die Verletzung der Vaginalschleimhaut entstanden) einschätzen zu können, ist vorrangig die Frage zu beantworten, welche Gefäße im Bereich der Vagina bei ihr tatsächlich verletzt waren. Die nachfolgende Abbildung ermöglicht eine Übersicht.

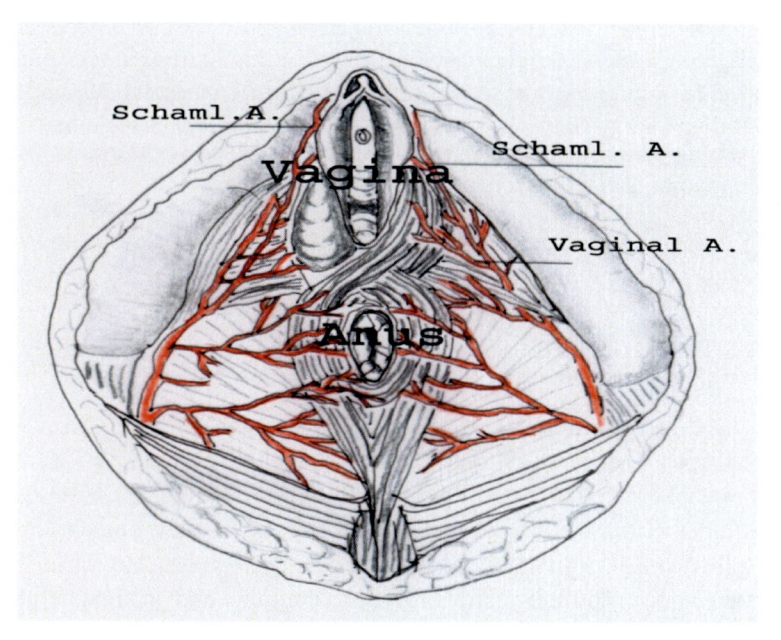

Abb. I/6: Verzweigungen der A. vaginalis, rechts im Bild

Die zweite in diesem Zusammenhang sehr wesentliche Frage lautet: Ist der anzunehmende Blutverlust (in der mündlichen Verhandlung wurde er auch zurückgenommen) überhaupt vital entstanden oder erst nach dem durchgeführten Reinigungsritual durch den Beschuldigten (wie angegeben nach Einführen des Duschschlauches in die Vagina) post mortem eingetreten? — Infolge des bestehenden Bluthochdruckes der Geschädigten stand sie wahrscheinlich unter gerinnungshemmender Therapie (sogenannte „Blutverdünner"-Behandlung). Dadurch kommt es bei einer Verletzung zwangsläufig zu stärkeren Blutungen.

Siehe dazu ferner die Einblutung in die Rückenmuskulatur (Abb. I/5), die offensichtlich postmortal entstanden ist, denn im histologischen Gutachten fehlen jegliche Hinweise auf die postulierte vitale Genese. Auch im Obduktionsprotokoll wurde ein „Auswaschversuch" des Blutes als Kriterium vitalen Geschehens nicht beschrieben.

Auf die angenommene (vaginale) Blutungsquelle hinweisend, heißt es im Sektionsprotokoll unter Ziffer 44:

»An der linken Scheidenseite sich von Höhe der Harnröhreneinmündung bis zum hinteren Scheidengewölbe in Höhe des Muttermundes erstreckende, 8 zu 3 cm messende, relativ glattrandig erscheinende und am inneren Wundwinkel spitz zulaufende **Zerreißung der Schleimhaut** mit zahlreichen Gewebsbrücken in der Wundtiefe sowie zahlreiche zum Teil konfluierende <u>kleinfleckige</u> Unterblutungen.«

Sind diese kleinfleckigen Unterblutungen als vital oder post mortem entstanden zu deuten, etwa durch das nach dem Tode erfolgte Reinigungsritual? Und weiter unter derselben Ziffer:

»An der Bauchfellseite der Gebärmutter eine U-förmige, nach unten offene, 5 zu 4 cm messende und bis zu 0,7 cm breite Unterblutung.«

Es ist lediglich von einer <u>Zerreißung</u> der Schleimhaut die Rede, nicht — wie nach dem Postulat der Staatsanwaltschaft zu erwarten wäre — von einer Perforation[32] der Vaginalwandung als Folge des Hineinstoßens eines Rohres oder Besenstiels (s. Abb. I/7). Wäre ein stielähnliches Instrument zum <u>Hineinstoßen</u> verwendet worden, so würde am ehesten eine rundlich geformte, die Vaginalwand wahrscheinlich durchbohrende Verletzung zu erwarten gewesen sein. Gefunden wurde dagegen (Ziffer 44):

»... eine relativ glattrandig erscheinende und am inneren Wundwinkel spitz zulaufende **Zerreißung der Schleimhaut** mit zahlreichen Gewebs-

---

[32] Perforation = Durchbohrung, Durchbruch meist in die freie Körperhöhle.

brücken in der Wundtiefe sowie zahlreiche zum Teil konfluierende kleinfleckige Unterblutungen.«

Auf Seite 14 des Gutachtens wird unter Sektionsergebnis eine weitere kleine Scheidenverletzung beschrieben:
»An der Hinterseite des Scheideneinganges ein in Längsrichtung zum After hin angeordneter, 1,3 zu 0,4 cm messender Einriss der Haut und Schleimhaut mit daran nach links oben angrenzender, 1,5 zu 1 cm messender rötlichvioletter Unterblutung.«

Weiter auf der gleichen Seite:
»Zeichen des Blutverlustes: <u>Blässe</u> der Totenflecke und der inneren Organe.«.

Einen Satz weiter gegenteilig:
»Hinweis auf äußeres Ersticken: <u>dunkellivide</u> Farbe der <u>blassen</u> Totenflecken.«

Wie soll eine solche Formulierung verstanden werden?

Im **rechtsmedizinisch-gynäkologischen Kollegiumsgutachten**, unterzeichnet durch den Chefarzt einer gynäkologischen und geburtshilflichen Klinik sowie durch den Obduzenten Dr. K. und seinem Vorgesetzten PD Dr. M. wurden diesen Gutachtern durch das Gericht acht Tage nach der Obduktion die folgenden Fragen zur Beantwortung vorgelegt:

1. »Kommt der bereits vorgelegte metallene, stangenartige Gegenstand als ein solcher in Betracht, der die Verletzung der Scheidenschleimhaut bei dem Opfer verursacht haben kann?

2. Kommen ein Brausekopf (Schraubteil) oder ein Schlauch nach Entfernen des Brausekopfes als Gegenstände, die die Verletzung verursacht haben können, in Betracht?«

In der erst fünf <u>Monate</u> (!) nach Auftragserteilung erfolgten gutachterlichen Beurteilung kommen die Unterzeichnenden des Kollegiumsgutachtens zu dem Schluss, dass
»... das als fragliches Tatwerkzeug vorgelegte Rohr [Abb. I/7] wegen seiner Abmessungen, der daraus resultierenden Sperrigkeit, wenig geeignet erscheint, die auf lokale anatomische Strukturen begrenzte Verletzung zu erzeugen. Bei einer Anwendung dieses Werkzeuges wären tieferge-

hende Verletzungen wahrscheinlich. Darüber hinaus müssten mindestens im Inneren des Rohres DNA-Spuren nachweisbar gewesen sein.«
Zu 2 »Das gewaltsame Einführen sowohl des Duschkopfes als auch des Duschschlauches könnten die genannten Verletzungen hervorgerufen haben, eher noch der Kopf als der Schlauch.«

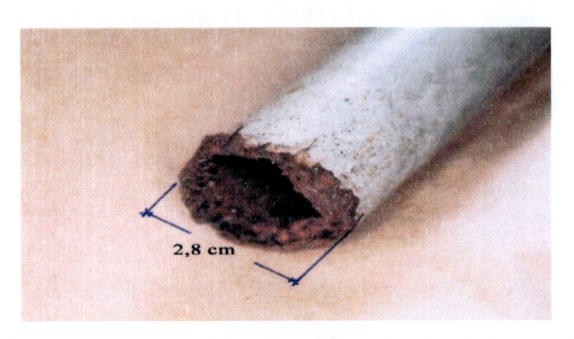

Abb. I/7: Plasteummanteltes Metallrohr, von der Ermittlungsbehörde aus einem Abfallcontainer in der Nähe des Tatortes geborgen, Vergrößerung des Endes mit Rostauflagen

Nach Aussagen des der Tat Verdächtigten habe sich die Geschädigte nach dem ersten GV beim Reinigen in der Badewanne den Brauseschlauch [ohne (?) Brausekopf, aber offenbar einschließlich der an seinem Ende befindlichen Überwurfmutter zum Befestigen des Brausekopfes] vaginal selbst eingeführt. Dabei habe sie gezittert, heißt es. Beim danach erfolgten zweiten GV habe sie plötzlich laut über Schmerzen geklagt. In der Befragung des zu diesem Zeitpunkt noch Tatverdächtigen gibt er wörtlich an:

*»Beim zweiten Geschlechtsverkehr war sie auf allen vieren und ich führte mein Glied von hinten in sie hinein. Es kann sein, dass ich mich etwas härter bewegt habe. Nach ein-/zweimal schrie sie auf und sagte, sie hat Schmerzen. ... Ich zog mich zurück und sah wie sie geblutet hat. Die Blutung hat nicht aufgehört, ich habe ihren Namen gerufen aber sie reagierte nicht mehr.«* Sie habe aus der Vagina geblutet, danach ebenso aus dem Mund.

Bei der Prüfung der Unterlagen ergibt sich ein weiterer sehr wesentlicher, von den Obduzenten jedoch unbeachtet gebliebener Widerspruch: Die Einblutungen in die defekte Vaginalschleimhaut sind, den vorhandenen Bilddokumenten nach zu urteilen, wesentlich geringer als die in der Rückenmuskulatur nachgewiesenen. Damit drängt sich die Frage auf, ob die im Vaginalbereich gefundenen Einblutungen wirklich als vital bedingt aufzufassen sind oder nicht — wie jene in der Rückenmuskulatur — ebenfalls hauptsächlich als post mortem entstanden zu interpretieren sind. Darüber soll die histologische Untersuchung Aufschluss geben, die unverständlicherweise jedoch erst neun <u>Monate</u> <u>nach</u> der Obduktion und zwar auf Drängen der Verteidigung durchgeführt wird.

Die <u>äußere Rückenhaut</u> der Geschädigten erweist sich auf dem während der Obduktion gefertigten Foto als <u>unversehrt</u>, es sind weder Verletzungen noch subkutane Blutunterlaufungen als Folge vorangegangener Gewalteinwirkungen vorhanden. Es fehlen farbtypische Hautveränderungen als Folge von möglicherweise schon zu Lebzeiten entstandenen und in Resorption befindlichen Hämatomen. So sind diese Einblutungen mittel- oder unmittelbar mit dem Todesgeschehen in Zusammenhang zu sehen. In den neun Monate später von den Obduzenten dargelegten histologischen Befunden werden sie als <u>zu Lebzeiten entstanden</u> diagnostiziert, obwohl sämtliche dafür notwendigen histologischen Hinweise fehlen.

Die eindeutige Festlegung der Obduzenten (in Ziffer IV und V des Gutachtens) führt mit ihrer, zu diesem Zeitpunkt nicht erwiesenen oder erweisbaren und damit fehlerhaften Aussage auf eine falsche Ermittlungsspur mit fatalen Folgen. Zu bemängeln ist ferner eine wesentliche Unterlassung der Ermittlungsbehörde, nämlich:

1. Der Nachweis von Fingerabdrücken des Tatverdächtigen am vermeintlichen Tatwerkzeug (Abb. I/7). Die, wären sie vorhanden, die ihm unterstellte Tat allerdings nicht beweisen würden, aber zumindest ein Indiz darstellten, dass er diesen Gegenstand berührt hätte,
2. sowie das Vorhandensein von DNA-Material der Geschädigten an diesem „stumpfen Gegenstand".

**Feingewebliche Untersuchung** auf Anordnung des Gerichtes angefertigt erst neun Monate nach der am 8. März erfolgten Obduktion! und im hier nachfolgend aufgeführten Text wörtlich übernommen:
»1 x Rückenmuskulatur (HE): Frische Blutung zwischen den Muskelfasern. Keine Granulozyteninfiltrate. Diagnose: *Ganz frische, zu Lebzeiten entstandene* intramuskuläre und interstitielle Blutung bis ins Fettgewebe, keine zelluläre Reaktion.

3 x Scheidenverletzung (HE): Weitgehender Epithelverlust. Ausgedehnte, ganz frische Blutung im lockeren Bindegewebe, unter der Schleimhaut, im Binde- und Fettgewebe. Keine Granulozyten. Diagnose: *ganz frische Blutung, zu Lebzeiten entstanden*.

3 x Herz (HE, van Gieson): Akute Blutfülle, herdförmige Vermehrung von Fettgewebszellen in der Herzmuskulatur. Kleine epikardiale Blutung. Diskrete perivaskuläre Fibrose. Keine Einengung der Gefäße innerhalb der Muskulatur. Diagnose: Kein Anhalt für Infarkt, kein Anhalt für Entzündung. Herdförmige Vermehrung von Fettgewebszellen.

5 x Lunge (HE, van Gieson, PAS)[33]: Akute Blutfülle. Wechselnd stark ausgeprägtes intraalveoläres Ödem. In den Lungenbläschen einzelne Makrophagen. Bronchien nicht wandverdickt; kein Anhalt für Asthma, keine akute Luftwegsentzündung. Peribronchial / perivasal geringe Fibrose mit mäßiger lymphozytärer Infiltration, ganz vereinzelt Riesenzellen und Kohlepigmentablagerungen im Sinne einer chronischen peribronchitischen Entzündung (Raucherbronchitis). Keine Granulombildung, *keine Schockäquivalente in den Gefäßen. Kein Nachweis von Knochenmarkzellen in den Gefäßen.* Diagnose: Chronische Entzündung in der Luftwegsumgebung (Peribronchitis). Keine Anzeichen von Asthma.

2 x Leber (He, van Gieson): Gemischttropfige diffuse Verfettung. Bindegewebiger Umbau mit z.T. dichter Rundzellinfiltration. Diagnose: Fettleber mit inkomplettem zirrhotischem Umbau und entzündlichen Veränderungen. Vakuolen nicht abgrenzbar.

Zeichen eines akuten Todes. Zeichen einer Vorschädigung von Herz und Lunge, die weder allein noch in Kombination eine konkurrierende Todes-

---

[33] Van Gieson Färbung zur besseren histologischen Darstellung von Bindegewebe. PAS-Reaktion zur besseren Darstellung von Glykogen, z.B. Knochenmarkzellen.

ursache darstellen. Alle anderen Zeichen der akuten, zu Lebzeiten entstandenen Blutung im Gewebe sind nicht durch krankhafte Veränderungen erklärlich. Herz- und Leberveränderungen können als Hinweis auf alkoholische Genese interpretiert werden. Die feingeweblichen Befunde sind mit einem akuten Ersticken vereinbar, sie sprechen dafür.«

Es folgen drei Unterschriften, die eines Pathologen sowie die von zwei Rechtsmedizinern.

Die Beschreibung des feingeweblichen Befundes der Blutung in die Rückenmuskulatur ist völlig unzureichend, um daraus eine vitale Entstehung des Blutaustrittes zu diagnostizieren!

Da die äußere Rückenhaut der Leiche keinerlei Spuren physischer Gewalteinwirkungen erkennen lässt — die aber vorhanden sein sollten, wären die »ganz frische, zu Lebzeiten entstandene intramuskuläre und interstitielle Blutung bis ins Fettgewebe« (wie es in der Beschreibung heißt) in der Tat vitaler Genese — so ist ihre Entstehung zu Lebzeiten der Betroffenen als höchst unwahrscheinlich zu bezeichnen. Unterstützt wird diese Auffassung durch jegliches Fehlen sogenannter Schockäquivalente in der histologischen Befunderhebung.

Bleibt zu definieren, was exakt als vital bzw. post mortem zu verstehen ist. Zwischen beidem liegt die Phase der Agonie[34], in der einzelne Lebensfunktionen rudimentär und relativ kurzzeitig erhalten bleiben können, z.B. einzelne, zuckende Pumpbewegungen des Herzens. In der Literatur werden dafür unterschiedlich lange Zeiten angegeben: Herzmuskelkontraktionen bis zu ½ Stunde postmortem und darüber hinaus werden mehrfach beschrieben. Austritte von Blut in das die Gefäße umgebende Gewebe in der Phase der Agonie sind somit grundsätzlich möglich, insbesondere dann, wenn der blutdurchtränkte Gewebebereich längere Zeit (wie im vorliegenden Fall) im Bereich

---

[34] Bezeichnet eine zeitlich nicht exakt beschreibbare Übergangsphase zwischen Leben und Tod, in der das allmähliche Erlöschen der Nerventätigkeit dem Eintritt des Todes unmittelbar vorausgeht. Mögliche Anzeichen: Krämpfe, Schnappatmung, erlöschender Puls. Abzugrenzen sind diese Formen von sogenannten supravitalen Erscheinungen, die noch einige Zeit nach Eintritt des Todes auslösbar sind.

der Hypostase gelegen hat (hier seitliche Rückenlage der Frau offenbar über mehrere Stunden auf der Rückbank ihres Pkw, s. Abb. I/4). Ist eine Blutung zu Lebzeiten entstanden, so muss sich das Blut in den Maschen des Gewebes befinden, dort geronnen („verfilzt") sein; dadurch ist es nicht mehr auswaschbar. Dieses Phänomen gilt als relativ sicheres Zeichen für die vitale Entstehung einer Blutung, es wurde bei der Sektion jedoch nicht überprüft.

Wie sind die massiven Durchblutungen der Rückenmuskulatur erklärbar? Es sei darauf hingewiesen, dass die Einblutungen in die Rückenmuskulatur sich linksseitig befinden, sich im Hypostasebereich ausgebildet haben, denn der Leichnam war — mit der linken Körperseite aufliegend — auf der Rückbank des PKW abgelegt.

Das Zustandekommen der erforderlichen Gefäßwandzerstörung bzw. der Durchlässigkeit als Voraussetzung für einen Blutaustritt im Bereich der Rückenmuskulatur kann im vorliegenden Fall durch den Transport der Leiche erklärbar werden: Sie wurde, wie angegeben, zum Reinigen in eine Badewanne verbracht (wahrscheinlich mindestens zweimal mit der entsprechenden Schwerfälligkeit eines toten Körpers über den Rand der Badewanne gehievt), dann zurück in die Stube geschafft, danach bekleidet und durch den Beklagten auf seiner Schulter ins Auto getragen. Reichen die dabei auf den Körper der Geschädigten agonal bzw. postmortal eingewirkt habenden mechanischen Kräfte aus, Gefäße in entsprechend notwendiger Weise zu schädigen?

**Medikamente:**
Auf S. 3 des rechtsmedizinisch-gynäkologischen Kollegiumsgutachtens wird ausgeführt:
»Nach Angaben [des Ehemannes] hätte seine Frau [die Geschädigte] folgende Medikamente genommen: Betablocker, Metropolol 200 mg 2x täglich, Atakand 16+ früh eine halbe.«
»In der Handtasche der Geschädigten folgende Tabletten: Aspecton Halstabletten, Paracetamol Ratiopharm, Zwei Tabletten Aspirin, Nitrolingual N-Spray, etwa zur Hälfte geleert. — Von der Tochter wurde der Behörde ferner eine Flasche Diazepam Ratiopharm-Tropfen (fast voll) übergeben.«

**Nitrolingual N-Spray:** Medikamnent zur Sofort-Behandlung eines akuten Angina pectoris-Anfalles[35]. Den betroffenen Patienten wird empfohlen, das Präparat zwecks Anwendung, wie in diesem Fall geschehen, ständig bei sich zu führen.

Da die Sprühdose zur Hälfte geleert war, ist zu schlussfolgern, dass die Patientin Gebrauch davon gemacht haben dürfte, also an einer Herzkranzgefäßerkrankung litt, somit als <u>kardial vorgeschädigt</u> zu betrachten ist.

Die Betroffene hatte das Präparat „Aspirin" (**Acetylsalicylsäure**, abgekürzt ASS) bei sich. Dabei handelt es sich um ein Präparat mit schwacher analgetischer (schmerzsenkender) sowie fiebersenkender und antientzündlicher Wirkung (Rheumabehandlung). Das Vorhandensein des Präparates in ihrer Tasche lässt auf seinen Gebrauch schließen. Wie die übrigen Medikamente zeigen, litt die Betroffene an Bluthochdruck.

Bei Bluthochdruck- oder kardial-vorgeschädigten Patienten wird **ASS in geringer Dosierung** (ASS 100 bzw. 50) als Dauermedikation verabreicht, um dadurch das Anhaften von Blutplättchen an den Gefäßinnenwänden, besonders den vorgeschädigten Herzkranzgefäßen als Infarktprophylaxe zu minimieren. Die Folge der Einnahme ist eine **Blutungsneigung** bereits aus geringsten Gefäßverletzungen des gesamten Körpers mit andauernder Nachblutung.

So wird unter Nebenwirkungen aufgeführt:

»Gelegentlich **Magen-** oder **Darmblutungen**, durch verborgene Blutverluste aus dem Magen- oder Darmbereich kann **Blutarmut** auftreten.«

Da das Präparat unter den Medikamenten in ihrer Tasche gefunden wurde, ist davon auszugehen, dass sie es zumindest gelegentlich genommen haben dürfte. Das würde den Blutaustritt aus dem Mund (wie angegeben Bl. 75 der Akte bzw. S. 4 des rechtsmedizinisch-gynäkologischen Kollegiumsgutachtens, unterer Abschnitt) erklären.

Zu **Metohexal** (Metoprolol) existiert ein gesondertes Gutachten, ausgefertigt am 29. Sept. 2009, also ebenfalls erst sechs Monate nach der

---

[35] Akut auftretende Verengung der Herzkranzgefäße.

Obduktion. Ziel einer solchen Medikation ist eine Verlangsamung der Herzschlagfrequenz. Im Gutachten des Pharmakologen Prof. Dr. F. heißt es:

»Nach den Unterlagen lagen keine weiteren Risikofaktoren wie z.B. eine koronare Herzerkrankung [usw.] vor«.

Das ist — ausgerechnet vorgetragen durch einen Pharmakologen — nachweislich **falsch**! Verwiesen sei auf die eindeutig beschriebene Koronareinengung und den Gebrauch des Lingualsprays.

Auf S. 5 seines Gutachtens heißt es:

»Schwindel, Müdigkeit bis hin zur Benommenheit können zusätzlich auftreten [gemeint ist: nach Einnahme von Metropolol]. Diese zentralnervösen Symptome werden durch den gleichzeitigen Blutverlust noch verstärkt«. Und weiter S. 6: »2. Die Metropololkonzentration ist mit 3,91 µg/ml zu hoch gemessen worden.«

Woraus will der Gutachter eine zu hohe Messung erkannt haben? Auch im Oberschenkel-Venenblut wurden 3,84 µg/ml gemessen. Er schreibt weiter S. 8, dass diese Konzentrationen für ihn nicht erklärbar seien, wohl aber wurden sie festgestellt. (In der Akte wird an späterer Stelle eine postmortal erfolgte „Umlagerung" des Wirkstoffes in die Gefäße erwogen?) Bei zweifelhaft erscheinenden Messwerten sind Messwiederholungen üblich und zwar unter Mitführung von Standardkonzentrationen. Darüber gibt das Protokoll keine Auskunft.

---

**Atacand:** (ein Angiotensin-II-Rezeptorantagonist) Arzneimittel zur Behandlung von Bluthochdruck und/oder Herzmuskelschwäche, kontraindiziert u. a bei Lebererkrankung.

---

An wesentlichen Nebenwirkungen dieses Wirkstoffes werden bei Dauermedikation erwähnt: Agranulozytose (starke Verminderung der Anzahl weißer Blutzellen, die für die Infektabwehr verantwortlich sind). Gefahr der Lungeninfektion! Deshalb ist in bestimmten Zeitabständen die Anfertigung eines Blutbildes erforderlich. Veränderung der Leberfunktion ist möglich (in der Histologiebefundung wird von beginnender Lebercirrhose gesprochen). Die Existenz eines Blutbildes der Betroffenen, zeitnah zu ihrem Todeseintritt gefertigt, ist in den geprüften Unterlagen nicht aufgeführt.

Es heißt in den Unterlagen, dass der Blutdruck durch die verordnete Medikation auf Werte 140 /... eingestellt war. Für einen Hochdruckpatienten (ohne zusätzliches Risiko) sind derartige Werte therapeutisch ausreichend, jedoch unter welchen Bedingungen wurden sie gemessen? Handelt es sich um Einzelmessungen, etwa beim Arztbesuch erhoben? Blutdruckwerte unterliegen erheblichen Schwankungen je nach Belastung physischer oder psychischer Art, z. B. während sexueller Erregung insbesondere extramarital. In solcher Situation kann es bei Vorschädigung eines Probanden/din insbesondere kurz vor dem Höhepunkt der Erregung, bekanntermaßen auch schon bei jüngeren Menschen, zu tödlichem Herz-Kreislauf-Versagen kommen.

**Paracetamol** (Plastestreifen mit 10 Tabletten). Dabei handelt es sich um ein schmerzstillend wirkendes Medikament, zu verabreichen bei Fieberzuständen und rheumatoiden Beschwerden.

Unter Wechselwirkungen zu anderen Medikamenten wird aufgeführt: Verstärkt die Wirkung von Antikoagulantien (sogenannten „Blutverdünnern"), oben erwähnt als **ASS**. Wenn die Betroffene Paracetamol benutzt hat, so ist davon auszugehen, dass eine „blutverdünnende" Wirkung (vermutlich durch ASS eingeleitet) möglicherweise verstärkt wurde.

**Diazepam Ratiopharm:** wird als Psychopharmakon geführt (s. „Rote Liste") bzw. in Pharmakologie-Lehrbüchern als Antiepileptikum.

Die Existenz des Präparates unter ihren Medikamenten lässt vermuten, dass die Betroffene in bestimmten Situationen davon Gebrauch gemacht haben dürfte, möglicherweise an Krampfanfällen litt.

**Mögliche Verletzungen beim Koitus:**

Im Normalgeschehen folgt das erigierte männliche Glied bei der Penetration dem Verlauf des Scheidenrohres. Eine Studie an 13 koitierenden Paaren, die während des Geschlechtsaktes im Magnet-Resonanz-Tomographen überprüft wurden, (SCHULZ et al. 1999) zeigt diesen Befund.
Im Abstract schreiben die Autoren:

»Um herauszufinden, welches der beiden Geschlechtsteile (männlich oder weiblich) während eines Coitus sich dem anderen anpasst und, um ferner herauszufinden, welches von beiden das formgebenden Teil dabei ist, wurde bei coitierenden Paren eine Magnet Resonanz Tomographie durchgeführt. ... Die erhaltenen Bilder zeigen, dass während der Ausübung des Coitus in Missionarsstellung der Penis die äußere Form „of an boomerang" aufwies und 1/3 seiner Länge aus der Wurzel des Penis bestand. Der Uterus war während der weiblichen sexuellen Erregung innerhalb des Aktes aufgerichtet, und die vordere Vaginalwand war der Länge nach gedehnt. Die Uterusgröße war während des Aktes nicht verändert.«

Die in der oben erwähnten Publikation enthaltenen Abbildungen zeigen, dass die Penisspitze bei Missionarsstellung der Partner gegen die vordere Scheidenwand stößt. — Im Sektionsprotokoll heißt es unter Ziffer 44:

»An der linken Scheidenseite sich von Höhe der Harnröhreneinmündung bis zum hinteren Scheidengewölbe in Höhe des Muttermundes erstreckende ... Zerreißung« usw. —

Selbst wenn, wie im gegebenen Fall, der zweite Geschlechtsakt nicht in Missionarsstellung, sondern wie in der Aussage des Beklagten in kniender Weise erfolgte, stößt die Gliedspitze (wie durch Drehung der Abbildungen in der erwähnten Publikation sichtbar würde) ebenfalls gegen die vordere Scheidenwand. Die Verletzung der Scheidenwand erfolgte jedoch seitlich.

**Zum möglichen Zustandekommen der beobachteten Vaginalverletzungen:**

Aus der Literatur ist bekannt, dass beim Geschlechtsverkehr, insbesondere beim sogenannten Alterskoitus (selbst lege artes ausgeführt) infolge altersbedingt vorhandener Rigidität des Vaginalgewebes u.U. Verletzungen bis hin zu Perforationen entstehen. Sie liegen »meist im Bereiche des hinteren Scheidengewölbes«, schreibt KÜSTNER (1910), und weiter:

»Eine nicht unbeträchtliche Zahl der bekanntgewordenen umfänglichen Coitusverletzungen lag paravaginal. Der Penis hatte vom Labium majus aus einen falschen Weg neben der Vagina gebohrt.«

Aus den Unterlagen des hier analysierten Falles ist abzuleiten, dass sich die Betroffene nach dem ersten GV ins Bad begab, den Unterkörper geduscht und sich dabei einen Duschschlauch vaginal eingeführt habe, ob mit oder ohne zugehörigem Duschkopf, geht aus der Aussage des Tatzeugen, des Beklagten, nicht eindeutig hervor. Dabei, so heißt es u.a. in seiner Aussage, <u>habe sie gezittert</u>.

Um die Durchführbarkeit eines solchen Geschehens theoretisch zu prüfen, wurde im Gespräch mit einer Gynäkologin (Frau OA Dr. A., 34 Jahre Berufserfahrung) die mögliche Realisierbarkeit der Einführung eines Duschkopfes in die Vagina bestätigt. In der nachfolgenden Modellabbildung entspricht die Distanz der Spekulumbranchen von neun cm der üblichen, schmerzfreien Spreizung des Orifiziums bei der Vaginaluntersuchung einer gesunden Frau mittleren Alters (s. dazu Abb. I/8).

Es ist mit hoher Wahrscheinlichkeitsgrad davon auszugehen, dass durch die eigenhändige Einführung von Schlauch oder Duschkopf eine erste (oberflächliche?) Verletzung der Vaginalschleimhaut gesetzt wurde. Etwaige Schmerzen müssen in einem Zustand stuporöser[36] Beeinträchtigung nicht zwangsläufig <u>wahrgenommen</u> werden (dazu gibt es zahlreiche Literaturberichte). Erst über das eingeführte Glied beim 2. GV wurde durch Berühren der verletzten Schleimhaut die Schmerzblockade wahrscheinlich gelöst und die dadurch möglich gewordene Schmerz<u>wahrnehmung</u> laut geäußert.

---

[36] Bei heftigem Erregungszustand verschiedenster Ursache auftretende, leichte bis schwere Veränderungen in der Verhaltensweise eines Menschen. Die Schmerzwahrnehmung kann in solchem Zustand vollständig blockiert sein, Erst durch neuen Reiz, z.B, Sichtwahrnehmung des aus einer Wunde austretenden Blutes, werden die Blockade gelöst und der Schmerz wahrgenommen.

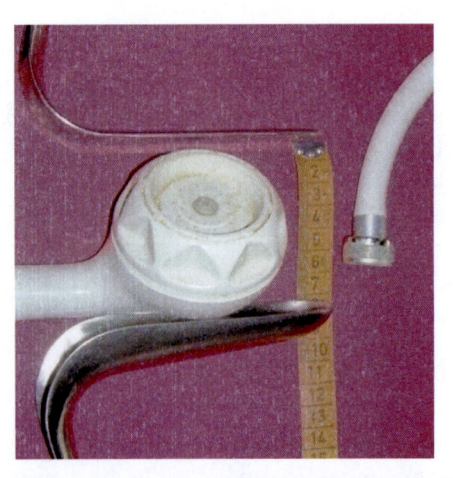

Abb. I/8: Spekulumstellung bei normaler gynäkologischer Vaginaluntersuchung. (Zur Dokumentation des hier erwähnten Sachverhaltes zwischen den Spekulumbranchen ein Duschkopf mit einem Durchmesser von sieben cm. Rechts daneben Duschschlauch mit Überwurfmutter)

### „Self-Fisting"[37]

Sollte die Frau, wie vermutet wird, sich zuvor in der Badewanne den Duschschlauch möglicherweise samt Duschkopf vaginal eingeführt haben (was nicht ausgeschlossen werden kann), so kommt eine weitere mögliche, begleitend wirkende Todesursache in Betracht. Ein Duschkopf (vgl. Abb. I/8) besitzt annähernd die Größe einer weiblichen Faust.

Bei der Ausübung dieser in bestimmten Kreisen praktizierten Sexualpraktik beschreiben ORR et al. (1995) zwei tödliche Zwischenfälle (allerdings bei analer Penetration).

Den Angaben zufolge trat beim 2. GV unmittelbar nach Einführen des Penis der Tod der Frau ein und zwar ganz offenbar nicht (wie die Obduzenten schlussfolgerten) durch einen hohen Blutverlust, sondern auf

---

[37] Fist (engl.) = Faust; darunter wird vaginaler Faustverkehr verstanden. Übersicht bei POWERS, K.: „Fisting", Stephenson Verlag (2004).

der Grundlage des vorgeschädigten Herz-Kreislaufsystem infolge eines besonderen sexuellen Erregungszustandes intra coitum[38].

Die Geschädigte befand sich in der Phase der Agonie mit den dafür typischen Erscheinungen. Der Beklagte habe daraufhin Wiederbelebungsversuche an der liegenden Person durchgeführt, eine Mund-zu-Mund-Beatmung (daher möglicherweise die aufgeblähte Lunge?) und eine Thoraxkompression. Da der Kreislauf des Blutes in dieser zum Tode übergehenden Phase bereits stagnierte, wurde durch die Pressdruckerhöhung auf den Brustkorb (Herzmassage) zwangsläufig auch ein Druckanstieg im Gewebe des Hals- und Kopfbereiches erzeugt, wodurch die Entstehung der beobachteten punktförmigen Blutaustritte (Petechien, Ekchymosen)[39] an den Prädilektionsstellen denkbar wird. Da sich die Geschädigte zuvor in einer Knie-Ellenbeuge-Lage befunden habe, der Kopf demzufolge tiefer gelegen haben dürfte als der übrige Körper, ist infolge des kardial bedingten Herz-Kreislaufschadens von einer Blutstauung im Kopfbereich auszugehen.

Das Herz pumpt zwar noch über die Arterien Blut in diesen Bereich hinein, aber der Druck reicht nicht mehr aus, es über die in diesem Bereich klappenlosen Venen regulär abfließen zu lassen. Ein Absacken des Blutes in den tiefer liegende sogenannten Hypostasebereich ist die Folge. Hinzukommt eine Rückstauung aus dem rechten Herzen.

---

[38] Wie im Fall Hetzel (s. dort unter Annotation): In diesem Zusammenhang wird deutlich, dass sowohl für medizinische Laien wie insbesondere für Juristen allgemeine wie speziellere Kenntnisse notwendig sind, um sich über die Möglichkeit eines Todeseintrittes aus natürlicher Ursache während oder nach erfolgtem GV sowohl im Ehebett, häufiger jedoch extramarital eine Vorstellung zu machen. Zugrunde liegt diesen Fällen im Wesentlichen das Pressdruckprinzip nach VALSALVA.

[39] Ekchymosen = Petechien = punktförmige Blutungen beim Ersticken ebenso Ertrinken (als typische Form des Erstickens), u.a. auch ein Zeichen hämorrhagischer Diathese, Vitaminmangel (C u. P), Purpura, Rumpel-Leede-Phänomen (punktförmige Blutungen nach Anlegen einer Blutdruckmanschette als Zeichen für verminderte Kapillarresistenz bei Thrombozytopenie).

Die Anklage geht von einem durch den Angeklagten gewaltsam herbeigeführten Erstickungstod aus. Jegliches zweifelsfrei beweisende Indiz dafür fehlt! Zunächst sei definiert, was unter einem Ersticken zu verstehen ist: Im Vordergrund stehen nicht nur der Sauerstoffmangel, sondern auch die Anreicherung von $CO_2$ im Blut und damit im Gehirn, wodurch Kreislauf und Atmung angeregt werden. Blutdruckerhöhung ist möglich. Das ist im Allgemeinen bei einem „langsam" erfolgenden Ersticken der Fall.

Bei einem Fortdauern des Sauerstoffmangels treten allmählich quälende Atemnot und Angst auf, die zu verstärkten Abwehrreaktionen des Opfers führen können (Hautschuppen vom Täter unter den Fingernägeln des Opfers als Kampfspuren wurden nicht gefunden).

An den inneren Organen, besonders der Lunge, treten durch kräftige Atmungsversuche sogenannte Sogblutungen in den Kapillaren der Peripherie auf, die histologisch erkennbar sind, im vorliegenden Fall aber nicht nachgewiesen werden konnten. Je nach Andauern einer Erstickungsnot treten in Leber, Herz und Gehirn weitere histologisch nachweisbare Zeichen auf, die in der Leber von fettfreien Vakuolen bis hin zur Nekrose reichen. In der Lunge finden sich im histologischen Befund **keinerlei Zeichen**, die auf ein Ersticken hindeuten.

Die beim Ersticken vital entstehende Überblähung des Lungengewebes führt zu Einreißungen der Alveolenwandungen (Lungenbläschen) zwangsläufig verbunden mit Blutungen. (Fehlen diese Blutungen in der histologischen Befunderhebung wie in diesem Fall, so spricht das gegen eine zu Lebzeiten entstandene Überblähung.)

Ersticken, gleich welcher Art, schreibt Prof. Brinkmann in der Bewertung des vorliegenden Falles,
»ist häufig von der Einschwemmung von Knochenmarkriesenzellen[40], anderen „weißen Zellen" und kleinen Gerinseln begleitet. ... Ein weiterer

---

[40] Knochenmarkriesenzellen (Megakariozyten) befinden sich normalerweise nicht im Blutkreislauf, sondern im Knochenmark. Durch Teilung dieser Zellen gehen aus ihnen die kernlosen Thrombozyten (Blutplättchen) hervor, die für den Gefäßverschluss bei Verletzungen zuständig sind.

'Erstickungsmechanismus' ist eine Verblutung. Auch bei einer Verblutung kommt es zu einer Aktivierung ... u.a. des Knochenmarks. Man findet Knockenmarkriesenzellen in den Lungenkapillaren. Nochmals: Schockäquivalente im vorgenannten Sinne finden sich bei gewaltsamer Erstickung ... wie z.b. weicher Bedeckung. Wirkt weiche Bedeckung alleine, dann dauert die Agonie länger und sollte im Mittel von einem Mehr an Schockäquivatenten begleitet sein. Insbesondere würde ich diese Schockäquivalente bei einem Verblutungstod erwarten.«

**Das Vorhandensein von Schockäquivalenten in der Lunge wurde** (s. histologischer Befund) expressis verbis aber <u>ausgeschlossen</u>.

Die beschriebene <u>Lungenüberblähung</u> der Geschädigten als eine mögliche Folge der durchgeführten Mund-zu-Mund-Beatmung anzusehen, könnte von Kritikern berechtigterweise als zu mechanistisch gedacht und zurückgewiesen werden, dennoch würde sie in diesem Falle die Überblähung der Lunge als agonal entstanden, bei Fehlen der erforderlichen Vitalzeichen, erklären.

**Zusammenfassung**

Das durch die Obduzenten abgegebene Sachverständigen-Gutachten zeichnet sich durch mangelnde Objektivität und in bestimmten Bereichen auch durch Sachunkenntnis aus (Blässe der Totenflecke als Zeichen äußerer Erstickung, Blutverlust von 1,5 l, fehlende Interpretation der ganz offensichtlich postmortal entstandenen Einblutung in die Rückenmuskulatur [die fälschlich sogar als vital entstanden beurteilt wird], verzögerte Anfertigung der für die Diagnose dringend erforderlichen Histologie, <u>Fehldiagnose</u> in der Lungenhistologie).

Woraus wird in der Befunderhebung bezüglich der Beurteilung der Blutung in die Rückenmuskulatur bzw. der Scheidenverletzung auf eine, wie es heißt: »ganz frische, zu Lebzeiten entstandene intramuskuläre Blutung« geschlossen? Ebenso bei der Beurteilung der Lungenpräparate: »Keine Schockäquivalente in den Gefäßen. Kein Nachweis von Knochenmarkriesenzellen«.

Im „Handbuch gerichtliche Medizin" (BRINKMANN/MADEA, Bd.1) heißt es unter »Vitale Reaktionen«: »Die Kasuistik der Gewebsembolie ist umfangreich. Beschrieben ist insbesondere die Verschleppung von Hirn- und Lebergewebe, von Knochenmark und Knorpel v.a. in die pulmonale Strombahn.«

Alle diese Zeichen fehlen im vorliegenden Fall, dennoch wird auf eine vitale Entstehung geschlossen.

Ungeklärt bleibt die Frage nach der neunmonatigen Verzögerung der histologischen Befunderhebungen. Bei einem Tötungsdelikt ist eine derartige Verschleppung absolut unzulässig; gleiches gilt im Übrigen für die Verzögerung der toxikologischen und gynäkologischen Befundbewertungen. Das Hinzuziehen eines Pathologen zur Erhebung patho-morphologisch-histologischer Befunde ist in einem kritischen Fall nicht unüblich, es betrifft jedoch nur die _Befunderhebung,_ nicht deren _Bewertung_.

Erstickungsfälle, sollte ein Pathologe damit in Berührung kommen, werden stets an die Rechtsmedizin abgegeben! Der namentlich genannte Pathologe Prof. Dr. G. sollte befragt werden, wie viele Lungenbefunde im Falle eines Erstickungstodes er selbst je gesehen oder befundet hat. Umfragen unter Pathologen ergaben, dass ihnen selbst der Begriff Schockäquivalent fremd war. Zur Verzögerung der histologischen Befundung wurde im Schriftverkehr der Verdacht einer möglichen versehentlichen Vertauschung der Präparate geäußert und eine DNA-Analyse empfohlen.

Unverständlich ist in diesem Zusammenhang die Entscheidung des Gerichtes, einen zweiten, einen ausgewiesenen Sachkenner in dieser Problematik (Herrn Prof. Dr. B.) als weiteren Gutachter abzulehnen, andererseits jedoch den Obduzenten und Gutachter Herrn Dr. K. als fachlich hinreichend kompetent hinzustellen. Seite 30 der Urteilsbegründung heißt es dazu:

»Auch im Übrigen hatte die Kammer keinen Grund, an der fachlichen Qualifikation des rechtsmedizinischen Sachverständigen zu zweifeln. Der Sachverständige durfte seine Überzeugung insbesondere im Wege der fachlichen Konsultation festigen. Bei Sachverhaltensgestaltungen, in denen es auf Spezialkenntnisse in Fachgebieten ankommt, ist dies dem in einem breiten Spektrum ausgebildeten rechtsmedizinischen Sachverständigen genauso zuzubilligen wie die Auswertung wissenschaftlicher Literatur.«

Der Gutachter Dr. K. bemühte jedoch seinen Kollegen Prof. Dr. G. zur »Sachverhaltsgestaltung« (wie es oben heißt), der bezüglich der Interpretation des histologischen Lungenbefundes auf keinerlei Spezialkenntnisse verfügen dürfte. Prof. Dr. P. sagte in der Hauptverhandlung dazu aus, er sei auf diesem Gebiet nur »ein kleines Licht«.

Der Angeklagte wird durch das Gericht des Todschlages für schuldig befunden und zu einer Freiheitsstrafe von neun Jahren verurteilt. Die Verteidigung legt unter Zuhilfenahme der oben aufgeführten Fallanalyse und zwei weiterer Gutachten Revision beim Bundesgerichtshof ein. Diesem Begehren wird stattgegeben. Im Beschluss des BGH (5. StR 246/10) heißt es:

»Auf die Revision des Angeklagten wird das Urteil des Landgerichtes Cottbus vom 22. Januar 2010 nach § 349 Abs. 4 StPO ... aufgehoben. Die Sache wird zu neuer Verhandlung und Entscheidung, auch über die Kosten des Rechtsmittels, an eine andere Schwurgerichtskammer des Landgerichtes zurückverwiesen.«

(Der Fall ist seit über drei Jahren bisher juristisch nicht abgeschlossen. Einer persönlichen Information zufolge wird nach neueren histologischen Untersuchungen von Luftemboli[41] als Todesursache ausgegangen. Sollte das Gericht dem folgen, so sind für den zu Unrecht beklagten Freispruch und Anerkennung von Haftentschädigung zu erwarten.)

**Anhang:**
In einer diesbezüglichen Studie von PARZELLER et al. (1999), erhoben aus dem Datenmaterial des Rechtsmedizinischen Institutes Frankfurt/M. (an ca. 21.000 forensisch relevanten Obduktionen), werden 39 Fälle aufgeführt, darunter lediglich zwei Frauen im Alter von 43 und 45 Jahren, bei denen der Todeseintritt im Zusammenhang mit einer sexuellen Betätigung gesehen wird.

---

[41] Eindringen von Luft über den Blutkreislauf bis zum Herzen.

Bei Männern wird im Alter zwischen 60 bis 69 Jahren die häufigste Fallzahl beobachtet, meist extramarital[42]. Als Todesursache werden im Wesentlichen Herz-Kreislauf-versagen, Myokarditis, Koronarinfarkt sowie Subarachnoidalblutung aufgeführt. Bis auf einen Fall sei die Blutalkoholkonzentration negativ gewesen. Die zugrunde liegenden Vorerkrankungen der Betroffenen werden in der Studie analysiert und sollten in der Originalarbeit nachgelesen werden.

Allerdings sei hervorgehoben, dass genau wie im Hetzel-Fall sich ein anzunehmender Exitus letalis intra coitum durch morphologisch fassbare Substrate nicht beweisen, sondern nur aus den Begleitumständen erschließen lässt. (Die im Fall Hetzel intra coitum Verstorbene war nur 25 Jahre alt.)

Bemerkenswert ist in diesem Zusammenhang der folgende Umstand: Verstirbt ein Mann während der sexuellen Betätigung, so scheint das „normal", niemand erhebt den Verdacht einer vorsätzlichen Tötung. Erleidet allerdings eine Frau bei der Ausübung des Geschlechtsverkehrs den Tod, so entsteht sofort der Verdacht der gewaltsamen Tötung durch den Sexualpartner! Ermittler, allen voran der Staatsanwalt, gefolgt von Gerichtsärzten, mit nicht minderer Sensationslust folgen die Medien, sie alle sind nicht davon abzubringen, dass in einem solchen Fall Gewalt gegen die Frau verübt worden sein muss! Das war vor 60 Jahren im Falle Hetzel so und ist heute nicht anders. Woran liegt das? An der Klischeevorstellung, der Sensationslust, die wir mit uns herumschleppen?

Wo bleibt die Objektivität, für die der Gerichtsarzt Sorge zu tragen hat? Im Fall Hetzel ist sie auf der Strecke geblieben, zum Teil offenbar vorsätzlich, ebenso im Fall Cb. durch ungenügende Sachkenntnis involvierter Juristen und Ärzte.

---

[42] Außerehelich.

# Der Fall Laura Herzog,
## ein Plötzlicher Kindstod[43] aus natürlicher Ursache oder gewaltsame Tötung?

(Die Namen aller Prozessbeteiligten wurden in der Presse veröffentlicht, so dass nur eine bedingte Anonymisierung erforderlich wird.)

**Sachverhalt:**

An einem Herbsttag bemerkten die Eltern kurz vor 24 Uhr, dass ihr Säugling (Laura) nicht mehr atme. Der Notarzt stellte ein Herzkreislaufversagen fest. Trotz zweistündiger Wiederbelebungsmaßnahmen verstarb das Kind im Notarztwagen. Als Todesursache wird von ihm ein sogenannter Plötzlicher Kindstod beurkundet. Am nächsten Tag erfolgte die Leichenöffnung.

**Obduktionsbefund** (entnommen und zusammengefasst aus dem Urteil des Bundesgerichtshofes), beschrieben werden:
Zahlreiche Punktblutungen in der Gesichtshaut, der Kopfschwarte, den Augenlidern und -bindehäuten sowie der Mundschleimhaut.

Daraufhin wird durch Prof. R. P. (Gerichtsarzt) die vorläufige Diagnose gestellt: **Erstickungstod durch Bedecken der Atemöffnung.**

In der Hauptverhandlung bestätigt P. seinen erhobenen Befund; es sei allerdings zunächst unterblieben, so heißt es, die gebotene histologische Untersuchung der Lunge vorzunehmen.
Bei der später durchgeführten Lungenhistologie stellt der Münchener Pathologe Prof. Lö. eine bereits chronische Bronchitis fest, welche aber auf die Todesursache keinen Einfluss gehabt habe, so seine Aussage. Die Blutpunkte im Kopfbereich werden von ihm (einem Pathologen, vgl. dazu den vorhergehend beschriebenen Fall Cb.) als Ergebnis äußerer Erstickung gewertet.
Ein anderer Sachverständiger (Prof. Dr. B., Gerichtsmedizin Münster) erstattet ein weiteres Gutachten, bestätigt den Lungenbefund, räumt aber ein, dass solche Punktblutungen aufgrund von Blutrückstauung,

---

[43] Englisch als *Sudden Infant Death Syndrome* bezeichnet, ein Tod aus natürlicher Ursache.

ausgehend vom rechten Herzen, nach Herzversagen entstehen können. Unter den weiteren Histologiebefunden aus Münster wird nicht nur eine Bronchitis, sondern auch eine Lungenentzündung beschrieben.

Am Tage vor dem Todeseintritt sei in der Wohnung eine Geburtstagsfeier abgehalten und geraucht worden, wurde festgestellt, ferner sei das Kind vorzeitig abgestillt gewesen.

In der ersten Hauptverhandlung bekundet der Kinderarzt Dr. Volker B. als Zeuge den Sachverhalt. Er berichtet, wie er als Notarzt in der Nacht zur Familie des Kindes gerufen wurde, das Kind sei zwar leblos, aber noch rosig und warm gewesen, deshalb habe man die Reanimation über zwei Stunden aufrechterhalten. Für ihn sei das ein klassischer, sogenannter Plötzlicher Kindstod:

»... das Alter, die Jahreszeit, die Tageszeit und der Atemwegsinfekt, der den Kindstod so begünstigt«,

seien vorhanden.

Aus dem Verhandlungsverlauf wird in einer Zeitungsmeldung zitiert:

»P. (der Obduzent) hatte ohne Wissen des Gerichtes ein flankierendes Gutachten des Chefs der Münchener Pathologie, Prof. L. machen lassen, der mit Prof. E. (Chef des P.) per du ist.«

Aus der Gerichtsverhandlung, der Richter:

»Offensichtlich«, so fährt der Richter den Obduzenten an, »bestellt jetzt nicht mehr das Gericht die Gutachter, sondern die Gutachter beauftragen weitere befreundete Gutachter. Das ist nicht anständig.«

Auf die Frage, warum er seinerzeit (bei der Obduktion) die Histologie unterlassen habe, kontert er:

»Sie sei von der Staatsanwaltschaft nicht angeordnet worden. So etwas ist mit Kosten verbunden, ich würde mir nie anmaßen, eigenmächtig eine Histologie zu machen.«

Gutachter Prof. B. (Münster):

»Der Plötzliche Kindstod gehe oft sekundenschnell und völlig lautlos vor sich. Die Kinder würden förmlich „abgeschaltet". Vermutlich sei der Säugling bereits tot gewesen, als er aus dem erschlafften Arm seines schlafenden Vaters rutschte und zu Boden fiel.«

Die Staatsanwaltschaft will die Schlappe nicht hinnehmen, so schreibt „Die Zeit", sie (die Staatsanwaltschaft) stellt stets neue Anträge zur Beweisaufnahme, die das Gericht jedoch ablehnt. Weiter heißt es:
> »Am 3. Verhandlungstag wird durch den Staatsanwalt ein neuer Beweisantrag gestellt.«

Der Richter fragt:
> »Ich stelle Ihnen die Frage, Herr Staatsanwalt S., ob Sie *diesen* Beweisantrag ernst meinen? Es entstehe der Eindruck, dass hier einer Prozesspartei das Ergebnis eines Gutachtens nicht passe und nun herumprobiert werde. Wenn Sie den Antrag stellen, dann muss ich mit Ihnen ein persönliches Gespräch führen!«

Der Inhalt des Antrages bestand offenbar darin: Prof. E. (Chef der Gerichtsmedizin München) solle als Zeuge persönlich vernommen werden, obwohl der Staatsanwaltschaft seit Wochen bekannt war, dass E. dem Prozess fernzubleiben gedenke und die Staatsanwaltschaft keinen Einwand dagegen erhoben hatte.

Das persönliche Gespräch fand statt, es führte den Vorsitzenden Richter ins Büro des leitenden Oberstaatsanwaltes WALCH, es dauerte eine Stunde. „Der verblendete Staatsanwalt ist nicht zur Einsicht zu bringen", schreibt „Die Zeit". Das Gericht spricht den Angeklagten (den Vater des Kindes) entgegen der Anklage durch die Staatsanwaltschaft frei.

Der Verteidiger ruft zum Staatsanwalt:
> »Legen Sie ruhig Revision ein und holen Sie sich die verdiente Ohrfeige vom Bundesgerichtshof ab.«

Der Vorsitzende in einer Pause zum Staatsanwalt Joseph S.:
> »Wenn das Urteil aufgehoben wird, dann kann ich der Rechtsmedizin München nicht mehr helfen. Dann melde ich mich als Zeuge und sage aus, was mir Herr Eisenmenger [Chef der Gerichtsmedizin München] persönlich zu diesem Fall gesagt hat.«

Was Herr Prof. E. dem Vorsitzenden gesagt hatte, ist nicht bekannt geworden. Wahrscheinlich hatte er das Obduktionsgutachten seines Mitarbeiters nicht gelesen, hatte ihm blindlings vertraut und unterschrieben, heißt es in der Pressemitteilung.

Zu den mit hoher Mortalität (Plötzlicher Kindstod) behafteten Erkrankungen des frühen Kindesalters (bis etwa zum vierten Lebensmonat) gehören insbesondere:

> - interstitielle Plasmazelluläre Pneumonie, verursacht durch pneumocystis carinii (oder durch Pilze) vorwiegend bei schwächlichen Säuglingen oder hospitalisierten Frühgeburten vorkommend,
> - Bronchitiden oder Bronchiolitis,
> - Erstickungstod durch Speisebreiaspiration (gehäuft bei künstlich ernährten Säuglingen insbesondere in den Herbst und Wintermonaten, gerade in dieser Zeit verbunden mit Magen-Darm-Katarrh (Enteritis) und Bronchitis, Otitis,
> - im Frühjahr durch Mangel an Calcium begünstigt, das dem Blut entzogen und im Knochen eingebaut wird, verbunden mit Krampfzuständen.

Es wird ein Plötzlicher Kindstod aus natürlicher Ursache angenommen. Dennoch können auch die Münsteraner Rechtsmediziner einen gewaltsamen Tod nicht völlig ausschließen.

Die Staatsanwaltschaft legt in der Tat Revision ein.

Am 27. Oktober 2005 ergeht vom Bundesgerichtshof im Namen des Volkes das folgende Urteil:

**Die Revision der Staatsanwaltschaft gegen das Urteil des Landgerichts Deggendorf vom 19. Januar 2005 wird verworfen.**
**Die Kosten des Rechtsmittels und die dem Angeklagten hierdurch entstandenen notwendigen Auslagen trägt die Staatskasse.**

**Von Rechts wegen**

<u>**Gründe:**</u>

Das Landgericht hat den Angeklagten vom Vorwurf des Totschlages zum Nachteil seiner Tochter L. freigesprochen.

**Die auf Verfahrensrüge und Sachrüge gestützte Revision der Staatsanwaltschaft gegen den Freispruch des Angeklagten bleibt erfolglos.**

Weiter heißt es auf S. 7 des Urteils:

»II.

Die Verfahrensrügen der Staatsanwaltschaft betreffen im Wesentlichen abgelehnte Anträge auf Beiziehung weiterer Sachverständiger, die Sachrüge wendet sich gegen einzelne Feststellungen sowie gegen die Beweiswürdigung des Landgerichtes. Die Revision wird vom Generalbundesanwalt insoweit vertreten, als die Staatsanwaltschaft die Ablehnung des Antrages auf Vernehmung des Sachverständigen Prof. Dr. E. ... beanstandet. Außerdem ergibt sich nach Auffassung des Generalbundesanwaltes aus den Ausführungen des Gerichtes eine mangelnde Sachkunde des Tatrichters, welche im Rahmen der Sachgründe den Bestand der Entscheidung gefährde.

...Durch die Aussage des Institutsleiters Prof. Dr. E. ..., der das schriftliche Vorgutachten nicht selbst angefertigt hat und lediglich ... mitunterzeichnet habe, würde sich am Beweisergebnis nichts ändern. Im Übrigen habe Prof. Dr. E. gegenüber den beiden anderen Sachverständigen keine überlegene Sachkunde, weshalb auch die richterliche Aufklärungspflicht die Einvernahme des benannten Sachverständigen nicht gebiete.«

---

## Der Fall Rohrbach,
### ein „toxikologisches Fehlgutachten" sondergleichen

Dieser Fall ist in der Geschichte der Rechtsmedizin insofern von Bedeutung, da ein eklatantes Fehlgutachten, allerdings nicht das eines Arztes, sondern das eines Angehörigen einer anderen Wissenschaftsdisziplin, zu einem Justizirrtum führte, der jedoch nie aufgeklärt wurde.

**Sachverhalt:**
Im April des Jahres 1957 finden spielende Kinder in einem See ein zusammengeschnürtes Paket, darin Leichenteile eines Mannes. Der

Kopf fehlt, er wurde abgesägt. An der Gürtelschnalle ist ein Name eingraviert, 'Herm. Rohrbach'.

Hermann Rohrbach, der Tote, war, als er starb, 43 Jahre alt, verheiratet, ist Anstreicher gewesen und war wohnhaft in Münster. Er sei, so wird berichtet, bisexuell veranlagt gewesen.

Marie Rohrbach, die 15 Jahre jüngere Ehefrau, nun Witwe, habe sich dem Polizeiprotokoll nach, als sie vom Tod des Ehemannes erfuhr, sehr ruhig verhalten. Bei der Vernehmung habe sie eingeräumt, dass die Ehe nicht sehr gut verlaufen sei und sie seit einiger Zeit einen Geliebten hätte.

Die Ehefrau wird beschuldigt, ihren Ehemann mit Thallium habe umbringen wollen und ihm den Schädel eingeschlagen zu haben, anschließend hätte sie die Leiche in der Wohnung zersägt. Die Leichenteile, so die Anklage, seien von ihr in den See bzw. Fluss geworfen und der Kopf im Küchenherd verbrannt worden. Im Urin des Toten wird eine hohe(?) Konzentration von Veronal[44] gefunden. Die Beschuldigte wird inhaftiert, sie beteuert ihre Unschuld.

Der Verteidiger heißt Gross, es ist derselbe wie aus dem Hetzel-Prozess. Auf die näheren Umstände der sexuellen Beziehung zwischen der Witwe Rohrbach und ihrem Geliebten, einem amerikanischen Soldaten, und den mutmaßlichen Beziehungen des angeblich homo- oder bisexuellen Opfers soll hier nicht näher eingegangen werden, da es um den Kunstfehler im Prozessgutachten geht.

Die Mutmaßung der Vergiftung mit Thallium stammt von einem Münchner Gutachter, dem Professor Dr. Walter Specht, Leiter der Kriminaltechnischen Abteilung des Bayerischen Landeskriminalamtes.[45] (Welcher Fachdisziplin er angehörte, geht aus den Unterlagen nicht eindeutig hervor.) In seinem Gutachten überzeugt Prof. Specht

---

[44] Schlafmittel.
[45] Prof. Specht war Mitglied der früheren SS, auch der Obduzent der Leiche des Rohrbach war SS-Mitglied. Specht erhielt für sein Gutachten in der Strafsache Rohrbach die für damalige Verhältnisse horrende Summe von 3500 DM.

das Gericht davon, dass er auf den Dielenbrettern in der Küche der Angeklagten Blutspuren abgekratzt habe, die mit der Blutgruppe des Opfers übereinstimmten, und dass im Herd und im dazugehörigen Ofenrohr der Rohrbachschen Küche eine „frische Rußschicht" gefunden wurde, die Thallium enthielt.[46]
Auch im Blut auf den Dielenbrettern der Küche fand er Spuren von Schwermetallen (Thallium, Nickel, Blei u.a.), die im Blut eines Malers enthalten sein können, folglich habe er 'Malerblut' vorgefunden.

(Der Experte Specht hatte mit dem Blut — das möglicherweise nach einer Fehlgeburt von der Frau zu stammen schien — auch Farbspuren von den Dielenbrettern mitabgekratzt, zu deren Bestandteilen die nachgewiesenen Schwermetalle gehörten.)

Am 18. April 1958 wird die angeklagte Ehefrau wegen Ermordung ihres Ehemannes zu lebenslanger Haft verurteilt. Sie beteuert weiterhin ihre Unschuld. In der Haft gesteht sie, den Mörder ihres Mannes zu kennen und nach zehn Jahren seinen Namen preisgeben zu wollen. (Nach 10 Jahren, so glaubte sie irrtümlich, sei die Straftat wohl verjährt.)

Im September 1959, also zweieinhalb Jahre nach dem Mord, finden Jugendliche in einem Bombentrichter einen weitgehend verwesten Schädel, es ist der Kopf des Rohrbach. Er zeigt Verletzungen, die auf ein Einschlagen zurückgeführt werden. Das Auffinden des vermeintlich verbrannten Kopfes reicht als neues Beweismittel für ein Wiederaufnahmeverfahren nicht aus. Die Staatsanwaltschaft argumentiert:
> »Selbst wenn der Schädel nicht verbrannt worden ist, so hat die Staatsanwaltschaft keinen Zweifel, daß die Ergebnisse der Gutachten von Prof. Specht, der über eine 30-jährige gerichtliche Erfahrung verfügt, einwandfrei auf Maria Rohrbach als Mörderin hinweisen.«

Um ein Wiederaufnahmeverfahren zu erwirken, hatte der Verteidiger der Angeklagten einen Schornsteinfeger beauftragt, Ruß aus dem Schornstein des Gerichtsgebäudes (und anderer Häuser) zu entnehmen. Auch in diesem Ruß wurde Thallium nachgewiesen, was den

---

[46] Thallium war Bestandteil des Rattengiftes 'Celiopaste'.

Anwalt Dr. Gross zu der Bemerkung dem Gericht gegenüber veranlasste:
>»Bitte schließen Sie daraus aber nicht, daß im Untersuchungsgefängnis Leichenteile verbrannt worden seien.«

Staatsanwalt Rosendahl lehnt die Wiederaufnahme dennoch ab und begründet:
>»Zunächst muß festgehalten werden, daß der frühere Sachverständige Prof. Dr. Specht auf dem Gebiete der naturwissenschaftlichen Kriminalistik seit langer Zeit als der Fachmann anzusehen ist, dem auf seinem weitgreifenden Fachgebiet Forschungsmöglichkeiten und Erkenntnisquellen in einem Ausmaß zur Verfügung stehen, die sicher nicht hinter denen der jetzt als Gutachter benannten Wissenschaftler zurückstehen, sie wahrscheinlich übertreffen.«

Am 6. Februar 1961 beschließt die 3. Strafkammer des Landgerichtes Münster die Wiederaufnahme des Verfahrens. Die angeblich hohen Werte von Thallium in der Leiche Rohrbach entpuppten sich als Messfehler. Die These bricht in sich zusammen.

Der Gutachter des 1. Verfahrens, Prof. Specht, wird als „Pfuscher" deklariert, er sei in die Falle seiner eigenen Mordthese hineingetappt. Es wird von verantwortungsloser Voreingenommenheit des Gutachters gesprochen.

Prof. Dr. H. Kaiser vom Institut für Spektrochemie und angewandte Spektroskopie Dortmund fasst seine Auffassung über das Spechtsche Gutachten mit den Worten zusammen:
>»Das Gutachten enthält soviel Fehler und verrät soviel Unterlassungen und Unwissenheit, es steht in solchem Kontrast zu den grundlegenden wissenschaftlichen Regeln, es verstößt mit seinen Irrtümern gegen jede klare wissenschaftliche Erkenntnis, es ist mit soviel falschem, scheinbar wissenschaftlichem Ballast behaftet, in ihm werden ohne ernsthafte Nachprüfungen verhängnisvolle Folgerungen gezogen — so daß es in den Augen der ernsthaften Wissenschaft keinerlei Beweiskraft besitzt. [...] Der Verfasser des Gut-achtens hat keine Vorstellungen von den durch seine Gehilfen angewandten Untersuchungsmethoden und Analysen. [...] Der Verfasser beherrscht nicht die elementarsten Ausdrücke der wissenschaftlichen Fachsprache. Er gebraucht völlig sinnlose, unbegreifliche,

nicht existierende Ausdrücke. Der Verfasser hat anscheinend überhaupt keinen exakten wissenschaftlichen Wortschatz.«[47]

Die Angeklagte Rohrbach wird nach vier-jähriger Haft mangels Beweises freigesprochen. Der Mord wurde nie aufgeklärt. Professor Specht gab nach diesem Prozess seine Tätigkeit als gerichtlicher Sachverständiger auf. Der Vorsitzende Richter vom 1. Rohrbachprozess wurde vom Straf- zum Handelsrecht versetzt.

## Die Luxemburg-Akte des Herrn Prof. Dr. Tsokos, nur ein peinlicher Kunstfehler oder ein wissenschaftlich hochgradiges Fehlverhalten[48]?

Eine gerichtsärztliche Faktenanalyse der in zahlreichen Presseberichten und Mediendarstellungen durch Herrn Prof. Tsokos aufgeworfenen Frage nach der Identität der Leiche R. Luxemburgs. — Sachverhalt: Rosa Luxemburg wurde am 15. Januar 1919 ermordet und ihre Leiche gegen 23 Uhr in den Berliner Landwehrkanal geworfen (historische Daten: LASCHITZA A. u. K. GIETINGRER 2010).

Für jeden gerichtsärztlichen Sachverständigen gilt in der Bewertung von Fakten Sachlichkeit als oberstes Gebot. Dieser Prämisse folgend sollen die vorliegenden Daten in dem durch Presseberichte aufgebauschten „Fall Luxemburg" analysiert und gewertet werden.

Die nachfolgende Prüfung basiert auf Kopien von Originalprotokollen aus dem Jahre 1919 sowie auf Aussagen ehemaliger Mitarbeiter des Gerichtsmedizinischen Institutes der Charité, Berlin (Hannoversche

---

[47] An dieser Stelle führt KEHRER („Mord in Münster, WAXMANN /Münster 3. Auflg. 2000), aus dessen Darstellung das Zitat entnommen ist, aus: »Prof. Specht war 1944 vom Reichskultusminister zum außerplanmäßigen Professor am Gerichtsmedizinischen Institut in Breslau ernannt worden«.
[48] Journalistisch wäre ein solches Vorgehen wohl als „Scharlatanerie" zu bezeichnen.

Straße), in dem der Verfasser dieses Berichtes von Januar 1960 bis zu seinem Ausscheiden im Jahre 1974 als wissenschaftlicher Assistent, ab 1968 als Oberarzt unter der Leitung von Prof. Dr. Prokop tätig war.

Der folgende Bericht gliedert sich in drei Teile:

    I. Analyse jener Dokumente, die im Zusammenhang mit der Obduktion einer anfänglich unbekannten Wasserleiche 1919 angefertigt wurden.

    II. Analyse von Untersuchungsergebnissen bezüglich des Fettwachstorsos[49] einer unbekannten weiblichen Person, die bis zur Auflösung des Gerichtsmedizinischen Institutes der Charité in der Hannoverschen Straße in einem dortigen Schaugang zur Unterweisung von Auszubildenden in Medizin und Rechtswesen aufbewahrt wurde.

    III. Zusammenfassung und Wertung der Befunde.

## Teil I

Als zu analysierende Dokumente ad I. wurden verwendet:

1. Kopien von **Aussagen** der in Wünsdorf und zuvor an anderer Stelle vernommenen Zeugen.

2. Die Kopie des **Sektionsprotokolls** einer am 31. Mai 1919 aus dem Wasser geborgenen unbekannten weiblichen Leiche, obduziert am 3. Juni 1919 in Wünsdorf durch Geheim. Med. Rat Dr. Strassmann unter Assistenz von Prof. Dr. Fraenkel, in Anwesenheit eines Kriegsgerichtsrates Ehrhardt, sowie eines Kriegsgerichtssekretärs Baesler. Foto dieser Leiche (offenbar vor der Obduktion in Wünsdorf aufgenommen).

---

[49] Torso = unvollständig erhaltene Statue, hier: Rumpfbruchstück einer Leiche. Erklärung s. Teil II, S. 78.

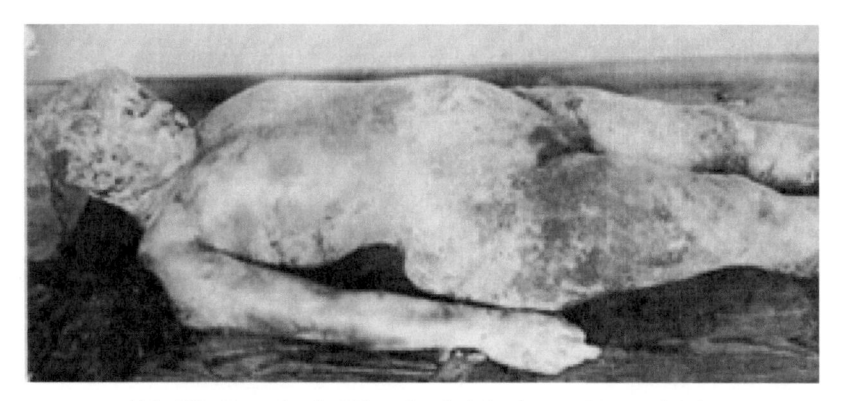

Abb. I/9: Foto der in Wünsdorf obduzierten Wasserleiche

## Zeugenaussagen:

»Berlin, den **2. Juni 1919**, Gericht Garde Kav. Schützen Korps, es erscheint der herbeigeholte 76 Jahre alte **Schleusenwärter Knepel** und erklärt:«

»... Am Sonnabend, dem 31. 5., morgens gegen ¾ 6 Uhr bemerkte ich unterhalb des Wasser am Stadtbahnbogen zwischen Tiergarten und Zoo eine Leiche aufgeschwemmt liegen. Ich hatte am Vormittag vorher die Holzschützen des Wehres angezogen, damit der Schmutz, der sich unter dem Wehr ansetzt, durchgeht. Dabei muß innen wohl auch die Leiche durchgeschossen sein.«

Weiter unten heißt es:

»Ich benachrichtigte sofort die an der Schleuse stationierte Polizeiwache. Von den dortigen Schutzleuten wurde die Leiche, die ich an Land gezogen [hatte], zugedeckt und gegen 10 Uhr vormittags ins Leichenschauhaus geschafft.«

Weiter heißt es:

»Die Leiche war schon stark in Verwesung übergegangen. Ein Hemd hatte sie nicht mehr. Man sah nur noch schwarze Jackenfetzen und schwarze Strümpfe. Schuhe hatte sie keine an.«

»Ich hatte den Tauchermeister früher nach Frau Luxemburg tauchen sehen. Schutzleute und ich kamen daher auf die Vermutung, daß es vielleicht die Leiche der Frau Luxemburg sein könnte.«

Am Tag darauf (3. Juni 1919) sagt derselbe Zeuge in Wünsdorf unter Eid aus:

»Das ist die Wasserleiche, die ich am Sonnabend, dem 31. Mai morgens aus dem Landwehrkanal gezogen habe. Ich erkenne sie genau wieder. Ein Irrtum ist ausgeschlossen.«

Zeuge Eberhard, am 3. Juni 1919:

»(Polizeileichendiener am Leichenschauhaus Berlin, er überreicht ein Schreiben des Polizeipräsidenten vom 3. 6. 19 sowie ein Medaillon und einen Kleiderfetzen)«

und sagt aus:

»Ich erhielt am Morgen des 31. 5. eine Depesche der Polizei, in der ich um Abholung einer weiblichen Leiche von der Tiergartenschleuse ... ersucht wurde. Ich fuhr sofort mit dem Polizeileichenwagen dort hin und holte dieselbe ab. Ich erkenne sie heute wieder. Es ist die mir vorgezeigte weibliche Leiche. Ich brachte die Leiche nach dem Schauhaus.«

Weiter heißt es:

»Ich habe darauf die Leiche in einem besonderen Raum sichergestellt und erhielt die Anordnung vom Vorsteher[50], die Leiche niemand zu zeigen. Der Chef der Krim. Polizei, Ob.Reg.Rat Hoppe wurde vom Vorsteher verständigt, der sofort einen Beamten zur Rekogni[s]zierung schickte. Dieser traf am 31. 5. vormittags ein. Ich nehme an, daß die Leiche als die der Frau Rosa L. von dem betreffenden Beamten erkannt worden ist, da ich keine Kleiderabschnitte entnehmen durfte, so wie es sonst bei unbekannten Leichen üblich ist. Etwas Zeug hatte ich schon vorher abgeschnitten, **auch ein kleines goldenes Medaillon**, das an einem schmalen Samtband der Leiche an dem Hals hing.«

Weiter S. 16

»Es ist das uns vorgezeigte Medaillon sowohl wie ein Tuchabschnitt von blaugrünem Samt, der ebenfalls der mir vorgezeigte ist, mußte ich dem Vorsteher abgeben.«

Weiter unten:

»Die Leiche wurde von mir [im Schauhaus] sachgemäß verpackt, unter Aufsicht des wachhabenden Offiziers Kaehler nachts — gegen 0 Uhr 30 — auftragsgemäß nach Wünsdorf transportiert. Ich erkenne sie mit Bestimmtheit wieder.« (Gezeichnet Fritz Eberhardt).

---

[50] Gemeint ist offenbar der Direktor des Institutes.

**Zeitablauf** (zusammengestellt aus dem Polizeibericht):
Auffinden der Leiche am Sonnabend, dem 31. Mai, morgens gegen ¾ 6 Uhr,
Abtransport gegen 10 Uhr vormittags desselben Tages ins Leichenschauhaus, Berlin,
gegen 0 Uhr 30 (1. Juni) unter Polizeiaufsicht abtransportiert nach Wünsdorf,
obduziert am 3. Juni in Wünsdorf, »geschlossen. 3.45 Uhr nachmittags. Gez. Baesler. Gez. Ehrhardt.«

Die auf dem Leichenfoto erkennbaren Hautveränderungen entsprechen denen, die bei einer Leiche nach mehreren Wochen Liegezeit im Wasser, genauer: <u>unterhalb</u> der Wasseroberfläche, entstehen. Auch eine Liegezeit von 4½ Monaten ist für das Ausbilden der vorgefundenen Merkmale als nicht unwahrscheinlich anzunehmen. Die Veränderungen der Haut sowie der Augen sind, dem Bild nach zu urteilen, durch Autolyse, Fäulnis oder Tierfraß erklärbar.

Das **Obduktionsprotokoll** beginnt mit den Worten:
»In der Untersuchungssache gegen Husar ...,[Name ist unleserlich] wegen versuchten Mordes u.a. begaben sich die unterzeichneten Gerichtspersonen unter Hinzuziehung der gerichtlichen Sachverständigen Geh.Med.Rat Prof. Dr. Strassmann und Prof.Dr.Fraenkel nach dem in Wünsdorf gelegenen Garnisonslazarett des Truppenübungsplatzes Zossen, wo selbst im Obduktionsraume, auf einem Obduktionstisch liegend, die entkleidete Leiche einer weiblichen Person vorgefunden wurde.
Die zum Zwecke der Rekognoszierung der Leiche erschienenen Personen wurden nach Hinweis auf die Bedeutung des Eides an Ort und Stelle nacheinander wie folgt vernommen:
1.) pp.
8.) Geh.Med.Rat <u>Dr.Strassmann</u>«

Die Namen der unter <u>1.) pp</u> befragten Personen sind an dieser Stelle nicht aufgeführt, zu ihren Zeugenaussagen s. unten.

Das danach folgende, maschinenschriftlich vorliegende Sektionsprotokoll basiert auf einer dem Autor dieses Essays als Kopie vorliegenden handschriftlichen, mehrseitigen Notiz, offenbar eine Diktatmitschrift während der Obduktion.

So heißt es im handschriftlichen Protokoll (S. 20 bzw. S. 10 in der Transkription):

»*Das Gesicht* [offenbar das der Leiche] *ist unkenntlich, das Fleisch ist von der Nase herunter, die Haarfarbe scheint ähnlich.* <u>Ich</u> [gemeint ist offenbar der Zeuge Egon Barnick] <u>*weiß noch, daß Frau L. einen Kopf kleiner war als ich und mir bis zum Kinn reichte. Ich bin 1,66 groß.*</u> *Ob Frau L. das mir vorgezeigte Medaillon getragen hat, weiß ich nicht. Über ihre Kleidung ist mir nichts bekannt, kann daher nicht sagen, ob die mir vorgelegte Samtprobe stimmt.*

*8) Geh. Med. Rat Fritz Strassmann, 66 Jahre alt, mosaisch*

*Die mir vorgezeigte Leiche ist durch die eingetretene Leichenverwesung derart entstellt, daß ich eine Wiedererkennung auf Grund der Gesichtszüge selbst von nächsten Angehörigen kaum für denkbar halte. Insbesondere ... .*« [Derselbe Text findet sich im maschinenschriftlichen Protokoll auf Seite 1 unter z.S. (zur Sache:).]

Das Gutachten schließt mit den Worten:

»Die Sachverständigen leisteten hierauf den Sachverständigen Eid. Ein goldenes Medaillon, ein Stück grünblauer Samt und ein Paar Handschuhe wurden in gerichtliche Verwahrung genommen. Geschlossen. 3.45 Uhr Nachmittags. Gez. Baesler. Gez. Ehrhardt.«

Die im maschinenschriftlichen Gutachten unter »**Äußere Besichtigung, 1.**)« aufgeführte Beobachtung lautet wie folgt:

»Der vorliegende Leichna[h]m ist <u>146</u> cm lang, die Gegend der linken Hüfte ist nach außen ausgeschweift.«

Unter Ziffer 30 bzw. 31 des Protokolls heißt es:

»Die Wirbelsäule ist im Brustteil etwas nach links und hinten, im Bauchteil etwas nach rechts und vorn ausgebogen. Eine messbare Verkürzung der Beine besteht nicht. Die Länge der Beine am Rollhügel bis zum äußeren Knöchel ist beiderseits <u>64</u> cm.«

Die beschriebene Verkrümmung der Wirbelsäule korrespondiert zu einem rechtsseitigen Hüftgelenksleiden, wie es für die Person R. L. bekannt ist. Hüftgelenksleiden dieser Art gehen nicht zwangsläufig mit einer unterschiedlichen Beinlänge einher. Ein vermutlich vorhandengewesener, aber nicht näher untersuchter Beckenschiefstand bedingt die näherbeschriebene Wirbelsäulenverdrehung.

Die Angabe der Körpergröße ist, bezogen auf die oben angegebene Vergleichsgröße des Zeugen Barnick (1,66 m) und der Bemerkung:
>*Ich weiß noch, daß Frau L. einen Kopf kleiner war als ich und mir bis zum Kinn reichte*«,
als real anzunehmen. Bekannt ist, dass Frau Luxemburg, um ihre Kleinwüchsigkeit nach Möglichkeit zu überdecken, überhöhtes Schuhwerk getragen haben soll. Aus dieser Vergleichsangabe lässt sich die reale Größe der Person Luxemburg errechnen (s. dazu unten).

An einem anatomischen Schädelpräparat (s. Abb. I/10) wird der Verlauf des Schusskanals, soweit er sich aus der Beschreibung im Obduktionsbericht ableiten lässt, eingezeichnet.

Auszug aus dem Obduktionsprotokoll: (Unter Ziffer 5 heißt es:)
»An Stelle der Augäpfel finden sich nur unkenntliche, schwärzliche Gewebereste. Zwischen **linkem Auge und Ohr, diesem etwas näher**, zeigt sich eine undeutliche rundliche Öffnung in der Haut, etwa 7 mm im Durchmesser, die von einem ebenfalls undeutlichen grauschwarzen Ring umgeben ist. (Diese Stelle, als Einschussöffnung angesehen, wird herausgeschnitten.)«

Die als Einschuss-Öffnung angesehene Hautverletzung wird bei der Beschreibung des knöchernen Schädeldaches (s. Abb. I/11, linke Schädelseite) im Protokoll unverständlicherweise nicht erwähnt. – Typisch für eine Einschuss-Öffnung sind Absplitterungen des Knochens von der Innenwandseite in Richtung Ausschussöffnung.

Unter Ziffer 12 des Obduktionsprotokolls heißt es:
»Das knöcherne Schädeldach ist von regelmäßiger Form, außen und innen unversehrt.«

Unter Ziffer 15 des Protokolls heißt es:
»An der knöchernen Schädelgrundfläche erkennt man einen durch die **linke und rechte mittlere Schädelgrube und den Türkensattel** hindurchziehenden Bruch, durch den die vordere von der hinteren Seite getrennt ist.«

(Mit „Seite" ist offenbar die vordere bzw. hintere Schädelbasis-„hälfte" gemeint.)

Weiter unter Ziffer 16:

»Dieser Sprung verläuft in der linken mittleren Schädelgrube, der vorderen Grenze näher [zugeordnet], in der rechten [mittleren Schädelgrube] am vorderen [also cranialen?] Rand der Schläfenpyramide. In seinem mittleren Abschnitt hat er eine kanalförmige Gestalt. [gemeint scheint: breiter als rechts und links]. In diesen Kanal läßt sich eine Sonde aus der oben erwähnten Hautöffnung einführen. Sie dringt bis etwas rechts von einer Mittellinie. Hier liegt zertrümmerte Knochensubstanz, die stellenweise eine graue schwarze Färbung zeigt, [ebenso findet sich an dieser Stelle eine] trübe, rötlich gefärbte Flüssigkeit. — Durch einen von diesem Querbruch [derSchädelbasis] nach links hinten sich fortsetzenden Sprung ist die linke Schläfenbeinpyramide fast völlig aus dem Zusammenhang gelöst.— Ein [weiterer] feiner Sprung setzt sich, [beginnend] am linken Rande des Türkensattels, nach vorn fort, [durchzieht] stellenweise nicht ganz deutlich verfolgbar, den inneren Abschnitt der linken und weiter der rechten vorderen Schädelgrube. Nach Durchtrennen der kleinen verbindenden Knochenstücke läßt sich auch auf der rechten Seite der oben erwähnte Kanal weiter verfolgen. Er verläuft oberhalb des Gaumens und hat das hintere, obere Ende des Unterkiefers rechterseits, von den übrigen Knochen abgetrennt. Der Sprung endet am hinteren Ende des geraden Astes [gemeint ist: des Gelenkfortsatzes des Unterkieferastes?] Dieser ist in seiner rechten Hälfte von der Knochenhaut entblößt.«

Im Nachtragsgutachten[51] heißt es:

»Schnitte aus den Lungenstückchen zeigen bei entsprechender Färbung in einzelnen Bereichen ein nicht unerhebliches Vorhandensein von Fetttröpfchen, die zum Teil eine wurstförmige Gestalt aufweisen und am Ende eine Art Gabelung (dichotomische Teilung) erkennen lassen. Dies ist das Bild der sogenannten Fettembolie, die wir sehen, wenn während des Lebens fetthaltige Körperteile, insbesondere Knochenmark, zertrümmert werden und das freiwerdende Fett in die dabei zerrissenen Blutgefäße gelangt. Und nun, solange der Blutkreislauf noch besteht, durch diesen fortgeführt [gemeint ist: weitergeleitet] werden, auf diesem Wege bis in die kleinsten Lungengefäße gelangen, sie verstopfend, dort steckenbleibt.«

---

[51] Nachtrags- oder Ergänzungsgutachten sind ein üblicher Weg, um Folgeerkenntnisse nachzureichen.

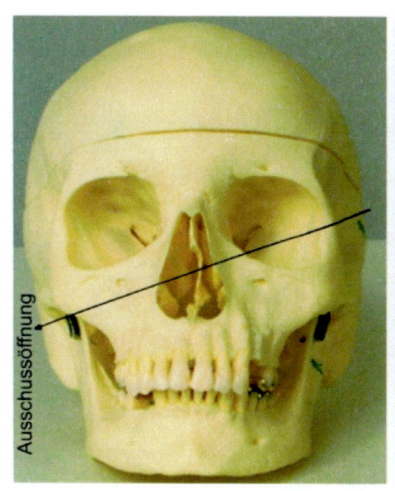

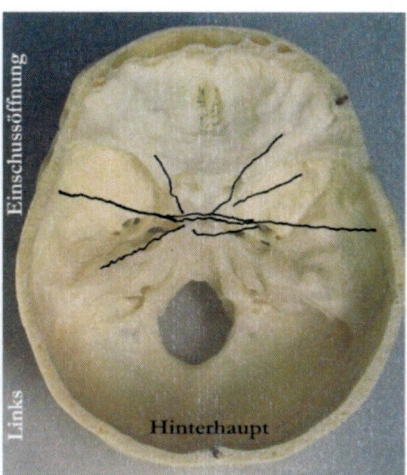

Abb. I/10: (Links) Darstellung des Verlaufs des im Protokoll beschriebenen Schusskanals

Abb. I/11: (Rechts) Sicht auf die innere Schädelgrundfläche eines anatomischen Präparates (nach Abtragen des Schädeldaches). Der Bruchlinienverlauf wurde nach der Beschreibung im Obduktionsprotokoll in dieses Präparat eingezeichnet

Die Gutachter schränken ein, dass durch den fortgeschrittenen Verwesungszustand der Leiche die Diagnose »Fettembolie, entstanden zu Lebzeiten der Person« erschwert wird. Es heißt:

> »Wir halten es für sehr wahrscheinlich, dass mindestens ein Teil der Knochenbrüche [am Schädel] während des Lebens entstanden ist.«

Weiter unten heißt es abschließend:

> »Wir halten es für ... wahrscheinlich, dass die schwerste vorgefundene Verletzung (Sprengung der Schädelgrundfläche mit ihren verschiedenen Ausläufern, mit Eröffnung des Nasenrachenraumes sowie Durchtrennung des Unterkiefers rechts) die Folge eines Schusses war, der links vor dem Ohr eintrat und auf der gegenüberliegenden Seite etwas tiefer austrat. Ein solcher Schuß quer durch den Kopf, mit einer Armeepistole abgegeben, würde die [vorgefundenen] schweren Sprengwirkungen vollkommen erklären. Die quere Durchtrennung der Schädelgrundfläche [...] machte einen rinnenförmigen Eindruck, und es ließ sich eine Verbindung zwischen ihr und der vermutlichen Einschußöffnung durch eine Sonde unschwer herstellen.«

**Zur Körperlänge der Leiche:**
Zum Vergleich: Der Zeuge Barnick sagte unter Eid aus, **Sie, Frau L.,** die er persönlich gekannt zu haben scheint, **habe ihm bis zum Kinn gereicht. Seine eigene Größe gibt er im selben Protokoll mit 166 cm an.**

Die Kopfhöhe (Kinn bis Scheitel) beträgt bei einem etwa 25-jährigen Mann vom Normaltypus seines Körperbaues etwa 12,5% der Gesamtkörperlänge (entnommen aus DAVID: Wörterbuch der Med. 12. Auflage, 1. Band, S. 991).

Nach HOFFMANN[52] misst sie für Männer mit einer durchschnittlichen Körpergröße (des Jahres 1906) vom Scheitel bis zum Unterkieferwinkel 18,5 cm. Umgerechnet auf die mittlere Körpergröße, die er für Männer der damaligen Zeit mit 167,8 cm angibt, sind das 11,02%. Der Unterkieferwinkel entspricht jedoch nicht der Kinnspitze (vgl. Abb. I/12).

Bezogen auf die Körpergröße (anatomisch exakter: Standhöhe) des Herrn Barnick von 166 cm machen 11,02% = 18,6 cm aus, (12,5% = 20,75) die von seiner Standhöhe abzuziehen sind, um auf die reale Standhöhe der Frau R. L. zu schließen. Wird das gemittelte Maß gewählt (19,7 cm), so sind gerundet 20 cm von der Standhöhe des Herrn Barnick abzuziehen, um auf die Standhöhe der Frau R. L. zu schließen (166 − 20 = 146 cm). Dieses Maß korrespondiert zu der gemessenen, auffallend geringen Länge der obduzierten Leiche.

Aus den vorgetragenen Fakten kann geschlussfolgert werden:

1.: Die gemessene Körperlänge der in Wünsdorf am 3. Juni obduzierten Leiche einer zunächst unbekannten weiblichen Person entspricht der geringen Körpergröße (Standhöhe) der Frau R. Luxemburg (unter der Voraussetzung der Barnickschen Angabe, sie habe ihm bis zum Kinn gereicht).

2.: Am Hals der unbekannten Leiche, an einem Band hängend, wurde ein goldenes Medaillon gefunden, das zu einem späteren

---

[52] Entnommen: RAUBER–KOPSCH, 18. Auflg. Bd. I, S. 124.

Zeitpunkt von einer Freundin der Frau Luxemburg als Eigentum der L. erkannt worden sein soll.

3.: Die bei der Obduktion der Leiche festgestellten seitlichen Wirbelsäulenverkrümmungen entsprechen denen, wie sie bei einem angeborenen, unbehandelten Hüftleiden und dessen Folge (Neartrose) entstehen, an dem die Frau L. gelitten hat.

4.: Die Bruchlinien an der Schädelbasis der obduzierten Leiche sind typisch für eine Sprengwirkung nach Kopfdurchschuss[53]. (Frau L. wurde durch Kopfschuss tödlich verletzt.)

5.: Der obduzierte Leichnam wurde nach längerer Liegezeit (viereinhalb Monate unter Wasser liegend) geborgen. Er zeigte die dafür typischen Veränderungen.

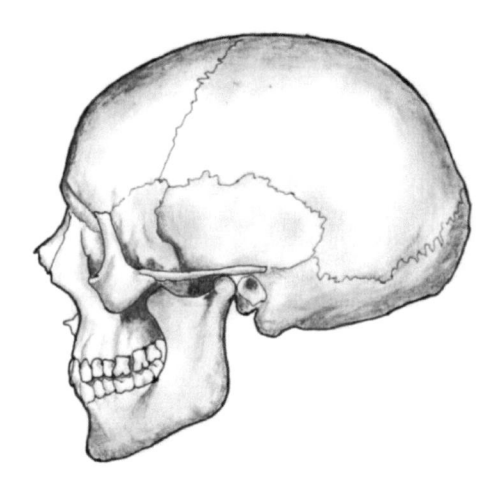

Abb. I/12: Menschlicher Schädel seitlich, (Archiv des Autors)

---

[53] Da es in dieser Analyse nicht um die Todesursache, sondern um die Identität einer Person geht, braucht auf die Spekulationen in einigen fragwürdigen Presseberichten „Tod durch Schlag oder Sturz auf den Kopf" nicht eingegangen zu werden.

Aus den vorgetragenen Fakten kann geschlussfolgert werden: Unter Beachtung der oben aufgeführten fünf Merkmale, die bei der Leichenöffnung oder im Zusammenhang damit erhoben wurden, sind Zweifel daran, dass es sich bei der am 3. Juni 1919 in Wünsdorf obduzierten Leiche um die der R.L. handelte, **nicht** aufrecht zu halten. — Selbst dann, wenn den politischen Verantwortungsträgern der damaligen Zeit ein Höchstmaß an krimineller Energie zu unterstellen ist — z. B. den begangenen Mord dadurch verschleiern zu wollen, eine „Ersatzleiche" obduzieren zu lassen — einen dafür „geeigneten" Leichnam mit sämtlichen fünf aufgeführten Merkmalen (geringe Körpergröße, Medaillon, Wirbelsäulenverkrümmung, Schussverletzung am Schädel, Liegezeit im Wasser) zu beschaffen, dürfte auch unter Bemühen des Zufalls nicht möglich gewesen sein. Zudem würde das Vorweisen des Medaillons den Hinweis auf die ermordete Person (R. L.) nur erhöht haben. Welchen Sinn hätte ein solches Vorgehen machen sollen?

**Teil II**

befasst sich mit dem Torso der in der Gerichtsmedizin der Charité aufbewahrt gewesenen Fettwachsleiche, die in einigen Presseberichten als sterblicher Überrest des Leichnams der R. L. vermutet wird. Als zu analysierende Dokumente ad II. wurden verwendet:

1. Radiologische Stellungnahme vom 30. März. 2009 zur untersuchten Fettwachsleiche (Institut für Radiologie der Charité)

2. Zeugenaussagen aus dem Polizeibericht von 1919, angefertigt in Wünsdorf (vgl. Teil I)

Zunächst sei darauf verwiesen, dass sich der zu analysierende Torso dem erfahrenen Gerichtsarzt prima vista als der Anblick einer Leiche darbietet, die mindestens ein Jahrzehnt oder länger in einem feuchten Milieu unter Sauerstoffmangel gelegen und sich während dieser Zeit fettwachsartig umgebildet hat. Das ist bei Wasserleichen, die in einem Gewässer unter der Oberfläche festhängen, sodass entstehende Fäulnisgase den Körper nicht an die Oberfläche auftreiben können, ein nicht ungewöhnlicher Vorgang. Mit Fortschreiten dieses Umbildungsprozesses werden Knochen und Gewebe brüchig. Die prominenten Teile (wie hier Kopf, Unterarme und Füße) können durch verschiedene Einwirkungen während der langjährigen Liegedauer abbrechen und durch Strömungseinflüsse „verloren" gehen.

In der Literatur wird darauf hingewiesen, dass auch schon nach kürzerer Zeit als oben angenommen (etwa bereits nach einem Jahr) eine Fettwachsbildung sichtbar werden kann, jedoch kaum ein solches Ausmaß erreicht wie im vorliegenden Fall. Wird eine in Fettwachsumbildung befindliche Leiche aus dem Wasser geborgen, also das für die Umbildung erforderliche sauerstoffarme Milieu verändert, so wird die Umbildung unterbrochen. Luftkeime (Bakterien, Pilze) und Insekten haben fortan Zutritt, Fäulnis und Verwesung sowie u.U. Austrocknung (Mumifizierung) gewinnen in der Regel die Oberhand der weiteren Leichenveränderung. In seltenen Fällen wurde ein Fortschreiten der im Wasser begonnenen Fettwachsbildung nach dem Bergen der Leiche auch an der Luft beschrieben (zit. nach PROKOP: Atlas der Gerichtl. Med. I. Auflg.).

Der oben erwähnte Torso weist vom herausragenden Halswirbelstumpf bis zum abgebrochenen Unterschenkel des rechten Fußes eine Länge von **122** cm auf. Dem Autor dieses Berichtes wurde durch Herrn Prof. Tsokos mitgeteilt, dass der Abbruch des Fußes nicht in der Gelenkspalte, sondern darüber läge.

Die aufgeführte Tabelle weist in der letzten Spalte aus, dass für die Fußhöhe eines Erwachsenen im Mittel 7,8 cm anzunehmen sind. Im Vergleich zur Fußhöhe darf also angenommen werden, dass vom Schienbeinknochen der Fettwachsleiche etwa **2 cm** fehlen (das wäre noch weit unterhalb der dünnsten Stelle des Schienbeins, an der ein Bruch am ehesten zu vermuten ist). Diese angenommenen 2 cm sind einschließlich der Fußhöhe von etwa **7,8** cm zur Torsolänge hinzuzurechnen, um auf das anzunehmende Gesamtmaß (Standhöhe) der gelebt habenden Person zu schließen.

**Ohne** Beachtung des angewinkelten rechten Kniegelenkes des Torsos (vgl. Abb. I/15) würde sich die errechenbare originäre Standhöhe um etwa **1** cm verkürzen. Zu beachten ist ferner, dass die Brustwirbelsäule eine deutliche seitliche Biegung aufweist (ersichtlich im CT-Bild, Abb. I/17, darauf soll unten näher eingegangen werden). Bei Streckung dieser Biegung ist von mindestens ½ cm weiterer Verlängerung des Körpermaßes auszugehen, ebenso muss die Verlängerung der Streckung im Knie hinzugerechnet werden.

Die mittlere Kopfhöhe ist in der oben aufgeführten Tabelle mit **17,4** cm angegeben. Um auf die einstmalige Körpergröße dieser Person zu schließen, muss ferner ein Maß für die fehlenden Halswirbel zwischen Torsostumpf und Kopf hinzugerechnet werden. Wenn (wie dem Autor durch Prof. T. mitgeteilt) der vierte Halswirbel am Torso herausragt, so ist das Maß für den dritten Halswirbel einschließlich der Abmessungen für die beiden angrenzenden Bandscheiben hinzurechnen, das dürften mindestens weitere **2** cm sein.

**Tabelle nach** HOFFMANN (Auszug und ergänzt bezüglich der %-Werte) mittlere Standhöhe der 1906 lebenden Frauen: **156 cm**

| **Standhöhenmaße** | cm | %(von gesamt) |
|---|---|---|
| Kopfhöhe (Scheitel bis Unterkieferwinkel) | 17,4 | 11,15 |
| Halslänge (Hinterhaupt bis 7. HW[54] Dorn) | 23,4 | 15 |
| Rumpflänge (7. HW bis Damm) | 58,2 | 37,3 |
| Beinlänge (Hüftkamm bis Fußsohle) | 98,4 | 63 |
| Oberschenkel (Trochanter bis Knie) | 39,8 | 25,2 |
| Bein bis Trochanter | 84,8 | 54,4 |
| Unterschenkel | 37,8 | 24,2 |
| Fußhöhe (bis unterhalb des fibularen Knöchels) | 7,8 | 5 |

---

[54] HW = **H**alswirbel.

Ob ein Schrumpfungsfaktor der Weichteile des Leichnams durch Fettwachsbildung und nachfolgender Austrocknung durch Lagerung an der Luft angenommen werden müsste, ist nicht bekannt. Die Knochen sind starr und werden wie auch das übrige Gewebe lediglich brüchig. Darauf soll unten beim Vergleich der beiden Leichen (Abb. I/15) näher eingegangen werden.

Das nachfolgende Röntgenbild (s. Abb. I/13) zeigt, dass die dünnste Stelle eines Schienbeins (Tibia) deutlich oberhalb des Sprunggelenkes liegt.

Auf die Unterschiede in der Standhöhe eines Menschen zwischen morgens und abends, die je nach physischer Körperbelastung durch Zusammendrücken der Bandscheiben entstehen und bis zu 2 cm Differenz ausmachen können, soll hier nicht näher eingegangen werden. Bei Wasserleichen sollte u.U. auch beachtet werden, dass durch osmosebedingte Wasseraufnahme in die Bandscheiben bei gleichzeitig bestehender Tonuserschlaffung der Muskulatur nach dem Tode ein Wiederaufquellen von (zusammengedrückt gewesenen) Bandscheiben erfolgen kann.

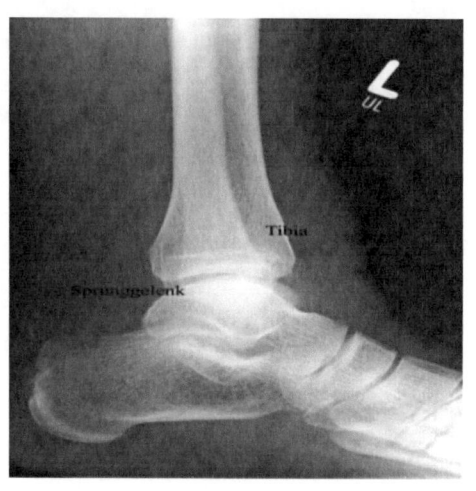

Abb. I/13: Röntgenbild eines Fußes

So errechnet sich ein wahrscheinliches Gesamtmaß:
| | |
|---|---:|
| Gemessene Torsolänge in cm | 122,0 |
| Fußhöhe + abgebrochener Unterschenkelanteil | ca. 9,8 |
| Knie- und Wirbelsäulenstreckung | ca. 1,5 |
| Kopf und Halsteile | 19,4 |
| **Errechnete Standhöhe in cm:** | **152,7** |

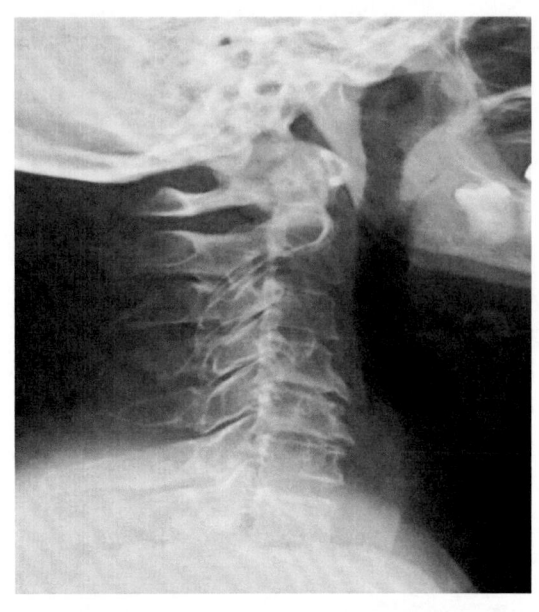

Abb. I/14: Röntgenbild vom Halsbereich eines Erwachsenen
(mit degenerativen Veränderungen)

Die im „Spiegel" veröffentliche CT-Aufnahme des zur Debatte stehenden Torsos gestattet auf Grund der dort ungenau angegebenen Bezugspunkte (Abb. I/17) keine exakte Größenberechnung. Die im Brustbereich dargestellte Schnittebene lässt (von der Frontalseite betrachtet) eine seitliche Biegung der Brustwirbelsäule nach rechts erkennen, die jedoch keineswegs als zu Lebzeiten, etwa durch ein Hüftleiden bedingt, entstanden zu interpretieren ist, sondern eine Folge der Körperlage sein dürfte, die die Leiche — im Wasser fixiert liegend — eingenommen hatte, während sie sich zu Fettwachs umbildete.

Wird von beiden Leichenabbildungen (jener in Wünsdorf obduzierten Person und dem Fettwachstorso, bezogen auf die Größe **vergleichbarer** Körperteile — z.b. der zwischen Kniescheibe und Beckenkamm) eine korrespondierende optische Vergrößerung hergestellt und eines dieser Bilder auf eine transparente Folie projiziert, diese nachfolgend über das Bild der anderen gelegt, so wird der Größenunterschied zwischen beiden Leichen ohne mögliche Rechenfehler optisch deutlich sichtbar (s. Abb. I/15). — Während Kniescheiben und Beckenkämme in beiden Leichendarstellungen identisch übereinanderliegen, weist der aus dem Torso herausragende 4. Halswirbelrest der darüber abgebildeten Leiche (in Umrissen dargestellt) ihr nicht bis zur Schulterhöhe (wie bei einer Größe korrespondierend zu jener der R. L. zu erwarten wäre), sondern dieser sogar bis zur Nasenspitze.

Die Standhöhe der Frau, von der dieser Torso stammt, ist somit deutlich größer gewesen als jene der in Wünsdorf obduzierten Leiche, deren Größe mit 146 cm **gemessen** wurde und damit der Standhöhe der Frau Luxemburg entspricht. Das oben angegebene, errechnete Maß von 153 cm für die Person, von der der Torso stammt, dürfte stimmen oder als noch zu gering veranschlagt sein, denn die Distanz zwischen Beckenkamm und Kniescheibe musste in beiden Fällen als identisch dargestellt werden; in Wirklichkeit ist der Oberschenkel der Torso-Leiche jedoch geringfügig größer als hier notgedrungen angenommen, was sich zusätzlich vergrößernd auf die anzunehmende Standhöhe dieser Person auswirkt.

Das Maß mittlerer Standhöhe für Frauen der damaligen Zeit wird mit 156 cm angegeben. Die Person war somit nicht kleinwüchsig wie Frau R. L., sondern wies fast ein Normalmaß der damaligen Zeit auf.

Für die in diesem Bericht gewählte Vorgehensweise — das sei einschränkend hervorgehoben — war es notwendig, die Abbildung einer der beiden Leichen seitlich zu spiegeln, da die eine Leiche von der rechten, die andere von der linken Seite fotografiert worden war. So wird der rechte Oberschenkel des Torsos mit dem linken Oberschenkel der Wasserleiche distanzmäßig gleichgesetzt. Da das Hüftleiden

(Nearthrose[55]) bei Frau R. L. jedoch rechtsseitig bestand, ist ein durch die Spiegelung bedingter Fehler kaum anzunehmen. Im Obduktionsprotokoll heißt es unter Ziffer 31:

»Eine meßbare Verkürzung der Beine besteht nicht. Die Länge der Beine am Rollhügel bis zum äußeren Knöchel ist beiderseits 64 cm.«

Aus der Gegenüberstellung der Fotos beider Leichen bzw. der Übereinander-Projektion mit dem Ziel des Größenvergleichs lässt sich ferner eine Aussage über den Typus des Körperbaues jener Person schaffen, von der der Fettwachstorso stammt:
Die in Wünsdorf obduzierte Leiche weist beiderseits eine scheibenförmige Brustform auf (Abb. I/9), hingegen sind an der Torsoleiche (Abb. I/15) in Fettwachs umgeformte Reste ehemals vollgerundeter Brüste erkennbar. Auf die weiteren Besonderheiten (rötliche, bandartige Markierung an beiden Oberarmen[56], Einschnürung am linken Oberschenkel etwa von einem Strumpfband herrührend) braucht im Sinne einer Unterscheidung beider Leichen nicht näher eingegangen zu werden.

Beurteilung des Skeletts insbesondere der Hüftgelenke des Torsos: Die abgebildeten unterschiedlichen CT-Schichtebenen bezüglich Brustkorb und unterer Körperhälfte (Abb. I/17) werden durch die nicht flach auflegbare Leiche bedingt (Krümmung im Brustkorbbereich, Beugung in den Kniegelenken). Es heißt in der radiologischen Stellungnahme (Charité):

»Die Leiche wurde sowohl in Höhe des Os sacrum [Kreuzbein] axial als auch in Höhe des proximalen Unterschenkels zersägt.«

Es heißt im Bericht der Charité:

»... Hüftgelenke im Seitenvergleich. Beiderseits vollständige Überdeckung der Hüftköpfe durch das Acetabulum [Hüftgelenkspfanne], allenfalls initiale [beginnende] degenerative Veränderungen, die sich jedoch **seitensymmetrisch** darstellen.«

---

[55]Neathrose = Sonderform der Pseudoarthrose; hier: Hüftgelenksleiden als Folgeerscheinung nach unbehandelter, angeborener Hüftgelenkluxation mit Ausbildung einer krankhaft umgebildeten Hüftgelenkspfanne, die zur Gehbehinderung führt.

[56] Nur sichtbar in Farbdarstellung.

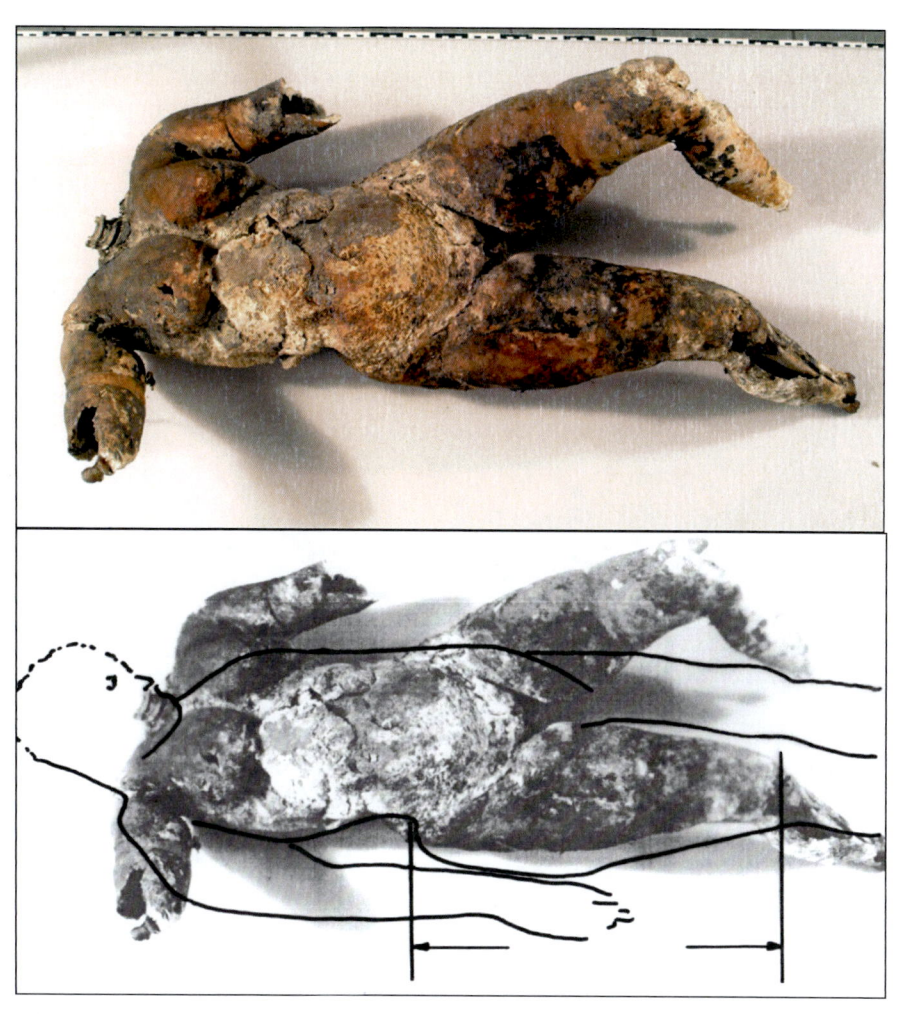

Abb. I/15: Fettwachstorso der weiblichen Leiche (oben), Fotoaufnahme durch Prof. Dr. Volkmar Schneider, Veröffentlichung mit seiner freundlichen Genehmigung; unten: Projektion beider Leichen übereinander unter Bezugnahme gleicher Distanz zwischen Beckenkamm und Kniescheibe (s. senkrechte Strichführung, Fettwachstorso unter dem Umriss der Luxemburgleiche dargestellt). Der Umriss der Leiche entspricht dem Originalfoto, vgl. Abb. I/9

Der pathologisch unauffällige Befund beider Hüftgelenke der Fettwachsleiche (Abb. I/16) schließt mit an Sicherheit grenzender Wahrscheinlichkeit die Annahme aus, dass es sich bei dieser Leiche um die sterblichen Überreste der R.L. handeln könnte.
**Quod erat demonstrandum!**

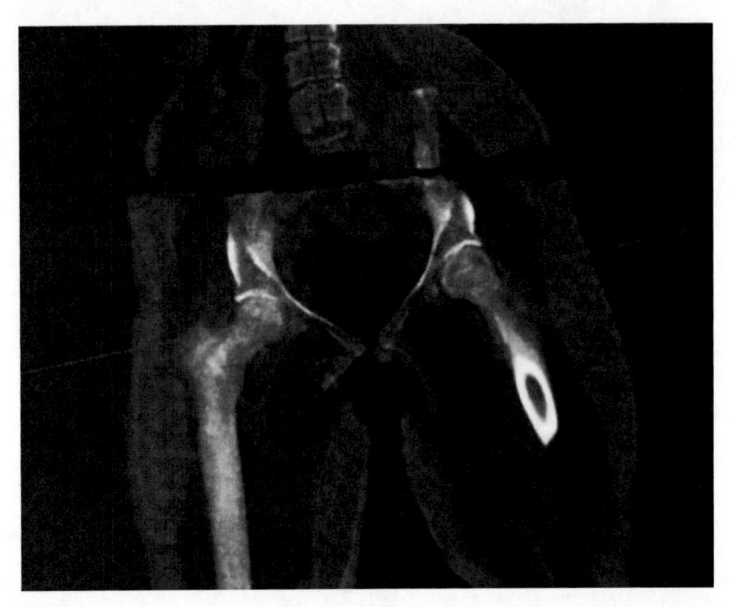

Abb. I/16: CT-Aufnahme des Torsos, jedoch durch die Schichtebene der Hüftgelenke geführt, radiologische Befundbeschreibung s.o. Das linke Bein befindet sich nach innen angewinkelt, dadurch wird der Hals des Oberschenkelknochens nicht seitlich wie rechts, sondern in der Aufsicht dargestellt

Um den durch diese CT-Schichtebenen-Aufnahme geführten Beweis, dass beide Hüftgelenke sich **seitengleich** darstellen, nicht offenkundig werden zu lassen (wodurch die Behauptung ausgeschlossen würde, es handele sich um die sterblichen Überreste der Rosa Luxemburg mit ihrem rechtsseitigen Hüftgelenksleiden) verzichtet Herr Tsokos auf die Publikation dieser dargestellten beweisenden Schichtebene (Abb. I/16) und wählt stattdessen aus derselben Bildserie (veröffentlicht in seinem „Spiegel-Artikel") eine nichtssagende Weichteilebene (s. Abb. I/17).

Eine derartige Vorgehensweise ist höchst unwissenschaftlich und kommt einem Taschenspielertrick gleich, auf den seine Leserschaft hereinfallen soll. Um das Hüftleiden, an dem Frau R. L. (als deren sterbliche Überreste dieser Torso von bestimmter Seite erwogen wird) nachweislich (**rechtsseitig**) litt, beweisen oder ausschließen zu können, sollte **die Schichtebene der Beckenknochen** insbesondere **des rechten Hüftgelenkes** gezeigt werden und nicht wie in der Spiegel-Publikation die nichtssagende Weichteilebene des rechten Beines

**Teil III**
**Zusammenfassung und Beurteilung**

1. Aus den in Teil I dieser Analyse dargelegten Ausführungen geht mit an Sicherheit grenzender Wahrscheinlichkeit hervor, dass die am 3. Juni 1919 in Wünsdorf durch Prof. Strassmann unter Assistenz von Prof. Fraenkel obduzierte, zunächst unbekannte Leiche sämtliche Merkmale erfüllt, um als der sterbliche Überrest der Frau Rosa Luxemburg anerkannt zu werden. — Die Fakten wurden als hinweisende Indizien im Einzelnen in Teil I dieses Berichtes aufgeführt.

2. Der im Teil II dieser Analyse beschriebene namenlose Leichentorso repräsentiert den sterblichen Überrest einer weiblichen Person, die Jahrzehnte unter der Wasseroberfläche fixiert gelegen und sich in dieser Zeit zu Fettwachs umgebildet hat. In einer relativen kurzen Wasserliegezeit, wie sie für die Verweildauer der Luxemburgleiche in Betracht kommt, ist das Ausmaß dieser Umbildung nicht möglich.

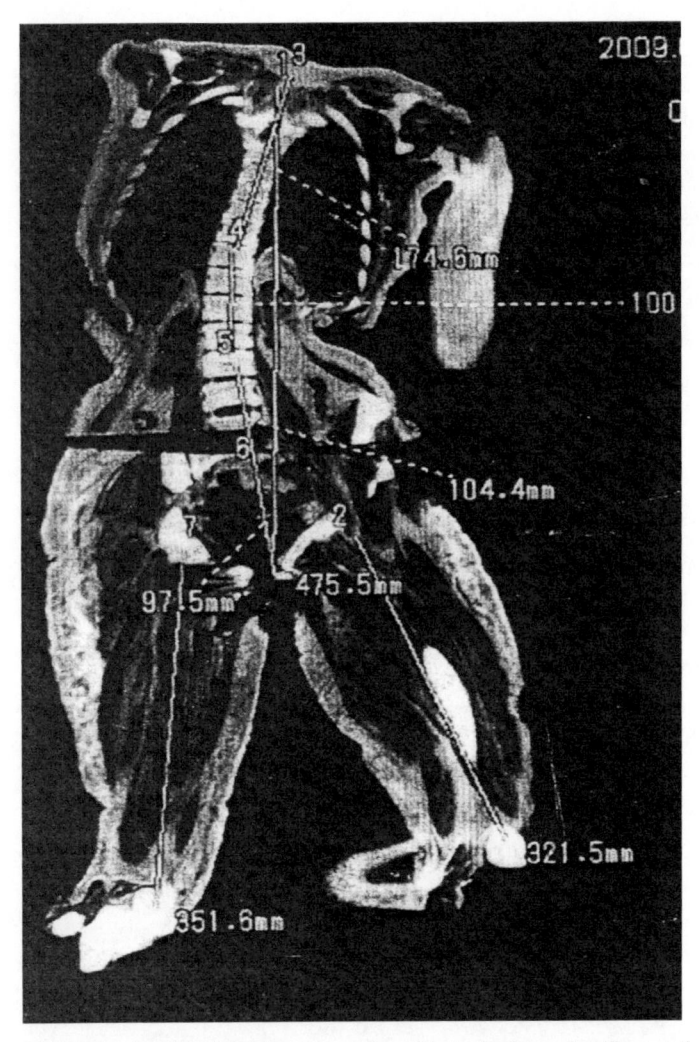

Abb.: I/17: Weichteilschichtebene aus der CT-Aufnahme des Torsos (abgebildet in: „Der Spiegel", 23/2009). Die Beckenknochen werden vom Autor Prof. T. in dieser Ebene offenbar absichtlich nicht erfasst

Bemerkenswert ist in diesem Zusammenhang folgender Umstand:

> Bei der Pressevorführung des zu diesem Fall gedrehten Dokumentarfilms durch den RBB, an dem der Autor mit einem nicht unwesentlichen Interviewbeitrag beteiligt ist, wurde von Herrn Prof. Tsokos die Anwesenheit <u>keines</u> Fachvertreters geduldet. Widrigenfalls hätten ihm peinliche Fragen gestellt werden können! Daher wurde der Autor dieses Beitrages vor Beginn der Filmvorführung gebeten, den Saal wieder zu verlassen.

Für den Leser entsteht die Frage, wie ein derartiges Verhalten selbst bei intellektuell gebildeten Menschen erklärbar wird? Ist es nur Abweichung vom normalen psychischen Eigenerleben?
Hier hilft die Psychiatrie, sie verfügt über mehrere Begriffe zur Beschreibung solcher Phänomene:

1. krankhaft überhöhtes Selbstwertempfinden
2. zwanghaft übersteigerter Narzissmus bis hin zum Monomanentum
3. Mythomanie für den Fall, dass die betreffende Person sich in die von ihr dargelegten Unwahrheiten in dem Maße hineinsteigert, bis sie von ihr selbst als Wahrheit geglaubt werden
4. Psychopathie, charakterisierbar durch hochgradige Einschränkung von Verantwortung und Gewissenhaftigkeit (HARE u. NEUMANN, 2008).

Entsprechenden weiteren Fällen wird der Leser im Kap. IV, Michaela B. sowie Michaela R. begegnen.

Menschen mit diesen Eigenschaften wollen beeindrucken. Sie geraten dabei bisweilen in die prekäre Situation, aus dem Lügengebäude, das sie um sich herum errichtet haben, ohne Gesichtsverlust nicht mehr herauszukommen und beharren deshalb auf ihrer Lüge. Die Psychologie kennt dafür den Begriff der *histrionischen*[57] Persönlichkeitsstörung.

---

[57] Histrione = Schauspieler im antiken Rom.

Im Zusammenhang mit dem vorangehend geschilderten Geschehen wurde der nachfolgend wiedergegebene Brief auf akademischem Wege an die Leitung der Charité gerichtet:

»An die
**Dekanin der Medizinischen Fakultät
der Humboldt-Universität zu Berlin,
Frau Prof. Dr. Annette Grüters-Kieslich**

**über:**
Senatsverwaltung für Bildung, Wissenschaft und Forschung,
Herrn Prof. Dr. Jürgen Zöllner

**über:**
Den Präsidenten der Humboldt-Universität zu Berlin,
Herrn Prof. Dr. Dr. h.c. Christoph Markschies

Spectabiles!

Die Unterzeichnenden, ehemals Mitarbeiter des Gerichtsmedizinischen Institutes der Charité (Hannoversche Straße), wenden sich auf akademischem Wege an den Vorstand der Medizinschen Fakultät der Charité, um ihr Unbehagen über den in bestimmten Medien geführten Umgang mit einem fettwachskonvertierten menschlichen Körper zum Ausdruck zu bringen. Wir sind in berechtigter Sorge, dass dem Ansehen des ehemals renommierten Rechtsmedizinischen Institutes einerseits und ferner der gesamten Charité durch die im Jahre 2009 von bestimmten Medien betriebenen unsachlichen Mitteilungen ein bleibender Schaden erwachsen könnte. Sachbezogene relevante Fakten, als Anlage beigefügt, schließen eine Zuordnung des Körpers als den der Rosa Luxemburg mit einer an Sicherheit grenzenden Wahrscheinlichkeit aus. Die ARD wird dazu (voraussichtlich am 17. März d.J.) einen Dokumentarfilm senden, wodurch die im Anhang beigefügten Fakten öffentlich werden.

Den Torso einer unbekannten Person trotz besseren Wissens dennoch der Rosa Luxemburg zuordnen zu wollen, wird von einer ausschließlich der Publizität einer bestimmten Person dienenden Absicht getragen. Das Vorgehen erinnert an den skandalösen Fall Hetzel, der seinerzeit schon einmal blamable Geschichte in der Rechtsmedizin Deutschlands geschrieben hat.

Durch die Zerstörung und nunmehr erfolgte Beisetzung der verbliebenen Teile des Fettwachstorsos wird die rechtsmedizinische Lehre eines einmaligen, den Studenten jahrzehntelang präsentierten Anschauungsobjektes über konservierende Leichenerscheinungen, das auch Eingang in internationale Standardwerke des Fachgebietes gefunden hat, beraubt.

In Erwartung Ihrer Antwort verbleiben
in collegialitas

Prof. em. Dr. G. Bundschuh     Prof. Dr. D. Patzelt
(ehemals Berlin)               (Würzburg)«

## Der Antwortbrief

(Wie aus den Initialen **SenBWF** des nachfolgenden Dokumentes erkennbar ist, wurde die Antwort offenbar in der Senatsverwaltung für Bildung, Wissenschaft und Forschung abgefasst.)

ID# CHARITÉ

Campus Benjamin Franklin | Campus Buch | Campus Mitte | Campus Virchow-Klinikum

Charité | Campus Mitte | 10117 Berlin

Herrn Prof. Dr. Gerhard Bundschuh
Herrn Prof. Dr. D. Patzelt
Wachtelberg 26
15378 Hennickendorf

**Dekanin**
Prof. Dr. Annette Grüters-Kieslich

Bearbeiter: Dr. Daniel Kaup

Telefon 030 / 450 570 252
Telefax 030 / 450 570 952
annette.grueters@charite.de

Berlin, den 25.02.2010/he

cc: Frau Neumann-Hardenberg, SenBWF

**Berichterstattung der Medien über den Fund einer unbekannten weiblichen Leiche im Institut für Rechtsmedizin der Charité**

Sehr geehrter Herr Professor Bundschuh, sehr geehrter Herr Professor Patzelt,

Ihr Schreiben vom 25.01.2010 ist über die Senatsverwaltung für Bildung, Wissenschaft und Forschung an mich weitergeleitet worden und samt der 17seitigen Anlage am 18.02.2010 hier eingegangen.

Im vergangenen Jahr ist in den Medien ausführlich über den Torso einer unbekannten weiblichen Leiche des Institutes für Rechtsmedizin der Charité berichtet worden. In einer Pressemitteilung der Charité – Universitätsmedizin Berlin wurde klargestellt, dass es sich bei den veröffentlichten Details um Hinweise auf die mögliche Identität der Leiche handelte und zur endgültigen Identifizierung der Leiche ein DNA-Test erforderlich sei.

Viele der in der Presse veröffentlichten Berichte beruhen auf Mitteilungen von Herrn Professor Tsokos, Direktor des Instituts für Rechtsmedizin, der sich umfassend mit diesem Fall beschäftigt hat. Ich möchte Sie daher bitten, sich bei Rückfragen direkt an Herrn Professor Tsokos zu wenden. Er wird Ihnen sicher auch die Gründe erläutern, die zur Beisetzung der genannten Leiche geführt haben. Im Übrigen gehe ich davon aus, dass in der Präparatesammlung des Institutes für Rechtsmedizin andere Objekte vorhanden sind, die als geeignete Anschauungsobjekte für die Ausbildung von Ärztinnen und Ärzten dienen können.

Mit freundlichen Grüßen

Prof. Dr. Annette Grüters-Kieslich
Dekanin

Auf die schriftliche Anfrage des Buchautors an die Leitung der Fakultät (die aus Höflichkeitsgründen erfolgte), ob Einwände bestehen, die Briefe dem Buchmanuskript beizufügen, erhielt der Autor die folgende Antwort:

---

**CHARITÉ** 1710-2010
UNIVERSITÄTSMEDIZIN BERLIN — 300 JAHRE

Campus Benjamin Franklin | Campus Berlin Buch | Campus Charité Mitte | Campus Virchow-Klinikum

Charité | Campus Charité Mitte | 10098 Berlin

**Der Vorstand**

Herrn
Prof. Dr. Gerhard Bundschuh
Wachtelberg 26
15378 Hennickendorf

Bearbeiter: Corinna Krüger

Telefon 030 / 450 570 002
Telefax 030 / 450 570 900
geschaeftsstelle-vorstand@charite.de

Berlin, den 27.01.2011

**Ihr Schreiben vom 04.12.2010**
**Veröffentlichung Ihrer Briefe an die Charité in Ihrem geplanten Sachbuch**

Sehr geehrter Herr Professor Bundschuh,

Bezug nehmend auf Ihr Schreiben vom 04.12.2010, möchten wir Ihnen mitteilen, dass wir einer Veröffentlichung des an uns adressierten Briefes vom 25.01.2010 und des dazugehörigen Antwortschreibens der Charité vom 25.02.2010 sowie der Veröffentlichung unseres heutigen Schreibens **nicht** zustimmen und dies hiermit ausdrücklich untersagen.

Wie wir Ihnen in unserem Schreiben vom 25.02.2010 bereits mitgeteilt haben, handelt es sich bei den in der Presse veröffentlichen Berichten um Mitteilungen von Herrn Professor Tsokos, Direktor des Institutes für Rechtsmedizin, der sich umfassend mit diesem Fall beschäftigt hat. Die Charité – Universitätsmedizin Berlin hat in einer offiziellen Pressemitteilung klargestellt, dass es sich bei den veröffentlichten Details lediglich um Hinweise auf eine mögliche Identität der Leiche handelt.

Mit freundlichen Grüßen

Prof. Dr. Karl Max Einhäupl
Der Vorstandsvorsitzende

Prof. Dr. Annette Grüters-Kieslich
Dekanin

Als Gegenantwort wurde formuliert:

»Herrn Prof. Dr. K. M. Einhäupl
Charitéplatz 1
**10117 Berlin**

„Sehr geehrter Herr Einhäupl,

Ihren Brief vom 27. 01. d.J. habe ich erhalten. Ihr darin zum Ausdruck gebrachter Disziplinierungsversuch ist für mich unannehmbar; er überschreitet die Grenzen des Zumutbaren!

Nicht der Inhalt, sondern die Formulierung in Ihrem Schreiben hat mich geradezu befremdet. Sollte das nur ein faux pas sein, so könnte ich darüber hinwegsehen. Aber das ist es wohl nicht. — So kann ich nicht umhin, meine Verwunderung darüber zum Ausdruck zu bringen, dass die Fakultätsleitung sich berechtigt glaubt, einem früheren, seit mehr als 10 Jahren ausgeschiedenen Mitarbeiter etwas, wie es in Ihrem Brief wörtlich heißt, *ausdrücklich untersagen* zu wollen. Würden Sie mich gebeten haben, Abstand von meinem Vorhaben zu nehmen, so hätte ich (dem Kollegialitätsprinzip folgend) einer solchen Bitte zu entsprechen, sicher nicht gezögert. Aber mit der Forderung, mir etwas <u>ausdrücklich untersagen</u> zu wollen, haben Sie die Grenzen Ihrer Weisungsberechtigung nicht nur verkannt, sondern deutlich überschritten.

Noch einmal bezugnehmend auf die von Herrn T. in die Welt gesetzte wissenschaftlich-verbrämte Lüge, verweise ich darauf, dass er auch weiterhin diese unhaltbare Unwahrheit verbreitet (so in der 5. Auflg. seines Buches, S. 209: „... Nachdem nun für mich zweifelsfrei feststand, ..." usw.). Welchen Schaden er dem Fach und damit dem Ansehen der Charité zugefügt hat, scheint die Fakultät noch immer nicht zu ermessen. Außerhalb Berlins lacht man bereits darüber. Das sollte Ihnen zu denken geben.

In collegialitas

Prof. em. Dr. G. Bundschuh«

Durch das Verwaltungsgericht Berlin wurde mit Wirkung vom 1. Nov. 2011 in einer anderen Sache (AZ: VG 12L 1036.11) einstweilig verfügt, dass eine Institution (wie z.b. die Charité) **nicht berechtigt** ist, Mitarbeitern zu untersagen, eine wissentlich manipuliert erscheinende oder Fehler enthaltende Publikation zu veröffentlichen oder deren Korrektur zu fordern.

Eine **Aufklärung des Fehlers**, so das Gericht, habe auf wissenschaftlicher Diskussionsebene zu erfolgen. Würde die Einrichtung verbietend einschreiten, so verstieße sie gegen die im GG festgeschriebene Freiheit der Wissenschaft. Die Antragsgegnerin, die ein solches Verbot versucht hatte, oblag und wurde verurteilt, die Gerichtskosten im Wert von 5.000 € zu tragen.

In der fehlerhaften Darstellung des Luxemburg-Falles durch Herrn Prof. T. hat die Fakultätsleitung der Charité somit durchaus gesetzeskonform gehandelt.

---

## Der Fall des Gunter A.
(Aktzenzeichen: 120 JS 57075 Landgericht Mühlhausen)

**Sachverhalt:**
Am Abend des 17. Sept. 2008 hatten Gunter A. (56) und seine Ehefrau Marie-Luise (50) ausgiebig Alkohol zu sich genommen, danach gingen beide im Obergeschoss ihres Hauses zu Bett. Sie sei danach wieder aufgestanden und habe weiter getrunken, heißt es in den Ausführungen der Urteilsbegründung.

Er habe sie dann beschimpft, sie ihn ebenfalls (mit der Bezeichnung „Saufschwein"). Anamnestisch ist bekannt, dass die Frau bereits mehrere Alkohol-Entziehungskuren hinter sich hatte.

Zum Tatgeschehen heißt es in der dem Autor vorliegenden schriftlichen Urteilsbegründung:

» Zwischen 21 und 22 Uhr lag die zu diesem Zeitpunkt stark alkoholisierte Marie Luise A. ... in dem im Erdgeschoss befindlichen Verbindungsraum

zwischen Küche und Treppenhaus. ... Möglicherweise war sie gestürzt. ... Der Angeklagte schlug nunmehr mit einem ... Gegenstand mehrfach auf das Gesicht, den Kopf, den Hals und die Schultern der vor ihm liegenden ... [Frau] ein. Diese erlitt dadurch im Wesentlichen drei klaffende ... und stark blutende Wunden im Gesichtsbereich. Eine Verletzung an der linken Schläfe, die bis auf die Knochenhaut reichte, ... eine an der Stirn und eine dritte an der Oberlippe, die ... bis auf den Oberkieferknochen reichte. ...
Als der Angeklagte schließlich von Marie Luise A. abließ, lebte diese noch. ... Zumindest in dem geschilderten Vorraum kroch sie umher. [Sie] verstarb an einem Verbluten nach außen.
Nach dem Tatgeschehen begab der Angeklagte sich wieder in das im ersten Stock gelegene Schlafzimmer. Dabei hinterließ er Blutspuren ... im Treppenhaus, ... an den Stufen als auch an der Wand.
...gegen 6 Uhr am folgenden Morgen begab der Angeklagte sich wieder nach unten. Im Vorraum lag der Leichnam seiner Frau auf den dort befindlichen Steinstufen.
Gegen 6.20 Uhr alarmierte er ... die Rettungsstelle.
Eine dem Angeklagten um 8.53 entnommene Blutprobe wies eine Blutalkoholkonzentration von 2,18 Promille auf«.

**Todesursache** laut Obduktionsgutachten: **Verbluten in Kombination mit Schädelhirntrauma.** Dass die Kopfwunden vom Aufschlagen auf die Treppenstufen während eines möglichen Herabstürzens herrühren könnten, wird von der Gutachterin Prof. M. angezweifelt. In ihrem Gutachten heißt es weiter:
»Das Befundmuster [der Verletzungen] ist mit einem Sturzgeschehen, auch im Bereich der in der Wohnung befindlichen Treppen, nicht in Übereinstimmung zu bringen«.

Wie lange die Geschädigte die ihr zugefügten schweren Verletzungen überlebt hat, ist nicht bekannt. Es ist von mehreren Stunden die Rede. Tot aufgefunden wurde sie am nächsten Morgen gegen 6 Uhr.

Bei der Obduktion der Toten fand sich ein Blutalkoholgehalt von 2,55 Promille. Zum Zeitpunkt des Tatgeschehens ist er um soviel höher gewesen, wie in der Zeit bis zum Todeseintritt noch verstoffwechselt wurde (je Stunde rechnerisch etwa 0,15‰). Wird eine Überlebenszeit von 2-3 Stunden angenommen, so dürfte er bei etwa 3 Promille gelegen haben.

Abb. I/18: Fundort des Leichnams der Marie-Luise A. (Quelle: Internet, Bitterlemmer)

(Zum Tod infolge Exsanguination [Verbluten] wurde bezüglich Volumen und dem dazu erforderlichen Zeitraum bereits im Fall Cb. vorgetragen.)

Beim Angeklagten wird für den Zeitpunkt des Tatgeschehens ein Blutalkoholwert (laut Gerichtsurteil unter Einbeziehung eines Nachtrunkes) von 4,66 Promille errechnet. Unter „Nachtrunk" wird eine Neuaufnahme von Alkohol nach dem Tatzeitpunkt verstanden. (Eine Rückrechnung bei eingeräumtem Nachtrunk gestaltet sich stets problematisch, da getrunkene Menge und Zeitpunkt ohne Zeugenangaben nicht der Wahrheit entsprechen müssen.)

Die Rückrechnung aus dem Tag nach dem Geschehen (11 Uhr 15; 1,6 Promille) lässt zum Zeitpunkt des Tatgeschehens auf einen Alkoholspiegel von mehr als 3 Promille schließen.

> Aus rechtsmedizinischer und juristischer Sicht ist von folgender Einschätzung auszugehen:
> Da die Geschädigte die <u>Körperverletzung</u> um eine gewisse Zeit <u>überlebt</u> hat, kann dem Täter nicht „Totschlag", sondern nur „<u>schwere Körperverletzung mit Todesfolge</u>" zur Last gelegt werden.
> Das StGB unterscheidet zwischen einfacher, gefährlicher sowie schwerer und fahrlässiger Körperverletzung. Erschwerend kommt im vorliegenden Fall <u>unterlassene Hilfeleistung</u> hinzu. Strafmildernd könnte jedoch geltend gemacht werden, dass der Täter infolge seines hohen Alkoholspiegels das Unerlaubte seiner Tat und dessen Folgen falsch eingeschätzt hat oder nicht mehr erkennen konnte.

**Urteil in erster Instanz:** 8 Jahre Freiheitsentzug wegen schwerer Körperverletzung mit Todesfolge.
Die Verteidigung begehrt Revision, der stattgegeben wird. Der BGH hebt das erstinstanzlich ergangene Urteil wegen der **Höhe des verhängten Strafmaßes** teilweise auf. (»Seine Schuldfähigkeit sei eingeschränkt gewesen«, heißt es.)

> **Der Angeklagte wird wegen Körperverletzung mit Todesfolge zu einer Freiheitsstrafe von**
> **2 Jahren**
> **verurteilt, deren Vollstreckung zur Bewährung ausgesetzt wird.**

Der Verurteilte befindet sich infolge des ergangenen neuen Urteils auf freiem Fuß, er muss sich bewähren!

## II: Induzierte Falschaussagen, Ermittlungsfehler und ihre Folgen

**Wahrheitswidrige Aussagen** während eines Ermittlungsvorganges können durch verschiedene Ursachen entstehen: Zum einen können sie unbeabsichtigt oder durch den Befragten vorsätzlich erfolgen, zum anderen aber auch über den Ermittler durch induktive Fragestellung herbeigeführt werden, insbesondere dann, wenn die Ermittler unter Erfolgszwang arbeiten. Dafür werden in diesem Buch verschiedene Beispiele angeführt. Vornehm ausgedrückt heißt es dann bei Gericht „wahrheitswidriges Geständnis".

### Der Fall des Künstlers Alfred K.

Herr K. wurde von der deutschen Polizei, im Verdacht stehend, vorsätzlich einen Menschen getötet zu haben, im Februar 2001 festgenommen. In der mehrstündigen Vernehmung gesteht der 55-jährige K. (unter Druck, um Ruhe zu haben und um seine krebskranke Ehefrau zu schützen!) die ihm zur Last gelegte Tötungstat, aber zugleich mit dem Hinweis, dass sein Geständnis unwahr sei. — Durch das Urteil der 1. Strafkammer des LG München vom 27. 11. 2002 wird er nach nur sechs Verhandlungstagen wegen **schwerer räuberischer Erpressung mit Todesfolge** zu einer Freiheitsstrafe von 15 Jahren verurteilt.

**Zur Vorgeschichte**: In der zunächst als harmonisch geltenden Verbindung des Künstlers K. mit Ehefrau Alexandra treten in den Jahren 2000/2001 finanzielle Probleme größeren Ausmaßes auf. Um zu Geld zu kommen, berichtet die Ehefrau einem befreundeten **Steuerberater** (Hartmut H.) gegenüber, eine höhere Geldsumme zu benötigen, um gegen einen vertragsbrüchigen amerikanischen Investor (in den USA) einen Prozess führen zu können. Sie erhält die erbetene, fast siebenstellige Summe. Anstatt sich für den Prozesses, wie vorgegaukelt, in die USA zu begeben, lebt sie in Deutschland zusammen mit ihrem Geliebten **Hans-Joachim U.** — Noch ahnt der Ehemann, Alfred K., von diesem Betrug nichts.

In der 30-seitigen Urteilsbegründung ist seitens der Ehefrau von einer wahrheitswidrigen Darstellung gegenüber der Behörde die Rede: Ein amerikanisches Gericht habe der Frau zur Auflage gemacht, sich von ihrem Ehemann trennen zu sollen, „da dieser einen zu unsoliden Lebenswandel führe".

Es heißt in den Prozessunterlagen:
»Im Januar 2001 wurden trotz der Täuschungsversuchung der Ehefrau die Zweifel ... stärker, so dass er [Alfred K.]... den Anwalt um Auskunft bat. ... Die Ehefrau befürchte Schwierigkeiten, ... dass ihr Lügengebäude zusammenbrechen würde; außerdem war sie in Geldnot.«

Am 2. Februar 2002 betritt der Angeklagte Alfred K. um 11 Uhr vormittags das Büro der „Steuerberatung" des Hartmut H. Der erwartete Gesprächspartner war nicht anwesend. Da der Angeklagte K. am Nachmittag erfuhr, dass der gewünschte Gesprächspartner noch immer nicht im Büro erschienen war, fuhr K. gegen 18 Uhr in dessen Wohnung, wo er ihn tot vorfand. — Er verständigte die Polizei und wird sogleich verdächtigt, den Steuerberater getötet zu haben, denn es werden mehrfach Fingerabdrücke des K. in der Wohnung des Toten gefunden. Dem Angeklagten wird nun vorgeworfen, den Steuerberater Hartmut H. unter Mithilfe weiterer Beteiligter vorsätzlich umgebracht zu haben.

„Das Gericht konnte nicht mit hinreichender Sicherheit nachweisen", heißt es, „dass der Angeklagte K. Kenntnis von den betrügerischen Handlungen zum Nachteil [des Ermordeten] durch seine Ehefrau hatte." (Im Mai 2002 verstirbt die Ehefrau.)

Auf Grund seines „wahrheitswidrigen Schuldgeständnisses" (obwohl widerrufen) wird er am 27 November 2002 durch das Landgericht München zu 15 Jahren Freiheitsentzug verurteilt.

Am 14. August 2003 erscheint bei der Berliner Polizeibehörde eine Kellnerin (**Sarah H.**) und gibt zu Protokoll, wer den Steuerberater Hartmut H. umgebracht hat: ein Herr **Heinz K.**, Geliebter der Kellnerin, dazu angestiftet gewesen von Alexandra, der Ehefrau des Alfred K. Tatmotiv: den Steuerberater Hartmut H., der sein Geld zurückforderte, zum Schweigen zu bringen. (Durch diesen Sachverhalt gewinnt der Fall **Alfred K.** eine neue Dimension, die des Auftragsmordes und könnte in Kap. IX seinen Niederschlag finden.)

Die wahren Täter werden gefasst. Auch **Hans-Joachim U.**, ehemaliger Geliebter der Ehefrau Alexandra ist darunter. Es folgt ein Wiederaufnahmeverfahren, in dem Alfred K. am 26. Januar 2005 von der 8. Strafkammer des Landgerichtes Augsburg freigesprochen wird. — Wäre die Kellnerin nicht erschienen, so säße Alfred K. noch heute im Gefängnis.

Im Mai 2012 verstarb er unerwartet im Alter von 64 Jahren.

---

**Der Fall des Rudolf R.,
ein ungewöhnlicher Suizid oder Mord?**

(Obgleich sämtliche Namen der Prozessbeteiligten durch die Medien bekannt wurden, sollen die der Angehörigen dennoch anonymisiert behandelt bleiben.)

**Sachverhalt:**

Zwischen Mitte Oktober 2001 und dem Auffinden der Leiche des Rudolf R. nach über sieben Jahren (im März 2009) galt der damals 52-jährige Bauer als vermisst. Laut Zeugenaussagen sei er letztmalig am 13. Oktober 2001, abends in einer Sportgaststätte in Neuburg (in der Nähe seines Wohnortes) lebend gesehen worden. Dort habe er getrunken und „anschreiben" lassen. Gegen 1 Uhr früh hätte er sich in seinem Mercedes auf den Heimweg gemacht. Den weiteren, späteren Befunderhebungen zufolge bestehen Zweifel, ob er dort angekommen ist. Weder er noch seine Leiche werden gefunden. Dennoch wird am 14. Juni 2004, obwohl keinerlei Beweise vorliegen, Anklage gegen die Familienmitglieder erhoben und von der Jugendkammer Ingolstadt unter Vorsitz von Richter Georg Sitka gegen sie ein Urteil wegen gemeinschaftlichen Totschlages bzw. der Beihilfe dazu gefällt. Die Ehefrau des Opfers und der damalige Lebenspartner einer der Töchter werden zu je acht Jahren und sechs Monaten, die Töchter zu drei bzw. zwei Jahren und sechs Monaten Freiheitsentzug verurteilt.

**Die Indizien:**

1. Bei einem Autoschrotthändler in der Wohngegend des vermissten Rudolf R. wird im fraglichen Zeitraum ein Fahrzeug vom Typ Mercedes 230 entsorgt, das laut Anklage für das Fahrzeug des Vermissten gehalten wird[58]. Ein Herr Ludwig H., tätig im Entsorgungsunternehmen, bestätigt diesen Sachverhalt, distanziert sich aber später davon, woraufhin dieser Zeuge von Staatsanwalt und Gerichtsvorsitzendem wegen Falschaussage bedroht und angeklagt wird, so die Pressemitteilung.

   »Ich bin unter Entzug gestanden und habe [während der Vernehmung] irgendetwas erzählt,«
   erklärte der alkoholkranke, früher aus der Haft entlassene Zeuge während der Verhandlung. Später soll er ausgesagt haben, „die Ermittler hätten ihm eine Pistole an den Kopf gehalten, damit er gestehe". (**Kommentar:** FRIEDRICHSEN, G.: „Der Spiegel" 9/2011). *„Eine solche polizeiliche Vorgehensweise, wenn sie denn stimmen sollte, wäre anklagewürdig!"*

2. Die widerrufenen wahrheitswidrigen Aussagen der Familienmitglieder, denen z.T. eine erheblich eingeschränkte Intelligenz attestiert wurde[59], die jedoch detailliert geschildert haben sollen, wie sie den „vermissten" Bauern zerstückelt und den Hunden zum Fraß vorgeworfen haben wollen.

In der kriminaltechnischen Untersuchung heißt es:
»Nicht die winzigste Spur belege, dass es auf dem verwahrlosten Hof bzw. im Keller des Hauses zu einem derartigen Gemetzel gekommen sei.«

---

[58] Anhand der Fahrzeugpapiere hätte festgestellt werden können, ob es sich wirklich um das Fahrzeug des Vermissten handelt.

[59] Bei Hermine R., der Ehefrau, habe ein Gesamt-IQ-Wert von nur 53 bestanden, vgl. dazu Tabelle zum Fall Joachim Georg Kroll (**Ruhrkannibale, Kap. X**). Personen mit einem derartigen IQ-Wert wird eine Intelligenzschwäche zuerkannt. 'Schwachsinn' gilt als angeborene Intelligenzschwäche ohne nachweisbare organische Ursache und führt strafrechtlich zur **Schuldunfähigkeit.**

Der Gesamt-IQ-Wert bei einer der Töchter, der Erstgeborenen, wird mit 71 angegeben, der ihres Freundes und Mitangeklagten liegt bei 66.

**3.**: Ein Münchener Rechtsmediziner sagt bei der Gerichtsverhandlung im Dezember 2004 mündlich aus, „dass man nach Reinigungsmaßnahmen keine Blutspuren finden müsse, ebenso sei das Fehlen von DNA-Spuren nicht verwunderlich."

»Es wird wahrscheinlich nicht zu spritzenden Blutungen gekommen sein«. Und weiter: »Von diesen [fehlenden] Knochen [die der Beklagte im Misthaufen vergraben haben will] müssten zumindest Rückstände übrig geblieben sein.«

Nach Auffassung des Gerichtes habe seine Familie ihm (Rudolf R.) „aufgelauert", dann sei er von Familienmitgliedern erschlagen und zerstückelt, danach in einen Müllsack gesteckt worden, so gestanden und widerrufen von der Ehefrau und vom damaligen Verlobten der Tochter. Auch die Hunde (fünf Dobermänner und ein Schäferhund) sollen Teile der Leiche gefressen haben. Die beiden Töchter sind zum unterstellten Tatzeitpunkt 15 bzw. 16 Jahre alt. Sie lassen verlauten, vom Vater missbraucht worden zu sein, widerrufen diese Beschuldigung aber. In der Hauptverhandlung schweigen die Angeklagten oder widerrufen ihre Geständnisse. — Den Ermittlungen zufolge galt der Vermisste als alkoholkranker Familientyrann.

Welche schwerwiegenden, tieferen Beweggründe müssen bei den Angehörigen vorhanden gewesen sein, um sich zu einer Falschaussage derartigen Ausmaßes veranlasst gefühlt zu haben oder durch welche Umstände dazu gedrängt worden zu sein? Wurden ihnen derartige Aussagen in den Mund gelegt? In der Urteilsbegründung durch das Gericht Ingolstadt heißt es:

»Seine Frau Hermine, seine beiden Töchter Andrea und Manuela und deren Verlobter Matthias E. hätten ihm [dem Bauern Rudolf R.] aufgelauert. Der 17-jährige E. soll, angefeuert von den Frauen, mit einem Vierkantholz, 70 cm lang und fünf Zentimeter breit, auf R. losgegangen sein und ihn niedergeprügelt haben. Anschließend sollen sie ihn in den Keller des Bauernhofes gewuchtet haben. Als der 52-jährige mit dem Fuß zuckte, sei ihm mit einem Hammer die Schläfe eingeschlagen worden, bis dieser darin stecken blieb.«

Und weiter an anderer Stelle:
> »Es ist jedoch auch möglich, dass der Angeklagte [E.] eine Entsorgung der Leichenteile gewählt hat, die aus seiner subjektiven Sicht noch furchtbarer ist als das Vergraben der Leichenteile im Mist-haufen, und die er aus diesem Grunde nicht angeben konnte. Hierbei denkt das Gericht z. B. an die Möglichkeit, dass der Ange-klagte die restlichen Leichenteile an die Schweine verfüttert haben könnte. Der Kammer ist bekannt, dass Schweine als Allesfresser auch die restlichen Leichenteile samt Knochen fressen würden.«

**Welche unglaubliche Fantasie von Staatsanwalt und Gericht verbirgt sich in dieser, dem Urteil zugrunde liegenden Präjudizierung bei jeglichem Fehlen von Beweisen? Voreingenommenheit ist ein tödliches Gift für die Wahrheitsfindung, die Objektivität bleibt auf der Strecke.**

Der OStA Christian Veh fordert in seinem Plädoyer für die Ehefrau und Matthias E. eine lebenslange Haft. Aufgrund ihres IQ-Wertes besteht für die Angeklagte theoretisch jedoch Schuldunfähigkeit.

Das Gericht weicht davon ab. Die Ehefrau des Vermissten und der Verlobte der Tochter, Matthias E., werden zu je achteinhalb Jahren Gefängnis verurteilt, beide Töchter müssen für zwei, bzw. drei Jahre wegen Beihilfe in Haft.

Nach über sieben Jahren, im März 2009, wird die Leiche R., weitgehend verwest, im Mercedes befindlich, durch Zufall aus der Donau gezogen, weder erschlagen noch zerstückelt.

Es heißt S. 28 der Urteilsbegründung im Wiederaufnahmeverfahren:
> »Der PKW wurde in der Donau in einer Wassertiefe von ca. 3,70 Metern aufgefunden. ... Das Fenster der Fahrertür war vollständig offen ... und unversehrt. ... Das Fahrzeuginnere war bis über die Sitzflächenhöhe mit Schlamm gefüllt. In diesem Schlamm steckten auf der Fahrerseite die beiden skelettierten Unterschenkel. Die parallel ausgerichteten Fersen zeigten in Richtung der Pedale; die Schienbeine waren parallel zueinander an die obere Sitzkannte des Fahrersitzes angelehnt.
> Der weitgehend skelettierte Schädel der Leiche zeigte keine Spuren mechanischer Gewalteinwirkung. Zu Blutungen im Hirn war es nicht gekommen. ... keine Hinweise auf akute Herzprobleme. Die Halswirbelsäule

war unverletzt und noch mit dem Schädel verbunden. Eine konkrete Todesursache konnte nicht festgestellt werden.«
Im Zündschloss steckte kein Schlüssel, dieser befand sich in der Hosentasche der Leiche. Der Wählhebel des Automatikgetriebes stand auf der Stellung „P". Schuhe waren weder an den Füßen noch im Fahrzeug auffindbar.

Ein Suizid- oder Unfallgeschehen wird den Umständen nach vom Gericht zwar als weitgehend unwahrscheinlich angesehen, ist aber dennoch nach der Beweiswürdigung des Urteils von 2011, die dem Autor schriftlich vorliegt, nicht auszuschließen (vgl. nachfolgende Hypothese des Buchautors). Die Kammer hingegen betrachtet eine Selbsttötung als ausgeschlossen. So heißt es auf S. 61 der Urteilsbegründung im Wiederaufnahmeverfahren von 2011:

»Die Kammer hat beim <u>Ausschluss eines Suizids</u> nicht übersehen, dass das Leben des [Rudolf R.] zuletzt nicht glücklich verlaufen ist und er mit verschiedenen Problemen zu kämpfen hatte. So litt er an Diabetes, weswegen ihm eine Zehe ... hatte amputiert werden müssen. ... Auch hatte er finanzielle Probleme. ... Schließlich verlief sein Ehe- und Familienleben nicht glücklich. ... Ihm war es auch nicht recht, dass der Angeklagte [Matthias E. bei ihnen] im Hause wohnte.«

Wie Rudolf R. ums Leben kam, bleibt ungeklärt. In diesem Zusammenhang drängt sich dem Autor jedoch die Frage auf, ob die Angehörigen fähig waren oder willens gewesen wären, ein möglicherweise bei Rudolf R. vorhanden gewesenes präsuizidales Syndrom überhaupt wahrzunehmen? Das präsuizidale Syndrom äußert sich wie eine jede andere Krankheit durch Symptome: in diesem Falle Verhaltensauffälligkeiten, Einengung des Denkens, Empfinden von Schuldgefühlen, Aggressionsäußerung[60] (vgl. dazu Kap. VIII). Ein „Bilanzsuizid"[61] des R.[62] in der Nacht seines Verschwindens, zumal unter Alkoholeinfluss ausgelöst, wäre bei der beschriebenen familiären Situation sehr wohl denkbar. Die Fähigkeit, derartige Merkmale aber erkennen und richtig

---

[60] Aggressionsäußerungen des R.: „Ich bring Euch um, ich schmeiß Euch raus!", waren vorhanden.
[61] Bilanzsuizid, Erläuterung s. S. Kap. Suizid.
[62] Hier in der Bedeutung: aus dem Gleichgewicht geraten.

werten zu können, dürfte bei den vorhandenen Intelligenzschwächen der Angeklagten allerdings zu bezweifeln sein. Darüber hinaus sprechen die geäußerten Fantasien der Leichenzerstückelung, einer Verfütterung von Leichenteilen an Hunde etc. von emotional verwirrten Wunschvorstellungen dieser Personen, die im Widerspruch zu einem Erkennen-können eines möglicherweise vorhanden gewesenen präsuizidalen Syndroms stehen. Das wurde von der Kammer des erstinstanzlichen Prozesses nicht erwogen. Vielmehr hat sie sich mit der Vermutung, Leichenteile und Knochen könnten auch an die Schweine verfüttert worden sein, in den Sog dieser Fantasien hineinziehen lassen.

Die Frage, wie die in getrennten Vernehmungen und teilweise ohne anwaltlichen Beistand befragten (geistig erheblich behinderten!) Beschuldigten zu einer falschen, aber weitgehend übereinstimmenden, teilweise fast wortgleichen Zeugenaussage gekommen sein können, lässt sich durch **induktive**[63] Fragestellungen seitens der Ermittler und anschließender Protokollierung nicht wörtlicher, sondern durch die von den Ermittlern gewählten Formulierungen erklären (vgl. dazu den nachfolgend beschriebenen Fall Wolfgang S.).

**Das Wiederaufnahmeverfahren:**
Obwohl durch das Auffinden des nicht zerstückelten Leichentorsos die Schuld der Verurteilten als fraglich gilt, wird das Wiederaufnahmeverfahren durch die Staatsanwaltschaft Ingolstadt dennoch abgewiesen! In der Ablehnung heißt es:

»Der Umstand, dass die Leiche nun gefunden wurde und der Bauer *möglicherweise[?]* auf eine andere als der im Urteil beschriebenen Art zu Tode kam, ändert jedoch nichts an den übrigen Feststellungen des Urteils, nämlich, dass die Tat geplant war, dass der Bauer an diesem Abend nach Hause kam, dass er dort von den Verurteilten erwartet und aufgrund eines gemeinsamen Tatplanes getötet wurde.«

Für diese Unterstellung seitens der Staatsanwaltschaft gibt es in den Akten nicht den geringsten Hinweis! Das Landgericht schließt sich der Einschätzung der Staatsanwaltschaft an. Erst das Oberlandesgericht

---

[63] inductivus (spätlat.) als Voraussetzung geeignet, gemeint ist: bereits als Ziel vorgegeben.

München gibt den Wiederaufnahmeanträgen der Verteidigung statt. Die Verhandlung beginnt im Oktober 2010 vor dem **Landgericht Landshut**.

Nach 26 Verhandlungstagen ergeht am 25. Februar 2011 das Urteil (allerdings mit gewisser Fragwürdigkeit!): Der Vorsitzende Richter Theo Ziegler vertritt die Auffassung, dass ein Unfall, ein Überfall oder **Suizid** des R. nicht in Betracht kämen, sondern der Bauer in der Nacht seines Verschwindens zunächst nach Hause gekommen sei. Er könne von den Angehörigen getötet und danach samt Auto in den Fluss gerollt worden sein. Was wirklich geschah, könne das Gericht nicht nachweisen. Deshalb gäbe es keinen Verurteilungsgrund.

Die Ermittlungsbeamten hätten sich den Beschuldigten gegenüber korrekt verhalten, beteuert der Richter und schließt: „Ein gewisser Druck sei ja erlaubt."

In der dem Buchautor übermittelten schriftlichen Urteilsbegründung heißt es u.a. (S. 52):

»Mit Schreiben vom 14.10.2004 an die Staatsanwaltschaft Ingolstadt ... widerrief der Angeklagte [Matthias E., Freund der Tochter] alle von ihm bislang gemachten Angaben. Diese entsprächen nicht der Wahrheit. Er sei von Polizei und Staatsanwaltschaft unter psychischen Druck gesetzt worden. „Aufgrund der Androhung von körperlicher Gewalt durch den Polizeibeamten ... hatte ich Angst vor Misshandlungen und Folter."«

Fehler bei der Ermittlung werden insofern eingeräumt, da S. 66 der schriftlichen Begründung des Urteils im Wiederaufnahmeverfahren ausgeführt wird:

»Die Angeklagten ... wurden jeweils als Beschuldigte belehrt. Allerdings erfolgte keine „qualifizierte" Belehrung der Angeklagten, dass ihre zuvor in der Zeugenvernehmung gemachten Angaben unverwertbar sind. Denn die Vernehmungsbeamten gingen ja gerade von der Rechtmäßigkeit einer Zeugenvernehmung aus. Eine „qualifizierte" Belehrung wäre aber geboten gewesen. ... Die „qualifizierte" Belehrung soll verhindern, dass ein Beschuldigter auf sein Aussageverweigerungsrecht nur deshalb verzichtet, weil er möglicherweise glaubt, eine frühere unter Verstoß gegen die Belehrungspflicht zustande gekommene Selbstbelastung nicht mehr aus der Welt schaffen zu können. (BGHST 53,112,116).«

Die Staatsanwaltschaft forderte für die des Totschlages angeklagte Witwe und den Freund einer der Töchter diesmal statt achteinhalb nur je siebeneinhalb Jahre Freiheitsentzug, für eine der Töchter einen Freispruch. **Das Gericht sprach die drei Angeklagten frei und gestand ihnen Ansprüche auf Entschädigungszahlungen zu.**

Durch Analyse der dem Buchautor bekannt gewordenen Fakten ergibt sich zum Todesgeschehen des Rudolf R. folgender Sachverhalt:

**1.:** Das soziale Umfeld des Rudolf R. (vor seinem Verschwinden) war, wie aus den Unterlagen hervorgeht, erheblich gestört. Wie viel psychischen Widerstand er seiner gegen ihn eingestellten Familie in dieser Situation noch entgegenbringen konnte, wurde nicht untersucht.

**2.:** Alkoholeinfluss übt auf das menschliche Gehirn einerseits enthemmende Wirkungen aus, führt zu Handlungsbereitschaften, die im nüchternen Zustand eines Menschen normalerweise vermieden werden, und befördert bei bestimmten Personen andererseits aggressive Impulse auch gegen sich selbst. Im Ernüchterungszustand treten dann depressive Folgeerscheinungen auf, aus denen der Wunsch erwachsen kann, dieses Dilemma durchbrechen, beenden zu wollen, aber nicht mehr herauszukönnen. Der suizidale Druck steigt. Die Suizidrate unter Alkoholabhängigen ist erheblich höher als in der Vergleichsbevölkerung (vgl. Kap. VIII).

**3.:** Aus der Tatsache, dass beim Bergen des Fahrzeuges der Schalthebel des Automatikgetriebes in der Stellung „Parkposition" vorgefunden wurde, kann mit an Sicherheit grenzender Wahrscheinlichkeit auf folgendes Geschehen geschlossen werden:

- Bei einem Automatikgetriebe sind in dieser Stellung des Schalthebels die Fahrzeugräder **blockiert**[64]. Bei der genannten Schalthebelstellung kann ein solches Fahrzeug <u>nicht gerollt</u> worden sein, es sei denn, die Technik wäre defekt. Der Schalthebel kann bei intakter Technik also erst in die „P"-Position verbracht worden sein, als sich das Fahrzeug bereits im Wasser befand. Daraus folgt: Dritte

---

[64] Auskunftsgemäß trifft das auch für das Fahrzeug des Rudolf R., Baujahr 1988 zu. Die Radblockierung erfolgt im Getriebe.

können das Fahrzeug <u>nicht in den Fluss hinein geschoben haben</u>. Nur in der Position „P" ist der Zündschlüssel abziehbar.

- Wer außer dem Fahrer hätte bei dem im Fluss befindlichen Fahrzeug den Schalthebel in die vorgefundene Position rücken und den Schlüssel abziehen können? Eine der Tat beschuldigte Person hätte zu diesem Zweck ins Wasser steigen müssen.

**4.**: Daraus geht hervor, dass der Fahrer selbst das Fahrzeug in den Fluss gefahren (gerollt) haben muss, ob in suizidaler Absicht oder aus Unachtsamkeit, möglicherweise infolge Trunkenheit, sei dahingestellt. Da einem technischen Gutachten zufolge die Motorkolben unbeschädigt vorgefunden wurden und dementsprechend anzunehmen ist, das Fahrzeug sei <u>nicht</u> mit laufendem Motor ins Wasser geraten, ergibt sich die Vermutung des Hineinrollens bei Leerlaufstellung des Schalthebels.

Als **Todesursache ist Ertrinken** anzunehmen.

Ein sogenannter Diatomeen-Nachweis[65], der bei positivem Ausfall auf einen Ertrinkungstod schließen ließe, wurde bei der Obduktion des teilweise fettwachsartig umgebildeten Torsos (nach persönlicher Mitteilung an den Buchautor) nicht durchgeführt. Da der Schädel der Leiche unverletzt vorgefunden wurde, hätte ein solcher Nachweisversuch aus zentralen Teilen des geschrumpften Gehirns eine gewisse Aussicht auf Erfolg geboten.

Als **Nebenhypothese** ist zu erwägen: Das Fahrzeug ist auf einer steil abschüssigen, rutschig-feuchten Schräge (Schalthebel bereits in Parkstellung, also mit <u>blockierten</u> Rädern) in den Fluss <u>gerutscht</u>, möglicherweise durch Dritte verursacht. Diese Hypothese setzt allerdings voraus, dass mindestens eine der angeklagt-gewesenen Personen zum Zeitpunkt der Tat in der Lage gewesen sein müsste, ein Fahrzeug mit Automatikgetriebe zu führen. Ob das geprüft wurde, entzieht sich der

---

[65] Aus dem Ertrinkungswasser in den Blutkreislauf eingeschleuste Kieselalgen, die nach Gewebsveraschung unter Verwendung von Salpetersäure nachgewiesen werden können (s. Lehrbücher der Rechtsmedizin).

Kenntnis des Autors. Im KFZ-Gutachten heißt es, Schäden am Fahrzeugboden seien nicht festgestellt worden.

**Haupthypothese[66]:**

Es ist davon auszugehen, dass der Bauer R. in der bezeichneten Nacht in „mittelmäßig alkoholisiertem Zustand", wie es heißt, gegen 00.45 Uhr nachhause kam. Den Lebensumständen entsprechend erfolgten wegen seiner Trunkenheit mit den Familienangehörigen wahrscheinlich verbale oder körperliche Auseinandersetzungen. Möglichweise ist er dabei, wie angenommen wird, eine Treppe hinunter gestoßen worden. Bereits dabei könnte er, falls er sie sich nicht schon vorher ausgezogen hatte und danach Pantoffeln trug, seine Schuhe verloren haben (die später im Fahrzeug nicht gefunden wurden).

Der Übermacht der sich in dieser Situation <u>gegen ihn</u> richtenden vier Familienmitglieder fühlt er sich in seinem Zustand wehrlos ausgeliefert.

Die bei ihm vorhandene und dem Verständnis nach <u>gegen die Familie</u> gerichtete Aggression (die er aber „umzubringen" nicht im Stande ist) richtet sich jetzt <u>gegen ihn selbst</u>. Es entsteht eine „Aggressionsumkehr", wie es in der Fachsprache heißt: Statt des potentiellen Gegners will er jetzt sich selbst töten (ein bei bestimmten Suizidanten demonstrativer, nicht ungewöhnlicher Vorfall). In dieser für ihn verhängnisvollen Situation entsteht der Entschluss, eine unterschwellig bereits herangereifte Suizidabsicht als „Bilanz seines Lebens" zu vollenden. Er setzt sich in sein Fahrzeug und fährt in den Fluss.

Das Abschalten des Motors sowie das Abziehen des Schlüssels und wahrscheinlich auch das Lösen des Anschnallgurtes erfolgen reflektorisch. Durch die heruntergekurbelte Scheibe dringt Wasser ein und führt allmählich zum Auftrieb seines Körpers aus der sitzenden Position. Dadurch wird ein Drehen seines Körpers nach rückwärts möglich. Bei anzunehmender Schräglage des Fahrzeuges (mit wahrscheinlich höher liegendem Heckteil) sammelt sich die im Fahrzeug noch vorhandene Luft dort an. Vor dem Ertrinken nach letzter Luft suchend, könnte er sich auf dem Fahrersitz nach rückwärts umgewendet haben. Hat er Pantoffeln getragen, so könnten diese durch die offene Scheibe hinaus geschwemmt worden sein.

---

[66] Von Seiten der Verteidigung wird Verfassungsbeschwerde wegen vorenthaltener Entschädigungszahlungen vorbereitet.

## Der Fall des Wolfgang S.

Im Juli **1989** verschwand die 25 Jahre alte, geistig unterentwickelte **Martina M.** aus ihrer betreuten Wohngruppe in B. Sie tauchte nirgends auf, auch ihre Leiche wurde nicht gefunden. Unter Verdacht stehend, mit dem Verschwinden der Frau etwas zu tun zu haben, gerät **Wolfgang Sch.**, der in Behinderten-Heimen tätig war. Martina M. habe versucht, sich an Wolfgang Sch. anzuklammern und bei ihm Halt zu finden, wird gesagt. Zwischen ihm und Martina M. habe eine „Beziehung" bestanden. Der zurückgezogen lebende, offenbar ebenfalls geistesgeschwächte Eigenbrötler Sch. habe das als lästig empfunden. Bereits ab 1981 ist bei ihm von psychischen Auffälligkeiten die Rede. Er soll in „Erdlöchern gehaust" und im Wald nach Altmetall gesucht haben, das er verkaufte. Nach dem Verschwinden der Martina M. befragt, wo Martina sei, habe er gesagt: »Die habe ich weggemacht«. Deutliche Hinweise dafür, dass er sie umgebracht hätte, bestanden nicht. Martina M. blieb vermisst, ihre Akte wurde geschlossen.

Im Jahre 2005 wird bei einer Routinedurchsicht erneut Einblick in die Akte genommen. Mit Zustimmung der Staatsanwaltschaft wird jetzt ein verdeckter Ermittler des Landeskriminalamtes beauftragt, den inzwischen 45 Jahre alten Wolfgang Sch. zu observieren. Der Ermittler erschleicht sich die Freundschaft des Wolfgang Sch., spioniert ihn aus und gewinnt so Einblick in sein Leben.

Wolfgang Sch. leidet an einer Persönlichkeitsstörung, es ist ferner von psychotischen Verwirrtheitszuständen und von Alkoholhalluzinationen bei ihm die Rede. Imponiergehabe veranlasst ihn, dem verdeckten Ermittler gegenüber unglaubliche Geschichten zu erzählen. Dieser bedrängt ihn, will etwas über den Tod der vermissten Martina M. erfahren. Damit habe er nichts zu tun, betont Sch. immer wieder. Der Ermittler lässt nicht locker, verstärkt den psychologischen Druck auf sein Opfer, beschimpft Sch., dass er ihn belüge. Im Glauben, ihn genügend „weich geklopft" zuhaben, wird Sch. (mit 1,7 Promille Blutalkohol) zur Vernehmung nach Kiel gebracht und dort über mehrere Stunden ohne Protokollanfertigung verhört. Der Beschuldigte bestreitet weiterhin die ihm zur Last gelegte Tat.

Von seinem vermeintlichen Freund, jenem verdeckten Ermittler, wird ihm zugesichert, dass er nicht ins Gefängnis komme, da er ja unschuldig sei. Von der Polizei wird ihm nahegelegt, dass nicht er, sondern dass das „böse Ich" in ihm die Frau getötet habe. (Eine höchst merkwürdige Methode deutscher Ermittler, ein „Geständnis" zu erwirken!) Daraufhin gesteht Wolfgang S. den Mord und sagt, dass er das Grab im Wald mit bloßen Händen ausgehoben habe. Dass so etwas als unmöglich oder im höchsten Grade als unwahrscheinlich zu gelten hat, wurde von den Ermittlern offenbar ignoriert.

Auf Grund seines Geständnisses wird Wolfgang S. angeklagt. Sein Verteidiger Olav B. erreicht gegen den Widerstand des Gerichtes, dass Frau Prof. Renate V. (Rechtspsychologin) zu der Frage gehört wird, ob seitens der Ermittler nicht von einer **Befragungssuggestion** auszugehen ist und dadurch ein falsches Geständnis erwirkt wurde. Ein anderer Sachverständiger (Volbert K.) äußert sich den Richtern der 8. Großen Strafkammer gegenüber mit den Worten:

> »Man muss einen Menschen nur lange genug weich klopfen, bis er an sich und seinem Gedächtnis zweifelt. ... Herr Schw. war nahe daran zu gestehen, auch Kennedy und Wallenstein ermordet zu haben.«

Der Angeklagte wird frei gesprochen.

## Erdrosseln im Krankenbett,
## Fallanalyse[67] einer Patientenfixierung mit Todesfolge

Für die Analyse dieses Falles standen dem Autor die nachfolgend aufgeführten Originaldokumente zur Verfügung: Bei der Obduktion gefertigte Fotos über die am Hals der Leiche vorhandenen Hautveränderungen (Strangulationsmarke nebst Würgemalen), ferner die rechtsmedizinischen Befundgutachten „A." und „B." sowie das Befundgutachten des Osteo-Pathologischen Institutes „H." über das Kehlkopfpräparat der Leiche, darin enthalten die wesentlichen Teile des Sektionsprotokolls.

---

[67] Veröffentlicht: BUNDSCHUH, G., in: KRIMINALISTIK 11/2010.

**Sachverhalt:**
Ein über 95-jähriger Mann („Gustav Greisig", Name geändert) stürzt abends in seiner Wohnung und fällt zu Boden. Durch den Rettungsdienst wird er mit einem sogenannten STIFFNECK-Verband (Abb. II/1) versorgt und unverzüglich in die Klinik eingeliefert. — Fünf Tage später wird er morgens, auf der Intensivstativstation in seinem Bett liegend, tot aufgefunden. Als Todesursache bescheinigt die Klinik eine Lungenentzündung, herrührend von der am ersten Tag des Klinikaufenthaltes beim Frühstück erfolgten Speiseaspiration.

Abb. II/1: „Stiffneck"-Orthese: mit Schaumgummi gepolsterter steifer Stützverband, verwendet bei Schädigungen der Halswirbelsäule

Anamnestisch ist bekannt, dass der Patient an Bluthochdruck litt und seit Jahren erblindet war. Bei der vier Tage nach Todeseintritt (im Leichensaal des Klinikums, also einer sogenannten Außensektion) durch zwei Gerichtsärzte erfolgten Obduktion werden Befunde erhoben, die auf eine nicht-natürliche Todesursache hinweisen; sie lassen typische Merkmale eines Erdrosselns mit möglicher Würgebeteiligung erkennen (s. Abb. II/2).

»Die vorbeschriebene bandartige zirkuläre Hauteinblutung findet sich auch an der Halsvorderseite: An der linken Halsseite schließt sich am Oberrand der 1,5 cm breiten homogenen dunkelblau-rötlichen Hauteinblutung ein Blutungsareal bis 3 cm Höhe und 8 cm Breite an. Die bandartige Hautveränderung verläuft unmittelbar unterhalb des sog. Adamsapfels quer über den Kehlkopf. Hier findet sich in Halsmitte eine 8 cm hohe

und bis 3 cm breite ovaläre inhomogene bläulich-rötliche Hautunterblutung. An der rechten Halsseite, im Verlauf der bandartigen Hauteinblutung, eine 4 cm durchmessende inhomogene bläulich-rötliche Hauteinblutung. An der linken Halsseite unterhalb der bandartigen Hauteinblutung eine ebenfalls annähernd 4 cm durchmessende inhomogene bläulich-rötliche Hautunterblutung (Würgemale?). Die bandartige Hauteinblutung an der rechten Halsseite mit einer ca. 7 cm breiten Unterblutung, diese reicht bis 2 cm rechts der Halsmitte.«
»Umbluteter Abbruch des rechten langen Kehlkopffortsatzes [des oberen Horns]. Zarte Punktblutungen der Lidbindehäute und Wangenschleimhäute. Erweichung des Hirngewebes wie bei hypoxischem Hirnschaden.«

Im Sektionsprotokoll heißt es u.a.:
»**Äußere Besichtigung**
Der Leichnam wird in Bauchlage verbracht. An der linken Schulterrückseite eine 8 cm breite und 6 cm hohe bläuliche Hautunterblutung. An der Nackenhaut eine zirkulär und annähernd horizontal verlaufende, unterbrochene bandartige blaurote Hauteinblutung, im Nacken bis 1,5 cm breit.
[Es erfolgt] Schichtweise Präparation der Rückenweichteile: Homogene dunkelrote Einblutung der Haut und des Unterhautfettgewebes im Bereich der bandartigen Hautveränderung. Auf Höhe der Hals- u. Brustwirbelsäule sowie unter- und oberhalb des linken Schulterblattes in einem ca. 50 cm hohen und bis zu 20 cm breiten Areal streifige schwärzliche Einblutungen des Unterhautfettgewebes und der Rückenmuskulatur. Stufenbildung zwischen dem Dornfortsatz des 6. u. 7. Halswirbels ohne Nachweis einer verstärkten lokalen Einblutung. Die vorbeschriebene bandartige zirkuläre Hauteinblutung findet sich auch an der Halsvorderseite: An der linken Halsseite schließt sich am Oberrand der 1,5 cm breiten homogenen dunkelblau-rötlichen Hauteinblutung ein Blutungsareal bis 3 cm Höhe und 8 cm Breite an. Die bandartige Hautveränderung verläuft unmittelbar unterhalb des sog. Adamsapfels quer über den Kehlkopf. Hier findet sich in Halsmitte eine 8 cm hohe und bis 3 cm breite ovaläre inhomogene bläulich-rötliche Hautunterblutung. An der rechten Halsseite, im Verlauf der bandartigen Hauteinblutung, eine 4 cm durchmessende inhomogene bläulich-rötliche Hauteinblutung. An der linken Halsseite unterhalb der bandartigen Hauteinblutung eine ebenfalls annähernd 4 cm durchmessende inhomogene bläulich-rötliche Hautunter-

blutung (Würgemale?). Die bandartige Hauteinblutung an der rechten Halsseite mit einer ca. 7 cm breiten Unterblutung, diese reicht bis 2 cm rechts der Halsmitte. Umbluteter Abbruch des rechten langen Kehlkopffortsatzes [des oberen Horns]. Zarte Punktblutungen der Lidbindehäute und Wangenschleimhäute. Erweichung des Hirngewebes wie bei hypoxischem Hirnschaden.«

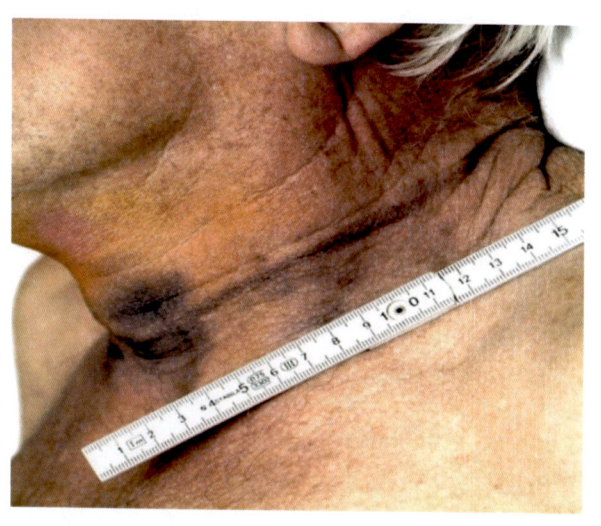

Abb. II/2: Drosselungstypische Hautveränderungen an der linken Halsseite der Leiche (dem Originalfoto nachgebildet)

Die dunkle Verfärbung einer Strangulationsmarke (nach Drosselung oder Erhängen) entsteht nicht nur durch Druck und Blutaustritt ins Gewebe aus den durch Gewalteinwirkung zerstörten feinen Gefäßen, sondern sie wird insbesondere durch die nachfolgend einsetzende Gewebevertrocknung infolge Zerstörung der oberflächlichen Hautzellen im Bereich der Marke hervorgerufen. Literaturangaben darüber, nach welcher Zeit die „dunkle Verfärbung" sichtbar wird, existieren nicht. Prozesse dieser Art, ob suizidal oder durch fremde Gewalt, erfolgen im Verborgenen.

Ergänzend dazu aus dem Gutachten „A.":
»[2]. Weitere Zeichen äußerer Gewalteinwirkung: Linsengroße Einblutung der Unterlippe. Fleckförmige Hauteinblutung am li. Oberarm beugeseitig, in der li. Ellenbeuge. Flächenhafte, teils musterartig konfigurierte Hauteinblutungen an beiden Unterarmen beugeseitig bis zum Handgelenk reichend. Eine flächenhafte Hauteinblutung am re. Handrücken. Flächenhafte Hauteinblutungen an beiden Oberschenkeln[68]. Eitrigschleimige Atemweg- und Lungenentzündung[69]. Zyanose der Schleimhäute und des Gehirns.
Zeichen des Herzversagens: Akute Weitstellung der rechten und linken Herzkammer [bei bestehendem Hochdruckleiden]. 400 ml Brusthöhlenergüsse, Unterschenkel und Genitalödem.«

**Zeitlicher Ablauf des Geschehens:**
am 4. Tag des Monats abends Sturz in der Wohnung, anschließend Einlieferung in die Klinik, CT-Aufnahmen, intensiv-medizinische Versorgung,
vier Tage später, abends, letzter Besuch beim Patienten durch einen Angehörigen, Mitteilung, dass mit dem Ableben des Patienten gerechnet werden müsse, anschließend erfolgt laut Zeugenaussage Fixierung des Patienten,
am darauffolgenden Morgen, um 4.51 Uhr, Feststellung des Todes; 08.00 Uhr Information an die Kriminalpolizei, Leichenschau um 09.26 Uhr,
vier Tage nach Todeseintritt gerichtsmedizinische Leichenöffnung,
17 Tage nach der Obduktion Beginn von Zeugenvernehmungen.

Drei Wochen nach dem Tod des Betroffenen werden die Patientenbefunde von der Ermittlungsbehörde in der Klinik beschlagnahmt.

---

[68] Der Patient litt an Bluthochdruck und dürfte unter ASS-Medikation gestanden haben. Trifft diese Annahme zu, so wird die Gerinnungsfähigkeit des Blutes herabgesetzt, es kommt bei Gewalteinwirkungen (Stoßverletzungen) leichter als gewöhnlich zu Hämatombildungen.
[69] Der Patient hatte zu Beginn des Krankenlagers Speisebrei eingeatmet mit der Folge einer Lungenentzündung.

Bei intensiv-medizinischer Betreuung eines Patienten (wie im vorliegenden Fall) werden die Körpervitalfunktionen automatisch überwacht, die dabei erhobenen Parameter aufgezeichnet und zugleich automatisch abgespeichert. Bei Abweichung der Messwerte von der vorgegebenen Norm wird ein Alarmsignal ausgelöst, dies jedoch nur, sofern das Gerät zuvor nicht willentlich abgeschaltet wurde oder defekt ist.

**Todeszeit:** Im Protokoll wird als Eintritt des Todes 04.51 Uhr angegeben. Wie die Werte der Tabelle I jedoch zeigen (entnommen dem Gutachten „A."), werden um 05.00 Uhr noch Blutdruckwerte gemessen, systolisch wie diastolisch, d.h. das Herz pumpt zu dieser Zeit noch. Nach welchen Kriterien wurde der Tod auf 04.51 Uhr „festgelegt" oder festgestellt?

**Tabelle II/I:** Körpervitalfunktionen, Messwerte[70] des Patienten am 9. des Monats

| Uhrzeit | Blutdruck in mm Hg | | Puls/min | O$_2$Sättigung |
|---|---|---|---|---|
| | systolisch | diastolisch | | % |
| 04.00 | 110 | 45 | 94 | 92 |
| 05.00 | 60 | 40 | kein Eintrag | 59 |

Im Vermerk aus dem ärztlichen Befundbericht (entnommen dem oben erwähnten Abschlussgutachten „A.") unter Leichenschau, durchgeführt um 09.26 Uhr, heißt es:

»Deutliche Leichenflecken am Rücken gut wegdrückbar, keine Leichenstarre, beginnende Kieferstarre, auffällig: zirkuläres Hämatom[71] am Hals links (Patient hatte zu Lebzeiten stets weiches Stiff Neck getragen) rechts kein sicheres Hämatom, Polizei mündlich bei Übergabe in Kenntnis gesetzt. Kripo vor Ort«.

**Totenstarre:** Sie tritt deutlich prüfbar zuerst im Kiefergelenk auf, beginnt sich dort nach **etwa 2 bis 3 h** post mortem auszubilden (die

---

[70] Die Messwerte dürften handschriftlich übertragen worden sein, denn es heißt an einer weiteren Stelle: »unleserlich«.
[71] Blutunterlaufung des Gewebes.

Zeitangaben in der Literatur schwanken). Somit ist davon auszugehen, dass für die Todeszeitbestimmung (Berechnung) aufgrund der um 09.26 Uhr registrierten, im Kieferbereich als „beginnend" bezeichneten Totenstarre folgender Zeitraum anzunehmen ist: 9.26 Uhr minus 2 bis maximal 3 ergibt einen Zeitpunkt für den errechneten Eintritt des Todes zwischen etwa 6.30 Uhr und 7.30 Uhr und nicht wie im Protokoll verzeichnet bereits um 04.51 Uhr.

Der nach Standardmethoden errechenbare Zeitpunkt des Todeseintrittes und die den Akten zu entnehmenden Angaben passen nicht zueinander. Auf diesen Umstand sei deshalb verwiesen, da er eine von mehreren Widersprüchen in den Akten dieses Falles darstellt. Dieser Frage nicht nachgegangen zu sein, muss als Versäumnis der Ermittlungsbehörde aufgefasst werden. Dazu gehört auch, die Leichenöffnung bei Fremdeinwirkungsverdacht auf einer Intensivstation erst vier Tage nach Todeseintritt staatsanwaltlich angeordnet zu haben.

Aus der Tatsache, dass bei der Leichenschau die Kriminalpolizei, wie es heißt,»vor Ort« ist, sie also von der Klinikleitung benachrichtigt worden sein muss, darf geschlussfolgert werden, dass für eine nichtnatürliche Todesursache zumindest ein Anfangsverdacht erwogen wurde.

»Auf späteres Befragen gab die zuständige OÄ der Klinik an, dass sie sich die Verletzungen am Hals [des Toten] auch deshalb nicht erklären könne, weil die Körpervitalfunktionen ... dauerhaft überwacht würden, aber ein Alarm nicht ausgelöst worden sei.«

Auftragsgemäß erfolgten:
feingewebliche Untersuchungen der inneren Organe,
neuropathologische Untersuchungen des Gehirns,
osteopathologische Untersuchungen zwecks Altersbestimmung des Kehlkopfbruches,
toxikologische Untersuchungen zum Ausschluss einer Vergiftung.
Daten der erstellten Gutachten:
Osteopathologisches Gutachten „H.", elf Wochen nach Todeseintritt,

Abschlussgutachten Rechtsmedizin „A.", ein Jahr nach Todeseintritt,

Gutachten der Rechtsmedizin „B.", ein Jahr acht Monate nach Todeseintritt.

Aus dem neuropathologischen Fachgutachten:
»Zeichen eines globalen Sauerstoffmangels mit Entwicklung eines Hirnödems«. Es wird ausgeführt: »Beim natürlichen Ableben sind die ischämischen Nervenzellveränderungen in der Regel nicht so ausgeprägt wie im vorliegenden Fall, es sei denn, der Patient befindet sich über einen längeren Zeitraum in einem Kreislaufschock bzw. einer Hypoxämie. ... Sämtliche Veränderungen stellen das morphologische Korrelat einer akuten globalen Ischämie dar.«

Im osteopathologischen Fachgutachten heißt es u.a.:
»Die makroskopische ... Begutachtung des Kehlkopf-Resektates ergab (1.) frische unmittelbar vor dem Tode bzw. agonal erlittene Fraktur des rechten oberen Schildknorpelhorns mit Dislokation des kranialen Fragmentes und fokale Interponierung von Perichondrium bzw. von benachbarten Weichteilen in den Frakturspalt sowie (2.) frische submuköse Blutungen im supra- bzw. sub-glotischen Raum und (3.) frische Einblutungen des Ansatzes eines tiefen vorderen Halsmuskels beiderseits. Der Befund einer frischen, Fraktur des oberen Schildknorpelhorns bei Nachweis von punktförmigen und flächenhaften Schleimhaut- bzw. Weichgewebsblutungen im Kehlkopfbereich paßt gut zu einer Strangulation / Erdrosseln. Unter Berücksichtigung von Angaben ... [aus] dem Sektionsbericht ... ist mit größter Wahrscheinlichkeit von lokalen Veränderungen, die im Rahmen einer Strangulation, einer Erdrosselung, eines Erwürgens oder eines Erhängens beobachtet werden, auszugehen. ... Für eine noch intravital [erfolgte] Fraktur sprechen die Interpolierung von Fibrin bzw. vom Perichondrium in den Frakturspalt und die von Weichteilen umgebenden dislozierten Fragmente der Kortikalis. Desweiteren lassen sich ganz diskrete Kontrakturen von einzelnen Muskelfasern, die auf eine intravitale Traumatisierung hinweisen können, nachweisen.«

Im toxikologischen Gutachten wird zusammenfassend festgestellt:
»Es ergaben sich keine Hinweise auf eine Überdosierung.«

Auswertung der Vernehmungsprotokolle (zur Aufnahme des Patienten in die Klinik sagt der Arzt aus:)

» ... ich veranlasste ein CCT vom Schädel und ein CT der HWS[72]. Man konnte sehen, dass die Knorpelspangen zwischen C6, C7 und TH1 aufgebrochen waren. Im Bereich C6 und C7 war die Hinterkante [der Wirbelkörper] nach vorne verschoben.«

Aus der Vernehmung des diensthabenden Arztes der ITS: » ... Wechsel des Stiffneck auf eine weiche Zervikalstütze« (s. Abb. II/8). Bei den in dieser Situation vorhanden gewesenen eingeschränkten Lichtverhältnissen habe er während des Verbandwechsels keine äußeren Verletzungen bemerkt.

Unter den im Gutachten „A." aufgeführten Vernehmungsprotokollen fehlt die Befragung des Fachradiologen, der die Computeraufnahmen beurteilt hat. Wurde er nicht befragt oder ist seine Aussage über die wahrscheinliche Nicht-Existenz des Kehlkopfbruches bei der Klinikaufnahme zufällig oder vorsätzlich weggelassen worden?

Auf Seite 22 des erwähnten abschließenden Gutachtens „A." wird expressis verbis darauf verwiesen, dass der **Abbruch des oberen Kehlkopfhornes im CT-Befund** bei der Klinikaufnahme nicht beschrieben wird. Dazu wird abschließend hervorgehoben, dass

»es sich beim oberen Schildknorpel [vergl. Abb. II/3] um eine sehr feine und kleine anatomische Struktur handelt, die auf CT-Aufnahmen nicht sicher erkennbar ist. ... Insgesamt ist zum CT-Befund festzuhalten, dass der Nachweis einer Kehlkopffraktur nur selten gelingt und damit der fehlende Nachweis das Vorliegen der Kehlkopffraktur nicht ausschließt.«

Zum besseren Verständnis der realen und damit sehr wohl nachweisbaren Größe der oberen Schildknorpelfortsätze (Hörner) im CT mögen die Abbildungen II/3 u. II/4 dienen:

---

[72] CT = Computertomographie, CCT = Cerebral-CT, HWS = Halswirbelsäule.

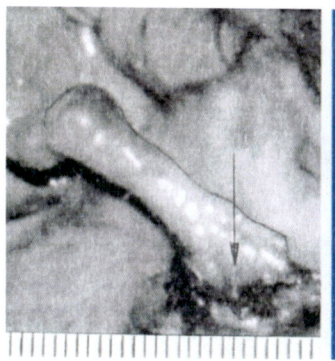

Abb. II/3 u. II/4: (Links:) Abgebrochenes rechtes oberes Kehlkopfhorn im Falle „Gustav G." (dem Originalfoto graphisch nachgebildet), Maßstab am unteren Bildrand in mm. Bruchstelle durch Pfeil gekennzeichnet (Rechts:) Zwei anatomische Schildknorpelpräparate (von vorn oben gesehen), obere Hörner deutlich erkennbar; zur Herkunft: Alter und Geschlecht sind unbekannt (dem Autor durch das Anatomische Institut der Charité zur Verfügung gestellt)

### Abmessungen oberer Schildknorpelfortsätze

|                  | Länge   | Basis Ø |
|------------------|---------|---------|
| Patient          | 22 mm   | 8 mm    |
| Abb. II/4, links | 17 mm   | 3 mm    |
| Abb. II/4, rechts| 12 mm   | 3,5 mm  |

Zum Verständnis, wie sich Kehlkopfstrukturen in einem CT-Bild darstellen, sei die Schichtebene einer solchen Aufnahme eines gesunden Patienten abgebildet. Hinweis: Bei Knochenabbrüchen kommt es an der Bruchstelle zu Luftansammlungen, die sich im CT-Bild schwarz darstellen (s. Abb. II/5).

Bei grober mechanischer Gewalteinwirkung sind Brüche von Kehlkopf und Zungenbein nicht ungewöhnlich. Vor allem werden Abbrüche der oberen Schildknorpelhörner (auch einseitig) gesehen. Sie treten bei älteren Menschen leichter als bei jungen auf. Die fachgerechte Beurteilung von Befunden in bildgebenden Verfahren (insbesondere wie hier wörtlich: »eine sehr feine und kleine anatomische Struktur«) zu beurteilen, gehört nicht zum Standardwissen eines Gerichtsarztes. Sie muss in einem derartig brisanten Fall einem Fachradiologen vorbehalten bleiben. Das ist offensichtlich nicht erfolgt.

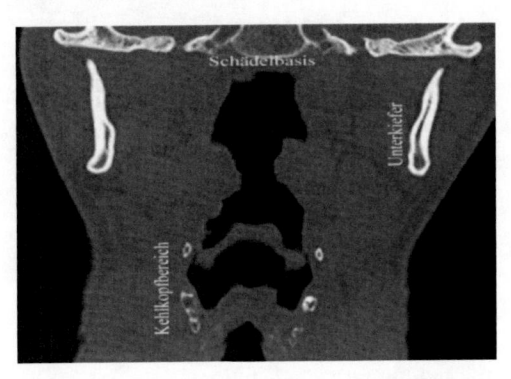

Abb. II/5: Schichtebene einer CT-Aufnahme des Kehlkopfbereiches eines gesunden Mannes. Weiß dargestellte Konturen = Knochen bzw. verkalkter Knorpel, schwarz = luftgefüllte Räume (hier Nasenrachenraum und Kehlkopfbereich)

Im Gutachten „B." heißt es dazu:
»Ob die Kehlkopfverletzung schon zum Zeitpunkt der Klinikeinweisung vorgelegen hat, kann ... nicht abschließend beurteilt werden, da die CT-Aufnahmen nicht mehr vorlagen. Zu berücksichtigen ist dabei, dass schmale Fissuren ... von unter 1 mm nicht zwingend mit Hilfe bildgebender Verfahren (Schichtdicke oft >1,6 mm) nachweisbar sein müssen. ... Die Tatsache, dass in den Klinikunterlagen somit eine Kehlkopfverletzung nicht aktenkundig ist, spricht somit nicht unbedingt gegen die Annahme, dass eine solche Verletzung schon zu Beginn des Klinikaufenthaltes vorgelegen haben kann.«

**Dazu ist anzumerken**:

1.: CT-Aufnahmen werden primär auf der Festplatte des Computers gespeichert, erst danach können sie von dort Schicht für Schicht bzw. Bild für Bild zwecks Beurteilung auf den Bildschirm heruntergeladen werden. Sie gehören zu den Patientendaten (die laut Gesetz 30 Jahre verfügbar zu halten sind) und müssen demzufolge in der Klinik vorhanden sein; anderenfalls macht sich die Klinik strafbar. Der Vermerk

»da die CT-Aufnahmen nicht mehr vorlagen« entspricht somit nicht dem klinischen Standard.

2.: Die Angabe der Schichtdicke mit 1,6 mm im Gutachten „B." ist zwar richtig, jedoch weist der vom Kehlkopf abgebrochene Anteil auf dem bei der Sektion gefertigten Foto der Bruchstelle größere Abmessungen als 1,6 mm auf (s. Tab. II) und dürfte demzufolge (falls der Bruch bei der Klinikeinweisung bereits vorhanden war) auf der CT-Aufnahme des Patienten sichtbar sein. Ferner tritt eine Luftansammlung in dem die Bruchstelle umgebenden Gewebe auf, die sich im CT-Bild schwarz darstellt. Der Einlassung des Gutachters kann daher auch in diesem Punkt nicht gefolgt werden.

Zurück zum Fall „Gustav G.": Die von der Ermittlungsbehörde (drei Wochen nach Todeseintritt des Betroffenen) in der Klinik beschlagnahmten Aufnahmen „verschwinden", wie es heißt, und können somit zur Überprüfung von Details nicht mehr beurteilt werden. In einer der Pressemitteilungen heißt es ferner:

> »Der Verwaltungsdirektor des Klinikums beschuldigt die Staatsanwaltschaft, die Bilder „verschlampert" zu haben. „Im Jahr 2007 habe die Klinik noch kein elektronisches Archivierungssystem besessen, es wurden die Originale herausgegeben, Kopien existieren nicht. Später habe die Staatsanwaltschaft die Krankenakte [des G. zwar] zurückgegeben, aber ohne die Rö.-Bilder.«

> Anmerkung: CT-Aufnahmen befinden sich auf der Festplatte gespeichert und können demzufolge unmöglich als „Original" herausgegeben worden sein!

Eine den Fall bearbeitende Oberärztin des Institutes wird Presseberichten zufolge zeitnah fristlos vom Dienst suspendiert. (Sie hätte ihre persönliche, anderslautende Auffassung ohne Absprache mit der Institutsleitung der Staatsanwaltschaft mündlich mitgeteilt.) Tatsache ist jedoch, dass ihr Arbeitsvertrag nicht verlängert wurde. Herr Dr. H., Erster Obduzent, äußerte der Presse gegenüber:

> »Er wundere sich, dass er [als Erster Obduzent] von der Ermittlungsbehörde zu diesem Fall nie befragt wurde.«

In einem Bericht der lokalen Zeitung heißt es u.a. (Gutachter aus „A." wörtlich):
»Als ich 'den Fall dann hatte' [eine äußerst merkwürdige Formulierung!], habe ein Vor-Ort-Termin [im Krankenhaus] in Gegenwart von Prof. M., der Ermittlungsbehörde einschließlich Staatsanwalt und Klinikvertretern (Klinikchef) stattgefunden.«
»Die Ergebnisse der Überwachungsgeräte auf der Intensivstation zeigten keine Besonderheiten«, heißt es weiter.

An dieser Stelle sei darauf verwiesen, dass bezüglich des Todesgeschehens von keinem der Sachverständigen aus den Gutachten „A." und „B." auf die Fixierung des Patienten in der Todesnacht Bezug genommen wird. Die Fixierungen eines Patienten sowie eine nachfolgend mangelhafte Beobachtung bergen stets die Gefahr von unerwünschten Reaktionen in sich (s.u.).

Nach Analyse der vorhandenen Dokumente wird erkennbar, dass sich bezüglich des Todesgeschehens zwei Meinungen konträr gegenüberstehen:

1. In den Fachgutachten aus „A." und „B." wird, unterstützt von klinischer Seite, als Folge der Speiseaspiration eine **Bronchopneumonie** als Todesursache angegeben. Die vorhandenen Strangulationszeichen werden in ihren Gutachten zwar nicht ignoriert, aber als beiläufig abgetan, der Kehlkopfbruch wird als sturzbedingt interpretiert. Eine Erklärung über das mögliche Zustandekommen der Hämatome der linken Körperseite erfolgt nicht.

2. Von den Obduzenten sowie den Osteopathologen, die das Kehlkopfpräparat eingehend untersucht und beschrieben haben, wird eine **Strangulation intra vitam** in den Vordergrund des Geschehens gerückt. Sämtliche dafür typischen Merkmale sind vorhanden.

Laut Feststellung der Klinikleitung bei der Zusammenkunft mit Vertretern der Gerichtsmedizin und Vertretern der Staatsanwaltschaft wurde eine gewaltsame Tötung für unmöglich erachtet. Es wird unterstellt, dass der bei der Obduktion nachgewiesene Kehlkopfbruch bereits vor der Einlieferung ins Krankenhaus existiert habe (bzw. haben könnte). Er sei „filigran" gewesen, wird im Gutachten „A." gesagt und könne mit dem Sturz und der dadurch erfolgten Verletzung zwischen 6. und 7. Halswirbel zusammenhängen. (Wie „filigran" er wirklich ist, wird in Abb. II/4 gezeigt.) Die (Drossel-)Marke könne nach Ansicht des Gutachtens „A." durch den Halskrause-Verband entstanden sein, der den „Hemdkragen einbeziehend, zu dicht" angelegt haben könnte. Es wird ferner von Kortisongaben gesprochen, die eine Heilung des zuvor erfolgten Kehlkopfbruchs verzögert haben könnten.

Den Kehlkopfbruch mit dem Sturz in der Wohnung im Zusammenhang zu sehen, ist denkbar, aber seine „verzögerte Heilung" als Folge einer therapeutischen Cortisongabe erklären zu wollen, ist nach wissenschaftlichem Ermessen nicht begründbar. Dieselbe Einschätzung einer Beeinflussbarkeit der Wundheilung im Sinne einer Verzögerung durch Cortison innerhalb des zur Diskussion stehenden kurzen Zeitraums wird auch im osteopathologischen Gutachten in Zweifel gezogen.

Zunächst zur detaillierten Beschreibung der Strangmarke auf den Originalfotos (Abb. II/2):
Die Strangulierung, nahezu zirkulär um den Hals verlaufend, fehlend oder schwächer ausgebildet lediglich an der rechten Halsseite, spricht im Zusammenhang mit den Hautunterblutungen im Kehlkopfbereich sowie dem Kehlkopfbruch prima vista eindeutig für einen gewaltsam herbeigeführten Tod durch Erdrosseln unter möglicher Beteiligung von Erwürgen. Als Tatwerkzeug ist am ehesten an ein oberflächlich glattes, flexibles, schnurartiges Gebilde zu denken.

Die Strangulationsmarke verläuft, wie für Erdrosseln typisch, in annähernd zirkulärer Form um den Hals mit Ausnahme der rechten Seite. Im Sektionsprotokoll wird die Breite der Marke mit 1,5 cm angegeben. Diese Breite ist jedoch auf keinem der dem Autor zur Beurteilung vorgelegten Fotos festzustellen, selbst dann nicht, wenn bis zum äußersten Unschärferand gemessen wird. Sie zeigt im gesamten Verlauf mit nur wenigen Ausnahmen eine mehr oder weniger unscharfe Begrenzung nach oben (kopfwärts) wie nach unten zur Schulter. (Auf diese Unschärfe der Marke wurde in der Nachbildung [Abb. II/2] besonderer Wert gelegt.)

Abmessungen der Strangulationsmarke an ihrer jeweils breitest erscheinenden Stelle, gemessen auf den Originalfotos und abgeglichen zum jeweils mitfotografierten Maßstab:

linke vordere Halsseite: zwischen 2 und 5 mm,
linke Halsseite oberhalb der Schulter: 9 mm,
linke rückwärtige Halsseite: 11 mm.

Eine druckbedingte Tiefeneindellung der Halshaut im Bereich der Marke als erkennbar zu fordern, falls es sich um eine Strangulierung handelt — wie im Gutachten „B." geäußert —, ist auf flachen Abbildungen wie hier nicht möglich. Dazu wäre eine spezielle Aufnahmetechnik erforderlich, die bei einer Außensektion wie im vorliegenden Fall kaum durchführbar ist. Die markanteste Form der Strangmarke bezüglich Breite und Begrenzung findet sich an der linken Halsrückseite. An der rechten vorderen Halspartie wird die Marke in ihrem Verlauf unterbrochen, es finden sich fleckförmige Verfärbungen (offenbar Einblutungen in die Haut, sogenannte Hämatome). Die Unterbrechung der Strangulationsmarke Hals-<u>rechtsseitig</u> lässt sich durch Vorhandensein einer weichen Bedeckung an dieser Stelle während der Strangulation erklären (Teile der weichen Zervikalstütze? vgl. Abschnitt Rekonstruktion).

**Zur fraglichen Würgespur:** Würgt ein Täter sein Opfer (als Rechtshänder von vorn) mit seiner rechten Hand, so befinden sich die resultierenden Würgemale in der Regel links neben dem Kehlkopf. Das ist auf den Originalfotos in ausgeprägter Weise der Fall und sollte in der Tat zu denken geben. Jedoch lässt sich das Zustandekommen nicht minderlogisch auch auf andere, zufallsbedingte Weise erklären.

**Zur Fixierung des Patienten** (auf die merkwürdigerweise in keinem der Gutachten eingegangen wird!):
Eine Fixierung im Krankenbett hat nach vorgeschriebenen Regeln zu erfolgen; sie ist ausschließlich auf ärztliche Anweisung durchzuführen und muss protokolliert werden. Sie soll <u>verhindern</u>, dass sich ein Patient verletzen kann oder er sich die ihm aus therapeutischen Gründen

zugeführten Schläuche selbst entfernen könnte. Danach richtet sich die ihm zuzumessende Bewegungsfreiheit der Hände. In einem Warnhinweis des Herstellers von Fixierungsgurten heißt es ausdrücklich bei Segufix (s. Lit.):

»Die S...-Standard[gurte] niemals ohne Seitenbefestigungen [am Fußende des Bettes] benutzen. Die Seitenbefestigungen verhindern, dass der Patient sich quer zur Körperachse im Bett dreht. Ohne Seitenbefestigungen kann der Patient sich über den Bettrand hinaus drehen und <u>strangulieren, mit möglicher Todesfolge.</u>«

BERZLANOVICH et al. (2007) schreiben:

»Fixierungen können, wenn sie fehlerhaft angelegt werden, durch Strangulation, Hals- und Brustkorbkompression zum Tod der Betroffenen führen. Wenn Bewohner/Patienten nicht engmaschig beobachtet werden, können in seltenen Fällen sogar sachgerecht angebrachte mechanische Fixierungen tödliche Folgen haben.«

In welcher Weise der Patient im beschriebenen Fall fixiert war (sich also bei möglicher Fremdeinwirkung hätte zur Wehr setzen können bzw. sich nicht selbst verletzen konnte), ist in den Gutachten sowie den Vernehmungsprotokollen, die dem Autor zur Verfügung stehen, nicht bekannt. Eine Einsicht in die Krankenakte und damit in das Fixierungsprotokoll wurde dem Autor verwehrt.

Zunächst entsteht die Frage nach dem Fixierungsgrund:
Aus den Unterlagen ist zu entnehmen, dass am Morgen des ersten Klinikaufenthaltstages der Patient eine Speiseaspiration erlitt. Um einer weiteren Aspiration vorzubeugen, sei eine Ernährungssonde gelegt worden. Der Patient trug zu dieser Zeit fernerhin die enganliegende Zervikalstütze (s. Abb. II/8). Wie die Anamnese ausweist, war er erblindet. Zudem ist aus dem Gutachten „A." (dort S. 19) zu entnehmen, dass der Patient medikamentös durch Promethazin und Morphin ruhig gestellt wurde (letztmalig eineinhalb Tage vor Todeseintritt verabreicht), so dass er in der Nacht vor dem Tode noch bedingtbenommen und atemgeschwächt reagiert haben dürfte.

Wenn ein altersgeschwächter (über 95-jähriger), erblindeter Patient in diesem Zustand z. B. aus dem Bett aufstehen will, könnte er hinausfallen oder stürzen. Sollte es so gewesen sein, dann wären die auf der linken Körperseite beschriebenen umfangreichen Unterblutungen als eine Sturzfolge in der Klinik erklärbar, ebenso die Unterblutungen an der Halsvorderseite einschließlich des Kehlkopfbruches unter der Annahme, dass er mit der Halsvorderseite auf eine entsprechende Unterlage gefallen wäre. Um ein ähnliches erneutes Geschehen zu verhindern, könnte sich die erwähnte Fixierung als ultima ratio angeboten haben. Die sich daraus herzuleitenden Folgen seien nachfolgend aufgeführt.

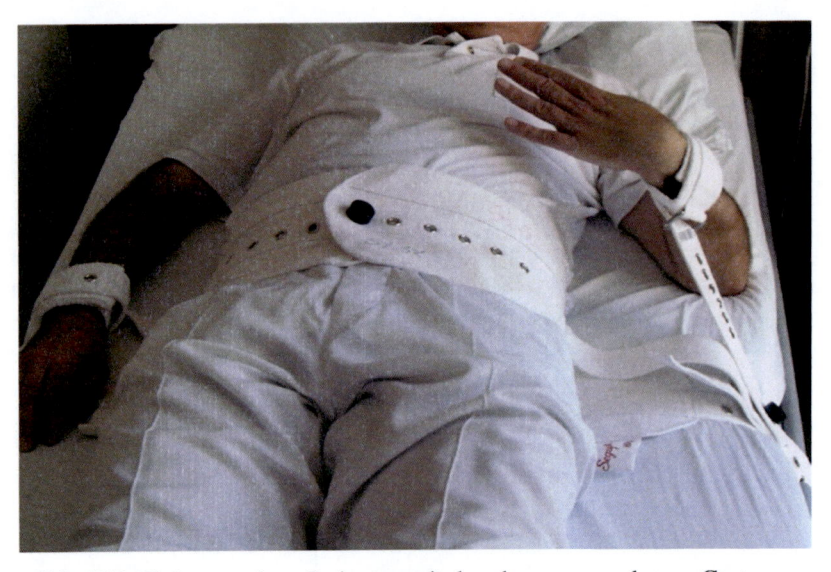

Abb. II/6: Fixierung eines Patienten mit den dazu vorgesehenen Gurten an drei oder fünf Körperpunkten. Die Dreipunktfixierung gilt derzeitig als ungenügend

**Rekonstruktion**:
Der angenommene Halsumfang des Patienten „Gustav G." beträgt ca. 40 cm. Ein Klinikhemd ist entgegen der Darstellung in den Gutachten „A." und „B." kragenlos, es besitzt einen bandartigen Saum. Der Halssaum des Klinikhemdes verläuft regulärer Weise deutlich unterhalb des Kehlkopfes. Er wird an der rückwärtigen Halspartie in der Regel mit einer Schleife zusammengehalten, so dass ein Öffnungs-Umfang für den Hals je nach Enge der gewählten Bindung bis zu etwa

60 cm entstehen kann. Das entspricht dem Umfang der Zervikalstütze (Abb. II/8a). Der Hemdhalssaum, der sich in gleicher Stärke und Form als Band zum Zubinden an der Halsrückseite fortsetzt, beträgt in der Breite 7,5 mm, in der Dicke 1,2 mm. Diese Abmessungen korrespondieren in auffälliger Weise zur Breite der Strangmarke (vgl. Abb. II/2) und den dazu beschriebenen Abmessungen des Originalfotos.

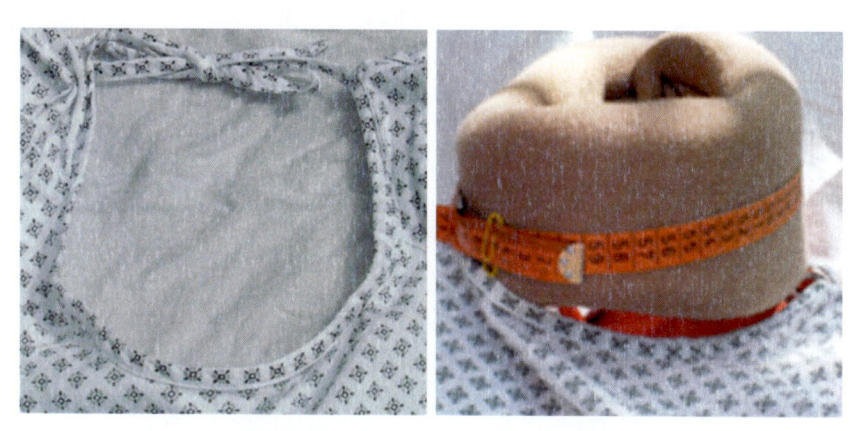

Abb. II/7: Saum der Halsöffnung des zugebundenen Klinikhemdes (links), daneben die aufliegende Zervikalstütze

Es ist anzunehmen, dass die Zervikalstütze (um dem Patienten eine gewisse Freiheit in seiner Fixierung zu gewähren) am Hals nur locker anlag, dadurch beim Bewegen des Körpers — wie in Abb. II/8 gezeigt — verrutschte, sich einseitig (rechts) in den Halsausschnitt des kragenlosen Hemdes hineingeschoben hat und auf diese Weise keilförmig den zugebundenen Hemdausschnitt am Hals einengte. Bei jeder neuen Bewegung (Auf- und Abwärtsrutschen des fixierten Patienten im Bett) könnte sie auf der rechten Halsseite allmählich tiefer hineingeraten sein und so als eine Art „pressender Keil" auf das zugebundene Hemdbündchen als mittelbares „Drosselwerkzeug" eingewirkt haben[73]. Die relativ unscharfe Begrenzung der Marke an der linken

---

[73] Eine postmortale Entstehung von Strangulationsmarken ist grundsätzlich möglich, bedarf aber einer wesentlich längeren Einwirkungszeit, als es hier gegeben ist, (vgl. Fall Hetzel). Für die vitale Entstehung im hier analysierten

Halsseite lässt ein Hin- und Herscheuern des Hemdbündchens während des vermutlich langsam und damit qualvoll erfolgten Drosselvorganges annehmen.

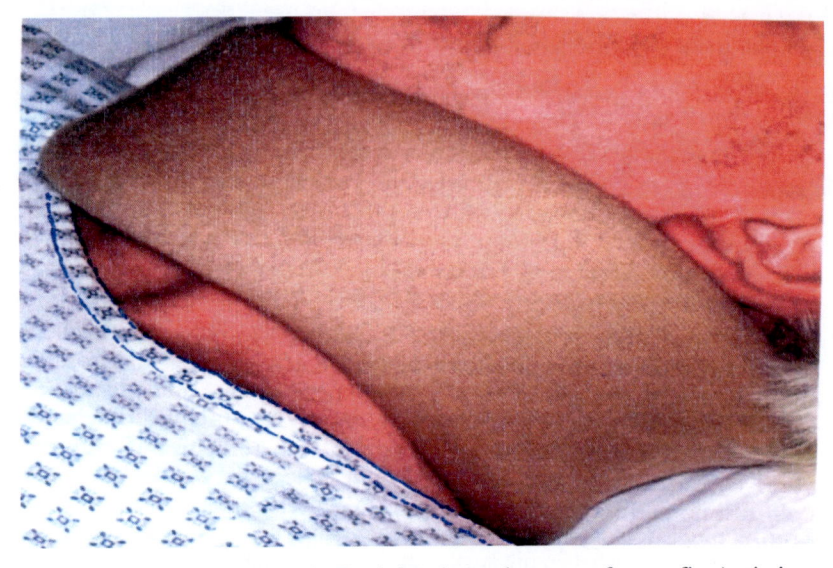

Abb. II/8: Zervikalstütze in Funktion (von oben vorn fotografiert), sie ist rechtsseitig „keilförmig" in den Hemdausschnitt hinein geschoben; der Hemdsaum (Halsbündchen) liegt hals-linksseitig der Halshaut auf und wirkt durch die in den Hemdausschnitt rechtsseitig hineingerutschte Zervikalstütze als Drosselwerkzeug, Halsbündchen grafisch markiert

Sollte die in der Abb. II/8 favorisierte These der Realität entsprechen, so wäre als mittelbare Folge dieses Zustandes ein unfallbedingtes Selbstdrosseln durch den Hemd-Halssaum (und zwar vorn, linksseitig und im Nacken) zu postulieren. Bewegungen zur Abwehr des Geschehens wären infolge der Fixierung des Patienten unmöglich. Der Klinik ist der Vorhalt einer ungenügenden Beobachtung des fixierten Patienten zu machen. Als Todesursachen kommen in Betracht:

---

Fall spricht ferner das osteopathologische Gutachten aus „H.", dass von der Behörde merkwürdigerweise ignoriert wird.

Mittelbar:
**Herz-Kreislaufversagen nach Aspirationspneumonie** des altersgeschwächten Patienten

Unmittelbar:
**Tod durch Erdrosseln**

Die nur schwach ausgebildet erwähnten Ekchymosen an den Prädilektionsstellen sollten als Erstickungsfolge bei langsam erfolgtem Drosseln zwar stärker als beschrieben vorhanden sein, ihre geringe Ausprägung ist aber dem altersgeschwächten Zustand des präfinalen Patienten zuzuschreiben.

Obwohl bei dem zum unmittelbaren Hergang angenommenen Todesgeschehen eine unfallbedingte Selbstdrosselung sich als wahrscheinlich darstellt, kann eine Fremdeinwirkung mit hinreichender Sicherheit jedoch nicht ausgeschlossen werden. Es sei in diesem Zusammenhang auf die Klinik-Morde im späteren Teil des Buches verwiesen.

Unverständlicherweise wird zur Würdigung von Beweisgründen bezüglich des Kehlkopfbruches das osteopathologische Fachgutachten aus „H." mit erheblich höherer spezifizierter Fachkompetenz als diesbezüglich die Gutachten „A." und „B." von der Ermittlungsbehörde ignoriert, obwohl in kritischen Fällen ein derartiges Vorgehen ausdrücklich gefordert wird (NEHM, K., ferner BGH Beschluss 1. STR 349/01, StOP § 261). Dort wird ausgesagt, dass der Verstoß gegen Erkenntnisse der Rechtsmedizin die Beweisaufnahme als lückenhaft erscheinen lässt. Das trifft hier auf die Erkenntnisse des Spezialgutachtens der Osteopathologen zu. Obwohl der Behörde dieses Gutachten in Schriftform vorlag, wurden die Ermittlungen eingestellt. Die Abschlussgutachten „A." und „B." mit anders lautendem Tenor wurden dagegen erst Monate nach der Einstellung der Ermittlungen abgegeben.

Da die Absicht dieses Buches vor allem darin besteht, die Ursachen von „Kunstfehlern" in der Medizin aufzuarbeiten, um entsprechende Lehren daraus zu vermitteln, kommt der Autor nicht umhin, die dargelegten Widersprüche in den hier vorgelegten Abschlussgutachten „A."

und „B." kritisch zu hinterfragen. Fachliche Inkompetenz der Gutachter kann es nicht sein. Bestimmte Punkte in den Gutachten erscheinen leichtfertig oder bewusst fahrlässig behandelt. Beziehungen zum Fall Hetzel drängen sich auf.

---

## Der Fall des Joseph Kantelberg-Abdulla, Tod im Schwimmbad Sebnitz

1997 kommt der sechsjährige Joseph Kantelberg-Abdulla in einem Freibad in Sebnitz durch Ertrinken ums Leben. Der Leichnam des Kindes wird in der Rechtsmedizin Dresden obduziert. Spuren einer Einwirkung fremder Gewalt finden sich nicht. Unmittelbar nach dem Tod des Kindes entsteht das Gerücht, das Kind sei von Rechtsradikalen umgebracht und ertränkt worden. Für den 16. Oktober werden Zeugen vorgeladen, sie hatten in ihren schriftlichen Erklärungen den Tathergang angeblich detailreich geschildert. Nur einer der Vorgeladenen, ein 15-jähriger Schüler aus Sebnitz, erscheint. Er erklärt, dass er nichts gesehen habe. Nach einer Unterbrechung der Vernehmung erklärt er, gesehen zu haben, dass die Männer das Opfer zuerst bedrängt hätten, dann ins Wasser warfen und hinterher gesprungen seien. Die beiden anderen Zeugen, ein ebenfalls 15-Jähriger sowie ein 21-Jähriger werden erst Wochen später, am 21. November vorgeführt. Ihre Aussagen sind widersprüchlich.
Staatsanwalt Claus Bogner:
> »Wir haben entsprechende Zeugenaussagen ..., haben auch richterliche Vernehmungen veranlasst, diese haben uns am Dienstag veranlasst, Haftbefehl gegen drei Personen zu erwirken.«

Der Tat verdächtigt sind zwei junge Männer sowie eine Frau, sie werden unter Mordverdacht verhaftet. Die Verhaftete, Uta S., war am Tattag gar nicht im Schwimmbad, sie wird dennoch eines gemeinschaftlich begangenen Mordes beschuldigt und am 22. November in Braunschweig festgenommen. Im Haftbefehl heißt es:
> »... zuerst versetzten die zwei Männer Joseph mehrere Schläge.«

Danach hätten sie das Kind zu einem Kiosk geschleift, wo sie ihm zusammen mit Uta Sch. etwas einflößten, einer der Männer soll das Kind mit einem Elektroschocker traktiert haben.

»Dann schleifen die Männer Joseph quer durchs Freibad zum Schwimmbecken, werfen ihn ins Wasser und springen mehrfach auf seinen Körper.«

Politiker greifen das Gerücht auf. Kurt Biedenkopf[74] erscheint in der Stadt und verkündet:

»Wenn zwei, drei oder vier Erwachsene sich eingemischt hätten, wäre das nicht passiert.«

Auf Grund eines kriminalpsychologischen Gutachtens zur Glaubwürdigkeit der Aussage der Mutter des verunfallten Kindes, die vom Gutachter bejaht wird, kondoliert auch der damalige SPD-Vorsitzende und Bundeskanzler Gerhard Schröder der Mutter.

Nachdem jedoch Zweifel aufgekommen waren, gerät die Mutter in den Verdacht der Falschaussage. Staatsanwalt Claus Bogner führt aus:

»Wir hatten zum damaligen Zeitpunkt schriftliche Erklärungen, die in Richtung des Bestandes des Mordes hingedeutet haben. Hatten ein Rechtsgutachten eines kriminologischen Instituts, das zumindest besagte, dass nicht auszuschließen ist, dass diese schriftlichen Erklärungen glaubhaft sind. Und hatten drei richterliche Vernehmungsprotokolle von drei Hauptbelastungszeugen, die uns den _Tatbestand_ des Mordes belegt haben.«

**Anmerkung:** Solange kein richterliches Urteil vorliegt, ist eine diesbezügliche Handlung niemals als _Tatbestand_, sondern stets nur als Sachverhalt zu bezeichnen. Ein solcher Lapsus sollte einem Staatsanwalt nicht passieren. Zu einem noch späteren Zeitpunkt erklärt derselbe Staatsanwalt:

»Natürlich war das Gerichtsmedizinische Institut aus Dresden Ansprechpartner für uns. Das Gutachten wurde damals 1997 er-stellt, so dass wir unmittelbaren Kontakt hatten mit den Gutachtern.«

»Wir hatten zu dem damaligen Zeitpunkt auch keine Kenntnis darüber, wie die schriftlichen Erklärungen zustande gekommen sind.«

---

[74] Von 1990 bis 2002 Ministerpräsident des Freistaates Sachsen.

»Natürlich haben wir daran geglaubt, dass auf den Körper des Kindes eingewirkt wurde. Und auch durch Gewalt eingewirkt wurde. Aber das Ergebnis der Beantragung eines Haftbefehls ist ja nicht nur auf ein gerichtsmedizinisches Gutachten zurückzuführen (das diesbezüglich negativ war), sondern ist das Ergebnis einer Gesamtschau des vorliegenden Ermittlungsergebnisses.«

Am 25. Juli 2001 gibt die Staatsanwaltschaft Dresden eine Pressemitteilung heraus, in der es u.a. heißt:

»Bei einem Badetod kommt[75] es auf Grund verschiedener Reaktionen durch den Kontakt mit dem kalten Wasser zu Herz-Rhythmusstörungen bzw. zum tödlichen Herzstillstand. Der Herzstillstand war bei Joseph A. durch dessen Herzerkrankung begünstigt worden. Im Ermittlungsverfahren wurden über 250 Zeugen vernommen. Keiner der Zeugen hat Beobachtungen gemacht, die auf strafrechtlich relevantes Verhalten schließen lassen.

Auch sämtliche Zeugen, die zunächst gegenüber den Eltern des Kindes und später gegenüber den Ermittlungsbehörden Angaben gemacht hatten, die auf ein Gewaltverbrechen hindeuteten, haben ihre früheren Aussagen nicht aufrecht erhalten. Sie geben nunmehr an, von den Eltern des Kindes zu den Aussagen gedrängt worden zu sein und räumen auch teilweise ein, am Ereignistag sich nicht im Bad aufgehalten zu haben.«

Thomas Wüppesahl von der „Bundesarbeitsgemeinschaft kritische Polizisten" erklärt zu den Zeugenaussagen:

»Es sind teilweise Suggestivfragen gestellt worden. Es wurde immer nur in eine Richtung gefragt. Und das läßt schließen, dass die Vernehmungsbeamten bereits ein Ermittlungsergebnis ... im Kopfe hatten und genau ergebnisorientiert arbeiteten. ... Zu diesen Aussagen hätten zwingend weitere kriminalistische Ermittlungen durchgeführt werden müssen, bevor ein Richter drei Haftbefehle auf der Basis dieser Aussage erläßt.«

Die Ermittlungen wurden eingestellt. In der Pressemitteilung kein Wort darüber, wie fahrlässig die Ermittlungen geführt wurden.

---

[75] Die Formulierung ist sachlich falsch. Heißen muss es: „... kann es zu einem ..." usw. kommen.

## Der Fall des Holger H., ein Justizirrtum? (AZ 22 KS 1/10)
### Sachverhalt:

Holger H. ist zum angeschuldigten Tatzeitpunkt 39 Jahre alt und mit der elf Jahre jüngeren Brigitte H. verheiratet. Sie haben gemeinsame Kinder.

Im Oktober 2005 wollte die Ehefrau mit ihren Kindern aus der gemeinsamen Wohnung aus- und bei einem Herrn André H. einziehen. Der wurde nach Bekanntwerden ihrer Absicht, auf seinem Bett liegend, morgens tot aufgefunden. Durch einen Messerstich in die Leber sei er getötet, die Leiche in Müllsäcke gesteckt und liegengelassen worden. Zeugenaussagen deuteten auf den Ehemann als Täter hin.

Am Tatort fanden sich weder eine Tatwaffe noch irgendwelche Spuren eines Täters, dennoch wurde der tatverdächtige Ehemann (obwohl er die Tat vehement bestritt) wegen Mordes aus Eifersucht von der 1. Großen Strafkammer des Landgerichtes Neuruppin aufgrund von Indizien und lückenhaftem Alibi im Jahre 2006 zu lebenslanger Haft verurteilt.

Der Bundesgerichtshof hebt wegen eines Verfahrensfehlers das Urteil im Dezember des gleichen Jahres mit der Begründung auf: Der Verurteilte sei vor Prozessbeginn nicht psychiatrisch untersucht worden.

Die neue Verhandlung findet ein Jahr später vor der 3. Großen Strafkammer des Landgerichtes Neuruppin statt. Sie bestätigt das Urteil:

### Lebenslänglich.

Der Verurteilte begehrt erneut Revision. Hilfreich dabei ist ein Gutachten des Landeskriminalamtes. Ein **erst nach dem Gerichtsurteil** vom April 2006 in Auftrag gegebenes DNA-Gutachten ergab, dass an den Plastiksäcken, mit denen die Leiche verpackt worden war, DNA-Spuren gefunden wurden, die nicht vom Verurteilten stammten, sondern von einem Mann, der im Prozess als Zeuge auftrat. (Die Frau habe weitere Beziehungen zu mehreren Männern gehabt, wird berichtet.) Verhandelt wird nun vor dem Landgericht Cottbus.

Da dem Beklagten die Mordtat nicht zweifelsfrei nachgewiesen werden konnte, musste der Schuldspruch gegen ihn aufgehoben werden. Jedoch hatte Holger H. (der unschuldig Verurteilte) bei einer Schlägerei auf einem Tanz-„Vergnügen" zuvor seinem Nebenbuhler (dem später getöteten Liebhaber der Ehefrau) das Nasenbein gebrochen, daher blieb ein Schuldspruch wegen Körperverletzung bestehen. Diese Schuld (sechs Monate) sei aber infolge der über vier-jährigen Haft verbüßt.

Aus dem geschilderten Sachverhalt ergibt sich ein neues **Täter-Opfer-Verhältnis**. Mord verjährt nach deutschem Recht nicht. Damit sollte erneut gegen Unbekannt ermittelt werden. **Wer hat den „Liebhaber" der Ehefrau aus welchem Motiv heraus ermordet?**

Spricht die Tötungsart — Messerstich in den Bauch — für einen Mann als Täter oder eher für eine Frau als Täterin?
Bekannt ist, dass Täterinnen meist anders töten als Männer. Bei ihnen staut sich in der Regel Hass gegen das Opfer zuvor an, bevor es zum Verüben der Tat kommt.
War der DNA-Spuren-Spender der Täter oder hatte er die Plastiksäcke, in welchen die Leiche steckte, zuvor nur berührt oder der Ehefrau, falls sie die Mörderin war, zur Verfügung gestellt?

Herrn Holger H. wird eine Haftentschädigung von 25 €/Tag zuerkannt, abzüglich des Betrages für „Kost und Logis" im Gefängnis (sechs €/Tag) sowie jener Kosten für den regulären Anstaltsaufenthalt von sechs Monaten infolge der Nasenbeinzertrümmerung seines Nebenbuhlers.

---

## Der Fall des Harry W.,
### ein 13 Jahre währender deutscher Justizskandal!

**Sachverhalt:**
Am **29. April 1997** wird die zum Zeitpunkt des Tatgeschehens 26-jährige Polizeibeamtin **Andrea Z.** nachts, kurz nach zwei Uhr, in ihrer Wohnung in Birkenfeld von einem „Unbekannten" überfallen, mit

einem Schal stranguliert und fast erdrosselt. Ihr Vater, ebenfalls Polizeibeamter, befindet sich zur Tatzeit im Hause. Durch den verursachten Lärm aufgeweckt, benachrichtigt er die Polizei. **Andrea Z.**, die Geschädigte und Mutter eines zur Tatzeit zwei-jährigen Knaben, ist seither schwer hirngeschädigt und infolge permanenter Bewusstlosigkeit zu keiner Aussage über den Tathergang fähig.

Da am Tatort keinerlei Einbruchspuren gefunden werden, wird von einem Beziehungsdrama ausgegangen. Der Täter musste die Wohnverhältnisse kennen und offenbar einen Schlüssel zu einer Eingangstür besitzen. Der Straftat verdächtigt wird daher **Harry W.**, Ehemann der Geschädigten, der von ihr getrennt, in Scheidung, bei seiner Freundin lebte und sich zu dieser Zeit mit der Ehefrau (**Andrea Z.**) über das Besuchsrecht des gemeinsamen zweijährigen Sohnes stritt.

**Tathergang:** (beschrieben auf Seite 17 der über 100 Seiten umfassenden, dem Autor von der Staatsanwaltschaft zur Verfügung gestellten schriftlichen Urteilsbegründung)

Nach Zeugenaussage habe eine männliche Person am 29. April 1997 gegen 2 Uhr morgens die Tür des Hauses, in dem die Geschädigte (Andrea Z.) wohnte und ihr Vater an diesem Tage übernachtete, mit einem Schlüssel geöffnet oder sei von ihr eingelassen worden. Danach sei es zwischen beiden (Andrea Z. und dem Mann) zu einem Streit gekommen. Ein Zeuge, der zur Tatzeit im ersten Obergeschoss des Hauses wohnte, will die Worte des Mannes vernommen haben:
»Ich bringe dich um, ich schlage dich tot«.
Die Frauenstimme habe geantwortet:
»Lass mich doch gehen, ich will doch nichts von dir«.

Danach sei Andrea Z., im Bett liegend, mit einem Wollschal gedrosselt, in bereits bewusstlosem Zustand aus dem Bett herausgezerrt und im Flur vor der Kellertür abgelegt worden. Weiter heißt es wörtlich auf S. 18 in der Urteilsbegründung:

»Durch den um 2.34 an seiner Armbanduhr einsetzenden Weckton sowie durch die den Schleifvorgang verursachten Geräusche erwachte xxx[76] [offenbar der Vater der Geschädigten], der bis dahin in seinem Bett im Schlafzimmer der Einliegerwohnung geschlafen und von den Vorgängen in der Erdgeschosswohnung nichts mitbekommen hatte.«

**Anmerkung:**
Erdrosseln und Erwürgen stellen patho-biologisch einen Tod durch Ersticken dar, der sich theoretisch (formal) in vier, nicht scharf von einander zu trennende Stadien unterteilen lässt. — Da ein solcher Vorgang jedoch stets im Verborgenen abläuft und demzufolge nicht beobachtet, nicht exakt analysiert werden kann, ist eine wissenschaftlich definierbare Stadieneinteilung kaum möglich.
Erst das Krampfstadium, gekennzeichnet durch Krämpfe mit Schaum vor dem Mund sowie Eintreten von Bewusstlosigkeit tritt deutlich hervor. Das vierte mit Schnappatmung und Erlöschen der Krämpfe beendet in qualvoller Weise das Leben. Zu den histologischen Zeichen des Erstickens mit Todesfolge siehe Kap. V, Abb. V/2, (petechiale Blutungen) sowie Schockäquivalente. Wird ein derartiger Vorgang überlebt, kann ein apallisches Syndrom die Folge sein (Kap. III. Abb. IV/7).

Zu den patho-physiologischen Folgen eines solchen Tatgeschehens ist ein anderer ähnlicher Fall beachtenswert, allerdings hervorgerufen durch Würgen. Der Täter (F.) hatte in Tötungsabsicht ein 18-jähriges Mädchen, nachdem er es niedergeschlagen hatte, mit beiden Händen solange gewürgt, bis es nicht mehr atmete. Dann ließ er, im Glauben es sei tot, von ihm ab. Vielleicht war das Mädchen infolge der vorangegangenen Gewalteinwirkung gegen den Kopf und der mangelhaften Sauerstoffversorgung des Gehirns nur ohnmächtig, als er es schon für tot hielt, denn später begann es wieder zu atmen und überlebte das Tatgeschehen ohne hirnpathologische Folgen. (Verhandelt 2010 in Jena unter AZ: 120 Js 14373/10 1Ks.)

---

[76] Xxx, yyy, zzz = Namen in der Akte geschwärzt.

Die Geschädigte wurde durch einen Notarztwagen ins Krankenhaus geschafft. Da am Haus keinerlei Einbruchspuren festgestellt werden konnten, wurde von der Polizeidirektion Pforzheim die sofortige Observation der Wohnanwesen von yyy und zzz veranlasst (mutmaßlich die des Angeklagten und die des damaligen Liebhabers der Geschädigten (**Thomas H.**, ebenfalls Polizeibeamter, Streifenpartner und Ausbilder von **Andrea Z.**).

Der Pkw des Angeklagten stand etwa 200 m vom Hause entfernt, wurde daher nicht wahrgenommen und nicht auf Motorrestwärme überprüft. Die auf dem Hof des anderen Observierungsobjektes stehenden beiden Fahrzeuge, die des **Thomas H.**, durften auf Anweisung der Ermittlungsleitung nicht überprüft werden.

Die Ehefrau des **Thomas H.** sagte später als Zeugin aus, dass ihr Ehemann in der Tatnacht zu Hause „im Bett" gewesen sei. (Zwischen diesen Eheleuten bestand ein erhebliches Spannungsverhältnis.)

Am **16. Januar 1998** (ein dreiviertel Jahr nach der Tat) wird der Angeklagte **Harry W.** vom Landgericht Karlsruhe wegen versuchten Totschlages seiner Ehefrau **Andrea Z.** zu einer Freiheitsstrafe von elf Jahren verurteilt. Als einzige Indizien gelten zwei abgetrennte Fingerkuppen von (Gummi)-Handschuhen mit angeblichen DNA-Spuren von ihm, allerdings schienen sie, wie sich später herausstellte, gegen den Ehemann W. als Täter zu sprechen.

Eine der Kuppen wurde im Bett gefunden, in dem die Geschädigte gelegen hatte, die andere auf dem Boden des Flures, wo die Gedrosselte aufgefunden wurde. (Dem Beschuldigten fehlen infolge eines Unfalls die Endglieder an zwei Fingern.) Die Ermittler interpretierten diesen Sachverhalt in der Weise, dass die Geschädigte ihm während der Abwehr die Handschuhkuppen abgerissen habe.

Der Vorsitzende Richter zum Abschluss:
> »In der Blüte ihres Lebens hat Harry W. aus seiner jungen Frau ein Wrack gemacht.«

Die Staatsanwaltschaft (allerdings „hinter vorgehaltener Hand", so die Pressemeldung):
> »Hätte der Prozess mit einem Freispruch geendet — wir hätten keine Revision eingelegt.«

Der damalige Verteidiger des Angeklagten, Klaus Schroth, sagt später (allerdings privat[77]):
>»Ich habe schon oft gegen meine Überzeugung auf Freispruch [meines Mandanten] plädieren müssen, weil ich Anwalt bin, aber meinem Mandanten nicht geglaubt habe, aber in diesem Fall bin ich felsenfest davon überzeugt, dass mein Mandant es nicht war.«

Die Verteidigung legt gegen das Urteil Revision ein, die am 12. August 1998 <u>abgelehnt</u> wird. Damit ist das Urteil rechtskräftig.

Die Mutter der lebenslang geschädigten Tochter strebt <u>zweieinhalb Jahre</u> nach dem Tathergang gegen ihren ehemaligen Schwiegersohn Harry W. vor dem LG Karlsruhe eine Klage auf Schmerzensgeld in Höhe von 300.000 DM an. Der Prozess beginnt am **14. Okt. 1999**. Er wird zum „Rohrkrepierer", wie es in der Presse heißt.

Die Straftat ereignete sich im April 1997, jetzt, nach zweieinhalb Jahren soll sie noch einmal im **Zivilverfahren** rekonstruiert werden: Der Vater der Geschädigten soll bezeugen, was er in der Tatnacht gesehen bzw. gehört haben will. Er verwickelt sich in Widersprüche. Der jetzige Verteidiger des Harry W. klagt den Vater der Geschädigten wegen Falschaussage im früheren Strafverfahren an. Nach der Aussage des Polizisten, der als Erster am Tatort erschienen war, lag das Opfer (**Andrea Z.**) <u>vor der offen stehenden Kellertür</u>. Nach Aussagen des Vaters hatte er jedoch Mühe, die <u>Tür zum Schlafzimmer</u> zu öffnen, hinter der seine Tochter angeblich gelegen habe.
Zudem wird vom Gericht das jetzt <u>vier-jährige</u> Kind <u>als Zeuge zugelassen</u>; es soll aussagen, was es damals (zweijährig) erlebt, gesehen habe. Welche Absurdität seitens des Gerichtes, ein vierjähriges Kind als Zeugen darüber hören zu wollen, was es als zweijähriges, wahrscheinlich sogar schlafend, erlebt habe!
Die Zivilklage, die sich über zwei Jahre erstreckte, wird schließlich abgewiesen, weil, so der Vorsitzende Richter:
>»es nichts gibt, was uns überzeugt, dass Sie [zum beklagten W. gewandt] der Täter waren«.

---

[77] Quelle: Lorch, Olaf in: KUNKEL/SCHUHBAUER (2004).

Am 3. Mai. 2001 stellt der Angeklagte einen Antrag auf Wiederaufnahme des Verfahrens, den die 1. Strafkammer des LG Mannheim am 28. September. 2001 als unzulässig ablehnt.

Das OLG Karlsruhe hebt diese Entscheidung am 30. November 2001 auf, lässt den Wiederaufnahmeantrag zu und ordnet die <u>Unterbrechung</u> der Vollstreckung der Freiheitsstrafe an. Am 30. Nov. 2001 ergeht die Pressemitteilung des OLG Karlsruhe:

> »Das Wiederaufnahmeverfahren ist zugelassen, das vorher ergangene Urteil ist aufgehoben, der Inhaftierte ist bis zum Beginn des neuen Verfahrens <u>aus der Haft zu entlassen</u>.«

Die zuständige Kammer des LG Mannheim ist überlastet. Erst nach zwei Jahren (im Herbst des Jahres 2003) kommt es zur Bearbeitung des Falles. Die Beweismittel sollen erneut gesichtet werden: darunter eine Haarsträhne der Geschädigten, die auf Drogengebrauch zu untersuchen war, ein Einweghandschuh mit Haarbüscheln und eine Zigarettenschachtel aus der Tatzeit (markiert mit einem X als Zeichen von Drogeninhalt). Diese Beweismittel sind auf der zuständigen Polizeidirektion „abhanden" gekommen. Da keine neuen Beweisgründe vorgelegt werden können, wird das Wiederaufnahmeverfahren verworfen.

Die 1a. Strafkammer des Landgerichts Mannheim weist am 9. März 2004 den Wiederaufnahmeantrag als unbegründet ab.

Der Angeklagte legt erneut Beschwerde beim OLG Karlsruhe ein und erreicht mit Beschluss vom 8. Oktober 2004 eine Wiederaufnahme des Verfahrens mit Erneuerung der Hauptverhandlung.

Nach Wiederaufnahme des Verfahrens durch das LG Mannheim wird ein Jahr später mit Urteil vom 6. Oktober 2005 die Verurteilung aus dem Jahre 1998 aufgehoben und Harry W. freigesprochen.

Auf Einspruch der Staatsanwaltschaft wird das Verfahren zur Neuverhandlung an das LG Mannheim zurückverwiesen.

Verhandelt wird vor einer anderen Kammer, die den Anklagten am 22. Oktober 2009 endgültig freispricht. In der Pressemitteilung heißt es:

> »Sie [die Kammer] vermochte nicht die Überzeugung zu gewinnen, dass der Angeklagte die [ihm vorgeworfene] Tat begangen hat.«

**Thomas H.**, jener Polizeibeamte und damalige Geliebte der Geschädigten (der bis 2010 weitgehend unbehelligt lebte), gerät in Verdacht. In Polizeikreisen verlautet, er sei der Täter gewesen. Jetzt wird durch die Abteilung für Sonderfälle und organisierte Kriminalität der Landespolizeidirektion Karlsruhe gegen ihn ermittelt. Vor elf Monaten wurde er vom Dienst suspendiert.

Die schlampig geführten Ermittlungen führten 2010 auch zur Suspendierung des Pforzheimer Kommissars vom Dienst.

Die **Staatsanwaltschaft** Mannheim und der Verteidiger der Familie des Opfers, **Michael Schlipp** als Nebenkläger, haben beim BGH erneut Einspruch gegen das Urteil eingelegt (Revision gefordert). Mit seinem Urteil vom 15. Dezember 2010 hat der 1. Strafsenat des BGH das Revisionsbegehren jedoch verworfen. Es heißt in der Pressemitteilung:

»Das Tatgericht habe alle relevanten Umstände in seine Würdigung einbezogen und seine Zweifel an der Täterschaft des Ange-klagten rechtsfehlerfrei begründet.«

Haftentschädigung für den zu Unrecht Bestraften: Für 1675 Tage Freiheitsentzug erhält er 20 €/Tag aus der Staatskasse. Auch die Prozesskosten werden von der Staatskasse getragen.

**Bundesanwalt Wolfram Schädler**:

»Das Ringen um die Schuld des Angeklagten wäre damit zu Ende, nicht aber das Ringen um die Aufklärung.«

## III: Rechtsverletzungen nach der Europäischen Menschenrechtskonvention
### durch Dienststellen der BRD —
### Todesfälle in Gewahrsamszellen der Polizei

Mit diesem Abschnitt wird eines der heikelsten Kapitel des Buches berührt, denn es sind staatliche Stellen in die Tötungsprozesse involviert. Genannt werden müssen in diesem Zusammenhang: der Fall Oury Jalloh, der des Mario Bichtemann, der sich in derselben Zelle und in Verantwortung derselben Beamten ereignete wie der des Jalloh; des Weiteren die Fälle nach zwangsweise erfolgter Brechmittelapplikation bei Drogendealern in Hamburg und Bremen zum Zwecke der Beweismittelsicherung, sowie der Thüringer Fall des Lars R.

Die Beschäftigung mit dieser Problematik macht es für den juristisch unzureichend vorgebildeten Leser notwendig, zunächst einige Fachbegriffe zu erklären:

**Polizeigewahrsam:** Der Begriff des Gewahrsams inauguriert im Allgemeinen die Absicht einer Gefahrenabwehr und das im weitesten Sinne sowohl gegen die eigene Person (Selbstbeschädigung) wie gegen Dritte oder gegen Sachgüter. Er stellt eine gesetzlich geregelte polizeiliche Maßnahme dar. Dabei werden betroffene Personen von befugten Amtsträgern in hoheitlichen Personengewahrsam genommen.

Diese Ingewahrsamnahme (Präventivgewahrsam, Schutzgewahrsam, Zuführungsgewahrsam, Verbringungsgewahrsam) stellt einen Eingriff in ein geschütztes Rechtsgut, in die Freiheit der Person, dar (GG Art. 2,2). Der Rechtsträger ist damit für die körperliche Unversehrbarkeit der Ingewahrsam genommenen Person verantwortlich und hat dies durch ärztliche Maßnahmen (Untersuchung, Gewahrsamstauglichkeits-Testat etc.) zu gewährleisten. Dies spielt insbesondere bei alkoholisierten oder unter Drogeneinfluss stehenden Personen eine Rolle, die sich durch Gewalt der gegen sie gerichteten Maßnahme widersetzen.

Die Regeln der polizeilichen Ingewahrsamnahme werden aber nicht bundeseinheitlich, sondern auf Länderebenen geregelt (s. Glossar).

## Der Fall des Oury Jalloh,
### ein vermeidbarer Tod im Polizeigewahrsam

**Oury J.**, geboren am 2. Juni 1968 in Kabala, Sierra Leone; verstorben in Dessau am Vormittag des 7. Jan. 2005 im Polizeigewahrsam durch fahrlässig unterlassene Hilfeleistung bei einem Zellenbrand.

Oury J. habe sich in einem trunkenen Zustand in der Öffentlichkeit durch angebliche Belästigung von zwei Frauen ungebührlich verhalten, wird berichtet. Deshalb wurde er in Polizeigewahrsam genommen.
Wegen seiner Aggressivität wurde er in eine Gewahrsamszelle verbracht — dort, auf einer Matte liegend, an Händen und Füßen fixiert (Vierpunktfixierung, medizinisch dringend vorgesehen ist jedoch eine Fünfpunkt-Fixierung, s. dazu Ausführungen im Fall „Erdrosseln im Krankenbett").

Die Schellen waren an Ringen in der Wand bzw. am Podest, auf dem die Matte lag, befestigt. Wie viel Bewegungsfreiheit sie ihm gewährten, geht aus den veröffentlichten Presseberichten nicht hervor. Auf Grund seines Erregungszustandes wären aus medizinischer Sicht eine medikamentöse Sedierung des Patienten J. angezeigt und eine ständige Überwachung der fixierten Person unerlässlich gewesen, so der Sachverständige am 57. Prozesstag.

Dr. med. **Andreas B.**, Facharzt für Neurologie, der die Gewahrsamstauglichkeit des J. feststellte, hätte das wissen müssen, das sei Ausbildungsstandard, ist zu betonen.
Die Blutprobe ergab einen Alkoholwert von **2,98** Promille.
(Rechtsmittel für eine solche Maßnahme stellt der §81a der Strafprozessordnung dar, s. Glossar.)

Bei Personen mit einem Blutalkoholgehalt von >1,99 Promille ist eine Gewahrsamstauglichkeit nicht mehr gegeben, ebenso ist der Drogengehalt im Falle eines vorangegangenen Konsums zu berücksichtigen. Personen in solchem Zustand verhalten sich in der Mehrheit der Fälle unruhig bis aggressiv, sodass eine sachgerechte Untersuchung zwecks Feststellung einer Gewahrsamstauglichkeit für einen darin ungeübten,

bisweilen willkürlich beorderten Arzt nicht möglich ist. Wird bei einer solchen Untersuchung ein vorhandenes Krankheitsbild übersehen, so macht sich der untersuchende Arzt einer Fahrlässigkeit schuldig (s. Kap. Einführung, S. 12). Gibt es ein Protokoll über die durchgeführten Untersuchungsschritte? Wurde der Blutdruck gemessen?
Im vorliegenden Fall ist von einem Nasenbeinbruch die Rede, die bei J. (nach dem Tode röntgenologisch) festgestellt wurde. Hat dieser Bruch bereits vor der Ingewahrsamnahme bestanden, dann hätte er vom Arzt nicht übersehen werden dürfen. Für ein Vorhandensein dieses Bruches vor der Ingewahrsamnahme würden Schwellung und Blutunterlaufungen darauf verwiesen haben, bei einem frischen Bruchgeschehen wären massive Blutungen aus Nase und Mund zu erwarten gewesen. So erhärtet sich der Verdacht einer ärztlichen Mitschuld am Tode des J.
Die Art und Weise der Prozessführung wirft den Verdacht des bedingten Vorsatzes zur Aufklärung einer strafbaren Handlung seitens der Ermittler auf. Darin einbezogen sind Staatsanwaltschaft einschließlich einige Zeugen sowie das Gericht.
Zum Verständnis für den einen oder anderen Leser sei hier der Begriff des Vorsatzes zunächst erläutert:

---

**Vorsatz:** Wissen und Wollen der Verwirklichung eines rechtswidrigen Erfolgs oder eines mit Strafe bedrohten Tatbestandes in all seinen Merkmalen.
Vorsätzlich herbeigeführt ist in solchen Fällen nicht nur die vom Täter bezweckte Absicht oder der als mit Sicherheit eintretend vorhersehbare, sondern auch der nur mit bedingtem V. verursachte Erfolg.
Letzterer liegt dann vor, wenn der Täter den schädlichen Erfolg zwar nicht anstrebte, ihn aber als mögliche Folge seines Tuns voraussah und ihn billigend in Kauf nahm.[78] Das gilt in gleichem Maße für die Vereitelung der Aufklärung einer Straftat (s. „Erdrosseln im Krankenbett" sowie „Die Schmücker-Prozesse".)

---

[78] Quelle: Brockhaus *Recht* Redaktion, F.A. Brockhaus, Leipzig Mannheim 2005.

Zum Verständnis des Geschehens ist es angezeigt, ein Personenregister der wesentlich prozessbeteiligten Personen vorzulegen:

- Dr. med. **Andreas B.**, er entnimmt dem Inhaftierten eine Blutprobe und erklärt ihn für gewahrsamstauglich, empfiehlt die Fixierrung des sich wehrenden J. zwecks Verhinderung einer Selbstverletzung

- Polizeibeamter **Andreas S.**, Dienstgruppenleiter während des Tatgeschehens, Hauptangeklagter

- Polizeibeamtin **Beate H.**, zur Tatzeit Stellvertreterin des Dienstgruppenleiters, nachfolgend Zeugin des Geschehens

- Polizeibeamter **Hans-Ulrich M.**, zur Tatzeit dienstausübend (er hatte Oury J. vor dessen Fixierung durchsucht und kein Feuerzeug bei ihm festgestellt)

- **Atilla Teuchler,** Verteidiger des Angeklagten

- **Sven Tamoschus**, Verteidiger des mitangeklagten Hans-Ulrich M.

- **Manfred Steinhoff**, Vorsitzender Richter

- **Christian Preissner**, Oberstaatsanwalt

- **Folker Bittmann**, Staatsanwalt und Anklagevertreter

- Rechtsanwältin **Regina Götz**, Nebenklägerin, vertritt die Mutter des J.

- Rechtsanwalt **Ulrich von Klinggräff**, zweiter, später hinzugezogener Nebenkläger, vertritt den Vater des J.

- **Felix Isensee**, Nebenklagevertreter

- Kriminalbeamter **Hano S.**, Zeuge, redet viel, aber sagt nichts aus, beruft sich auf Erinnerungslücken.

Auf die namentliche Nennung weiterer Zeugen wird an dieser Stelle verzichtet.

***Torsten B.*** *Polizeibeamter (Zeuge) widerlegt im Revisionsverfahren die Aussagen des Angeklagten (s. Bericht Internet 25. 5. 2011, S. 1).*

**Zum Tode führendes Geschehen:**

Über den Tathergang wird wie folgt und weitgehend übereinstimmend berichtet: Die Ingewahrsamnahme (keine Festnahme!) des J. am Einsatzort in Dessau-Süd erfolgte durch die Polizeibeamten Hans-Ulrich M. und Udo S.

Dr. med. **Andreas B.** entnimmt J. eine Blutprobe und erklärt ihn für gewahrsamstauglich, empfiehlt die Fixierung des sich wehrenden J. zwecks Verhinderung einer Selbstverletzung.

Die Zelle, in die Oury J. danach verbracht und in der er fixiert wurde, befindet sich im Kellergeschoss des Polizeigebäudes. Sie ist mit einer funktionstüchtigen Rauchmelde- und Belüftungsanlage ausgestattet. Zwischen Dienstraum (in der darüber liegenden Etage) und der Gewahrsamszelle befindet sich eine Wechselsprechanlage, deren Lautstärke bedarfsweise veränderbar ist. Der Flur zur Gewahrsamszelle wird videoüberwacht.

Die Kleidung, insbesondere die Taschen der Hose des J. seien vor seiner Fixierung durchsucht worden, ein Feuerzeug, mit dem der tödlich wirkende Brand später offenbar erzeugt wurde, habe man dabei nicht entdeckt. − Dennoch habe J. sich im fixierten Zustand ein (sein?) Feuerzeug (aus einer Hosentasche?) herausholen und damit die schwerentzündbare Matte, auf der er lag, in Brand stecken können. Dienstausübend als Dienstgruppenleiter sind an diesem Tag der Hauptangeklagte **Andreas S.** und als seine Stellvertretung **Beate H.** Sie habe bei einem Kontrollgang zur Zelle gegen 11:45 das spätere Opfer unversehrt gesehen.

Einige Minuten nach diesem Kontrollgang habe sie über die Wechselsprechanlage aus der Zelle ein 'plätscherndes Geräusch' wahrgenommen und ihren Vorgesetzten davon in Kenntnis gesetzt. Wie es zustande kam, bleibt ungeklärt. Nach Angaben des Oberstaatsanwaltes Preissner habe zwischen ihr und dem Hauptangeklagten ein Dispu stattgefunden, weil dieser die Lautstärke der Wechselsprechanlage reduziert eingestellt habe.

»Und plötzlich geht der Alarm los«, sagt Staatsanwalt Preissner. Beide, sowohl Beate H. als auch der Hauptangeklagte, Andreas S., hätten in diesem Moment gewusst, dass es sich bei dem akustischen Warnton um den Brandalarm handele.

> »Beide, sowohl die Zeugin Beate H. als auch der **Angeklagte** selbst haben berichtet, dass Andreas S. den <u>Alarm ausgestellt</u> hat«.

In ihrer ersten Vernehmung habe Beate H. zudem angegeben, dass Andreas S. den Alarm nochmals weggedrückt habe.

> »Der Angeklagte habe von ihr regelrecht auf den Weg gebracht werden müssen: 'Los jetzt, lauf los'«,

habe sie zu Andreas S. gesagt, als auch der Alarm aus der Lüftungsanlage angeschlagen habe. Als Andreas S. und der Polizeibeamte Gerhard M. schließlich die Zellentür geöffnet hatten, habe Beate H. über die Videoanlage gesehen, wie <u>dicker, schwarzer Qualm</u> aus der Zelle 5 gedrungen sei.

Aus den Brandgutachten geht hervor, dass ein Rauchaustritt aus der Zelle „frühestens vier Minuten nach Brandausbruch" zu verzeichnen sei, weil der zunächst <u>aufsteigende</u> Rauch einige Zeit benötige, um von der Zellendecke wieder in Bodennähe zu gelangen, so die Begründung.

<u>Anmerkung</u>: Eine Rauchmeldeanlage, falls sie sich wie üblich an der Decke des Raumes befindet, wird aber bereits in Betrieb gesetzt, sobald der Rauch die Raumdecke erreicht!

Der Weg vom Dienstraum zur Zelle kann in kürzester Zeit, das haben Versuche ergeben, in 53 Sekunden zurückgelegt werden, so Oberstaatsanwalt Preissner und weiter:

> »Im ungünstigsten Fall hätte er [der Hauptangeklagte] das in 2:30 Minuten schaffen können.«

Der Rauchalarm (der etwa zweieinhalb Stunden nach Verbringen des J. in die Zelle) ausgelöst wurde, sei von dem wachhabenden Dienst-

gruppenleiter zweimal fahrlässig ignoriert worden. Das Geschehen im Polizeigewahrsam nimmt für den Inhaftierten einen tödlichen Ausgang, und zwar nach Darstellung des Staatsanwaltes infolge eines *Hitzeschocks* bei einer Temperatur in der Zelle von 350 Grad.
Der Begriff **Hitzeschock** als Todesursache ist aus rechtsmedizinisch-patho-physiologischer Sicht zu unpräzise. Nach rechtsmedizinischer Erfahrung treten bei einem Brand dieser Art als Erstes Rauchgase auf, angefüllt mit Giftstoffen (Zyanide, CO u.a.), die eingeatmet werden und eine innere Erstickung bzw. tödliche Vergiftung des Opfers bewirken, wahrscheinlich noch bevor eine zum Tode führende Temperatur der Atemluft erreicht wird, denn es ist kaum davon auszugehen, dass die Matratze stichflammenartig auflodere, es sei denn, Brandbeschleuniger[79] werden verwendet.
Über toxikologische Untersuchungen finden sich keine definitiven Angaben. Der CO-Gehalt im Blut des Opfers sei sehr niedrig gewesen, zudem habe der Betroffene zu seinen Lebzeiten geraucht. Im Magen des Opfers wurden bei der Obduktion Rußpartikeln gefunden, die auf ein Verschlucken zu Lebzeiten hinweisen.

Ein halbes Jahr nach dem tödlichen Brandgeschehen, am 6. Mai 2005, wird vom Staatsanwalt die Anklage eingereicht, aber erst **zwei Jahre später,** am 27. März 2007, wird vor dem LG Dessau der Prozess gegen zwei der involvierten Polizeibeamten, den Dienstgruppenleiter **Andreas S.** und **Hans-Ulrich M.**, eröffnet. Sie werden wegen „**fahrlässiger Körperverletzung mit Todesfolge**" des **Oury Jalloh** angeklagt.

Hier sei vorweggenommen: Nach 59 Prozesstagen, am 8. Dezember **2008,** endet das (erste) Verfahren. Der Staatsanwalt plädiert, den Hauptange-klagten **Andreas S.** zu einer Geldstrafe von 120 Tagessätzen á 40 € zu verurteilen. Das Gericht spricht beide Angeklagten sogar frei. Das Urteil lässt den oben erwähnten bedingten Vorsatz der Strafverfolgungsorgane erkennen.

---

[79] Vor der Matratze, auf der J. lag, wurde laut Zeugenaussage bei einem Kontrollgang eine Pfütze gesehen, Urin sei es nicht gewesen, heißt es in der Aussage.

Angaben über notwendige **Rekonstruktionsversuche zur Brennbarkeit der Matratze**, auf der J. fixiert gelegen hat, wurden unter Verwendung von Dummys zwar durchgeführt, aber jene über die erforderliche Zeit bis zur Entwicklung der vom Staatsanwalt erwähnten Temperatur von 350 Grad sowie über die Art der Brennbarkeit der Matratze (stichflammenartig?) fehlen in den Beschreibungen der Presse. Es wird lediglich hervorgehoben, dass *die brennende Kleidung des Opfers die Matratze nicht hätte entflammen können.*

Aus den Unterlagen wird zudem ersichtlich, dass von Seiten der Ermittlung eine Schädel-Röntgenaufnahme des Opfers abgelehnt wurde. Erst bei einer zweiten Sektion in der Rechtsmedizin Frankfurt seien ein Nasen- u. Siebbeinbruch sowie zerstörte Trommelfelle des Opfers festgestellt worden. Diese zweite Obduktion war von der Nebenklage veranlasst worden, weil bei der Zeugenvernehmung von „Handgreiflichkeiten" zwischen Opfer und Polizei die Rede war. Dass Verletzungen dieser Art bei der Bergung des Leichnams entstehen, ist höchst unwahrscheinlich. Sollten sie bereits vor oder während der Fixierung existiert haben, so hat sich auch der Arzt Dr. med. **Andreas B.** einer fahrlässigen Handlung schuldig gemacht. Mit diesen Verletzungen ist eine fixierende Ingewahrsamnahme arzt-ethisch nicht erlaubt (s. dazu „Fahrlässigkeit" in der Einleitung dieses Buches, S. 12).

*Es gäbe Fälle, führt der Gutachter am 57. Prozesstag aus, in denen allein die Fixierung infolge der Erregung zum Tode führe* (daher die Frage nach dem Blutdruck).
*Der Gehalt von Adrenalin im Urin weist darauf hin, dass der Erregungszustand über längere Zeit angehalten haben muss. „Es reichen in diesem Zustand nur wenige Atemzüge heißer Luft, um zu sterben."*

Die Ergebnisse der zweiten Obduktion werden vom Gericht jedoch nicht gewertet, weil die Obduktion (privat!) gegen den Willen der Ermittlungsbehörde durchgeführt wurde. Auch damit verstößt das Gericht gegen einen anerkannten Codex, dargelegt durch den Generalbundesanwalt **K. Nehm**, der die „Bedeutung der Rechtsmedizin für ein rechtsstaatliches Strafverfahren"[80] ausführlich erläutert. Die betreffenden Ergebnisse wurden nicht mit illegalen Mitteln beschafft, sondern von einem anerkannten Rechtsmedizinischen Institut erbracht.

Nach der Urteilsverkündung begehren sowohl Staatsanwaltschaft wie die Nebenkläger Revision beim BGH, der nach einem Jahr stattgegeben wird. Am 7. Januar 2010 hebt der Bundesgerichtshof den Freispruch des Dienstgruppenleiters mit der Begründung auf:

»Nach den Urteilsausführungen ist nicht nachvollziehbar, wie sich <u>der Brand der Matratze im Einzelnen entwickelt hat</u>. Insbesondere bleibt unklar, ob ein vom Landgericht angenommenes „Anschmoren" des Matratzenbezuges ohne Verbrennungen der Hand und entsprechende Schmerzenslaute [des Gefesselten] möglich wäre, die den Angeklagten zu einem frühzeitigen Eingreifen hätten veranlassen müssen. Zudem hat das Landgericht bei der Bemessung der für die Rettung Oury Jallohs [die] zur Verfügung stehenden Zeit nicht bedacht, dass der Rauchmelder bereits Minuten vor dem Entzünden der Schaumstofffüllung der Matratze, [das innerhalb von zwei Minuten zu einem tödlichen Inhalationsschock führte], möglicherweise dadurch ausgelöst worden war, dass der schwerentflammbare Matratzenbezug zunächst unter Verwendung eines Gasfeuerzeuges angeschmolzen wurde, um die Schaumstofffüllung freizulegen. Dann hätte der Angeklagte aber möglicherweise den Todeserfolg verhindern können, wenn er sofort nach dem Alarm die erforderlichen Rettungsmaßnahmen eingeleitet hätte. Der 4. Strafsenat hat im Übrigen die Annahme des Landgerichtes beanstandet, der Angeklagte habe sich pflichtgemäß verhalten, obwohl er den Alarm zunächst wegdrückte, anschließend ein Telefongespräch führte und danach auf dem Weg zu dem Gewahrsamsbereich umkehren musste, weil er vergessen hatte, die Fußfesselschlüssel mitzunehmen.«

Ulrich von Klinggräff, Nebenkläger und interessenvertretender Verteidiger der Familie des Geschädigten im 1. Verfahren, konstatiert am Prozessende:

---

[80] (s. Literaturverzeichnis.) Hinweise ferner im Kapitel „Erdrosseln im Krankenbett".

»Es ist auf schäbigste Art und Weise gemauert, geblockt und gelogen worden«.

In einem Schreiben, das Klinggräff anonym zugestellt wurde, heißt es: »Es hält sich das Gerücht, die Ermittlungsgruppe aus Stendal habe bei der Tatortuntersuchung kein Feuerzeug gefunden.«

Hier auf die Einzelheiten einzugehen, die dem Gericht vom Nebenklagevertreter Klinggräff vorgehalten werden, würden Seiten füllen. Er spricht von „gesellschaftlichem Skandal, dass Menschen im Polizeigewahrsam sterben und die Schuldigen durch Korpsgeist der Polizei bis in die höchsten Ebenen gedeckt werden".

Das Verfahren wird zur Neuverhandlung an das LG Magdeburg zurück verwiesen. Beginn der Neuverhandlung am 12. Jan. 2011. Im Raum stehen die Fragen:

- »Wer hat kurz vor Ausbruch des Feuers die Zelle, in der Oury Jalloh gefesselt lag, undokumentiert betreten?
- Wie kann ein an Händen und Füßen gefesselter Mensch eine schwer entflammbare, unbeschädigte Matratze in Brand setzen?
- Was für eine Flüssigkeit befand sich kurz vor Feuerausbruch als Pfütze auf dem Boden der Zelle?
- Wie wurde Oury Jalloh das Nasenbein gebrochen, eine Verletzung, die bei der ersten Obduktion nicht festgestellt wurde?
- Wo ist das Video der Tatortermittlungsgruppe und wie konnte es einfach verschwinden?
- Wie konnte die zweite Handschelle, die als ein Beweismittel gelten sollte, weggeworfen werden?«

Ob auf diese Fragen, gestellt von *www.thevoiceforum.org*, im neuen Verfahren eine glaubwürdige Antwort gegeben werden kann, bleibt abzuwarten.

Das Urteil wird Mitte des Jahres 2012 erwartet.

## Der Fall des Lars R., Tod im Polizeigewahrsam

In den Abendstunden des 17. Januar 2009 wird Lars R., ein „stadtbekannter Trinker" (wie es in der schriftlichen Urteilsbegründung des Gerichtes heißt), in erheblich alkoholisiertem Zustand von Passanten vorgefunden. Da er sich gegen jegliche Hilfe hinzugezogener Rettungskräfte wehrt, wird die zuständige Polizei alarmiert. Weiter wörtlich:

> »Durch den Polizeikommissar G. erfolgte nach dem Polizeiaufgabengesetz § 19, Lars R. zu seiner eigenen Sicherheit in Gewahrsam zu nehmen. Gegen 02.20 Uhr erfolgte sodann die Verbringung des Lars R. zur Polizeiinspektion Arnstadt-Ilmenau, wo der Angeklagte zu diesem Zeitpunkt als verantwortlicher Dienstschichtleiter tätig war.«

Ein Bereitschaftsrichter bestätigt die Aufrechterhaltung der Ingewahrsamnahme bis 10.00 Uhr des nächsten Morgen. Ein Arzt, der die Gewahrsamstauglichkeit bestätigt, wie es das Polizeigesetz nach §10 vorschreibt, wurde nicht hinzugezogen. In den Morgenstunden des nächsten Tages wird Lars R. in der Gewahrsamszelle tot aufgefunden.

**Todesursache:** Atemlähmung infolge Mischintoxikation von Alkohol und Heroin.

Der Dienstschichtleiter (Polizeikommissar G.) wird wegen fahrlässiger Tötung des Lars R. infolge unterlassener Hinzuziehung eines Arztes zwecks Gewahrsamkeitstauglichkeits-Untersuchung angeklagt und für schuldig befunden. Er wird für diese Tat zu einer Geldstrafe von 120 Tagessätzen á 60,- € verurteilt.

## Medizinische Maßnahmen bei Ermittlungen gegen Drogendealer

**Drogenkonsum** ist keine Erscheinung der Neuzeit, er ist so alt wie die Menschheit. Der finanzielle Umsatz im internationalen Drogenhandel wird auf jährlich ca. 400 Milliarden US-Dollar geschätzt und erreicht damit etwa die Höhe der gesamten Ölgeschäfte. Diese Summe verdeutlicht das dahinter stehende kriminelle und gesundheitsgefährdende Potential.

So sind den Angaben des Statistischen Bundesamtes zufolge im Jahr 2006 durch Konsum **illegaler** Drogen (Heroin, Kokain, Opium, Cannabis) **38.164** Fälle vollstationär behandelt worden. Etwa die Hälfte der Patienten verstarb. Demgegenüber stehen **534.622** Patientenfälle durch Missbrauch **legaler** Drogen (Alkohol, Tabak, pharmazeutische Produkte), die behandelt wurden.

Aus dem Raum Hamburg stehen genauere Angaben zur Verfügung.

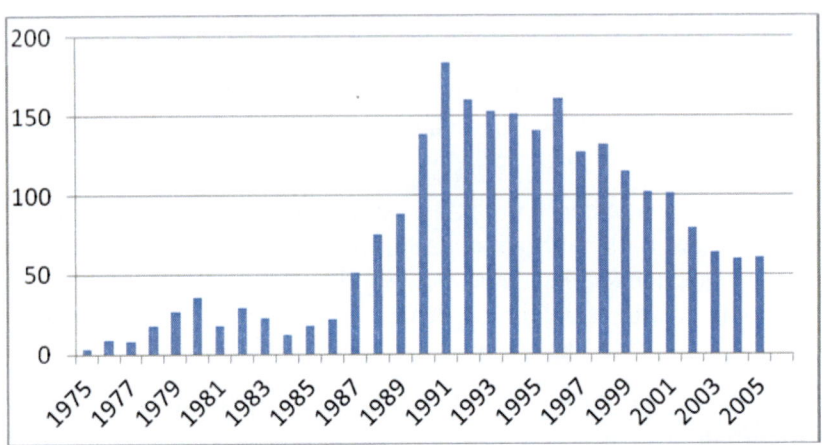

Abb. III/1: Anzahl der Todesfälle durch Missbrauch illegaler Drogen in Hamburg zwischen 1975 und 2005 (Quelle: EBERT, St., Dissertation, Hamburg)

Wodurch der Anstieg ab 1987 erfolgte, ist unbekannt. Der größte Teil der konsumierten illegalen Drogen wird im Straßen-Deal beschafft. Interessant ist in diesem Zusammenhang die Herkunft der Dealer.
Die Hauptanbaugebiete der Drogen-Rohprodukte liegen in Süd-Ost-Asien und Lateinamerika, von dort stammt hauptsächlich das Kokain. In den letzten Jahren tritt auch Ghana in den Blickpunkt des Geschehens. Bezüglich der Transportmethoden sollen hier nur diejenigen interessieren, bei denen sogenannte „Bodypacker" als Drogenkuriere beteiligt sind, meist angeworben aus sozialem Notstand in den Hafenkneipen Südamerikas. Sie transportieren die Drogen im Innern ihres Körpers.

Aber auch Studenten transportieren das Pulver in konzentrierten Packungen *(verschluckt, rektal oder vaginal eingeführt)*, sie reisen mit dem Flugzeug in die Abnehmerländer und warten auf die Ausscheidung der Packungen via naturalis (auch Tiere werden als „Bodypacker" benutzt und anschließend getötet). Bis zu 1000 g (Kokain) wurden bei einer Person sichergestellt. Diese Packungen besitzen meist einen hohen Reinheitsgrad, der für den Straßendeal dann erheblich gestreckt wird und dadurch für die Zwischenhändler hohen Gewinn erbringt.

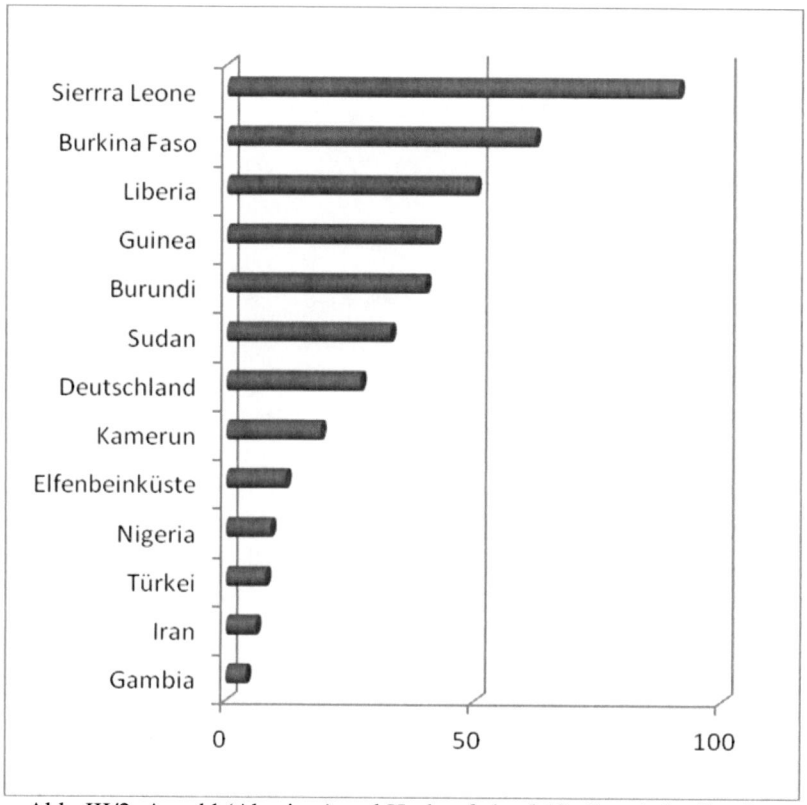

Abb. III/2: Anzahl (Abszisse) und Herkunftsland (Ordinate) der Straßen-Dealer in Hamburg. In 80 Fällen blieb das Herkunftsland unbekannt (Quelle: EBERT, St., Dissertation, Hamburg)

**Kokain:** Aus den Blättern des Kokastrauches gewonnenes gelbweißliches, bitter schmeckendes Pulver. Konsum: per Injektion, geschnupft oder geraucht (Crack).
Intoxikationssymptome: *Blutgefäßverengung, Blutdruckerhöhung, Herzfrequenzsteigerung, Wahnzustände, Herzinfarkt, Hirnschlag.*

**Heroin:** gehört zur Gruppe der Opiate und wird aus Rohopium gewonnen, hergestellt aus Schlafmohn. Erscheinungsform: weißes bis grau-bräunliches Pulver. Konsum: per Injektion oder mittels Rauchen.
Intoxikationssymptome: *Blutdruckabfall, Pulsverlangsamung, Desorientierung, Enge der Pupillen, lebensbedrohliche Verminderung der Atemfrequenz, tödlicher Ausgang.*

**Cannabisprodukte (Marihuana, Haschisch):** hergestellt aus Hanf. Konsum: geraucht als Mischung mit Tabak (Joint, Wasserpfeife, seltener als Tee getrunken oder gegessen).
Intoxikationssymptome: *Erbrechen, Depression, Paranoia, Kreislaufkollaps.*

Die Bodypacker reisen auf dem Luftwege ein, weil dadurch die kürzeste Verweildauer der Drogenpacks in ihrem Körper gegeben ist. Die abgepackten Stoffe sind mit verschiedenen Verpackungsmaterialien umhüllt, einerseits um zu verhindern, dass infolge von Verpackungsdefekten Wirkstoffe in ihren eigenen Körper übertreten können, andererseits mit dem Ziel, einen Flüssigkeitsübertritt in die Verpackung zu unterbinden; durch Zerplatzen der Umhüllung wäre Intoxikationsgefährdung die Folge. Die in einem solchen Falle eintretenden Symptome richtig zu deuten, dazu ist weder das Personal auf den Flughäfen in der Lage noch möglicherweise sind hinzugezogene Zollbeamte oder andere Ermittler dessen fähig. Es bleibt der Abtransport des meist bereits bewusstlosen Patienten in die nächstgelegene Klinik. Aber kaum ein Rettungsarzt im Krankenhaus wird bei einem ohnmächtig gewordenen Flugreisenden primär an eine Drogenintoxikation denken. Bei einem Akutfall stehen andere differentialdiagnostische Fragestellungen im Vordergrund. (Über einen ersten in Deutschland eingetreten Fall mit tödlichem Ausgang berichten SCHNEIDER und KLUG (1979) mit umfangreichen Literaturhinweisen und eigenem Bildmaterial.)

Die gleiche Gefährdung besteht grundsätzlich bei den Straßendealern, die Abpackungen („Bubbles") im Mund aufbewahren und sie gegebenenfalls verschlucken, um dieses „Beweismaterial" dem Zugriff durch Ermittler zu entziehen. Es handelt sich meist um männliche, noch jugendliche oder junge Täter. Medizinisch erforderliches Handeln bei Notfallsituationen im oben dargelegten Sinne ist nicht Gegenstand dieses Buches und kann daher an dieser Stelle außer Acht gelassen werden. Von besonderer Bedeutung ist dagegen eine ärztliche Tätigkeit, auszuführen im Auftrage durch Ermittlungsbehörden. Aber das sei hervorgehoben: <u>Kein Arzt kann durch eine Behörde zur körperlichen Untersuchung eines Beschuldigten *gegen dessen Willen* zum Zwecke einer Beweismittelsicherung **gezwungen** werden.</u>

Hier greift das **Grundgesetzt, Art. 1 sowie 2, 2**

(1) »Die Würde des Menschen ist unantastbar«.
(2) »... Die Freiheit der Person ist unverletzlich. In diese Rechte darf nur auf Grund eines Gesetzes eingegriffen werden«.

Damit dürften weder der Arzt noch irgendein anderer in die verfassungsmäßig garantierten Grundrechte eingreifen. Aber um handeln zu können, schafft sich der Staat dieses Recht durch den §81a der Strafprozessordnung. Bestimmte Maßnahmen werden aber zugleich durch den §136a der Strafprozessordnung wieder eingeschränkt:

§81a »1: Eine körperliche Untersuchung des Beschuldigten darf zur Feststellung von Tatsachen angeordnet werden, die für das Verfahren von Bedeutung sind. Zu diesem Zweck sind *Entnahmen* von Blutproben und andere *körperliche Eingriffe*, die von einem Arzt nach **den Regeln der ärztlichen Kunst zu Untersuchungszwecken vorgenommen werden, ohne Einwilligung des Beschuldigten** <u>zulässig</u>, wenn *kein Nachteil* **für seine Gesundheit** zu befürchten ist«.

§136a »Die Freiheit der Willensentschließung ... darf nicht beein-trächtigt werden durch Misshandlung, durch Ermüdung, ... durch Verabreichung von Mitteln. ... Zwang darf nur angewendet werden, soweit das Strafverfahrensrecht dies zulässt. ... «

Und hier beginnt es sowohl juristisch wie medizinisch zu hapern! In der Praxis bedeutet das: Ein Dealer wird gefasst und verschluckt die Packungen. Um dieses Beweismaterial zu sichern, könnte er in Polizeigewahrsam genommen und auf den Abgang der Päckchen via naturalis gewartet werden. Das kann u.U. Tage dauern. Um ihn aber über einen längeren Zeitraum in Gewahrsam zu halten, wäre ein richterlicher Haftbeschluss erforderlich, und wohin einen solchen Delinquenten während dieser Zeit sperren? Jede Klinik wehrt sich, solche Patienten aufzunehmen, da ihr in der Regel die dazu notwendigen personellen wie räumlichen Möglichkeiten fehlen. Anders sieht es aus, wenn gesundheitliche Gefahr im Verzuge ist, d.h. Intoxikation durch ein defektes Pack droht.

Der Staatsanwalt, bar jeglicher medizinischer Grundkenntnisse, ordnete bisher zwecks Beweismittelsicherung den medizinischen „Schnellschuss" an, die zwangsweise durchzuführende Brechmittelapplikation über einen dem Probanden gewaltsam durch die Nase in den Magen eingeführten Schlauch (s. Abb.III/3), ungeachtet der damit verbundenen Verletzungs- oder medikamentös bedingten Nebenwirkungsmöglichkeiten. Infolge erheblicher Gegenwehr des Probanden kann der Schlauch statt in die Speise- in die Luftröhre eindringen, auch eine Zerstörung der im Magen befindlichen Verpackungshüllen durch den Schlauch ist denkbar. Die nachfolgende Abbildung veranschaulicht die Lage einer Sonde, die durch den Nasen-Rachenraum bis in den Magen des Probanden geschoben wird, um ihm Brechmittel und Flüssigkeit zu verabreichen. Da ein solcher Vorgang in der Regel gegen den Willen des sich vehement wehrenden Betroffenen erfolgt, wird zugleich die damit verbundene Schwierigkeit deutlich, die Sonde exakt zu positionieren.

Um für die Ausstellung eines Haftbefehls den vermuteten Tatverdacht zu erhärten, Drogenpacks inkorporiert zu haben, bietet sich die Möglichkeit einer Untersuchung der verdächtigten Person mittels bildgebender Verfahren an (Röntgenaufnahme). Schon allein die Luftschichten zwischen den einzelnen Hüllen (Folien, Gummifingerlinge, Kondome) der inkorporierten Packs ergeben im Röntgenbild kontrastreiche Schatten (s. Abb. III/4).

Solche Eingriffe wurden durch bereitwillige Ärzte in der Praxis in zu vielen Fällen nicht nach **„den Regeln der ärztlichen Kunst"** und nicht den Forderungen des Grundsatzes entsprechend **„wenn *kein Nachteil* für seine Gesundheit zu befürchten ist"** durchgeführt.
Ergibt sich dabei ein positives Ergebnis[81], so kann durch richterlichen Beschluss für den weiteren Verbleib des Betreffenden der Haftbefehl erfolgen. Die Ausscheidung lässt sich durch Abführmittel u.U. beschleunigen. Der Patient steht für diese Zeit unter ärztlicher Kontrolle. Ist Heroin oder ein Derivat im Spiel, so muss daran gedacht werden, dass als Nebenwirkung gerade dieser Droge eine extreme Verstopfung auftreten kann. Auch an die Möglichkeit des Auftretens eines Ileus[82] muss gedacht werden.
Abführmittel können zudem die verwendeten Verpackungsmaterialen der im Körper befindlichen Packungen angreifen und Drogenwirkstoff austreten lassen, dies sei insbesondere durch Rizinusöl gegeben, empfohlen wird stattdessen PEG-Lösung (<u>P</u>oly-<u>E</u>thylen-<u>G</u>lykol, Literatur s. LAITENBERGER, 2005).

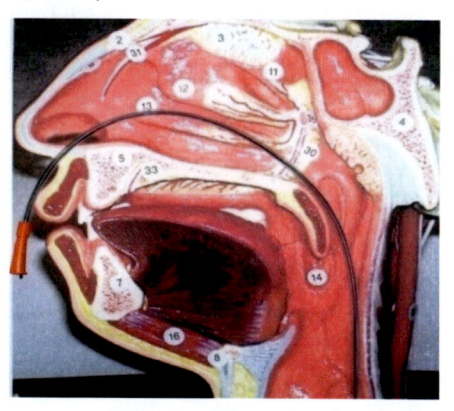

Abb. III/3: Abbildung eines Kopfmodelles, sagittal halbiert mit Blick in den **Nasen-Rachenraum**, durch den hindurch die Sonde (s. eingeführten Schlauch) geführt werden muss. (Quelle: Centrum für Anatomie, Charité, Berlin)

---

[81] Falsch positive Fälle sind in der Literatur erwähnt und in der Dissertation LAITENBERGER, M. Ch. nachzulesen.
[82] Darmverschluss.

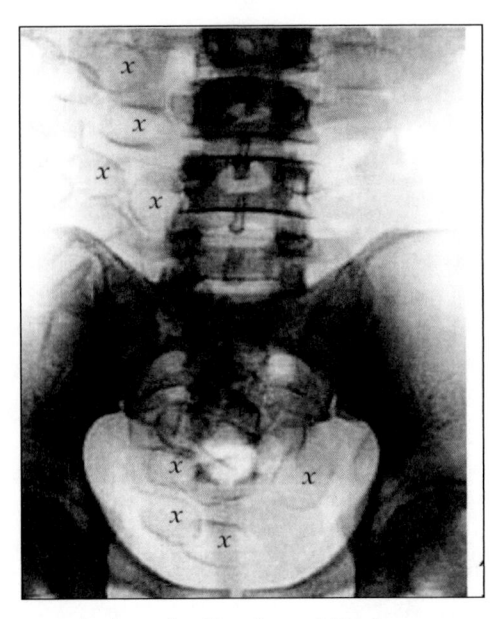

Abb.III/4: Röntgenaufnahme des Bauch- und Beckenraumes eines „Bodypackers", rundliche, in ihrem Randbereich durch Lufteinschlüsse zwischen den Verpackungshüllen strahlendichte Fremdkörper im gesamten Darmbereich, durch x gekennzeichnet

## Der Fall des Achidi J.,
### zwangsweise Applikation von Brechmitteln

Der Hamburger Senat beschließt im Jahre 2001 zwecks Beweismittelsicherung bei Drogen-Dealern, die Applikation von Brechmitteln einzusetzen, obwohl Prof. P., Leiter der Rechtsmedizin Hamburg „wegen nicht unerheblicher Gesundheitsgefährdung" vor ihrem Einsatz warnt. Auch die Ärztekammer Hamburg warnt in ihrer Presseerklärung vom 30. Okt. 2001 vor einer Durchführung dieser möglicherweise gesundheitsgefährdenden Maßnahme, dennoch wird das Verfahren angewendet. Durchgeführt wird es in Hamburg nicht von erfahrenen, dazu befähigten Anästhesisten, sondern in der Rechtsmedizin.

Am 9. Dezember 2001 ereignete sich bei einem derartigen Eingriff in Hamburg der nachfolgend zu beschreibende Todesfall:
**Paul Nwabuisi**, aus Nigeria stammend (in der Presse auch unter dem Namen **Achidi John** geführt), wird wegen Drogenhandels festgenommen. In der Rechtsmedizin Hamburg wird er, einem Bericht der Rechtsanwälte Gabriele H. und Martin K. zufolge, von fünf Polizeibeamten zu Boden gedrückt, ihm wird von einer Ärztin (Prof. Dr. Uta L.) eine Sonde nach mehreren erfolglosen Versuchen gewaltsam durch die Nase eingeführt und **Ipecacuanha** sowie Wasser eingeflößt. Dabei verkrampft sich sein Körper, es kommt zum Urinabgang, **Paul Nwabuisi** bleibt regungslos liegen und verstirbt.

---

<u>Ipecacuanha</u>: („Brechsirup") Wirkstoff ist Emitin, er aktiviert die Bronchialsekretion durch Reizung des Vagus über die Magenschleimhaut und führt zum Erbrechen.
<u>Nebenwirkungen</u>: In höheren Dosen Schädigung von Herz- und Skelettmuskulatur, **<u>kontraindiziert bei Vorschädigung des Herzens</u>**.

---

Der Leichnam des **Paul Nwabuisi** wird zur Obduktion nach Berlin überführt. Als Todesursache wird Herz- und Kreislaufversagen unter erheblicher Stresseinwirkung bei Vorliegen eines schweren Herzfehlers bescheinigt. Mittelbare Todesursache: hypoxischer Hirnschaden[83]

Die Anwendung der Brechmittelapplikation war staatsanwaltlich telefonisch angeordnet worden. Die Staatsanwaltschaft verfügt nach diesem Vorfall, außer einem „Vorermittlungsverfahren" keine weiterführenden strafrechtlichen Ermittlungen aufzunehmen, sie befindet sich offenbar im Zustand der „Selbstverteidigung". Die Ermittlungen werden eingestellt, da sich »zu keinem Zeitpunkt ein Anfangsverdacht strafbaren Verhaltens Beteiligter begründet« habe.

---

[83] Eine unzureichende Sauerstoffversorgung des Gehirns (hypoxischer Hirnschaden) muss nicht zwangsweise zum Tode führen. Die Folgeschäden bei einem Überleben sind im Falle SOLIMAN (Kap IV) und Harry W. dargestellt.

Die Brechmitteleinsätze in Hamburg gehen weiter, allerdings nach Dienstanweisung des Direktors der Klinik-Eppendorf, zu der das Institut gehört, nur in Anwesenheit eines Anästhesisten. Gegen diese Anweisung der Direktion protestieren die Ärzte, weil sie nicht bereit sind, unter Gewaltanwendung Brechmittel einzuführen.

*Bis zum Dezember 2005 wurde ein solches Verfahren 523mal durchgeführt.*
*Nach Abschluss des Verfahrens <u>vor dem Europäischen Gerichtshof für Menschenrechte</u> (11. Juli 2006, s.u.) werden derartige Maßnahmen in Hamburg eingestellt.*

An dieser Stelle sei auf die verwendeten Quellen verwiesen:
LAITENBERGER, M. Ch.: Dissertation, Hamburg (2005),
EBERT, St.: Dissertation, Hamburg (2007),
BIERHENKE, N.S.: Dissertation, Hamburg (2007),
SCHLOTHAUER, N. I.: Hamburg, (2010)
http:// www.brechmitteleinsatz. de/infos/chrono.html

## Rechtsstreit vor dem Europäischen Gerichtshof für Menschenrechte in Strassburg

## JALLOH ./. DEUTSCHLAND

(Ein Drogendealer klagt vor dem Europäischen Gerichtshof gegen die Bundesregierung Deutschland und obsiegt. (**Rechtssache: 11/07/06**, unter Beteiligung von 17 Richtern)

**Strassburg**: Im dortigen Urteil vom 11. Juli 2006 heißt es in der deutschen Übersetzung u. a:

»Am **29. Oktober 1993** wurde der aus Sierra Leone stammende Staatsbürger **Abu Bakah Jalloh** dabei beobachtet, wie er kleine Plastikbeutel („Bubbles") aus seinem Mund nahm und einer anderen Person gegen Geld übergab. Ein weiteres Päckchen, das er noch in seiner Mundhöhle

hatte, verschluckte er. Der Staatsanwalt ordnete die ärztliche Verabreichung eines Brechmittels ... zur Exkorporation[84] des Beutels an.
Zu diesem Zweck wurde der Betroffene in ein Krankenhaus verbracht. ...
Da der Betroffene sich [dort] weigerte, die zum Herbeiführen des Erbrechens notwendigen Medikamente einzunehmen, musste er von vier Polizeibeamten festgehalten und fixiert werden. Ihm wurde von einem Arzt mittels einer Nasen-Magen-Sonde zunächst eine Salzlösung und dann Ipecacuanha-Sirup zwangsweise verabreicht. Außerdem wurde ihm vom Arzt Apomorphin injiziert.«

Weiter heißt es im Strassburger Urteil:

»Der Beschwerdeführer behauptet, er habe im Anschluss an den Eingriff drei Tage lang nur flüssige Nahrung zu sich nehmen können und wegen der durch das Einführen der Sonde bewirkten Verletzung zwei Wochen lang immer wieder Nasenbluten gehabt.
Bei ihm wurde bedingt durch Rückfluss von Magensaft eine Entzündung im unteren Bereich der Speiseröhre diagnostiziert.
Der Beschwerdeführer hat behauptet, dass die zwangsweise Verabreichung eines Brechmittels ... eine unmenschliche und ernie-drigende Behandlung darstellt und daher Artikel 3 der Konvention verletzt habe.«

Das Legen einer transnasalen Magensonde (selbst wenn sie lege artis angebracht ist und nicht etwa in der Lunge landet [s. SCHIMA, W., 2006]) birgt bei Personen, die „Bubbles" verschluckt haben, zudem das Risiko des Durchstoßens der Verpackungshülle und setzt dadurch den Patienten einer Vergiftungsgefahr aus.
Nach Abwägung sämtlicher Für und Wider entscheidet der Gerichtshof und verkündet am 11. Juli 2006 folgendes Urteil:

»1: Mit zehn zu sieben Stimmen, dass **Artikel 3 der Konvention verletzt** worden ist.«
»3: Mit elf zu sechs Stimmen, dass **Artikel 6 der Konvention verletzt** worden ist.«
»4: Mit elf zu sechs Stimmen, dass der belangte Staat dem Beschwerdeführer **10.000 €** wegen immateriellen Schadens sowie **5.868,88 €** wegen der Kosten und Auslagen zuzüglich anfallender Steuern und Zinsen zu zahlen hat.«

---

[84] Exkorporieren. aus dem Körper heraus befördern.

## Der Fall des Laye Alama Condé,
**Tod nach polizeilich angeordneter Brechmittelapplikation**

Der aus Sierra Leone stammende Afrikaner **Laye Alama Condé** wird am 27. Dezember 2004 unter dem Verdacht des Drogenhandels zusammen mit anderen Dealern festgenommen. Ihm wird vorgeworfen, drogenhaltige Kapseln verschluckt zu haben.

Durch den Arzt Dr. V. (44) werden ihm im Auftrage der Polizei zwecks **Beweismittelsicherung** über eine Sonde das Brechmittel Ipecacuanha (s.o.) und anschließend Wasser gewaltsam eingeflößt. Dabei erleidet er Bewusstseinsstörungen, fällt ins Koma und **verstirbt** Tage später (am 7. Januar 2005) in der Klinik, ohne das Bewusstsein wiedererlangt zu haben. Todesursache: **hypoxischer Hirnschaden**[85] (SCHNEIDER, V. 2008).

Nach zwei Jahren (!), im April 2007, beginnt gegen den aus Kasachstan stammenden Arzt Igor V., der das Brechmittel verabreicht hatte, wegen fahrlässiger Tötung des Laye Alama Condé vor dem LG Bremen der Prozess. Da die Todesursache des Opfers angeblich nicht geklärt werden konnte, plädieren Staatsanwaltschaft und Verteidigung auf Freispruch, dem die Kammer am 4. Dezember 2008 folgt.
Keiner der Gutachter, heißt es, hätte eine Herzerkrankung des Toten als Todesursache **ausschließen** können (somit sei sie möglicherweise vorhanden gewesen!). Daher habe die Kammer nach dem Grundsatz „im Zweifel für den Angeklagten" entscheiden und ihn freisprechen müssen. Aber, wenn eine Herzerkrankung auch nur bestanden haben könnte, so wäre die Brechmittelapplikation (s.o.) kontraindiziert gewesen. Wenn der Arzt das nicht gewusst habe, so könne ihn das vor Strafe nicht schützen. Welche Untersuchungen wurden vor der Brechmittelapplikation von ihm durchgeführt?
Bei der Magenspülung waren in der Tat vier Packungen erbrochen worden. Und der Arzt habe nicht vorhersehen können, so das Gericht, welche Folgen das Brechmittel auslösen würde.

---

[85] Unzureichende $O_2$-Versorgung des Gehirns.

Hier irrt die Kammer (s. dazu Definition der Fahrlässigkeit in der Einleitung S. 12, sowie die Forderung nach §81a der Strafprozessordnung, 1. Abs. letzte Zeile: » ... wenn kein Nachteil für seine Gesundheit zu befürchten ist«).

Vertreten werden die Angehörigen des Opfers durch die RA Elke M. aus Bremen. Sie legt Revision gegen das Urteil ein. Der BGH verwirft die erstinstanzliche Entscheidung und weist das LG Bremen am 29. April 2010 zur **Neuverhandlung** an. Der Richter Clemens Basdorf aus Leipzig begründet diesen Beschluss, dass der Arzt nach der ersten Ohnmacht des Opfers die weitere zwangsweise Behandlung unter »menschenunwürdigen Umständen« fortgesetzt habe. (Vergleiche den zu dieser Zeit bereits vorliegenden Urteilsspruch des Europäischen Gerichtshofes für Menschenrechte in Strassburg.)

Es heißt in einem Pressebericht: Acht Gutachter hatten sich seit April 2008 zur mutmaßlichen Todesursache geäußert. Ein Anästhesist als Gutachter vertrat die These von einem „stillen Ertrinken". (Was soll unter „still" verstanden werden?)

Das **Wiederaufnahmeverfahren** beginnt am 8. März 2011:
Im Juni 2011 erfolgt abermals ein Freispruch nach dem Prinzip: **in dubio pro reo**[86].

Der Mutter des Toten werden 10.000 € Schmerzensgeld zuerkannt, zu zahlen durch das Land.

Wie die vorangehend beschriebenen Fälle darlegen, ist die zwangsweise Applikation von Brechmitteln mit dem Ziel der Beweismittelsicherung aus den dargelegten gesundheitsgefährdende Gründen abzulehnen und wird im Anschluss an das Strassburger Urteil in einzelnen Bundesländern auch untersagt.

---

[86] Im Zweifel für den Angeklagten.

# IV: Schwerste klinische Kunstfehler

## Zirkumzision, der unglaubliche Fall des Bruce Reimer sowie eine medizinische Neuerkenntnis des Zusammenhanges zwischen Koitus und Zervixkarzinom

**Zirkumzision**: Beschneidung (Entfernung) der Vorhaut

Beschneidung erwachsener Männer, Zeichnung eines Grabreliefs aus Sakkara[87], 6. Dynastie, 2300 v. Chr.

In der Kinderchirurgie des St. Boniface General Hospitals in Winnipeg, Manitoba (Canada), wurde am 27. April 1966 an einem acht Monate alten Knaben namens Bruce Reimer wegen einer Phimose[88] eine Zirkumzision (Umschneidung der Penisvorhaut) mit fatalen Folgen durchgeführt. Statt eines Chirurgen operierte ein praktisch-tätiger

---

[87] Sakkara = bedeutende altägyptische Nekropole (= Totenstadt, Gräberfeld) am linken Nilufer, etwa 20 Km von Kairo entfernt.
[88] Vorhautverengung.

Kinderarzt und zwar nicht mit einem Skalpell, sondern mittels eines Elektrokauters[89].

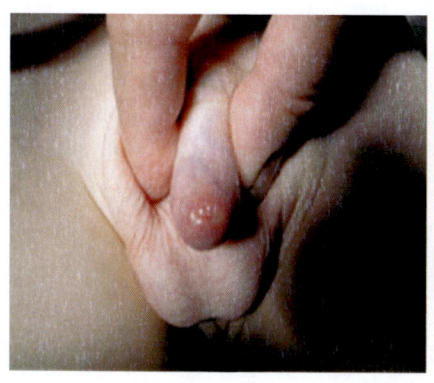

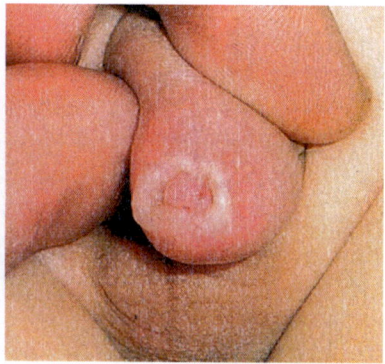

Abb. IV/1 u. VI/2: Vorhautverengung (Phimose), wie sie bei dem Knaben Bruce Reimer vorhanden gewesen sein dürfte (linkes Bild); Lichen sclerosus (vernarbende Enge) am Penis eines anderen Knaben (rechtes Bild). Abdruck mit freundlicher Genehmigung „Deutsches Ärzteblatt" 2011

COLAMINTO beschreibt den Vorgang in seinem Buch[90] mit folgenden Worten:

»Und es war überdies gefährlich, weil auf diese Weise elektrischer Strom dem Penis bedrohlich nahe kam und von der Metallglocke, die das Geschlechtsorgan umschloß, weitergeleitet werden konnte. ... Auf Grund einer mechanischen Fehlfunktion oder auf Grund falscher Handhabung trennte die Nadel die Haut nicht durch. Die Stromstärke wurde erhöht. Erneut wurde das Gerät der Vorhaut angenähert, und erneut versagte der Mechanismus. Daraufhin wurde die Stromstärke des Elektrokauters weiter erhöht. Wieder wurde die Nadel mit der Vorhaut in Verbindung gebracht. „Ich hörte ein zischendes Geräusch", erinnerte sich Dr. Ch. [der Operateur] „wie wenn ein Steak angebraten wird". Ein Rauchkringel stieg

---

[89] Kauter = (gr. Verbrenner), in der Chirurgie verwendetes Instrument, bei dem während des Einsatzes eine feine Drahtschlinge durch elektrischen Strom erhitzt wird, wodurch es zur Koagulation („Verkochen") des berührten Gewebes kommt. Das Gewebe wird getrennt, Blutungen werden gestoppt.

[90] CAPINTO, John: Der Junge, der als Mädchen aufwuchs, GOLDMANN Verlag (2002).

aus der Leistengegend des Babys auf. Geruch von gegrilltem Fleisch erfüllte die Luft. ... Ein Urologe wurde hinzugezogen, der überprüfte das Gerät und untersuchte das Geschlechtsorgan [des Kindes] und versuchte, eine [Knopf-]Sonde in die Harnröhre einzuführen, was nicht gelang. ... Dann wurde das Baby auf die Station für Brandverletzte gefahren.«

Und weiter heißt es (S. 31 seines Buches):

»In den nachfolgenden Tagen trocknete Bruce' Penis und brach in Stücken ab. Bald war von dem Geschlechtsorgan keine Spur mehr zu sehen.«

Den Eltern des Kindes wurde durch einen zweifelhaften Sexualforscher (den Psychologen Dr. Money vom Johns-Hopkins Hospital, Baltimore) nahegelegt, auch den Penisstumpf entfernen und eine „Geschlechtsumwandlung" bei dem operativ-geschädigten Knaben vornehmen zu lassen. Die verzweifelten und unerfahrenen Eltern, die keinen Ausweg sahen, willigten ein. Der Knabe Bruce erhielt zunächst einen neuen Namen, er wurde fortan „Brenda" genannt und in Mädchenkleider gesteckt. (Sein eineiiger Zwillingsbruder, bei dem ebenfalls eine Phimose bestand, blieb unbehelligt.) Weiter heißt es (S. 69):

»Am Montag, dem 23. Juli 1967 wurde an Brenda in einem gynäkologischen Operationssaal im Krankenhaus der Johns-Hopkins-Universität eine operative Kastration vorgenommen. Der Operateur [Dr. H. J.] sagt, er könne sich nur noch an wenige Einzelheiten dieses Falles erinnern. Alle Entscheidungen bezüglich der Geschlechtsneuzuweisung hätten in den Händen Moneys und des Kinderendokrinologen Dr. R. B. gelegen. ... Für J. war die Operation von 'Brenda' Reimer eine routinemäßige Kastration, wie er sie in den vergangenen zwölf Jahren immer wieder an kindlichen Hermaphroditen[91] vorgenommen hatte.«

Bevor auf die weiteren Geschehnisse im Rahmen der „Geschlechtsneuzuweisung" und den resultierenden dramatischen Folgen (Hormontherapie, „Vaginal"-OP) bei dem Patienten Bruce (respektive 'Brenda') Reimer eingegangen werden kann, sollen einige grundsätzliche Fragen zum Thema **Zirkumzision** erörtert werden, da sie auch

---

[91] Zweigeschlechtlichkeit, Zwitter. Wortschöpfung aus *Hermaphróditos*, dem zum Zwitter gewordenen Sohn der griechischen Gottheiten Hermes und Aphrodite.

im deutschsprachigen Raum sowohl aus medizinischer Indikation wie religiös-ritueller Sicht vorgenommen wird und in der weiteren Betrachtung zu einer beachtlichen Neuerkenntnis zwischen Koitus und Krebs geführt hat (s.u.).
SCHÖBERLEIN, W. (1966) gibt einen Überblick dieser Problematik und favorisiert die Beschneidung sogar aus prophylaktischen Gründen bei gesunden Knaben. Begründet wird dieses Vorgehen durch die veraltete, die irrige Annahme, dass die fettig-degenerierten und sich abschilfernden Epithelzellen (besonders im jugendlichen Alter vorkommend, Smegma[92] genannt) vermeintlich die Entstehung eines Peniskarzinoms begünstigen würden. Die angeblich krebsfördernde Eigenschaft des Smegma wird Literaturangaben zufolge neben anderen Faktoren auch für das Entstehen des Portio-Ca. der Frauen (Zervixkarzinom[93]) in Anspruch genommen.

Neuesten Forschungsergebnissen zufolge werden für die Entstehung dieses Karzinoms Viren der Gruppe *Pappillomaviridiae*[94] (abgekürzt HPV, H steht für human) verantwortlich gemacht. Bei etwa 70% der an einem Zervix- oder Analkarzinom erkrankten Frauen werden Viren der HPV-Typen 16 und/oder 18 gefunden. Auf die Epidemiologie sei hier nicht detailliert eingegangen, nur so viel: HP-Viren der Gruppe 16/18 binden an entsprechende Rezeptoren der Zellen im weiblichen Genitaltrakt — primär an CD 63 Rezeptoren oberflächlich gelegener vaginaler Schleimhautzellen, dringen danach in die tiefer gelegene Basalzellschicht ein, binden an den nur dort nachweisbaren „sekundären" CD 151 Rezeptor, dringen auf diese Weise in die Zellen ein und infizieren sie (SPODEN, G. et al. 2008). Erst dadurch kann die Entartung zur Krebszelle entstehen.

---

[92] Vorhauttalg = Zelldetritus von gelblich schmieriger Beschaffenheit (durchsetzt mit Bakterien), auch im weiblichen Genitale im Bereich der Klitoris zwischen den Schamlippen vorkommend.
[93] Zervix = Hals.
[94] *Pappillomaviridiae* (abgekürzt HPV, H steht für human)

*„Kummer"* (Lithografie, Vincent van Gogh, 1882)

1: Unter den Risiko-Faktoren für das Entstehen dieser Krebsart wird der Gebrauch hormoneller Verhütungsmittel über einen längeren Zeitraum diskutiert.

2: Verkehr unter Kondom-Gebrauch mindere zwar das Risiko, an dieser Krebsart zu erkranken, verhindere es aber nicht.

3: Das Krankheitsrisiko dadurch herabzusetzen, indem ausschließlich mit <u>beschnittenen</u> Partnern Verkehr durchgeführt würde, könnte an der Erkrankungshäufigkeit (Inzidenz) in entsprechenden Populationen geprüft werden (Juden, Muslime), bei denen die Knaben aus rituellen Gründen beschnitten werden, oder in der amerikanischen Bevölkerung, in der ein hoher Anteil der Knaben (von bis zu 80%) aus prophylaktischen Gründen beschnitten werde[95].

4: Bei zölibatär lebenden Frauen (Nonnen) wird ein Zervikalkarzinom äußerst selten beobachtet und diese Tatsache in der Diskussion dadurch erklärt, dass sie keinen Geschlechtsverkehr haben.

**Anmerkung:**

(**Zu 3:**) In einer solchen, bereits aus den 50er Jahren stammenden Studie sollen jüdische Frauen in der Tat eine geringere Zervix-Karzinom-Häufigkeit gegenüber Frauen mit nicht-beschnittenen Partnern aufweisen. Diese Aussage konnten STERN und NEELY (1962) jedoch nicht bestätigen. Sie führen als mögliche Ursache, falls die Inzidenz wirklich geringer sein sollte, Unterschiede in der Lebensweise an (s.u. Reinigungsritual post coitum?). HOVE (2007) findet in seiner Analyse ebenfalls keinen Beweis für eine Beziehung zwischen Zirkumzision und HPV-Infektion.

(**Zu 4:**) Der Hinweis auf den fehlenden Geschlechtsverkehr ist, vereinfacht betrachtet, zwar richtig, aber exakter formuliert sollte es heißen: weil primär die **pH-Verschiebung** durch das nicht **vorhandene**

---

[95] Die Peniskarzinom-Rate ist FRISCH (1995) zufolge in den USA jedoch höher als in Dänemark ohne Zirkumzision.

**Ejakulat** (Abb. IV/3) **ausbleibt** und reproduktionsnotwendige Folgereaktionen (Immunsuppression, s.u.) dadurch nicht eintreten.

Im oben genannten Sinne ist auch die Information des Deutschen Krebsforschungszentrums (dkfz) zu verstehen, in der ausgeführt wird, dass:

> »Mit jeder Schwangerschaft, die über die ersten fünf bis sechs Monate anhält, steigt das Risiko von Frauen mit einer HPV-Infektion weiter an. Frauen die sieben und mehr Schwangerschaften hinter sich hatten und Trägerinnen der Hochrisikotypen waren, erkrankten laut großer Studien fast viermal so häufig an Gebärmutterhalskrebs wie Frauen, die keine Kinder geboren hatten.«

Zu erklären vermochten die Autoren dieser Studien den Befund nicht. Die Ursache für den Zusammenhang dürfte in einer mutmaßlich immunsuppressiven Wirkung des Fruchtwassers zu suchen sein.

Für das Verständnis einer neuen, der hier angebotenen „**pH-These**" gegenüber der abzulehnenden, oben erwähnten „**Smegma-These**", sei zunächst hervorgehoben, dass eine geschlechtliche Vereinigung weiblicher und männlicher Nachkommenerzeuger evolutionsbiologisch ausschließlich dem Ziel einer **Reproduktion**, d.h. der **Art-Erhaltung** dienen soll. Auf dieses Ziel sind sämtliche physiologischen Prozesse im Genitaltrakt (primär: pH-Veränderungen und Folgeerscheinungen) ausgerichtet. Diese Arterhaltung anzuregen, sind (vorbereitend für den einvernehmlichen Geschlechtsakt[96]) psychogen auslösbare Steuerungsfaktoren hormoneller Art entstanden, durch die bestimmte Veränderungen insbesondere im weiblichen Genitaltrakt erst die Voraussetzungen einer möglichen Trächtigkeit schaffen:

Um eine Schwangerschaft möglich werden zu lassen, muss das physiologisch vorhandene **saure Vaginal-Milieu** zunächst „vorbereit", d.h. neutralisiert werden. Im physiologisch sauren Zustand dient es — analog dem Säuremantel der menschlichen Außenhaut bzw. dem sauren Magensaft — einem Schutz vor Infektionen. In diesem zwischen

---

[96] Von dieser Betrachtung ausgenommen sind psychogene Vorgänge bei Vergewaltigung.

pH 4 bis 4,5 angeordneten Infektions-Schutz-Milieu der Vagina sind Spermien aber weitgehend unbeweglich. Mit hoher Wahrscheinlichkeit bliebe in diesem pH-Milieu jedes Ei unbefruchtet; erst im neutralen pH-Bereich werden die Spermien beweglich. Der pH-Wert des Seminalplasmas (Ejakulat) beträgt daher 7,5 – 8. Hier geraten Reproduktionsbiologie *(Erhaltung der Art)* und Infektionsschutz *(Erhaltung des Individuums)* in einen Widerspruch, den die Evolution zu Gunsten der höherwertigen **Art**erhaltung gelöst hat.

Es sind die Fragen zu beantworten:

> 1. Was passiert bezüglich des Infektionsschutzes im Genitaltrakt der Frau durch eine pH-Verschiebung von sauer nach alkalisch infolge sexueller Aktivität?
>
> 2. Wie viele Stunden nach dem Verkehr hält diese **pH-Verschiebung** (*mit der Unterbrechung des Infektionsschutzes!*) an?
>
> 3. Wie lange bleibt die immunsuppressive, d.h. die tolerogenisierende Wirkung der im Seminalplasma vorhandenen Ejakulat-Partikeln („Blebs" s. Abb. IV/3) im Vaginaltrakt erhalten?
>
> 4. Wie oft wiederholt sich im Leben gesunder, geschlechtsreifer Frauen deren Einwirkung?

Untersuchungsergebnisse insbesondere zur Beantwortung der Frage 2 sind dem Autor nicht bekannt[97]. FOX, C.A. u.a. (1973) berichten lediglich, dass innerhalb von 8 sec nach Spermaeintritt in die Vagina sich der pH-Wert von 4,3 auf 7,2 verändere. Ein pH-Wechsel durch weiblichen Orgasmus und Koitus in Abwesenheit von Ejakulat infolge Kondomgebrauchs konnte in ihren Untersuchungen (unverständlicherweise) nicht festgestellt werden.

---

[97] Das Überleben der Spermien im Vaginaltrakt post coitum ist von der Zyklusphase abhängig, s. Lehrbücher der Rechtsmedizin. Bei Leichen, so wird berichtet, seien sie länger beweglich nachweisbar als bei Lebenden.

Diese (im Sinne einer erfolgreichen Reproduktion!) notwendige, also ebenfalls physiologische pH-Veränderung, beginnt bereits im Stadium einvernehmlicher sexueller Erregung mit dem Anschwellen der Vaginalschleimhaut. Bei sexueller Erregung produziere (neueren Untersuchungen zufolge, s. SCHÄFFLER und MENCHE, 1999) die gesunde Frau durch Flüssigkeitsübertritt (Transsudation) aus dem Blutplasma einen Vaginalschleim **mit neutralem pH-Wert**[98], der nicht, wie leichthin vermutet werden könnte, allein einer verbesserten Lubrikation (Gleitfähigkeit) dient, sondern evolutionsbiologisch mutmaßlich einen erfolgreichen, den nachfolgenden Befruchtungs**erfolg** vorbereiten hilft: In dieser Erregungsphase werden Vulva und Vaginal-Schleimhautwand besser durchblutet und schwellen an. Während eines sich anschließenden Orgasmus der Frau werden weitere Stoffe sezerniert, die demselben Ziel dienen (LEIBLUM u. NEEDLE, 2006).

Durch die Schwellung der Schleimhaut dürften die oberflächlich gelegenen Zellverbände der Vaginal-Schleimhaut gelockert werden, d.h. — bezogen auf das HPV-Geschehen — „aufquellen" und dadurch ihre primären CD-Rezeptoren (CD 63) den Viren geradezu präsentieren. Möglicherweise werden infolge des veränderten, des leicht alkalischen „pH-Reizes" sogar zusätzlich neue Rezeptoren ausgebildet (exprimiert). Durch die aufgelockerte Schleimhaut dürfte das Eindringen der Viren in die tiefere Basalschicht erleichtert und so ihr (für das Entstehen der Krankheit) erforderliches Andocken an die sekundären Rezeptoren (CD 151) begünstigt werden. Diese Auflockerung bewirkt einen weiteren Effekt: Sie erleichtert das Eindringen von Spermien in die Vaginalwand (s.u.).

Das aber ist noch nicht alles, was sich durch Anwesenheit des Seminalplasmas im Vaginaltrakt immunologisch ereignet: Im Ejakulat befinden sich **„Sexual-Partikeln"** (sogenannte „Blebs"[99], Abb. IV/3),

---

[98] Das Vaginalsekret sexuell erregter Frauen umfasst nach HUGGINS and PRETI (1981) etwa 50 verschiedene bisher definierte Substanzen.
[99] Blebs = irreguläre Ausbuchtungen der Zellmembran, die in die Umgebung abgestoßen werden.

sie besitzen die Größe von Thrombozyten und wirken immunsuppressiv, genauer: tolerogen und zwar sogar spezies-übergreifend. Dieses Geschehen ist tierexperimentell nachgewiesen durch Transplantationsversuche an Mäusen, denen zuvor derartige Partikelextrakte (gewonnen von Rammlern) intraperitoneal appliziert wurden (BUNDSCHUH 1991, S. 302 „Ejakulatpartikeln"). Derartig behandelte Tiere dulden ein allogenes (fremdes) Hauttransplantat signifikant länger als die Tiere der Kontrollgruppe. In den Ejakulaten von Spezies, die mehrere Nachkommen je Wurf hervorbringen, befindet sich eine größere Anzahl dieser Sexual-Partikeln als bei Vertretern mit nur ein bzw. zwei Nachkommen je Wurf, da bei diesen Mutter-Tieren offenbar ein größeres Fremd-Antigenvolumen geschützt werden muss (Tab. IV/II). Daraus geht hervor, dass das Immunsystem des Muttertieres über Inhaltstoffe dieser Partikeln suppressiv beeinflusst wird. Derartige Partikeln befinden sich ferner in der Follikelflüssigkeit nach der Ovulation, vermutlich mit derselben Zielwirkung (s. Abb. IV/3).

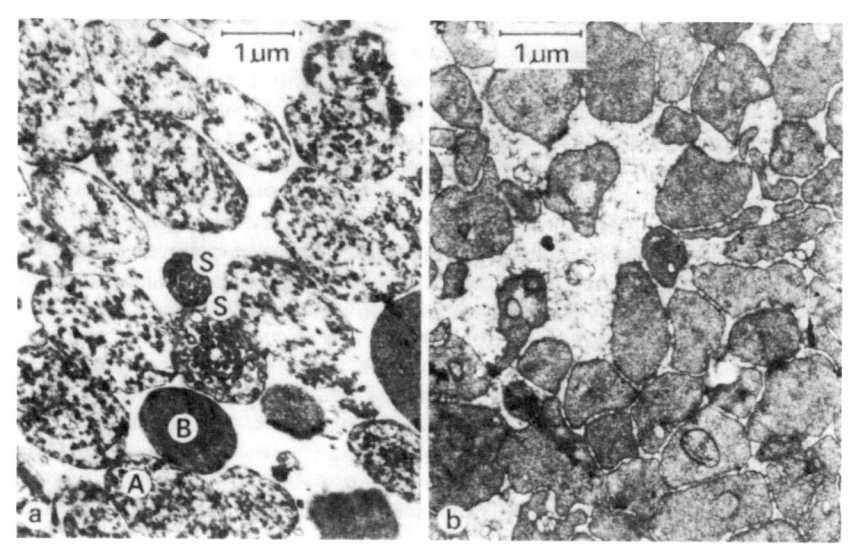

Abb. IV/3: (linke Bildseite) Mikropartikeln („Blebs") aus dem Ejakulat eines Rammlers, S = Spermimum; Partikeln aus der Follikelflüssigkeit einer Frau (rechte Bildseite), Quelle: BUNDSCHUH, G.: (1991, 2. Auflg.)

Diese Immunsuppression ist erforderlich, da die Antigene des künftigen Kindesvaters (des Nachkommenerzeugers), sich auf seinen Spermien befinden und im Feten das väterliche Erbgut ausmachen.

Das Immunsystem der Kindesmutter erkennt sie als „fremd". Bliebe die Immunsuppression aus, so würde der Fetus wie ein Fremdtransplantat behandelt und vom Immunsystem der Schwangeren abgestoßen.

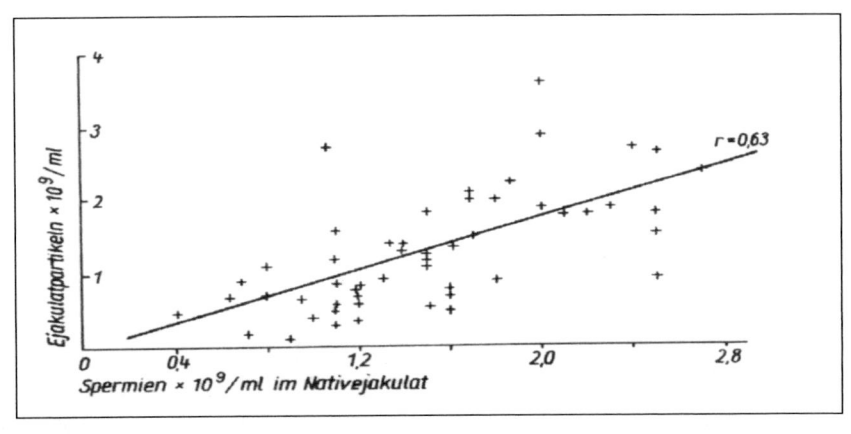

Abb. IV/4: Korrelation zwischen Anzahl der Spermien eines Ejakulates und der darin enthaltenen Ejakulatpartikeln („Blebs"), untersucht in 52 routinemäßig abgesamten Bullenejakulaten, $\alpha < 0,001$. (Bei zu niedriger „Blebs"-Konzentration, also weit unterhalb der Regressionsgeraden, sinkt die Reproduktionsrate. Quelle wie Abb. IV/3)

In diesem Zusammenhang ist ferner beachtenswert, dass Spermien vaginal-absamender Spezies (z.B. Maus, Rind, Mensch) in die Schleimhaut des Vaginaltraktes **eindringen**[100], offenbar um dort während der nachfolgenden Phagozytose[101] die auf ihrer Oberfläche

---

[100] KOHLBRUGGE, J. (1913), weitere diesbezügliche Literatur bei BUNDSCHUH, G. (1991, S. 300): „Phagozytose von Spermien".
[101] „Auffressen" von Zellen und Schadstoffen.

exprimierten kindesväterlichen, fremden Antigene dem Immunsystem der Mutter zu präsentieren und so ihrem Abwehrsystem eine Tolerierung dieser Antigene erst möglich werden lassen. (Phagozytose ist nicht <u>auf</u> der Schleimhaut, sondern nur <u>in</u> einem Gewebe möglich; daher müssen sie eindringen.)

**Tabelle IV/I:** Überleben von Schwanzhaut-Allotransplantaten bei männl. Mäusen (AB/C3H) nach einmaliger Vorbehandlung mit Ejakulat-„Blebs" eines vasektomierten Rammlers in unterschiedlicher Dosierung

| Vorbehandlungs-schema | Transplantatüberleben | | | | | | | |
|---|---|---|---|---|---|---|---|---|
| | Empfänger vorbehandelt | | | | Spender vorbehandelt | | | |
| | n | $\bar{x}$ | s | P< | n | $\bar{x}$ | s | P< |
| Kontrollgruppe (0,1 ml NaCl) | 15 | 12,4 | 2,2 | | | | | |
| Versuch 1 ($0,06 \times 10^9$ Partikel) | 14 | 15,9 | 2,6 | 0,001 | 10 | 10,5 | 1,4 | |
| Versuch 2 ($0,12 \times 10^9$ Partikel) | 10 | 16,7 | 3,1 | 0,001 | 10 | 14,9 | 3,1 | 0,001 |

**Tabelle IV/II :** Ejakulat-„Blebs"-Konzentration (/ ml) bei verschiedenen Tierspezies*)

| Spezies | n | Partikelkonzentrationen ($\times 10^9$) | | Spermien-konzentration ($\times 10^9$/ml) | Spezies-typische Wurfgröße |
|---|---|---|---|---|---|
| | | /ml | Ejakulat (gesamt) | | |
| Rind | 52 | 1,30 ± 0,8 | 6,5 | 1,5 | 1 |
| Schaf | 9 | 1,84 ± 1,1 | 2,7 | 3,46 | 1 |
| Kaninchen | 12 | 2,29 ± 1,3 | 1,96 | 0,64 | 9 |
| Schwein | 1 | (0,58) | (290) | (0,12) | 9 |
| Mensch | 10 | 0,57 ± 0,2 | 1,1 | 0,05 | 1 |

*) angenommene mittlere Ejakulatvolumina: Rind 5 ml, Mensch 2 ml.

Aus den zitierten Fakten geht hervor, dass nicht die **Smegma-These** (und die damit begründete Zirkumzision als Präventivmaßname) eine entscheidende Bedeutung im Zusammenhang mit der Entstehung des Zervixkarzinoms besitzt, sondern die temporäre **pH-Verschiebung** während einer sexuellen Betätigung das Infektionsrisiko erhöht oder sogar erst ermöglicht. **HP-Viren sind ubiquitär existent, sie sind omnipräsent** und müssen nicht durch die Penetration des Gliedes eingeführt werden. Die sich anschließende Immunsuppression respektive **Tolerogenisierung** schützt in dieser Phase nicht nur zielgerichtet die Spermaantigene, sondern (unerwünscht! und zwangsweise in Kauf genommen) auch Antigene mikrobieller Herkunft.

Dass selbst eine gestörte Vaginalflora bereits zu Folgeschäden des Feten führen kann, ist bei SALING (1991) nachzulesen (www.saling-institut.de, unter: „Informationen für Fachkreise"); siehe ferner: WOLF „Vaginalflora in Aufruhr" (2011).

Die Smegma-These als Begründung für die Zirkumzision dürfte somit als widerlegt zu betrachten sein, dennoch werden Beschneidungen weltweit vorgenommen: Entgegen jedweder Logik wird das Präputium auf dem für heilig erachteten Altar des Glaubens und dem des Mammons millionenfach geopfert[102]. — Aus Platzgründen kann die hier dargelegte These nicht umfassend diskutiert werden, das soll einer nachfolgenden Monographie zu diesem Thema vorbehalten bleiben.

Zurück zu den Beschneidungen bei minderjährigen Knaben aus **nichtmedizinischer Indikation:** Sie stellen in Deutschland, rechtlich betrachtet, eine **vorsätzliche Körperverletzung Schutzbefohlener** dar.

Es heißt nach §§223, 224, 225, 226 StGB:
> »Wird eine Körperverletzung mit Einwilligung des Verletzten vorgenommen, so ist sie nur strafbar, wenn die Tat trotz der Einwilligung gegen die guten Sitten verstößt (§228 StGB). Nach der Rechtsprechung ist auch der zu Heilzwecken vorgenommene ärzt-liche Eingriff tatbestandsmäßig eine K., dessen Rechtswidrigkeit allerdings durch die Einwilligung ... entfällt. Die einfache und die fahrlässige K. werden, außer bei besonderem öffentlichen Interesse, nur auf Antrag verfolgt (§230 StGB).«

---

[102] Die Kosten für eine Beschneidungs-OP liegen zwischen 200 und 700 €.

Eine persönliche Einwilligung ist bei Minderjährigen nicht gegeben, sie erfolgt durch die Eltern. Eine strafrechtliche Verfolgung bedarf jedoch der Anzeige (Antragsdelikt). Hier gerät der die Eltern beratende oder die OP ausführende Arzt in eine schwierige Situation. Obgleich die Durchführung der irreparablen OP grundsätzlich als risikoarm beschrieben wird, verbleibt — wie oben gezeigt wurde — stets ein Restrisiko.

Beschneidungen wurden bereits durchgeführt, lange bevor eine „krebsfördernde" Smegma-These aufgestellt werden konnte. Die ersten Darstellungen sind schon aus Höhlenmalereien bekannt. Medizinhistoriker vermuten in der Beschneidung verschiedene Ursachen: Besänftigung von Gottheiten, Kontrolle des Geschlechtslebens von Sklaven und Angehörigen der „Unterschicht". Menschen jüdischer Glaubensausrichtung berufen sich diesbezüglich auf das Alte Testament: (1.Mose 17, 10)[103]:

> »*Und Gott sprach zu Abraham ... Alles was männlich unter euch ist, soll beschnitten werden ...Und am 8. Tage soll man das Fleisch seiner Vorhaut beschneiden.*« (3.Mose 12, 3.)

Wie alt war denn dieser Herr Abraham, als er (angeblich auf Geheiß Gottes) an sich herumschnippelte? In der Psychiatrie sind Akte dieser Art nicht nur bei alten Menschen bekannt. Hätte es zu Abrahams Zeiten schon eine Psychiatrie gegeben, dann wäre das kaum passiert. Die einen belassen es dabei, sich nur die Haut zu ritzen, andere schneiden sich, psychisch beeinträchtigt wie ein Vincent van Gogh, ein Ohr oder die Vorhaut ab. Warum wurden, wie aus den Wand- und Grabmalereien hervorgeht, bereits im Altertum, also vor Herausbildung monotheistischer Religionen, Beschneidungen durchgeführt? „Aus hygienischen Gründen, aus Wassermangel in der Wüste zwecks fehlender Reinigungsmöglichkeit!", wird argumentiert. Und was ist mit den Frauen? In islamisch geprägten Ländern werden auch sie beschnitten, aber, wie wir wissen, keineswegs aus hygienischen Gründen!

---

[103] Eine detailliertere Darstellung ist bei Moritz Gustav Salomon 1844 nachzulesen.

GDANIETZ und EULE (2000) geben in ihrer Arbeit „Bedeutung der Beschneidung ..." eine umfassende Übersicht sowohl der historischen Entwicklung wie der gegenwärtigen Erforderlichkeit der Zirkumzision. Ergänzend sei an dieser Stelle das Krankheitsbild Lichen sclerosus[104] im Genitalbereich erwähnt, vorkommend bei Knaben und Mädchen (s. Abb. IV/2, übernommen aus BECKER, K. (2011).

Noch einmal zurück zur **vorsätzlichen Körperverletzung** bei einer medizinisch nicht erforderlichen Beschneidung: Grundsätzlich machen sich alle daran Beteiligten (nach §223 StGB, einfache Körperverletzung) strafbar. Dieser Frage nachgehend wurde am 1. Nov. 2011 folgender Brief an das Bundesministerium für Justiz gerichtet:

»An
Bundesministerium der Justiz
Mohrenstraße 37
**10117 Berlin**

Sehr geehrte Frau Ministerin!

Als Professor im Ruhestand lebend finde ich Zeit, mich mit Problemen auseinanderzusetzen, die mich seit meiner frühesten Assistentenzeit begleiten: mit den biologischen Ursachen des Verbrechens, deren Forschungsergebnisse ich derzeitig in einem Sachbuch zusammenfasse.

Eines der Buchkapitel befasst sich mit der vorsätzlichen Körperverletzung Schutzbefohlener, konkret mit der Beschneidung jüdischer und moslemischer minderjähriger Knaben in Deutschland aus nicht medizinischer Ursache, sondern durchgeführt aus rein rituellen Gründen. Bei Mädchen sind Genitalverstümmelungen dieser Art in Deutschland untersagt, sicher deshalb, weil das **öffentliche Interesse** dagegensteht. Warum nicht auch bei Knaben? Was würde passieren, kämen Angehörige irgendeiner Glaubensge-

---

[104] Sklerosierende (verhärtende) Hauterkrankung, vgl. Glossar.

meinschaft auf die Idee, ihren Knaben aus rituellen Gründen die Ohren beschneiden zu lassen?

Ich weiß sehr wohl, dass Körperverletzungen dieser Art ein Antragsdelikt darstellen, jüdische Knaben im Alter von acht Tagen bzw. moslemische im Alter von acht Jahren (also zu einer Zeit, in der diese vorsätzlichen Verletzungen vorgenommen werden) zur Anzeige juristisch noch nicht fähig sind. Die Verletzung wird durch die sorgeberechtigten Eltern, den Ritualen ihrer Glaubenszugehörigkeit folgend, gewünscht oder angeordnet. Ein derartiger Eingriff dient aber nicht dem Wohle des Kindes (§1627 BGB).

Es gibt keinen logischen Grund, auch die geringste Körperverletzung, dem Grundgesetz (Art. 2 Abs. 2) folgend, nicht auch bei Knaben zu untersagen. Politische Gründe (etwa die drei Mil. islamischen Wählerstimmen zu verlieren, würde die Zirkumzision Minderjähriger untersagt) können es nicht sein. Ich darf Sie bitten, mir und den Lesern meines Buches zu erklären, warum eine Verletzung der Integrität des Knabenkörpers in der Bundesrepublik Deutschland erlaubt bleibt.

In Erwartung Ihrer Antwort«
(gez. Prof. Dr. G. Bundschuh)

Antwort:
Am 15. Nov. 2011 schreibt Frau Michaela Arbes, die von der Ministerin beauftragt worden war, den Brief des Autors zu beantworten:
(Auszug)
»Soweit die Beschneidung Grundlage für die Aufnahme eines Kindes in eine religiöse Gemeinschaft bildet, ist ihre Vornahme Bestandteil der grundrechtlich geschützten Religionsausübung. Lassen die Eltern ihr Kind beschneiden, ist im Rahmen der Abwägung auch das elterliche Erziehungsrecht zu beachten. Artikel 6 Absatz 2 Satz 1 GG (in Verbindung mit Artikel 4 Absatz 1 GG) gewährleistet den Eltern das Recht zur Erziehung ihres Kindes in jeder, auch in weltanschaulicher-religiöser Hinsicht. Danach ist das Recht der

Eltern, ihren Kindern Überzeugungen in Glaubens- und Weltanschauungsfragen zu vermitteln (vgl. BVerfGE 41, 29, 44,47f) und nicht geteilte Ansichten von ihnen fernzuhalten (vgl. BVerGE 93, 1 17). Ihnen steht daher in Ausübung des Elternrechtes zu, die religiös motivierte Beschneidung des religionsunmündigen Kindes durchführen zu lassen und als gesetzliche Vertreter eine wirksame Einwilligung zu erklären. Nach § 5 des Gesetzes über die religiöse Erziehung tritt die Religionsmündigkeit ab dem 12. Lebensjahr ein.

Grenzen können im Einzelfall gelten, wenn die Beschneidung dem Kindeswohl widerspräche. So kann die elterliche Maßnahme objektiv dazu geeignet sein, eine seelische Verletzung des Kindes herbeizuführen. Dies ist insbesondere der Fall, wenn die Umstände der Beschneidung für das Kind herabwürdigend sind oder sein Selbstwertgefühl beeinträchtigen, z.B. wenn die Beschneidung auf der Willkür der Eltern beruht oder medizinische Standards ignoriert werden. Schutz bieten hier die im Strafgesetzbuch (StGB) verankerten Körperverletzungsdelikte (§§223 ff. StGB) sowie ggf. gerichtliche Maßnahmen zum Schutz des Kindes nach §1666 des Bürgerlichen Gesetzbuches (BGB). Die geltenden Gesetze ermöglichen es, dem Einzelfall Rechnung zu tragen, so dass aus hiesiger Sicht keine Notwendigkeit für ein Verbot von Beschneidungen bei Jungen gesehen wird.
Mit freundlichem Gruß im Auftrage.« (gez. Arbes)

Das bedeutet mit anderen Worten (s. 1. Satz des Antwortbriefes):
»Soweit die Beschneidung Grundlage für die Aufnahme eines Kindes in eine religiöse Gemeinschaft bildet«, ist eine <u>vorsätzliche Körperverletzung des Kindes rechtlich statthaft!</u> Na bitte!

In diesem Zusammenhang sei auf ein Urteil des OLG Frankfurt/M. vom 21. August 2007 verwiesen (AZ: 4W 12/07). Ein strenggläubiger Moslem veranlasste bei seinem zwölfjährigen leiblichen Sohn gegen den Willen der nichtgläubigen Mutter, die das alleinige Sorgerecht für den Sohn besaß, die Beschneidung. Er wurde zu einer hohen Geldstrafe verurteilt.

Ausgiebige Literaturangaben zu diesem Thema findet der Leser bei PUTZKE, H. (2008).

Wohlwissend, dass der Autor hier an heiligen Grundfesten Tausendejahre alter jüdischer Kulturrituale rüttelt, erlaubt er sich dennoch die Frage: Bedarf ein Deutsches **Grundgesetz der Gegenwart** in diesem Punkte nicht doch einer Korrektur oder soll es diesbezüglich, den Phonemen[105] eines nach heutiger Erkenntnis offenbar krank gewesenen alten Mannes folgend, im tiefsten Altertum stecken bleiben?

---

Seit 2008 wird aus züchterischen, also ebenfalls rituellen Gründen, Hundehaltern in Deutschland unter Androhung von Strafe gesetzlich untersagt, den Tieren die Ohren zu kupieren oder ihnen den Schwanz zu verstümmeln. Solche Tiere dürfen weder eingeführt noch auf Ausstellungen vorgeführt werden.

Somit hat es den Anschein, als würden deutschen Gesetzgebern Hundewelpen schützenswerter erscheinen als minderjährige Knaben, deren strenggläubende Eltern sich irgendeiner Religionszugehörigkeit verpflichtet fühlen!

---

*Menschen jüdischen, moslemischen und ebenso christlichen Glaubens führen die Entstehung der Welt und somit auch die des Menschen auf die Schöpfung eines allmächtigen, eines **unfehlbaren** Gottes zurück. —Aber ausgerechnet bezüglich eines kleinen doppelwandigen Hautlappens an der Spitze des so wichtigen Fortpflanzungsgliedes (wohlweislich geschaffen zum Schutze wie die Lidfalten zum Behüten unserer Augäpfel) dünken sie sich klüger als ihr Gott, wenn nicht sogar weiser als er, reden sich und uns ein, es sei besser, ja sogar notwendig, es abzuschnippeln, dieses Stückchen Haut, das Präputium. Bezichtigen sie dadurch ihren angeblich Unfehlbaren nicht irdischer Fehlbarkeit?*

*Oder sollte jener Herr Abraham damals infolge seines Greisenalters, von 99 Jahren ist die Rede, etwa schon schwerhörig gewesen sein und nur falsch verstanden haben, was Gott ihm zugeflüstert habe?*

Zurück zum Fall Bruce Reimer: Was ist falsch gemacht worden, so dass es zu den dramatischen Folgen kam? Eine exakte Beschreibung des OP-Herganges steht uns nicht zur Verfügung. Eine diesbezügliche Anfrage im St. Boniface General Hospitals blieb ohne Antwort. Wir

---

[105] Eingebung, Wahrnehmung nicht-existierender Stimmen.

sind auf Sekundärquellen angewiesen. Was für ein Elektrokauter wurde damals verwendet? Nach heutigem Standard ist eine mono- wie bipolare Elektro-OP-Technik möglich. Im ersteren Falle wird an eine entsprechend geformte (aktive, „schneidende", das Gewebe koagulierende) Elektrode Spannung angelegt, die durch das Gewebe hindurch zu einer zweiten passiven, „neutralen", großflächigen Elektrode abfließt. Im zweiten Fall besteht das „schneidende, das Gewebe koagulierende" Werkzeug aus zwei pinzettenartigen Elektroden, zwischen denen die Spannung anliegt. Mit ihr können z.B. blutende Gefäße koaguliert werden.

Heutige Sicherheitsstandards fordern bei Gebrauch der monopolaren Elektrode (die mutmaßlich im oben geschilderten Fall benutzt wurde) insbesondere die sachgerechte Lagerung des Patienten. Er darf während der Hochfrequenzchirurgie nicht mit elektrisch-leitfähigen Gegenständen in Berührung kommen. Das war im genannten Fall offenbar nicht gegeben. (Es ist von einer Metallglocke die Rede, die dem Kind während der OP unter die Vorhaut geschoben gewesen sein soll.) Heute werden — wenn nach der „Plastibell-Methode" gearbeitet wird — Kunststoffglocken unterschiedlicher Größe verwendet (s. Abb. IV/3).

Sie werden unter die Vorhaut über die Eichel geschoben. Mit einer Ligatur (Abbindung), die über die Vorhaut gelegt wird und die gegen die Unterlage (Plasteglocke) drückt, wird die Blutzufuhr zur abzutragenden Vorhaut unterbunden. Sie stirbt nach wenigen Tagen ab und wird abgestoßen. Eine detaillierte Beschreibung gibt LEONHARD (1994) in seiner Dissertation. Auch diese Methode ist heute bereits wieder verlassen.

Im Alter von elf Jahren, mit Beginn der Pubertät des Knaben Bruce Reimer, sollte dessen Behandlung zur Geschlechtsneuzuweisung gemäß den Vorgaben des Dr. Money mittels Östrogenbehandlung fortgesetzt werden. Da sich das Kind weigerte, die Tabletten einzunehmen, wurde eine Psychiaterin eingeschaltet, die dem kastrierten Jungen auch die Notwendigkeit der erneut anstehenden vagina-formenden Operation nahebrachte. »Schon allein die Erwähnung der Worte *Penis* oder

Vagina lösten bei dem Kind Panik aus«, wird berichtet. Im zwölften Lebensjahr setzte bei dem Knaben, obwohl die Hoden entfernt waren, dennoch der Stimmbruch ein. In COLAPINTOs Beschreibung des Falles wird berichtet, dass das Kind zu dieser Zeit bereits Suizidgedanken geäußert haben soll. Money, jener ominöse Sexualforscher, geht aber weiter von seiner abstrusen, seiner sinnwidrigen These aus, dass es in erster Linie die Erziehung und nicht die Biologie sei, die für die Herausbildung der Geschlechtsidentität verantwortlich ist und der Fall Bruce Reimer mit seinem gesunden eineiigen Zwillingsbruder den sichersten Beweis dafür liefern würde.

Ein „Wissenschaftskrieg" entbrannte: DIAMOND, ein anderer Wissenschaftler, setzte MONEYs These entgegen:

»Es ist wahrscheinlich, dass der penisamputierte Zwilling mit der Pubertät gegen die durch Erziehung erfolgte Geschlechtszuweisung rebelliert, weil sie im Konflikt mit seiner biologischen Veranlagung steht.«

Er behielt Recht.

Im Alter von 14 Jahren wird Bruce von seinem Vater über das dem Kind widerfahrene Schicksal aufgeklärt. Der Junge beschließt, alles abzulegen, was ihn an seine betrübliche Vergangenheit erinnert. Er nennt sich fortan David, bekam Testosteron-Injektionen und unterzog sich zweier Brustamputationen, mit 16 einer Phalloplastik-OP[106]. Mit 18 Jahren kann er über eine Schmerzensgeldsumme von 66.000 Dollar einschließlich Zinsen verfügen, die den Eltern im außergerichtlichen Verfahren vom Hospital zuerkannt wurden. Es folgen zwei Suizidversuche. Mit Zweiundzwanzig folgt eine zweite Phalloplastik-OP, mit 24 Jahren heiratet er. Später nahm er sich das Leben.

Heute steht außer Zweifel, dass jeder irreversible chirurgische Eingriff bei unklarer Geschlechtszugehörigkeit eines Kindes aufzuschieben ist, bis das jeweilige Individuum sich selbst äußern kann, welchem Geschlecht es sich zugehörig fühlt. Money hat sich zu seinem monströsen Irrtum nie öffentlich bekannt. Darin scheinen sich einige von ihrer Idee besessene Wissenschaftler einig zu sein, auch ein Robert Koch

---

[106]Penisnachbildung.

war nicht bereit zuzugeben, dass sein Tuberkulin kein Therapeutikum, sondern nur ein Diagnostikum darstellt.

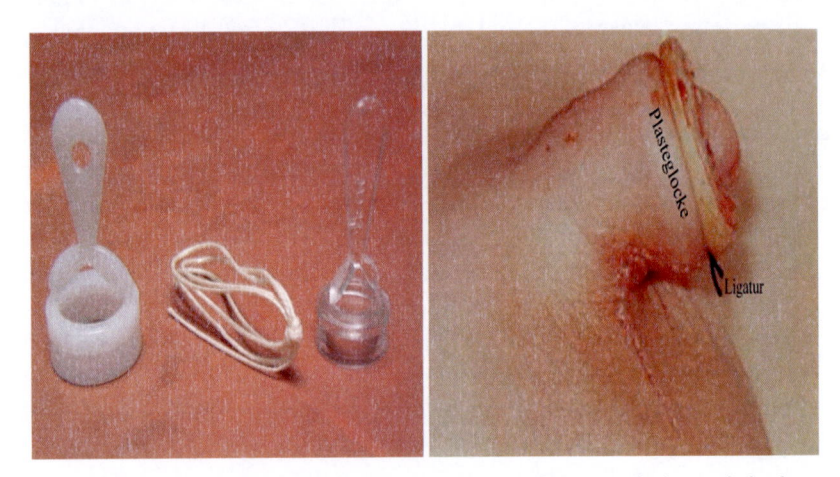

Abb. IV/5: (Links) Plastikteil, das unter die Vorhaut geschoben wird, über die darin vorhandene Rille wird die Ligatur gezogen, der Plastikstiel wird danach abgebrochen; (Rechts) Zustand nach abgetragener Vorhaut

## Der Bernbeck-Skandal, Hamburg,
### einer der größten Medizin-Skandale Deutschlands

**Zur Person:**
Dr. med., Dr. phil., Dr. rer. nat. Rupprecht Fritz Bernbeck (geboren 1916 in Neumünster, verstorben im November 2003), Facharzt für Orthopädie, Chirurgie und Gynäkologie, seit 1963 tätig gewesen als Leiter der Orthopädie im Allgemeinen Krankenhaus Barmbeck in Hamburg, wurde 1981 pensioniert, für seine Verdienste wurde ihm von der Stadt Hamburg der „Portugaleser"[107] verliehen.

---

[107] Ehrenhalber verliehene Medaille 'Portugaleser-Orden' „Bürger Danken".

Infolge der von ihm begangenen Fehlbehandlungen mit schweren bleibenden Körperschäden zahlreicher Patienten schlossen sich 1984 über 100 Personen in einer „Patienten-Initiative" zusammen und klagten auf Schadensersatz.

Die Freie Stadt Hamburg (als Betreiber des Krankenhauses, in dem er arbeitete) zahlte 28 Millionen DM als Schmerzensgeld an die Geschädigten.

Die Hamburger Gesundheitsbehörde beruft nach Bekanntwerden der Fehlbehandlungsergebnisse eine Kommission ein, die den Sachverhalt aufklären soll. Statt Aufklärung wird laut Pressemitteilung „Vertuschung" betrieben.

1989 wird gegen den Arzt vor der 2. Großen Strafkammer Hamburg unter Vorsitz des Richters Hans-Joachim Röhse und Staatsanwalt Wolfgang Arnold Anklage wegen fahrlässiger Körperverletzung erhoben. Zahlreiche Delikte sind zu dieser Zeit bereits verjährt. Der Angeklagte erhält eine Geldstrafe von 7000 DM.

Die Gerichtsakte (AZ: (32) 6/86 klf) befindet sich nach Auskunft des Landesarchivs Hamburg noch bei der Staatsanwaltschaft und wird dort unter AZ: 145.10 – 3 E 18/11 geführt.

Obwohl der Fall seit über 20 Jahren abgeschlossen ist, wurde dem Autor die Akteneinsicht für wissenschaftliche Zwecke von der zuständigen Oberstaatsanwaltschaft Hamburg nicht gestattet.

---

### Der Fall des Dr. med. Arnold P.
### (Chefarzt und Geschäftsführer eines Krankenhauses)

**Sachverhalt:**
Der Chirurg Dr. med. Arnold P. erwirbt im Jahre 2005 zum Preis von 26.000 € (nach einer anderen Quelle für 25.000 €) ein vor dem Konkurs stehendes Krankenhaus, die St. Antonius Klinik in Wegberg mit 100 Betten, und gerät durch seine Behandlungsverfahren in die

Schlagzeilen. Ein Mitarbeiter der Klinik erstattet 2006 (zitiert nach JEGES, O.) eine anonyme Anzeige mit den Worten:
»Sehr geehrte Damen und Herren von der Staatsanwaltschaft! Ich bitte Sie inständig, dem Treiben des Herrn Dr. Pier in der St.-Antonius-Klinik in Wegberg ein Ende zu setzen«.

Die Staatsanwaltschaft beginnt mit den Ermittlungen. In sieben Fällen werden schwere Behandlungsfehler mit tödlichem Ausgang aufgedeckt, u.a. ist von medizinisch ungerechtfertigten Operationen die Rede, sowie davon, Wunddesinfektionen mit billiger Zitronensäure statt teuren Medikamenten vorgenommen zu haben.

Im Januar 2010 wird der damals 53-jährige Arzt Dr. P. wegen der Fehlbehandlung einer 80-jährigen Patientin, die vier Jahre zuvor mehrfach am Darm operiert worden war und danach verstarb, durch das Landgericht Mönchengladbach zu einer 15-monatigen Bewährungsstrafe verurteilt. (Zur Wunddesinfektion war die Patientin mit Zitronensäure behandelt worden.)

Der BGH hob Ende Dezember 2010 das Urteil mit der Begründung auf, der Arzt hätte die Patientin darüber aufklären müssen, dass er Zitronensäure zur Wundbehandlung zu verwenden beabsichtige, das sei nicht geschehen.

Zu den weiteren Vorhalten, die dem Arzt gemacht werden, zählt die Behandlung der Anna S.: Die 1930 geborene, adipöse Patientin wird im August 2006 mit „offenen Unterschenkelwunden" eingeliefert. Die durchgeführte Zitronensaftbehandlung bleibt erfolglos, es erfolgt eine Laparoskopie des Bauchraumes (Inspektion der Bauchorgane nach Eröffnung), der Zustand der Patientin verschlechtert sich, der Tod tritt am 10. Oktober ein.

Prof. **Wolf-Dieter Schoppe**, Internist, äußerst als Gutachter die Auffassung, die Todesursache der Patientin Anna S. sei eine Sepsis gewesen, kein Herzleiden. Dass eine schulmäßige Behandlung den Todeseintritt jedoch verhindert hätte, kann er auch nicht bejahen. (Quelle: GERST, Th., Deutsches Ärzteblatt, 2011)

Ein zweiter Gutachter, Prof. Dr. **Martin Walz,** konnte nicht verstehen, warum die Patientin Anna S. nach dem 7. Oktober keine intensivmedizinische Versorgung mehr erhalten habe. Eine Krankenschwester sagt aus, eine „rote Drei auf dem Krankenblatt der Patientin", vom Chefarzt angeordnet, habe das verhindert. Der Gutachter Walz wird nach seinem diesbezüglichen Vortrag auf Antrag der Verteidigung durch die Kammer wegen Befangenheit abgelehnt. An seine Stelle tritt der Chirurg **Prof. Dr. Michael Siedeck.** Er erkennt nicht auf Sepsis als Todesursache, sondern auf „Überwässerung" des Körpers (was soll das heißen, kardiale Schwäche?). Nach seiner Auffassung wäre Diurese (Entwässerung) erforderlich gewesen, möglicherweise die Verlegung in ein geeigneteres Krankenhaus.

**Prof. Dr. Hans Anton Adams,** Anästhesist (offenbar von der Verteidigung als Gutachter vorgeschlagen?) erkennt keine Behandlungsfehler, die Laparoskopie war gerechtfertigt, um eine Darm-Inkanzeration (Tumorbildung) auszuschließen. Der Tod sei infolge Erschöpfung schicksalhaft bedingt.

Die erneute Verhandlung ging nach 40 Verhandlungstagen, am 28. März 2011, zu Ende. Wegen Körperverletzung mit Todesfolge und fahrlässiger Tötung wird gegen den Angeklagten ein Strafmaß von vier Jahren verhängt und ein vierjähriges Berufsverbot ausgesprochen. Er wird ferner verurteilt, 30.000 € an Hinterbliebene zu zahlen. Der Vorsitzende Richter Lothar Beckers:

>»Er [der Angeklagte] habe Organe entfernt, die nicht hätten entfernt werden müssen«,

vier Menschen seien infolge der Behandlungsfehler verstorben. Es handele sich, so der Richter weiter, wohl um den

>»größten Arztrechtsprozess in der Geschichte der Bundesrepublik«.

Der Richter weiter: »P. sei überfordert gewesen.«

Verteidiger **Egon Geis:** »Wir werden keine Revision einlegen.«

Eine Patientin, so ein Gerichtssprecher, verstarb nach einer Nierenentnahme, eine andere nach unnötiger Entfernung des Blinddarms, einem weiteren Patienten wurde fehlerhaft ein künstlicher Darmausgang gelegt.

# Der Fall des Max E., eine Pleurapunktion[108] mit fatalen Folgen

Im April 1962 wird bei einem damals 28-jährigen Patienten eine Tbc festgestellt und stationär behandelt. Die Tuberkulose wird, da der Patient Pathologe ist, als Berufskrankheit anerkannt. 1974 verspürt der Patient zunehmende Beschwerden in der rechten Brustkorbseite. Unter der Diagnose „Nasse Rippenfellentzündung" erfolgt eine stationäre tuberkulostatische Behandlung (Lungenklinik Halle-Dölau). Wegen eines bestehenden Pleuraergusses rechts (Flüssigkeitsansammlung zwischen Lungenfell und Brustraumauskleidung, s. Abb. IV/6) wurde mehrfach eine Pleurapunktion vorgenommen.

Bei dem letzten dieser Eingriffe wurden (wie sich später herausstellte) mit der Punktionsnadel das Zwerchfell durchbohrt, die Leber anpunktiert und dabei unbeabsichtigt ein Lebergefäß verletzt, aus dem es massiv in den Bauchraum zu bluten begann. — Diese Blutung in die Bauchhöhle blieb von den Ärzten unbemerkt.

Die zunehmenden Bauchraumbeschwerden des Patienten wurden von den Internisten ignoriert und erst nach Auftreten von erheblichen Kreislaufproblemen des Patienten (massives Absinken des Blutdruckes) als „Bauchfell-Reizung einer akuten Appendizitis" gedeutet. Chirurgen wurden konsultiert und für den nächsten Tag eine Laparotomie (Bauchraumöffnung) zum Ausschluss einer Appendizitis (Blinddarmentzündung) angesetzt.

Bei Eröffnung des Bauchraumes über der Appendix (rechter Unterbauch) wurde die massive Blutansammlung sichtbar. Nach Erweiterung der Notoperation durch einen Rippenbogenrandschnitt im rechten Oberbauch konnte die Blutungsquelle in der Leberkuppel erkannt und

---

[108] Punktion = Einführen einer Kanüle wie hier in einen Hohlraum oder in ein Gewebe, z.B. Tumor. Bei einer Pleurapunktion wird aber nicht — wie die Bezeichnung das fälschlich ausdrückt —, die Pleura (der „fell"artige Lungenüberzug oder die Brustraumauskleidung) „angestochen" (punktiert), sondern der zwischen Lungenüberzug und Brustraumauskleidung befindliche, feuchte schmale Zwischenraum.

operativ versorgt werden. Durch Bluttransfusionen wurde der Kreislauf zu stabilisieren versucht. Der Zustand des Patienten nach der Not-OP bleibt bedenklich, er ist präfinal, so dass die Ehefrau des Patienten in die Klinik bestellt wird.

Der Patient überlebt. Als Folge ist es im basalen Rippenfell- und Bauchraum rechts oberhalb der Leber zu Einschwartungen und Verwachsungen gekommen, die über Gutachter mit einem Körperschaden von zunächst 80% Behinderung eingestuft wurden. Der Schaden wurde später auf 30% reduziert und der Patient durch eine Rentenzahlung entschädigt.

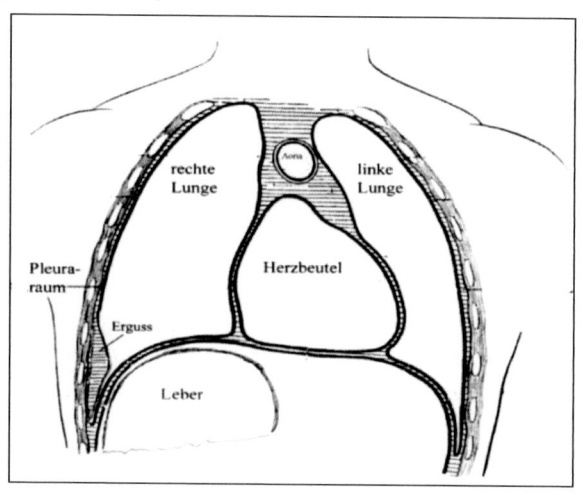

Abb. IV/6: Schematische Darstellung des Brustraumes mit Pleuraerguss. Das Lungen"fell" = ausgezogene schwarze Linie um die Lungen herum; außen daneben (quergestreift) der zu punktierende schmale Pleuraraum mit Erguss im rechten Lungenunterfeld (linksseitig im Bild)

**Zur Schuldfrage:** Die misslungene Punktion des Pleuraraumes mit Verletzung der Leber ist nicht als ärztliches Verschulden auszulegen, das Versagen besteht in dem Außerachtlassen der möglichen und den Ärzten zumutbaren Sorgfalt während der Stunden nach der Punktion: Die zunehmenden Beschwerden des Patienten wurden missdeutet, die erforderliche Differentialdiagnostik erfolgte nicht. Statt der Leberverletzung, die dem Arzt zumindest als möglich hätte erscheinen müssen, wurde eine Zweiterkrankung vermutet, deren Ausschluss erst für den nächsten Tag angesetzt wurde. Die sich verschlechternde Kreislaufsituation als Folge der nicht beachteten Blutung hätte eine sofortige Intervention zur Folge haben müssen. Juristisch handelt es sich um eine mangelhafte Sorgfalt, also Fahrlässigkeit im Sinne des Gesetzes mit möglicher Todesfolge, arztethisch ist von Leichtfertigkeit auszugehen.

Da zum gegenwärtigen Zeitpunkt infolge der abgelaufenen Aufbewahrungsfrist in die Krankenunterlagen nicht mehr eingesehen werden kann, bleibt offen, welcher Arzt oder welche Ärzte in kollektiver Schuld gehandelt haben.

## Der Fall Soliman
### (Landgericht Berlin: Geschäftsnummer: 6 0 438/00)

Mohamed Soliman, durch Kaiserschnitt in der 37. Schwangerschaftswoche am 6. Jun. 1997 geboren, wurde unmittelbar nach der Geburt wegen Tachypnoe (gesteigerte Atemfrequenz) auf die neonatologische Intensivstation der Klinik verlegt. Entlassung nach vier Wochen am 3. 7. 1997 in die elterliche häusliche Pflege; nach weiteren vier Wochen Soordermatitis sowie Mundsoor[109]. Am 22. 8. stellten sich wässrige Stühle und eine Atemwegsinfektion (obstruktive [verschließende] Bronchitis) ein. Am 17. 9. bestand Verdacht auf Bronchopneumonie und Keuchhusten, sofortige Einweisung in die Kinderklinik eines Berliner Universitätsklinikums.

Die erste stationäre Behandlung in dieser Klinik dauerte drei Monate (vom 17. Sept. bis 19. Dez. 1997). Bei der Aufnahme wird röntgenologisch eine mäßig ausgeprägte Bronchopneumonie festgestellt.

---

[109] Soor(mykose) = durch Soorpilz (Candida) verursachte Pilzerkrankung.

Wegen eines Atemstillstandes wird eine sofortige Verlegung auf die interdisziplinäre Intensivstation veranlasst, dort erfolgt eine Intubation[110] (Legen eines Beatmungsrohres, s. Abb. IV/7).
Der zuvor geäußerte Verdacht auf Keuchhusten wurde nicht bestätigt. Medikamentöse Ruhigstellung erfolgte durch PHENOBARBITAL (3-4 mg/kg Körpergewicht in 2 Tagesdosen). Verabreicht wurden ferner die Medikamente: CHLORALHYDRAT (80 mg/kg Körpergewicht) und DORMICUM (i.v. 0,05 – 01 mg/kg Körpergewicht).
In einem ausführlichen Gutachten werden die Dosierungen der verabreichten Medikamente analysiert und für die jeweilige Situation als zu hoch verabreicht eingestuft.
Zur Vorbeugung und später zur Bekämpfung von Schleimhautschwellungen im Kehlkopf wurde eine Langzeitbehandlung mit Kortison wirkungslos durchgeführt, deren Erfolg lehrbuchgemäß auch nicht zu erwarten war.
Nach Wiedereinsetzen der Eigenatmung wurde der am 17. Sept. gelegte Intratrachealtubus nicht entfernt. Die Entfernung erfolgte laut Gutachten erst nach 13 Tagen. Einen Tag später, abends 21: 20 Uhr, erfolgte wegen Verschlechterung der Atmungssituation Reintubation.
Infolge der 14-tägig beibehaltenen Liegedauer des Beatmungstubus musste bei dem Säugling mit einer **Schleimhautschädigung des Kehlkopfes** (insbesondere an seiner engsten Stelle, dem Ringknorpelsegment) gerechnet werden, deshalb wäre eine endoskopische Beurteilung des Kehlkopfbefundes angezeigt gewesen, die jedoch nicht erfolgte. Statt der durchgeführten Reintubation wäre nach Darlegung des Gutachters schon zu diesem Zeitpunkt eine Tracheotomie (Luftröhrenschnitt) angezeigt gewesen. Am 18. Okt. (vier Wochen nach erfolgloser Therapie mittels Kortison und Intubation) wird den Eltern gegenüber der Verdacht auf das Bestehen einer organisch bedingten Verengung im Kehlkopf geäußert und eine Bronchoskopie, ggf. Laserung der Stenose vorgeschlagen.

---

[110] Einführen eines Rohres zur künstlichen Beatmung zwischen die Stimmlippen hindurch in die Luftröhre. Mögliche Nebenwirkungen: Bei langem Verweilen des Endotrachealtubus sind Granulombildung und Entstehung subglottischer Stenosen (Verengungen unterhalb der Stimmbänder) bekannt.

Die zweite Intubierungsphase dauerte vom 1. bis zum 6. Oktober. Das Kind blieb bis zum 6. Nov. ohne Beatmungstubus. In diesen vier Wochen bestanden ein inspiratorischer Stridor (pfeifendes Einatmungsgeräusch) und interkostale Einziehungen[111] unterschiedlicher Heftigkeit, so der Gutachter:

»... bis der Säugling sich am 5. 11. 1997 erschöpfte, kraftlos war, blaßgrau aussah, schnellatmig gewesen ist. Am 6. 11. war der Allgemeinzustand sehr schlecht, die erforderliche Intubation war schwierig und dauerte lange. Ein Atem- und Herzstillstand traten ein. Bis 21 Uhr blieb die Eigenatmung aus, um 21,30 Uhr wurde blutiges Sekret abgesaugt.«

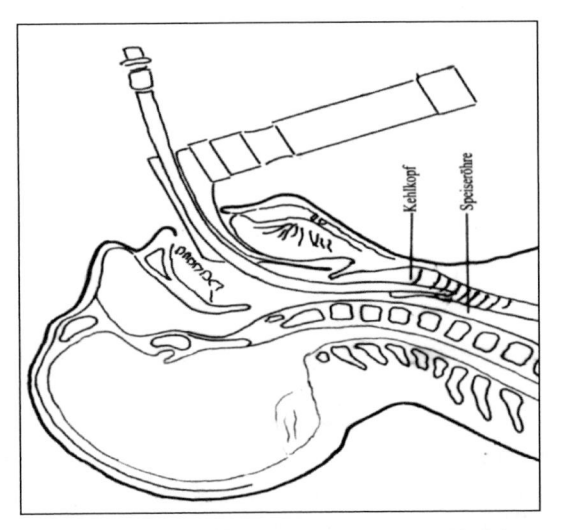

Abb. IV/7: Schema einer endotrachealen Intubation: Einführen eines Beatmungsrohres zwecks künstlicher Beatmung durch den Kehlkopf zwischen die Stimmlippen hindurch in die Luftröhre

Innerhalb dieser vier Wochen erfolgte laut Krankenakte, erstmalig am 27. Okt. zwecks Beurteilung der realen Kehlkopfverhältnisse, eine Kehlkopfspiegelung (Laryngoskopie).

---

[111] Interkostale Einziehung = infolge erschwerter Einatmung bei vorhandenen Stenosen (Einengungen) der Atemwege Einsinken der Zwischenrippenräume.

Die subglottische Region (unterhalb der Stimmlippen gelegen, s. Abb. IV/8) wird als „außerordentlich vulnerabel (verletzbar) mit sehr leicht" zu erzeugenden Kontaktblutungen und „deutlich vermehrter Ödemneigung" beschrieben. Der Gutachter schreibt:

»Das Granulationspolster, die Verletzlichkeit und die deutlich vermehrte Ödemneigung der Schleimhaut hätten den Untersucher hinsichtlich einer sich anbahnenden subglottischen Kehlkopfstenose sensibilisieren müssen, um, nach den ihm bekannten kehlkopfbezogenen Indikationskriterien, den **Luftröhrenschnitt** zu veranlassen. ... Deshalb war es geboten, ohne Aufschub die direkte Betrachtung des Kehlkopfes bereits nach dem 30. 9. vorzunehmen, nicht erst am 27. 10., um über eine sekundäre Tracheostomie zu befinden, die Intubationszeit zu unterbrechen.«

Die notwendige Tracheostomie (Luftröhrenschnitt mit hautausgekleidetem Zugang) erfolgte am 12. November. Dazu schreibt der Gutachter:

»Trotz herrschender kinderchirurgischer Lehrmeinung, bei Kindern niemals eine Exzision aus der Luftröhrenwand vorzunehmen, wurde ein 6 x 1 x 1 mm großes Exzisat entnommen. Für diesen erweiterten, nicht säuglingsgerechten Eingriff gab es keine Einwilligung der Eltern. Eine Exzision gehört im Kindesalter nicht zum regelrechten Tracheostomie-Eingriff. **Gründe dafür sind spätere Stenosen.** Die Gewebeentnahme ist im Operationsbericht nicht vermerkt. Er enthält anatomische und operationstaktische nicht nachzuvollziehende Details. Eine Unstimmigkeit findet sich in den Angaben zu den durchtrennten Knorpelspangen. Wird die Inzision im OP-Bericht „in Höhe des 2. Trachealringes" angegeben, so wird diese von einem anderen Arzt auf dem Protokollbogen der interdisziplinären Kinderintensivtherapie „im 1. Trachealring" bezeichnet.«

Erster laserchirurgischer Eingriff erfolgt am 2. Dez. 1997, zweiter laserchirurgischer Eingriff zehn Tage später (am 12. Dez., Abtragen des Granulationsgewebes bis auf die Trachealwand). Dazu schreibt der Gutachter:

»Indem das Granulationsgewebe „bis auf das Niveau der Trachealwand" abgetragen wurde, war der Eingriff nicht mehr lege artis. Damit war die **Voraussetzung eines Rezidivs** [Wiederauftreten einer Enge] geschaffen, das auch eingetreten ist. ... Der im Folgenden in den Unterlagen durchgehend bezeichnete Sitz der Stenose in der Luftröhre ist topographische

Fehlangabe. Die Enge befand sich stets im Ringknorpelbereich und entwickelte sich nach dem dritten laserchirurgischen Eingriff am 12. 1. 1998 im gesamten subglottischen Raum« (vgl. Abb. IV/8).

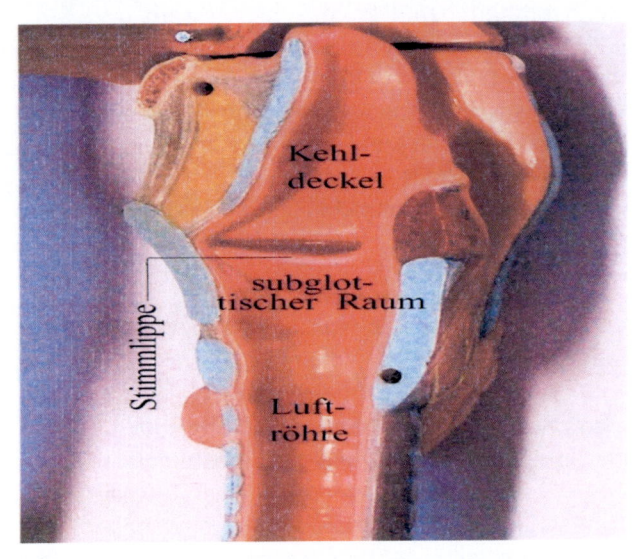

Abb. IV/8: Kehlkopf und oberer Luftröhrenanteil, durch Sagitalschnitt geöffnet, seitlicher Einblick. Kehldeckel = elastisch knorpelige Platte, die beim Schluckakt reflektorisch durch Herabklappen den Kehlkopfeingang verschließt. (Kehlkopfmodell 'Soucso', Centrum für Anatomie, Berlin)

Er führt weiter aus:

»Folge ist die Entstehung einer glottisch-subglottischen Stenose [Verengung], die ihrerseits dazu führt, dass ärztlichem Ermessen nach ein davon betroffenes Kind nicht mehr wird sprechen können [Gerichtssachverständige in der öffentlichen Sitzung des Landgerichtes Berlin am 10. 05. 2007, Protokoll S. 8, Abs. 3].«

Als Folge einer intravenösen Injektion von 30 mg Luminal am 20. Jan. 1998 treten fünf min nach der Injektion ein Atem- und Herzstillstand ein. Bis zum Wiedereintreten einer anhaltenden Herzfrequenz war eine 10 min andauernde Herzdruckmassage notwendig. Ein bzw. zwei Tage später erneute Atem- u. Herzstillstände. Das Kind wird am

2. Jan. 98 nach Hause entlassen. Dazu heißt es in der gutachterlichen Aussage:

»Trotz der während des ersten und zweiten Behandlungsablaufes aufgetretenen Kanülenkomplikationen, den Atem- und Herzstillständen am 6. 11. 97, am 20., 21. und 22. 1. 98 wurde der Säugling mit oben angeführtem Trainingsprogramm nach Hause entlassen. Dort sollte im Bedarfsfall über die Trachealkanüle Sekret abgesaugt, die Kanüle gewechselt und eine Atemnotsituation beseitigt werden. Diese wenigen Übungen reichten weder für ein medizinisches Fachpersonal und erst recht nicht für die Kindeseltern für Notfallsituationen aus. Mit den wenigen Wiederholungen der Kanülenwechsel war ärztlicherseits nicht sicher gestellt, dass die Eltern in der Lage waren, respiratorische Probleme lebenserhaltend zu bewältigen, was auch ein weiterer Sachverständiger (Prof. W., HNO-Facharzt, Marburg) in seinem Gutachten anführt. ... Es kann erklärt werden, dass die Voraussetzungen für eine Entlassung am 2. 2. 1998 nicht bestanden.«

Ein anderer Gutachter schreibt:

»Der bei dem Patienten verwendete NEODYM-YAG Laser hat eine Eindringtiefe bis zu 10 mm. Wenn der hitzeerzeugende Laserstrahl bis an die Organwand herangeführt wird, wie im OP-Bericht vom 12. 01. 1998 beschrieben, dringt die Hitze in diese hinein und auch darüber hinaus bis ins benachbarte Gewebe. An der unmittelbaren Berührungsstelle des aus der Glasfaser austretenden gebündelten Lichtes mit dem Gewebe wirkt eine Temperatur bis zu 300°C (je nach Watt und Einwirkungsdauer), das Gewebe verdampft (vaporisiert). Wenn der Laserstrahl die Organwand trifft, so herrscht an der Kontaktstelle die gleiche hohe Temperatur mit gleicher Tiefenwirkung. Der Kehlkopfknorpel wurde thermisch irreversibel geschädigt. Um dieser Tiefenwirkung entgegen zu wirken, darf weder im Kehlkopf noch in der Luftröhre ein Gewebe, das von deren Wänden entspringt, mit einem Laserstrahl total entfernt werden. Ein thermisch unterschiedlich stark devitalisierter Geweberest, der die Hitze „abfängt", muss stehen bleiben. Er stößt sich allmählich ab.

Dieses laserchirurgische Grundwissen sollte jedem, der im Kehlkopf oder in der Luftröhre lasert, bekannt sein.«

Als Ursache des iatrogenen (ärztlich verursachten) Schadens ist Unkenntnis des erforderlichen Fachwissens anzunehmen.

Am 8. Feb. 1998 kam es bei dem Kind (zu Hause) zu einem Atem- und Herzstillstand. Der Notarzt schätzte ein Andauern von etwa zehn min; Hubschraubertransport des reanimierten Patienten in das Klinikum, aus dem das Kind entlassen worden war. Im weiteren Verlauf stellte sich ein apallisches Syndrom[112] ein (Ausfall des Neocortex durch Sauerstoffmangel). Krämpfe am 20. Mai., Klinikaufenthalt bis zum 6. Jul. 1998. Gestützt auf eine Videodokumentation vom 2. Jul. ist die Kehlkopf/Luftröhrensituation zeichnerisch dargestellt, die infolge der Laserung am 12. Jan. als Endzustand eingetreten ist: Ausbildung einer Vernarbung, die zum <u>vollständigen Verschluss der Stimmritze durch Stimmlippensynechie</u>[113] <u>und des subglottischen Raumes geführt hat</u>.

Die Eltern des lebenslänglich schwergeschädigten Kindes (vgl. Abb. IV/9) erheben vor dem Landgericht Berlin Anklage gegen das Klinikum und gegen zwei Ärzte wegen fehlerhafter Behandlung ihres Kindes in der Zeit vom 17. September 1997 bis zum 06. Juli 1998.

Der Klage wird stattgegeben und das Urteil am 28. Jun. 1998 verkündet.

Darin wird festgestellt, dass die Beklagten zu 1 und 2 (s. Urteil) als Gesamtschuldner verpflichtet sind, dem Kläger sämtliche materiellen und künftigen immateriellen Schäden zu ersetzen, die aus der fehlerhaften Behandlung am 12. Januar 98 resultieren. Die Beklagten zu 1 und 2 werden als Gesamtschuldner verurteilt, an den Kläger 150.000 Euro nebst Zinsen zu zahlen. Die Beklagte zu 1 wird verurteilt, an den Kläger weitere 1.000 Euro nebst Zinsen zu zahlen.

---

[112] Symptome des Syndroms: Fehlen jeglicher Ansprechbarkeit, keine Reizbeantwortung, keine gerichtete Aufmerksamkeit, gelegentlich Öffnen der Lider.
[113] Synechie = fibröse Verklebung (Adhäsion) zweier normalerweise getrennter Gewebsschichten.

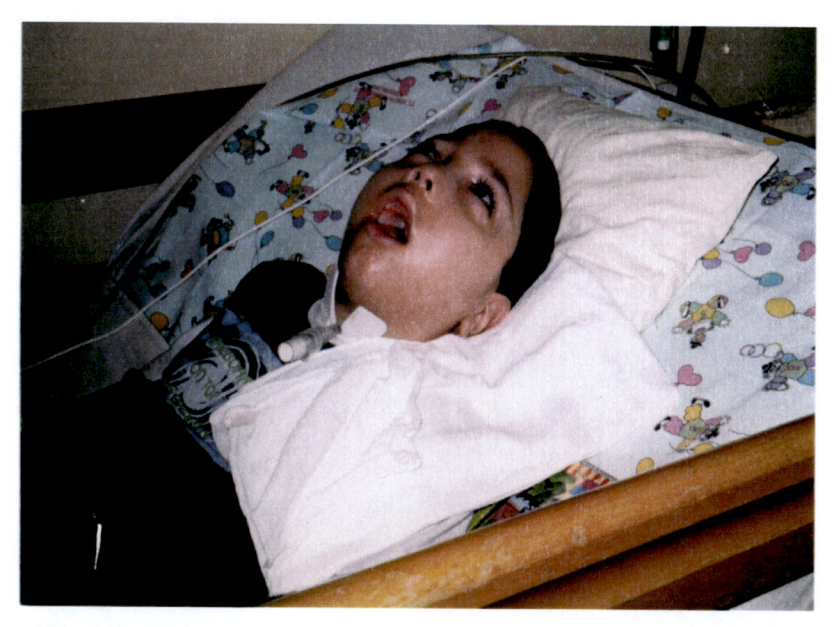

Abb. IV/9: Mohamed S. nach der Behandlung, Diagnose: Apallisches Syndrom[114]

In der schriftlichen Urteilsbegründung heißt es u.a.:

»Das Gericht ist nach dem Ergebnis der Beweisaufnahme davon überzeugt, dass der Beklagte zu 2 [der Operateur] zirkulär gelasert hat, denn das hat die Sachverständige ... zweifelsfrei bestätigt. ... Die zirkuläre Laserung ist als grober Behandlungsfehler anzusehen. Die Sachverständige Prof. Dr. A. hat dazu in ihrem schriftlichen Gutachten ausgeführt, dass jedem Operateur bekannt sein muss, dass zirkuläre Laserungen zu vermeiden sind. Bei ihrer Anhörung hat sie bestätigt, dass sie dies im Sinne der Feststellung eines groben Behandlungsfehlers meint. Dem folgt die Kammer.«

---

[114] Veröffentlicht auf Wunsch der Eltern des geschädigten Kindes.

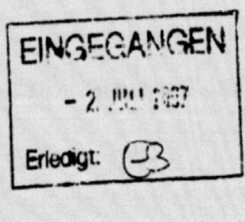

# Landgericht Berlin
## Im Namen des Volkes
### Urteil

Geschäftsnummer: 6 O 438/00          verkündet am: 28.06.2007
                                     Mücke
                                     Justizangestellte

In dem Rechtsstreit

des minderjährigen Kindes Mohamed Soliman,
vertreten durch den Vater Alaa Soliman und
die Mutter Dorit Witte-Soliman,
Blasewitzer Ring 52, 13593 Berlin,

                                                    Kläger,

- Prozessbevollmächtigter:
Rechtsanwalt Uwe Scharnhorst,
Duisburger Straße 9, 10707 Berlin -

gegen

1. die Humboldt-Universität zu Berlin,
   vertreten durch den Präsidenten,
   dieser vertreten durch den Verwaltungsdirektor der
   Charité, Medizinische Fakultät der Humboldt-Universität
   zu Berlin,
2. den Herrn Prof. Dr. ...,
3. die Oberärztin Dr. med. ...

Brief der Eltern des geschädigten Kindes an den Buchautor:

An den Buchautor

Infolge der Schwere der lebenslangen Behinderung unseres Sohnes, die nicht — wie die Beweissicherung ergab — als ein schicksalhafter Krankheitsverlauf anzusehen ist, sondern Folge einer Fehlbehandlung darstellt, bitten wir darum, den Verursacher dieses schwerwiegenden Behandlungsfehlers in Ihrem Buch namentlich zu nennen: Es handelt sich um
Herrn Prof. Dr. Harald Mau,
kinderchirurgische Klinik der Charité, Berlin.

Zudem war die Verhandlung vor dem Landgericht Berlin öffentlich, und das Urteil wurde im Namen des Volkes gesprochen.

Aus den genannten Gründen wünschen wir, auf eine Anonymisierung der Prozessbeteiligten zu verzichten und bitten darum, unseren Wunsch zu respektieren.

Berlin, den 28.02.2011

Dorit Witte-Soliman     Alaa Soliman

# Der Fall der D.-Sophia K., ein trilobäres kongenitales[115] Lungenemphysem

Bei einem neun Tage alten Mädchen wird in der Röntgenaufnahme des Brustkorbes, gefertigt wegen bestehender Atemschwierigkeiten, eine vermehrte Strahlendurchlässigkeit der rechten Lunge gefunden. Die nachfolgend verwendeten Fachbegriffe sollen zunächst am Röntgenbild des Brustkorbes eines gesunden Säuglings erklärt werden (Abb. IV/10).

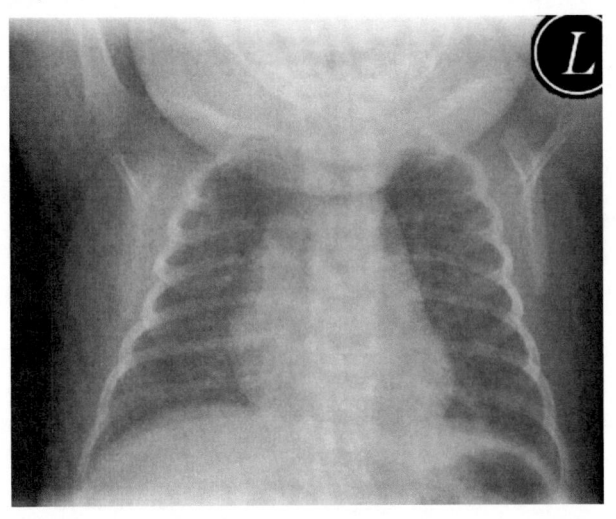

Abb. IV/10: Röntgenaufnahme der Lunge eines gesunden Säuglings. „L" (siehe rechts oben im Bild) markiert die linke (!) Seite des Brustkorbes. (Zum Verständnis: Patient und „Betrachter", hier in Form der Röntgen-Röhre, stehen sich gegenüber)

Bei dieser Aufnahmeform treffen die Röntgenstrahlen (von der Brustkorbvorderseite her) auf den Körper eines Patienten, durchdringen ihn und belichten (schwärzen) den hinter dem Körper positionierten Röntgenfilm. Die unterschiedlichen Grautöne des Röntgenbildes entstehen durch verschieden starke Absorptions- und Streueigenschaften der einzelnen Körperteile.

---

[115] Drei Lappen betreffend und angeboren.

Je dichter strukturiert ein Organ ist, desto weniger Strahlen können an dieser Stelle hindurchtreten, demzufolge erscheint in diesen Bereichen der Röntgenfilm hell (z.b. Knochen). Anders verhält sich lufthaltiges Gewebe (z.b. das der Lungen), es lässt gegenüber dem Knochen vermehrt Strahlen durchtreten und wird daher aufgrund seiner geringeren Dichte auf dem Röntgenfilm dunkler abgebildet.

Die rechte Lunge dieses an Atembeschwerden leidenden Kindes (Abb. IV/11) weist gegenüber der linken Seite eine deutlich dunklere Grautönung auf, das heißt: Es müssen auf dieser Seite erheblich mehr Röntgenstrahlen auf den Film getroffen sein als gegenüber linksseitig. Daraus kann geschlussfolgert werden, dass das Lungengewebe der rechten Lunge deutlich lufthaltiger ist als das der Gegenseite. Es liegt ein Emphysem, eine Aufblähung vor, gekennzeichnet durch krankhafte Erweiterung der Lungenbläschen. Davon betroffen ist die gesamte rechte Lunge (sämtliche drei Lappen), daher „tri-lobulär".

Die ballonartig aufgeblähte rechte Lunge beeinträchtigt die übrigen Organe des Brustkorbes (Herz und linke Lunge) in der Weise, indem sie die Organe zur Gegenseite hinüber drückt. Dadurch entsteht im linken Oberfeld ein verminderter Luftgehalt, eine Atelektase, die sich als „Verschattung" (Gewebsaufhellung) darstellt.

**Verdachtsdiagnose:** kongenitales trilobuläres Lungenemphysem[116]. Nachfolgende Untersuchungen bestätigen die Diagnose. Es überwiegt in der Regel der Einlappenbefall, selten sind zwei Lappen betroffen, ganz selten alle drei. Die Röntgenaufnahme des neun Tage alten Mädchens (D.-Sophia K.) zeigt ein völlig anderes Bild als das eines gesunden Kindes (vgl. Abb. IV/10 mit Abb. IV/11).

In der bronchoskopischen Untersuchung der Patientin wird eine Stenose (Verengung) des rechten Hauptbronchus sowie eine weitere Stenose peripher im Bereich des rechten Unterlappenbronchus auf der Basis dysplastischer Bronchialknorpel beschrieben. Es wird angenommen, dass durch die Stenosen eine Ventilwirkung entsteht, die ein

---

[116] Angeborene Aufblähung aller drei Lungenlappen, gekennzeichnet durch irreversible Erweiterung der Lungenbläschen.

Einatmen ermöglicht, aber das Ausatmen erschwert, wodurch eine Überblähung der betroffenen Lungenabschnitte erfolgt. Zwecks Durchführung einer Angiographie (Gefäßdarstellung), die in der behandelnden Kinderchirurgie Berlin-Buch zur damaligen Zeit nicht möglich war, wurde die Patientin in die kinderchirurgische Abteilung einer Universitätsklinik der Stadt verlegt mit der Maßgabe einer Rückverlegung nach erfolgter Untersuchung. Die Gefäßdarstellung erfolgte, die Rückverlegung blieb ohne Absprache mit der einweisenden Klinik aus.

**Behandlungsverlauf im Universitätsklinikum:**
Mittels mehrerer laserchirurgisch-operativer Eingriffe im Bereich der festgestellten Bronchialstenosen (die bei einem kongenitalen lobären Emphysem kontraindiziert sind!) wurde erfolglos therapiert. Am 2. Nov. 1989 wird der rechte Lungenoberlappen operativ entfernt. Im Bericht heißt es:

»Erst unter erheblicher Druckanwendung läßt sich das Volumen des Oberlappens verkleinern. Offensichtlich besteht ein hochgradig eingeschränkter Gaswechsel. Wegen des rezidivierenden Spannungsgeschehens wird der Entschluß zur palliativen Ektomie des rechten Oberlappens gefaßt und es ist klar, daß der rechte Mittel- und Unterlappen bei ähnlicher Konfiguration wie der Oberlappen wahrscheinlich auf die Dauer nicht erhalten werden können.«

Im Anschluss an die OP verbleibt das Kind zwei Wochen in der neonatologischen Intensivtherapie. Drei Tage nach der OP wird infolge schwerer Dyspnoe (Atembeschwerden), Hyperkapnie[117] und inspiratorischem Stridor[118] eine erneute Intubation erforderlich. Die in den Wochen danach gefertigten Röntgenaufnahmen (zitiert aus dem Gutachten der Med. Akademie Erfurt) ergeben eine Überblähung der verbliebenen Lungenlappen. Rückverlegung in die Kinderchirurgische Abteilung des Universitätsklinikums. Am 18. 12. 1989 erfolgt die operative Entfernung auch des rechten Mittel- und Unterlappens.

---

[117] Erhöhter arterieller Partialdruck von Kohlendioxid, meist bedingt durch Minderbelüftung der Lunge.
[118] Pfeifendes Einatmen, vgl. S. 197.

Histologisch: Kongenitales Lungenemphysem mit Herden interstitieller Fibrose (Bindegewebsvermehrung) unterschiedlichen Schweregrades.

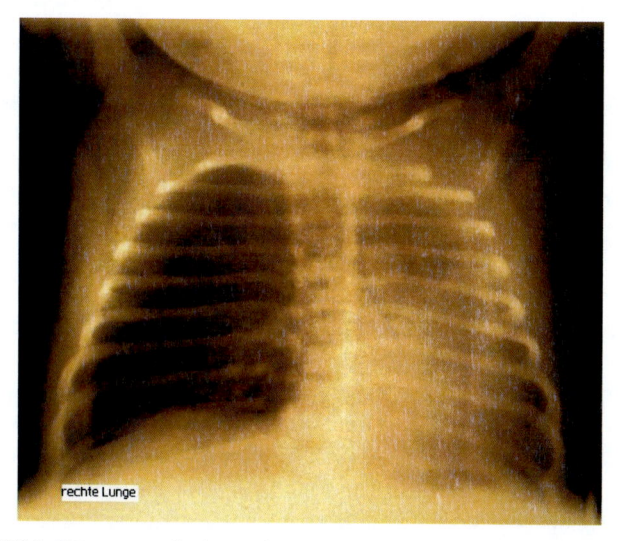

Abb. IV/11: Röntgenaufnahme der Patientin, abgedruckt mit freundlicher Genehmigung des Chefarztes der Erstuntersuchung

»... bei relativem Wohlbefinden«, heißt es, wird das Kind am 31. Jan. 1990 entlassen. 14 Tage später erfolgt erneute stationäre Behandlung wegen einer Enteritis (Darmschleimhautentzündung). Im März 1990 vordergründig Zeichen einer obstruktiven Bronchitis mit erneuter stationärer Aufnahme. Trotz Besserung des Allgemeinzustandes wird das Kind am Morgen des 19. März 1990 tot im Bett vorgefunden. Es befand sich nicht auf einer Überwachungsstation mit entsprechendem Monitoring, dort wo es hingehört hätte.

Autopsiebericht (nach der Leichenöffnung): Schleimige Tracheobronchitis besonders im Bereich des Bronchialstumpfes, offenes Foramen ovale (Herzfehler).

Die Kommission zur Senkung der Säuglings- und Kindersterblichkeit schätzt den Tod als vermeidbar gewesen ein.

Gutachterliche Beurteilung:
Der Gutachter vertritt die Lehrmeinung, dass entgegen der durchgeführten mehrfachen Laserresektion eine frühzeitige operative Entfernung der betroffenen Lungenlappen vorzunehmen gewesen wäre. Er führt aus:

»... dass die kongenital bedingten strukturellen Veränderungen des betroffenen Lungenlappens durch die Laserbehandlung nicht rückgängig zu machen sind, sich die ursächlichen Knorpeldysplasien also nicht beheben lassen«. Wörtlich: »Sobald die Diagnose eines kongenitalen lobären Emphysems als Ursache der Tachypnoe und Zyanose ... gestellt ist, muß unverzüglich die Lobektomie [Lappenentfernung], je nach Befall die Ektomie eines oder mehrerer Lappen erfolgen. ... Betrachtet man die Krankengeschichte des Kindes im einzelnen, so wird deutlich, daß die Therapie hier zunächst falsche Wege ging. Anstelle der aufgrund des Angiogramms ohne Zweifel indizierten Pneumektomie schlossen sich zahlreiche bronchoskopische Untersuchungen, zum Teil unter Einschluß der Lasertherapie an. Dieses Vorgehen macht weder vom diagnostischen Wert noch von seiner therapeutischen Relevanz einen Sinn. Es bedeutete nur eine zusätzliche Gefährdung und Belastung für das Kind und verzögerte die einzig in Frage kommende operative Therapie der Pneumektomie. Es ist festzuhalten, daß die Lasertherapie scheitern mußte, da sie einen falschen therapeutischen Ansatz und Ausgangspunkt hatte.«

Der Fall bleibt ohne gerichtliche Konsequenz.
Form des Verschuldens: Außerachtlassen eines medizinischen Standards.

---

## Der Fall der Maren W.,
### Verdacht auf fahrlässige Tötung bei Tumor-OP

In einem dem Buchautor vorliegenden Bericht heißt es unter:
### 7. Sachverhalt und Begründung:

»Am 13. 10. 1988 wurde bei einem 11-jährigen Mädchen ein intraabdominal [im Bauchraum] gelegener, raumfordernder Prozeß von 13,6 x 11,2 x 13,6 cm festgestellt. ... Bei dem am 31. 1. 89 erfolgten operativen Eingriff wird ein den gesamten Oberbauch ausfüllender, unterhalb der Leber lokalisierter Tumor festgestellt. Es erfolgt Halbierung des Tumors und

Resektion der unteren Hälfte. Bei der weiteren Präparation konnte der kraniale [nach oben weisende] Anteil des Tumorgewebes bis auf ein fingerendgliedgroßes Areal, das in den rechten Leberlappen direkt neben der intrahepatischen Cava ins Parenchym ragt, isoliert werden. Danach wurde die Geschwulst auf den links–retroduodonal verlaufenden Tumorzapfen gestielt. Der Tumor hing an zwei direkt aus der Aorta ziehenden [kommenden] Gefäßen. Da nach mehr als zwei Stunden Operationszeit keine Durchblutungsstörungen im Darmbereich erkennbar waren und Pulsationen der in der intraligamentären (innerhalb des Ligamentum hepatoduodenale verlaufenden) Arteria hepatica tastbar waren, wurden beide Gefäße zur Tumorexstirpation ligiert [abgebunden und durchtrennt].«

(„beide Gefäße ligiert" bedeutet: Durchtrennung der in Abb. IV/12 schematisch dargestellten lebenswichtigen Gefäße):
*Arteria coeliaca* [Eingeweideschlagader], zuständig für die Blutversorgung von Magen, Teilen der Leber, Teilen des Zwölffingerdarmes, Milz,
*Arteria mesenterica superior* [obere Darmschlagader], zuständig für die Blutversorgung der oberen Darmanteile

Damit wurden die genannten lebenswichtigen Organe nicht mehr in erforderlichem Umfang mit Blut versorgt. Der Operateur ging von der falschen Vorstellung aus, dass der seit längerer Zeit bestehende Tumor eine bereits ausreichende kollaterale (quere) Blutversorgung der lebenswichtigen Organe bewirkt hätte. (Gefäßneubildungen geringen Ausmaßes im Bereich eines Tumors sind üblich.) Nach dramatischer Verschlechterung des Allgemeinzustandes der Patientin erfolgte Relaparotomie (operative Wiedereröffnung der Bauchhöhle) durch einen anderen Operateur, bei der sich bereits schwerste, irreparable Durchblutungsstörungen der unzureichend versorgten Bauchorgane erkennen ließen. Der Tod des Mädchens trat neun Stunden postoperationem ein.

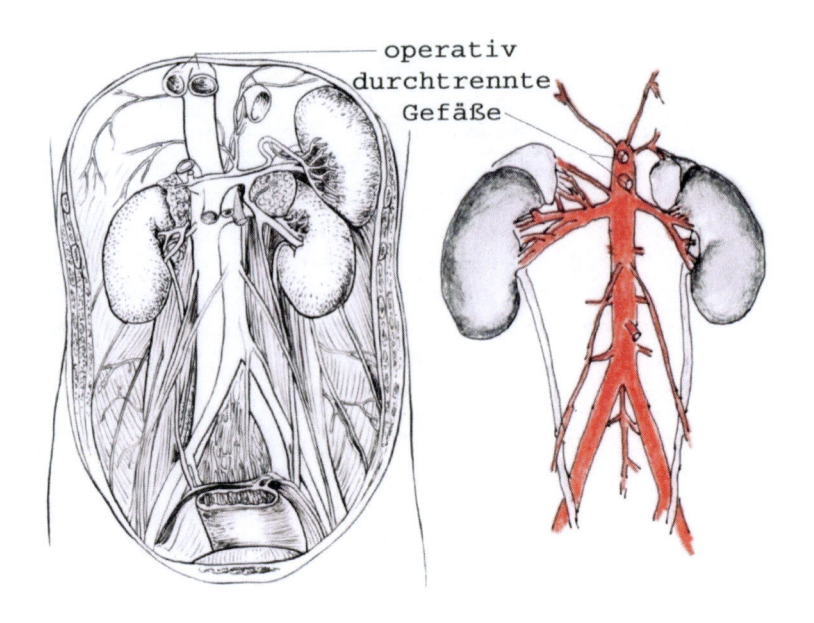

Abb.: IV/12: (Linke Bildseite:) Blick in den oberen, hinter dem Bauchfell gelegenen Bauchraum (Bereich des beschriebenen Tumorwachstums; Magen-Darmtrakt u. Leber somit nicht eingezeichnet).
(Rechte Bildseite:) Bauchschlagader, Nieren u. Nebennieren. Die beiden während der OP durchtrennten Gefäße sind als Gefäßstummel im oberen Bildteil dargestellt (s. Beschriftung)

Während der Niederschrift dieses Beitrages beurteilt ein außenstehender Chefchirurg (Dr. med. Frank E.) den Sachverhalt wie folgt:

»Die Darmdurchblutung wird durch die drei unpaaren Arterien Truncus coeliacus, Aa. mesenterica superior und inferior gewährleistet. Zwischen den drei Stromgebieten bestehen Kollateralen[119], die bei Ausfall einer Arterie den Blutzufluss aus den anderen Gebieten ermöglichen: Im oberen Stromgebiet erfolgt dies über die A. gastroenteroduodenalis und die Aa. pancreatico-duodenalis sup. und inf. Im unteren Stromgebiet ist dies die „Riolansche"-Anastomose, die das Blut über den Cannon-Böhmschen-Punkt leitet.

---

[119] In Verbindung stehende Nebenäste.

Im vorliegenden Fall werden wohl die A. mesenterica sup. und die A. gastroduodenalis durchtrennt worden sein. Damit fehlte die obere Kollaterale. Die Hauptversorgung des Darmes über die A. mesenterica sup. war abgeschnitten. Die Ausbildung der „Riolan"-Arterien beim Kind ist noch nicht voll ausgeprägt. Damit reichte die Blutversorgung für den Darm nicht aus, dies hat sich aber erst mit Verzögerung gezeigt. Ist es erst zu Darmnekrosen gekommen, dann ist der Zustand irreparabel. Der Truncus coeliacus kann nicht durchtrennt gewesen sein, weil sich dann eine Durchblutungsstörung der Leber entwickelt hätte.

Die Gefäßversorgung lässt sich heute sehr gut durch ein Angio-CT abklären, das in Dünnschichttechnik eine hervorragende dreidimensionale Gefäßdarstellung ermöglicht. Im Jahre 1988 gab es diese Technik noch nicht. Sicherlich wäre aber im Zweifel eine Darstellung der Gefäße mittels Angiographie interoperativ möglich gewesen.«

Dennoch heißt es im Bericht der Klinik, in der die OP durchgeführt wurde:

»Der postoperative Verlauf war zunächst unkompliziert. Das Kind war 3 Stunden nach dem Eingriff wach, kreislaufstabil und zeigte insuffiziente Spontanatmung. Am Morgen des ersten postoperativen Tages fielen bei dem noch stabilen Allgemeinzustand stark erhöhte Transaminasen auf. Die sofort durchgeführte Sonographie führte nicht zur Bestätigung des Verdachtes einer operativ bedingten Minderung der Leberperfusion; die A. hepatica konnte jedoch nicht nachgewiesen werden.
Die abdominale Aortographie und Zöliakographie (Nr. 323/1.22.89) ließen einen kompletten Verschluß des Truncus coeliacus knapp 1 cm nach dem Ursprung sowie einen kompletten Verschluß der A. mesenterica sup. im proximalen Abschnitt erkennen.«

Weiter unten im selben Bericht wird ausgeführt:

»Von den Mitgliedern der Bezirksgutachterkommission wird zugleich Befremden über die Fehlleistung durch den Operateur geäußert. Das Bemühen um weitestgehende Radikalität bei der Tumorexstirpation kann nicht zu Ungunsten der Gefäßversorgung führen. Die Fehleinschätzung des Operateurs, eine weitestgehende Radikalität bei der Tumorentfernung vor die Gefäßversorgung der lebenswichtigen Organe zu stellen, wird von den Kommissionsmitgliedern übereinstimmend als <u>gravierender Mangel an Sorgfaltspflicht</u> gewertet noch zumal, da während der OP auf die Anfertigung eines Schnellschnittes zur Tumordiagnostik verzichtet wurde. Im Nachhinein wurde ein Ganglioneurom diagnostiziert; dabei handelt es sich um eine vorwiegend bei Kindern und Jugendlichen vorkommende, infiltrierend wachsende, aber relativ gutartige Geschwulst[120,121].«

Der Prozessverlauf wegen fahrlässiger Tötung erstreckt sich über neun Jahre. Die Beklagte (die Universitätsklinik) wird verurteilt, an die Klägerin, die Mutter des verstorbenen Kindes, 10.000 DM zu zahlen.

Worin besteht das Fehlverhalten, der medizinische Kunstfehler des Arztes? Zweifelsohne in der Durchtrennung der beschriebenen lebenswichtigen Gefäße während der OP, glaubend, die Blutversorgung der Organe würde durch eventuell neugebildete Nebengefäße (Kollateralen) ausreichen. Eine solche Annahme ist jedoch unglaubhaft und im Nachhinein als eine Art Rechtfertigung des Operateurs zu werten.
Eine während der OP (vor der Gefäßdurchtrennung) durchgeführte Angiographie (radiologische Gefäßdarstellung) hätte über die realen Verhältnisse Aufschluss gegeben, und der durch Leichtfertigkeit entstandene Irrtum wäre zu vermeiden gewesen.

Am 6./7. September 1991 veröffentlicht die **„Ärztezeitung 3"** ein Interview mit dem Operateur, das hier auszugsweise wiedergegeben wird:

»Wir haben uns die Entscheidung zum operativen Vorgehen nicht leicht gemacht und sie mit aller Sorgfalt getroffen«, sagte M. rückblickend. »Ich war mir vor der Operation hundertprozentig sicher, das Richtige zu tun, und konnte einen schweren bleibenden Schaden oder gar den Tod des Mädchens ausschließen ….«

Brief der Mutter des verstorbenen Mädchens an den Buchautor:

---

[120] Auch eine bösartige Form des Ganglioneurom ist bekannt, sie wächst vor allem wie im vorliegenden Fall retroperitoneal und im Mediastinum.
[121] Die Begräbniskosten in Höhe von über 3000 M werden von der Staatlichen Versicherung der DDR übernommen, s. Glossar unter „EMU".

Hannelore Winterberg
verheiratete Hannelore Niesolowski
Siebold Str. 27
12524 Berlin                                                                02.03.2011


Betreff: Maren Winterberg
        Falldarstellung im Buch von
        Herrn Prof. Dr. G. Bundschuh



                                    Verlangen


Für den Fall der Veröffentlichung des Behandlungsverlaufs meiner Tochter Maren Winterberg in der Kinderchirurgischen Klinik der Charité Berlin bitte ich Herrn Prof. Dr. G. Bundschuh meinem Verlangen nachzukommen, in seinem Buch den Namen des behandelnden Kinderchirurgen, Prof. Dr. med. Harald Mau, ehemaliger Direktor der Kinderchirurgischen Klinik der Charité Berlin, entsprechend dem Gerichtsurteil auf Seite 3:
„Die Beklagte haftet gem. § 331 DDR-ZGB für das Verschulden ihres Mitarbeiters Professor Dr. Mau. Dieser hat den Tod der Tochter der Klägerin verschuldet, indem er bei der Operation vom 31.01.1989 lebenswichtige Gefäße durchtrennte.",
öffentlich zu machen.


Hannelore Niesolowski
*Hannelore Niesolowski*


Es ist von Leichtfertigkeit des Operateurs und dem Nichtbeachten medizinischer Standards auszugehen.

## Der Fall des Dr. Garrik R.

Doktor med. Garrik. R., niedergelassener Allgemeinpraktiker und Psychotherapeut, 51 Jahre alt, führte am 19. September 2009 in seiner Praxis in Berlin-Hermsdorf eine Gruppentherapiesitzung an zwölf Patienten durch. Wie berichtet wird, hatte der Arzt zuvor, um selbst „in Stimmung" zu kommen, die Partydroge LSD[122] genommen. Seinen Patienten bot er Ecstasy (MDMA) sowie Neocor (Methylon) als Cocktail an. In welchem Umfang der Arzt die Patienten über die Wirkung des Cocktails und die möglichen Folgen vor deren Einnahme aufklärte, blieb in der Verhandlung umstritten. Drei der zwölf Patienten lehnten die Einnahme ab.

Für die Teilnahme an der Sitzung zahlten die Patienten laut Pressebericht der Berliner Zeitung je 100 Euro; die „Therapiesitzung" sei unbekleidet abgehalten worden.

„Die Therapieform gehe auf die Lehre des Tschechen Stanislav Grof, der sich in der psychedelischen[123] Psychotherapie einen Namen gemacht habe, sowie auf den Schweizer Psychiater Samuel Widmer zurück. Nach deren Lehre werden seelische Probleme auch mit Hilfe psychedelischer Substanzen behandelt" ist nachzulesen unter: www.Tagesspiegel.de/berlin/polizei-justiz/arzt.

Wie der Arzt vor Gericht erklärte, sei ihm beim Abwägen von Ecstasy, das ihm einer der Patienten besorgt habe, ein Fehler unterlaufen (es wird von zehn- bis 20-facher Menge der sonst üblichen Dosis gesprochen). Die Wirkung sei extrem gewesen, wird berichtet (totenbleiche Gesichter, verkrampfte Körper, heftiges Zittern, verdrehte Augen, irre Schreie wie in der Psychiatrie). Eine Schüssel mit Erbrochenem flog

---

[122] LSD: Das in Europa am häufigsten gebrauchte Halluzinogen, nach 0,5 – 1,5 µg/kg treten Veränderungen des Bewusstseins auf, die 6 bis 12 h anhalten. Wirkungsweise nicht vollständig aufgeklärt. Allgemeine Erregung auch der Motorik, Weckreaktion.
[123] Verabreichung halluzinogen wirkender Substanzen in Verbindung mit vorheriger Einstimmung durch Musik und Worte auf ein besonderes Erleben.

durch die Luft, sagt eine Zeugin aus, »Ich musste es wegwischen.« An anderer Stelle dieser Zeugenaussage heißt es:
> »Manches war wie eine Sekte. — Der Therapeut habe sich während dieser Eskalation ruhig verhalten, er habe gesagt: „Helft nicht, jeder bleibt bei sich! Das ist das Böse in der Welt, das Böse in uns".«

Ein 59 Jahre alter ehemaliger Alkoholabhängiger verstarb noch während der Sitzung, ein 28-jähriger Mann aus dem Kreise der Patienten verstarb später im Krankenhaus. Ein weiterer sei knapp mit dem Leben davongekommen.

Verhandelt wird der Fall vor dem Landgericht Berlin. Das am 10. Mai 2010 mündlich verkündete Urteil lautet: vier Jahre neun Monate Freiheitsentzug wegen „fahrlässiger Tötung", Aberkennung der Niederlassungserlaubnis.

Sowohl Staatsanwaltschaft wie Verteidigung begehren Revision. Der Bundesgerichtshof gibt der Revision statt und begründet, es habe eine eigenverantwortliche Selbstgefährdung bei den Betroffenen bestanden, denn sie hätten das Mittel eigenhändig und wissentlich eingenommen. Dieser Umstand sei in der Urteilsbegründung nur unzureichend berücksichtigt. Am 18. April 2011 beginnt vor dem LG Berlin der neue Prozess.

Ärztlich moralischer Fehler: Verabreichen der Droge, erschwerend unter Nichtbeachtung der möglichen Folgen insbesondere bei dem „trockenen" Alkoholiker (alles geschah freiwillig, die Patienten hätten sie ja nicht zu nehmen brauchen), Wägefehler?

# Verhängnisvolle Eingriffsverwechslungen
Primum nil nocere![124]

**Der Fall des W.H., ein neurochirurgischer Eingriff an falscher Stelle der Wirbelsäule**

> Rückenbeschwerden gehören zu den Volkskrankheiten Nr. 1! Ursache dieser Probleme sind Veränderungen an der Wirbelsäule. Empfohlen und durchgeführt wird oft eine Operation. Aber 80% der durchgeführten Operationen an der Wirbelsäule seien überflüssig, wird von Experten konstatiert. Sie dienen den Krankenhäusern, nicht dem Patienten. Das kostet die Kassen ca. 50 Milliarden € jährlich.

Bei einem 38-jährigen Patienten erfolgte nach eingehender Voruntersuchung und Diagnosestellung wegen eines Bandscheibenvorfalles im Mai 1997 ein neurochirurgischer Eingriff (mikroskopische interarcuäre Diskusentfernung L5/S1 rechts, s. Abb. IV/13). Die Beschwerden des Patienten veränderten sich nachfolgend nur unwesentlich. Nach mehreren Arztkonsultationen schaltete der Patient einen Rechtsanwalt ein. (Zur leichteren Orientierung für den medizinischen Laien wird die Abbildung VI/13 eingefügt, s. S. 214.)

Ein halbes Jahr später teilt der Rechtsanwalt dem Patienten mit:
»Nach unseren Recherchen besteht der Verdacht, dass nicht wie vorgesehen in Höhe von **L5/S1** operiert wurde, sondern in Höhe **L4/L5**.«

Das bedeutet: Die OP erfolgte eine Wirbeletage höher als diagnostisch vorgesehen. Diese Auffassung wird acht Wochen später durch einen Charitébericht bestätigt: deutlicher Prolaps (Vorfall von Teilen des Zwischenwirbelkörpers) bei **L5/S1** (also dort, wo angeblich operiert wurde), ebenso durch einen weiteren Bericht vom November 1998 der MRT-Praxis Hellersdorf: In Höhe **L5/S1** spondylo-osteochondrotische

---

[124] Primär keinen Schaden zufügen.

Veränderungen mit dehydrierter Bandscheibe. Bei L4/L5 geringe post-operative Vernarbung. Der zur Rede gestellte Operateur spricht von Prolapsrezidiv.[125]

Im Privatgutachten des Orthopäden Prof. E. vom April 2000, in Auftrag gegeben durch den Patienten, heißt es:

»Operiert wurde in Höhe L4/L5, durch den Operateur wurden nicht alle zumutbaren Maßnahmen ergriffen — Fehlen eines röntgenologischen Markers —, um eine falsche Höhenlokalisation auszuschließen«.

Es wird Klage eingereicht. Im September 2003 legt das Landgericht der klagenden Partei auf, sämtliche Röntgenbilder beizubringen. Es erfolgt ein Gegengutachten durch einen Sachverständigen der beklagten Partei, das in seinen Grundzügen die Einschätzung des Erstgutachters bestätigt. Darin heißt es:

»Nach Überzeugung des Unterzeichnenden hat die Beklagtenseite die Höhenlokalisation des zu operierenden Bandscheibensegmentes nicht so vorgenommen, wie sie von einem gewissenhaften und aufmerksamen Arzt aus berufsfachlicher Sicht seines Fachbereiches erwartet werden konnte.«

Dennoch werden von der Beklagtenseite Einwände erhoben, die das Gericht zur Forderung eines Obergutachtens veranlassen. Die klagende Partei wird beauftragt, die Unterlagen der Gegenpartei zur Verfügung zu stellen, um sie von dort an den Obergutachter zu senden. Auf dem Postwege von der beklagten Seite zum Obergutachter „verschwinden" die beweisenden Unterlagen.

Die Frage aus medizinischer Sicht lautet: Hat der Operateur in der zuvor diagnostisch festgelegten Etage operiert? Beide Gutachter sagen: Nein. Des Weiteren: Hätte der Operateur seinen Fehler während der OP erkennen können? Eindeutig ja, sofern er sämtliche ihm zu Gebote stehenden Maßnahmen genutzt hätte (Setzen eines Röntgenmarkers an der zu operierende Stelle und Röntgenkontrolle während der OP). Ein Röntgenmarker wurde jedoch nicht verwendet. Somit

---

[125] Neuer (wiederkehrender) Bandscheibenvorfall.

liegt eindeutig ein Kunstfehler zum Schaden des Patienten vor, den das Gericht nicht gewürdigt hat.

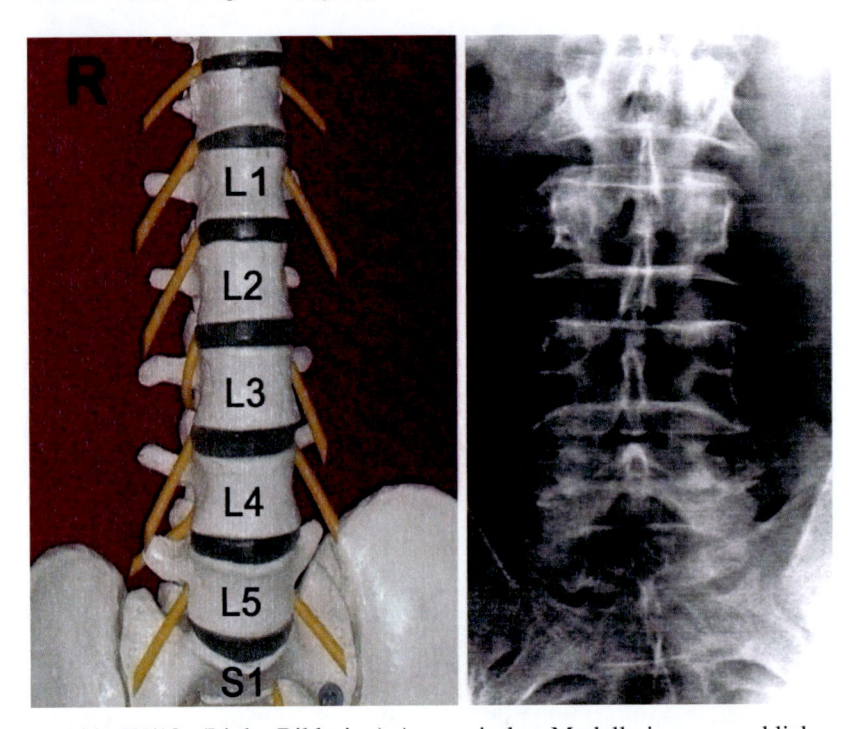

Abb. IV/13: (Linke Bildseite:) Anatomisches Modell einer menschlichen Lenden-Wirbelsäule mit Anteilen der Beckenknochen, S = Abkürzung für (Os sacrum) Steißbein, L = (lumbal) Lendenwirbel. Gelb = Nervenabgänge aus dem Rückenmark, die Zwischenwirbelkörper (Discus intervertebrales) zwischen den einzelnen Wirbelkörpern sind dunkel dargestellt. (Rechte Bildseite:) Röntgenbild einer Beckenwirbelsäule, von der Frontseite durchleuchtet

Das Fehlverhalten des Operateurs basierte in diesem Fall auf Leichtfertigkeit: »Fahrlässig handelt, wer die objektiv erforderliche und ihm persönlich mögliche und zumutbare Sorgfalt außer Acht lässt und deshalb pflichtwidrig nicht voraussieht, dass er das im strafrechtlichen Tatbestand geschützte Rechtsgut verletzen könnte.«

Das Verfahren wurde wegen der auf dem Postwege „verlorengegangenen", nun fehlenden Beweismittels in zweiter Instanz eingestellt. Sämtliche Recherchen nach den Beweismitteln verliefen ergebnislos. Dem Autor dieses Buches wurde auf Nachfragen in der Charité mitgeteilt: Die Unterlagen seien „verliehen". Wurden sie gezielt „beiseite geschafft"? Der Patient hat die Gerichtskosten, die des Anwalts und die Gebühren des Gutachters zu tragen.

---

In einem anderen Fall (so geschehen erst in jüngster Zeit in Klagenfurt) wird im Rahmen einer Routineuntersuchung bei einem 59-jährigen Patienten ein linksseitiger Nierentumor festgestellt. Der Tumor weise eine Größe von etwa sechs cm auf, wird berichtet. Die rechte Niere wird als gesund erkannt. Die optimale Therapie besteht in der chirurgischen Entfernung des erkrankten Organs.

In dem ihm zur Untersuchung übergebenen Operationspräparat sucht der Pathologe anschließend vergeblich nach Tumorgewebe. — Statt der erkrankten linken wurde dem Pathologen die entfernte gesunde, die rechte Niere, des operierten Patienten übergeben.

Ein Einzelfall? — Offensichtlich nicht. Seitenverwechselungen kommen immer wieder vor, sogar Verwechselungen von Patienten möglicherweise durch Namensähnlichkeit. IMHOF (2010) geht in seiner Fallzusammenstellung näher auf diese Problematik ein. Er schreibt, für einen Patienten, dem anstatt des kranken der gesunde Lungenlappen entfernt wurde, bedeutet die Verwechslung gleichsam das Todesurteil. Er führt den Fall an, dass einer Patientin, statt wie vorgesehen, sie am Knie zu operieren, der Mastdarm entfernt wurde und sie mit einem künstlichen Darmausgang aus der Narkose erwachte.

In Deutschland werden jährlich etwa 450 operative Eingriffsverwechselungen geschätzt (Bericht Chirurgenkongress 2009). Um Fälle dieser Art zu verhindern bzw. auf ein Minimum zu reduzieren, wird ein Gespräch des Operateurs mit dem Patienten am Tage vor der Operation mit einer **Markierung** des OP-Gebietes gefordert sowie unabdingbar das Innehalten unmittelbar vor der Operation (ein sogenanntes

*Time-out*) zwecks nochmaligen **Datenabgleiches nach Checkliste** (*wie vor einem Flugzeugstart!*). — Wird das immer durchgeführt? Die Verantwortung dafür trägt allein der Operateur! Bei Notoperationen ist diese Forderung jedoch kaum einzuhalten, in diesen Fällen gelten andere Maßstäbe.

Um Absurditäten unter den Kunstfehlern aufzuspüren, brauchen wir weder ins Ausland zu blicken, noch hätten wir ein Recht, uns selbst fehlerfrei zu rühmen. So scheinen sich 1996 in einer Region der Bundesrepublik Deutschland Fälle von Brustkrebs bei Frauen zu häufen: Das jeweilige Biopsie-Material (Gewebeproben, vor der Operation entnommen) war in allen relevanten Fällen durch denselben Pathologen jener Region untersucht und stets als **Karzinom** eingestuft worden.

Ein junger Gynäkologe, dem diese Tumorhäufung unter seinen Patientinnen suspekt erschien, bemühte sich um Aufklärung. Der Pathologe, aus dessen Labor die Diagnosen stammten, war offensichtlich ein Scharlatan. Er glänzte durch Fehldiagnosen und nahm sich, nachdem der Skandal aufflog, in stark alkoholisiertem Zustand (zugleich unter Brandstiftung in seinem Labor) 1997 das Leben.

Wie viele Frauen dieser Region hatten, bedingt durch die Gewissenlosigkeit eines Arztes — also fahrlässigen Handelns im Sinne des Strafgesetzbuches — eine schwere Körperverletzung hinzunehmen? Es ist von 300 die Rede[126]

In einem anderen nicht minder tragischen Fall in Berlin stellte ein Pathologe aus dem Biopsie-Material die Diagnose Prostatakarzinom. Die Drüse wurde radikal entfernt. Bei der Nachprüfung wurde statt eines Karzinoms jedoch nur eine granulomatöse Entzündung des Gewebes festgestellt. Die resultierende Impotenz des Patienten ist nicht rückgängig zu machen. Daher die Forderung, ein diesbezügliches Bioptat nicht nur einem Pathologen zur Beurteilung vorzulegen, sondern eine zweite Meinung einzuholen.

---

[126] Zitiert nach LANGBEIN u. EHGARTNER: „Das Medizinkartell", Piper (2003).

Die sichere Differenzierung zwischen beiden Diagnosen an einem nur zwei mm messenden Gewebezylinder zu stellen, ist nicht einfach.

Mitte dieses Jahres meldet der Österreichische Rundfunk:

»Am 16. Juni wird eine 91-jährige Patientin im Krankenhaus St. J. (Tirol) operiert. Sie leidet an einer schweren Gefäßerkrankung. Ein Bein ist davon so stark betroffen, dass es amputiert werden muss. Nach der OP stellen die Ärzte fest, dass sie das falsche Bein abgenommen haben. Die Frau wird erneut operiert, auch ihr zweites Bein wird amputiert.«

Der Chirurg, so wird weiter berichtet, verfügte über eine 25-jährige Berufserfahrung. Er wurde vom Dienst suspendiert.

Im Oktober 1995 wurden einem 63-jährigen Mann am Wiener AKH beide Hoden entfernt. Er wurde fälschlich mit einem Krebspatienten verwechselt.

»Fehler im Krankenhaus gehören zu den zehn am häufigsten vorkommenden Todesursachen. Sie rangieren damit vor Brustkrebs, AIDS und Verkehrsunfällen,«

äußert sich der Präsident der Deutschen Gesellschaft für Chirurgie.

## V: Mordfälle und vorsätzliche Tötungen Schutzbefohlener durch medizinisches Personal

Um dem unvorbereiteten Leser einen Einblick in die Rechtsvorschriften zu vermitteln, deren Kenntnis zum Verstehen der nachfolgend dargelegten Problematik notwendig ist, seien zunächst einige Begriffe erklärt:

Die vorsätzliche Tötung eines Menschen wird in der Bundesrepublik Deutschland durch die §§211 (Mord) und 212 (Totschlag) des Strafgesetzbuches verfolgt, ebenso in der Schweiz. Der §216 definiert die Bedingungen einer „Tötung auf Verlangen".

Kurzfassung: **Mörder** ist, wer aus Mordlust, Habgier oder sonstigen niederen Beweggründen heimtückisch oder grausam oder mit gemeingefährlichen Mitteln oder um eine andere Straftat zu ermöglichen oder zu verdecken, einen Menschen tötet. Mord verjährt nicht.

**Totschlag** wird als vorsätzliche Tötung eines Menschen definiert, ohne dabei die Merkmale des Mordes (niedere Beweggründe) zu erfüllen (Verjährungsfrist 20 Jahre).

*Heimtückisch (hinterhältig), grausam,* im Umgangssprachgebrauch sind uns diese Begriffe durchaus geläufig, aber welche Deutung besitzen sie im juristischen Denken?

**Heimtücke**: Bewusstes Ausnützen von Arg- und Wehrlosigkeit eines Opfers. Entscheidend für die Wertung ist, dass das Opfer in der Lage sein muss, sich (gegen den Täter) wehren zu können, dies jedoch im Vertrauen auf Arglosigkeit ihm gegenüber nicht tut. Vergleiche dazu Gerichtsbegründungen im Fall Roger A.

**Grausam**: (definitionsgemäß im Rechtslexikon nicht aufgeführt), gelehrt wird in der Rechtsmedizin, einem Opfer mehr Qualen zuzufügen, als es für das Erreichen des jeweiligen Ziels mittels der gewählten Tötungsart durch den Täter erforderlich ist (z.B. töten durch Ertränken, dabei den Kopf herausziehen, um nachzusehen, ob das Opfer schon tot ist, falls nicht, danach erneut untertauchen).

**Arglist**: vorsätzliche Täuschung.

**Gemeingefährlich**: Begehen einer Handlung, deren Auswirkung der Täter nicht steuern kann, die mit Gefahr für Leib und Leben anderer (oder Schädigung hochwertiger Sachgüter) verbunden ist.

Den Ausführungen dieses Kapitels sei ferner die nachfolgende Grafik vorangestellt. Sie vermittelt einen Überblick über die **Gesamtzahl** der zwischen 1994 und 2009 in Deutschland begangenen Morde, ohne Aufteilung nach Geschlecht, Alter und Herkunft des oder der Geschädigten bzw. der Täter. Darin nicht einbezogen sind die Mordversuche. Ob die erkennbare Rückläufigkeit der Mordfälle statistisch signifikant ist, wurde nicht geprüft. Die höchste Anzahl wurde 1996 mit 720 Fällen/Jahr, die niedrigste im Jahre 2007 mit 339 Fällen registriert. Die Aufklärungsquoten, dargestellt in der unteren Kurve, liegen zwischen 88,5% (1994) und ansteigend auf 94,6% im Jahre 2009.

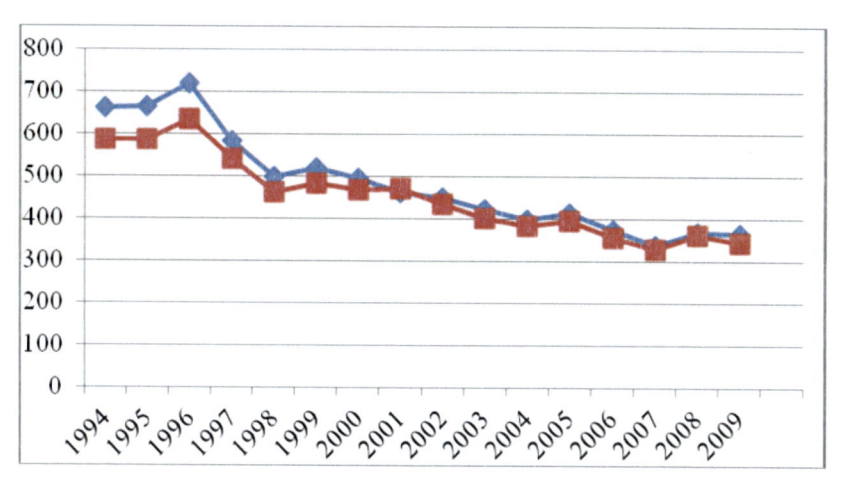

Abb. V/1: Anzahl der in Deutschland begangenen Morde in den Jahren zwischen 1994 und 2009 (obere Kurve), aufgeklärte Fälle (untere Kurve)
Quelle: Stat. Bundesamt

Um die in der Grafik zusammengestellte Mordstatistik international vergleichen zu können, sollen die Fallzahlen einiger anderer Länder pauschal (gerundet!) aufgeführt werden. Von den UN werden für die

Jahre 1998 bis 2000 folgende Werte **je 100.000 Einwohner**[127] angegeben:

Kolumbien **62**; Südafrika **50**; Jamaika und Venezuela **32**; Russland **20**; Baltikumstaaten **1**; USA **0,4**; Deutschland **0,09**. Noch geringer sei die Rate in der Schweiz und in Österreich.

In den sich anschließenden Textabschnitten werden Handlungen und Vorgänge zur Sprache kommen, die einem ohne Argwohn lebenden Bürger geradezu als unmöglich erscheinen, und doch sind sie in unserer gegenwärtigen Gesellschaft existent, obgleich als Ausnahme vorhanden. Allerdings stellen die Täter in ihrer Summierung, bezogen auf die Gesamtheit des in der medizinischen Betreuung tätigen Personals, prozentual betrachtet, einen kaum messbaren Anteil dar. Das ist jedoch kein Grund zur Verharmlosung des Geschehens und soll nicht darüber hinwegtäuschen, dass jede vorsätzlich oder fahrlässig erfolgte Tötung inakzeptabel ist. In einigen Fällen liegt Tötung aus Mitleid (Euthanasie) vor (s. Glossar).

Die Aufnahme der in medizinischen Einrichtungen erfolgten Tötungen in diesem Buch dient der Sensibilisierung der Kollegenschaft. Sie solle möglichst frühzeitig erkennen, was aus den verschiedensten Gründen passieren könnte und möge zugleich der Vorbeugung dienen. Betrachtet werden nur die im deutschen Sprachraum erfolgten Tötungen. Die Analyse folgt im Wesentlichen den schriftlichen Urteilsbegründungen der Gerichte, die dem Autor auf Anforderung in anonymisierter Form zur Verfügung gestellt wurden.

Bereits an dieser Stelle sei kein Zweifel daran gelassen, dass der in Betracht stehende potentielle Täterkreis psychogen auffällig ist. Aufgeführt werden hier 13 Täter/Täterinnen mit insgesamt 113 gerichtsrelevanten Tötungen, darunter 55 Mordfälle. Über Einzelheiten der Taten berichtet auch BEINE (2010).

---

[127] Quelle: Wikipedia: Mordfälle.

## Tötungen durch medizinisches Personal

**Tabelle V/I**: Tötungen Schutzbefohlener im deutschen Sprachraum

| Täter/ Täterinnen | Täteralter in Jahren | Handlungsort | Tötungen | Tötungsart |
|---|---|---|---|---|
| Irene B. | 54 | Klinik | 3x Mord 2x Totschlag | Medikamente |
| Stephan L. | 25 | Klinik | 12x Mord 15xTotschlag 1x Versuch | Medikamente |
| Wolfg. L. | 33 | Klinik | 10xTotschl. | Luftinjektion |
| 4 Krankenschwestern | zwischen 26 und 49 | Klinik | 27x Mord 18xVersuch | Ersticken |
| Michaela R. | 27 | Klinik | 17xTotschlag | Medikamente |
| Reinhard B. | 25 | Klinik | 7x Totschlag | Medikamente |
| Michaela G. | 27 | Heim | 4x Mord 4x Totschlag 1x Versuch | Ersticken |
| Roger A. | 32 | Heim | 22x Mord 5x Versuch | Ersticken |
| Rudi Z. | 43 | Heim | 4x Mord 4x Versuch | Medikamente |
| Dr. med. Mechthild B | 61 | Heim | 13 Fälle[x] | Medikamente |

[x]) Infolge Suizid wurde das Verfahren eingestellt.

### Der Fall der Irene B.,
**Mord und Totschlag von Patienten durch eine Krankenschwester**
(AZ: N14/ 1 Kap. JS 1904/06)

Für die Darstellung dieses Falles standen dem Autor die schriftliche Urteilsbegründung des Bundesgerichtshofes (5 StR 525/07) sowie ein Interview zur Verfügung, das die Verurteilte dem Kriminalpsychologen Th. Müller in ihrer Haft gewährte und das über SAT1 ausgestrahlt wurde. Dort ist der volle Name genannt.

Ferner übersandte Irene B. im August 2011 aus der JVA[128], in der sie inhaftiert lebt und fünf Jahre ihrer Haft verbüßt hat, dem Autor dieses Buches ihren handgeschriebenen Lebenslauf mit der Freigabe zur Veröffentlichung.

**Tatgeschehen:**

Im Frühsommer des Jahres 2006 gerät Irene B., tätig als Krankenschwester auf der Intensivstation einer Berliner Universitätsklinik, in den Verdacht, in vereinzelten Fällen unsanft mit von ihr betreuten Patienten umzugehen. — Im Oktober desselben Jahres wird sie unter Mordverdacht verhaftet und im April 2007 vor der 22. Großen Strafkammer das Verfahren in 1. Instanz gegen sie eröffnet: Der zur Tatzeit 54 Jahre alten Krankenschwester wird zur Last gelegt, mehrere schwerkranke Patienten der Intensivstation vorsätzlich getötet zu haben. Zum Töten injizierte sie den Patienten eine Überdosis blutdrucksenkender Medikamente.

---
**nipruss®:** injizierbares **Nitroprussid-Natrium,**
Anwendung ausschließlich bei Bluthochdruck-Krisen zur kontrollierten Hypotension (Blutdrucksenkung) z.B. bei OP, nicht zur Dauertherapie zu verwenden! Wirkungsweise: Aus dem instabilen Komplexsalz wird NO freigesetzt, das als potentieller Vasodilatator (Gefäßerweiterer) wirkt.

---

Chronologie der Taten:

Die erste nachgewiesene Tötung eines 66 Jahre alten Mannes erfolgt im Juni 2005 (von der Kammer als Mord gewertet) und zwar zur selben Zeit, in der sich Ärzte um dessen Reanimierung bemühen.

Im November desselben Jahres überlebt ein Patient, dem sie <u>Dormicum®</u> injiziert hatte. Der Patient wurde erfolgreich reanimiert.

---
**Dormicum®:** schlaferzeugendes Medikament,
Wirkstoff: Midazolam

---

[128] Justizvollzugsanstalt.

Im Juni 2006 verstirbt ein 66-jähriger Patient an einer „Narkose"-Spritze, verabreicht durch Irene B.

Im August desselben Jahres tötete sie einen 77-jährigen Patienten (als Mord gewertet). Die verwendete Ampulle wird im Mülleimer gefunden und dient zur Aufklärung des Tötungsdeliktes.

Im September desselben Jahres injiziert sie einer 48-jährigen, keinesfalls präfinalen Patientin (in Gegenwart des Ehemannes dieser Frau) das Medikament nipruss® in tödlicher Dosis (als Mord gewertet).

Am 2. Oktober desselben Jahres tötet sie zwei Patienten (von der Kammer als Tötung eingestuft).

Von den insgesamt acht angeklagten Tötungsdelikten erkennt die Kammer
dreimal auf Mord
zweimal auf Totschlag.
Die verbleibenden drei der acht angeklagten Fälle sind nicht beweisbar. Das Urteil lautet:

### Lebenslänglich

In der Urteilsbegründung heißt es:
>»Die sachverständig beratene Strafkammer ist davon ausgegangen, dass die Angeklagte an einer Persönlichkeitsstörung mit narzisstischen, zwanghaften und schizophrenen Zügen leide. Diese Störung sei aber im Hinblick auf die soziale Situation der Angeklagten nicht so ausgeprägt, dass sie bei den Taten zu einer relevanten Beeinträchtigung der Schuldfähigkeit führe. ... Die Feststellungen tragen die Annahme des Mordmerkmales der Heimtücke [s.o.] bei der Tötung der Patienten S., W. und St. Die Bewertung, die Ange-klagte habe aus niederen Beweggründen gehandelt, hält einer rechtlichen Überprüfung nicht stand.
>Als Folge ihrer Selbstüberhöhung fühlte sie sich berufen [...*gottgleich über Leben und Tod entscheiden zu wollen*], die von ihr als richtig erachtete Lebensbeendigung [der Patienten] durch Tötung herbeizuführen.«

»Wir wissen nicht, warum Irene B. die Taten begangen hat«, erklärte der Vorsitzende Richter. Das Gericht vermochte eine besondere Schwere der Tat nicht festzustellen.

Jede Prozesspartei (Staatanwaltschaft sowie Verteidigung) begehrte vor dem Bundesgerichtshof Revision, die jedoch abgelehnt wurde.

Während ihrer Haft gewährte die Täterin dem Kriminalpsychologen Th. Müller ein Interview, das über den Fernsehsender SAT.1 im Frühjahr 2010 ausgestrahlt wurde und dessen öffentlich gewordener Text mit Einwilligung der Betroffenen hier wiedergegeben wird:

**Interview:** (Die Bezifferung der Antworten dient der Bezugnahme im nachfolgenden Kontext, Kommentare Dritter wurden weggelassen.)

**Müller:** »Können Sie mir vielleicht kurz zusammenfassen, warum Sie hier sind?«

B.: »[1] Ich habe diese Menschen getötet.« (Patient A., das zweite Opfer, bekommt von ihr zwei Injektionen, nach der zweiten verstirbt er in wenigen Minuten.)

**Müller:** »Was passierte dann?«

B.: »[2] Es kehrte Ruhe ein. Der Körper war entspannt. ... Ich habe den Alarm ausgedrückt. Ich habe auf diese ... diese Ruhe geschaut, auf diese Entkrampfung.«

**Müller:** »Ist Ihnen zu diesem Zeitpunkt bewusst gewesen, dass Sie jetzt eigentlich aktiv einen Menschen töten?«

B.:»[3] In dem Moment nicht, nein, daran habe ich nicht gedacht, erst später.«

**Müller:** »Wann?«

B.: »[4] Nachdem man mir das gesagt hat, was ich eigentlich getan habe. Daran habe ich überhaupt nicht gedacht.«

(3. Mordfall an Hanna B.)

**Müller:** »Warum, Frau B., haben Sie [dem am Bett wartenden Ehemann der Patientin] den Vorschlag gemacht, einen Zug später zu nehmen? Haben Sie da schon einen Plan gehabt?«

B.: »[5] Ich denke ja.«

**Müller:** »Einen Plan, für was?«

B.: »[6] Dieses Leben zu beenden. ... Da habe ich eine Ampulle aus dem Schrank geholt ... und diese Ampulle gespritzt.«

**Müller:** »Es war bei dieser Frau, definitiv, aber kein Finalstadium. Ein Jahr etwa hätte sie noch gelebt.«

B.: »[7] Ja!«
**Müller:** »[War es]... Macht, über eine Situation Entscheidungen treffen zu können? Ja oder nein? Im Nachhinein betrachtet, würden Sie sagen, dass Sie mächtig waren ..., mächtig wann?«
B.: »[8] Ja! Ja ich hatte die Macht, zu gestalten, ja, was ich mache. In gewisser Weise war das Macht.«
**Müller:** »Kam Ihnen nie der Gedanke 'Ich kann nimmer'?«
B.: »[9] Das Maß ist voll, ja vielleicht war es das.«
(sechs Tage später ein neuer Fall)
**Müller:** »Die diensthabende Ärztin hat ein kreislaufförderndes Medikament angeordnet. ... Das Aufziehen einer Injektionsspritze mit NPN ... der Gedankengang, das zu spritzen ... ?«
B.: »[10] Der Gedanke war schon da ... .«
**Müller:** »Das Überich [in Ihnen] ... ist es immer leichter geworden?«
B.: »[11] So ungefähr. Es hat ja geklappt, warum jetzt nicht auch? So ungefähr.«
**Müller:** »Haben Sie diese Bürde, eine doch schwere strafbare Handlung begangen zu haben, jemandem mitgeteilt, durch einen Blick?«
B.: »[12] Nein!«
**Müller:** »Wäre es gegangen?«
B.: »[13] Nein. ... Danach war ich sehr traurig. Ein Arzt hat mich angesprochen [fragte:] 'Irene, willst du etwas sagen'? Hab nur gesagt: 'Nein'.«
**Müller:** »Hätten Sie jetzt gern mit jemandem gesprochen?«
B.: »[14] Nein.«
**Müller:** »Was wäre der Schlüsselreiz gewesen, sich jemandem mitzuteilen?«
B.: »[15] ... Das ging doch gar nicht, das wäre gegen meine Person gegangen. Gegen alles, was ich bis jetzt gemacht habe.«
(Nach dem Urteil begehrt sie Revision: Warum?)
»...dass ich von dem Tatbestand Mord herunterkomme! Das ist für mich kein Mord, das ist etwas Anderes.«
**Müller:** »Wie würden Sie es denn definieren?«
B: »[16] Einfach ein ruhiges Ableben, ich hätte es lassen können, und sie wären ja alle auch so gestorben.«
(Ihr Schlusskommentar:)
»Ich habe etwas getan, ... ich bedaure ..., aber ich bereue nicht.«

Aus diesem Interview ergibt sich kein Hinweis, wie es zu den „Kurzschlusshandlungen" im Leben der Verurteilten gekommen ist. Auch in der Urteilsbegründung ist lediglich von „schizophrenen Zügen" die Rede. Um dem Betrachter einen Einblick in die möglich werdende „Lebensentgleisung" eines Menschen zu geben, sei der Brief an den Buchautor wiedergeben:

**„Brief an den Buchautor":**
»August 2011.
Sehr geehrter Herr Professor, anbei die eigene Darstellung meines Lebens. An viele Erlebnisse erinnere ich mich, als sei es „gestern" gewesen

„Lebenslauf"
Ich wurde im Juni 1952 im Domikus-Krkhs im Norden Berlins geboren.
Als Siebenmonatskind mit einem Geburtsgewicht von 1500 g habe ich mich prächtig entwickelt.
Mein Vater war Jahrgang 1890 und bei meiner Geburt schon im „Großväterlichen Alter", was in späteren Zeiten dazu führte, dass man ihn auch so benannte. Er machte mit mir auf der Schiefertafel Schreibübungen und wir lösten gemeinsam Rechenaufgaben. Ich schätze sein Wissen und seine Lebenserfahrung, als Kind wollte ich ihn heiraten.
Meine Mutter war eine intelligente, schön aussehende Hausfrau, fünfundzwanzig Jahre jünger als ihr Ehemann. Beide Elternteile stammten aus Arbeiterfamilien.
Als Kind bekam ich einen „Rote-Kreuz-Koffer", in ihm befanden sich Mullbinden, Heftpflaster, Tupfer und ein Stethoskop. Mit ihm lief ich freudig durch die Wohnung und horchte viele Gegenstände ab. Mit einem Schmunzeln denke ich auch an die Begebenheit, es war vielleicht eine Vorahnung auf die Zukunft!
Im fünften Lebensjahr, nach vorgezogenem Einschulungstest begann für mich der „erste" Ernst des Lebens. In den ersten Schuljahren war ich immer die Kleinste, körperlich gesehen.

Später absolvierte ich die Realoberschule mit Abschluss. Begeisterung und Wissensdrang lösten die Unterrichtsfächer Deutsch, Geschichte, Geografie u. Politik bei mir aus.
Der Knochenaufbau, der Organstoffwechsel und die Hirnfunktion: der „Mensch", das unbekannte Wesen würde Oswald Kolle gesagt haben.
Nach der Schule arbeitete ich als Vorschülerin im Dominikus-Krkhs, um die Zeit bis zur Ausbildung zu überbrücken – eine Schnupperzeit.
Ich leistete Hilfsdienst auf den einzelnen Stationen, wurde zum Betten, zum Essenausteilen und zum "Füttern" der Kranken benötigt.
Das war mein erster Kontakt mit Pflegenden, mit Pat. und einer Krankenhaushierarchie.
Später absolvierte ich die Pflegeausbildung mit sehr gutem Diplom und arbeitete noch zwei in der Klinik.
Entscheidend waren für mich die christliche Gemeinschaft und der würdevolle Umgang mit kranken Menschen, Ethik und Moral miteingeschlossen.
Ich hatte und habe meinen Beruf, ich mag nicht mehr „Traumberuf" sagen, das wurde zu oft verhöhnt.
Mit dem Mann meines Lebens gestaltete sich nun eine interessante, phantasievolle private Welt mit vielen Höhepunkten.
Wir genossen Erlebnisse und reisten zu den Kulturen der Welt, uns verband eine gemeinsame Lebensphilosophie.
Die „lange" gemeinsame Zeit ergab Veränderungen und auch hatten wir uns verändert.
Wir arbeiteten Beide viel und gern und bemerkten es nicht – wir hatten die Liebe verloren!
„Geh du mal zu deinen Kranken", waren oft seine Worte und er genoss seine Freizeit.
Er hatte mir einige berufliche Angebote verbaut, aber es ist vorbei.
Im Jüdischen Krkhs. arbeitete ich fast zwei Jahrzehnte im Management auf einer kardiologischen Intensiv-Station. Ich identifizierte mich mit der Klinik und mit der jüdischen Geschichte. Mir wur-

de eine Freistellung zur Qualifikation ermöglicht, was mich sehr freute.
Mit sehr gutem Erfolg absolvierte ich den Lehrgang im DHZB (Fachschwester f. Intensiv u. Anästhesie-Med.).
Nach einigen Zerwürfnissen im Mutterhaus wechselte ich die Klinik.

Es gab einen Traum aus Jugendtagen, ich wollte in die Charité! Auf einem Pflegeworkshop sprach ich mit Charité-Mitarbeitern, wir trafen Verabredungen und später entwickelten sich wertvolle Freundschaften. Meine Bewerbung wurde angenommen. Ich freute mich – mit vierunddreißig Jahren – eine neue Herausforderung, der wollte ich mich stellen.

In einem Restaurant an der Spree, gegenüber der Museumsinsel feierte ich diesen Werdegang mit einem festlichen Essen und prostete mir freudig zu. Hinter mir, aus dem Fenster blickend, sah ich das Hochhaus mit der leuchtenden Charité-Aufschrift. In der Uniklinik arbeitete ich über zehn Jahre auf der kardiologischen ITS, auch mit Einsätzen in der Dialyse und im Herzkathederlabor.

Mit zehn Jahren Altersunterschied [bezogen auf das Alter des Ehemannes] ist der Mensch dem Arbeitsleben schneller entrückt und auch müde. Wir lebten nebeneinander, die innige Verbundenheit und die Achtung schwanden dahin.

Diese, aus meiner Sicht harmonische, lebhafte Verbindung wurde noch brüchiger, als mein ehelicher Partner sich neu verliebte.

Ich wechselte das Schloss der Wohnungstür aus und es folgte eine zerrüttelnde lange Trennungszeit, aber mit guten, oft erklärenden Gesprächen.

Später erfolgte die rechtliche Scheidung (1972 – 2005). Ich verblieb in der Wohnung und ich hatte meine Arbeit und meinen Sport (Kyudo – Japanisches Bogenschießen).

Nach der Scheidung pachtete ich eine kleine Parzelle in einer Gartenkolonie in Pankow. Im Sommer genoss ich meine Freizeit im Garten. Ich lernte Pflanz- und Gartentechniken, baute Gemüsebeete an.

Mein Kirschbaum trug reichlich Sauerkirschen und ich kochte zum ersten Mal Marmelade ein. An den freien Wochenenden liebte ich die Ruhe in der Anlage und lag in meiner Hängematte.
Unterschiedliche Männerbekanntschaften belebten mein Dasein. Schön und gut, aber es langweilte mich nach einem längeren Zeitraum. Es tat gut, aber es fehlte der „Rote Faden".
Ein Lebensfehler, nach unserem Gesetz eine Straftat, führte zur Kündigung an der Charité. Ich war körperlich fit, aber meine Seele und mein Geist waren an eine Grenze gestoßen.
Auch heute danke ich meinem Herrn, der mir die Kraft und den Glauben gab, diesen Beruf mit Freude und Mitgefühl gut und professionell auszuführen.
Ich sah Menschen, Patienten sterben und genesen.
Ich weiß nicht, ob ich dieses Dasein bis nach dem Rentenalter bewältige.
Die Perspektive hat sich verändert, ich bin fast ein wenig heimatlos.
Mit diesen Aufzeichnungen konnte ich meine Traurigkeit, meine Wut und meine Zweifel mildern. Es macht mich nachdenklich und ich bin auf der Suche nach einem „Knackpunkt" in meinem Leben, der Ereignisse und Geschehen auslöste!«
(gez.: Irene Becker, JVA – Pankow).

**Die Persönlichkeitsstruktur:**

Das dem Buchautor von der Verurteilten überlassene, 130 Seiten umfassende psychiatrische Gutachten wird zum Zitieren an dieser Stelle nicht verwendet. Die nachfolgend dargelegten Fakten sind dem Beitrag BEINEs (2010) entnommen. Er schreibt, sie wurde „wegen Mordes in fünf Fällen verurteilt". Das ist falsch!
In der dem Autor vorliegenden schriftlichen Urteilsbegründung wird dreimal auf Mord und zweimal auf Totschlag erkannt.

In der psychiatrischen Begutachtung (zitiert nach BEINE) wird davon ausgegangen, dass bei Irene B. ein defizitäres Selbstwertgefühl bestand — vorrangig resultierend aus frühzeitig einsetzender, gestörten Mutter-Kind-Beziehung bei gleichzeitig unzureichender emotionaler

Beziehung zwischen den Eltern. Es entwickelte sich eine narzisstisch und schizoid geprägte Persönlichkeitsstörung mit unbewusst ablaufenden, psychogen gesteuerten Abwehrmechanismen, darunter eine Affektisolierung[129].

Vor diesem Hintergrund einer gestörten Ich-Beziehung können sich (wie im vorliegenden Fall) subjektiv empfundene eigene Schwäche und Angst vor persönlicher Bedeutungslosigkeit ins Gegenteil verkehren, in krankhafte Machtbestrebungen verwandeln, die dann (wenn sich die Möglichkeiten dazu bieten, sich selbst aufzuwerten) in Taten umgesetzt werden. Sie richten sich stets gegen Schwächere. Auslösend für den unmerklichen Ausbruch ihrer krankhaften Selbstüberschätzung war offenbar das Scheitern der 33 Jahre gewährt habenden eigenen Ehe mit dem nachfolgenden Hinabstürzen in eine andauernde Hilflosigkeitsphase. Eine vorhandene, religiös beeinflusste Handlungsmotivation führte bei Irene B. dazu, sich aus dieser Hilflosigkeit lösen zu wollen und in ihrer kompensatorischen Machtbestrebung mit der Ausbildung von Größenideen sich *...gottgleich zu fühlen und über Leben und Tod kranker Menschen entscheiden zu wollen.*

Nach einer solchen Tat (Interviewantwort 2) »... kehrte Ruhe ein. Der Körper war entspannt. ... Ich habe den Alarm ausgedrückt. Ich habe auf diese ... diese Ruhe geschaut, auf diese Entkrampfung.«

Das Interview nimmt keinen Bezug darauf, ob die 'Ruhe', die sie erwähnt, sich auch auf ihr eigenes Empfinden übertragen hat. Wahrscheinlich ja, jedoch unbewusst.
Die Antwort 8: »Ja! Ja ich hatte die Macht, zu gestalten, ja, was ich mache. In einer gewissen Weise war das Macht« ist Ausdruck ihrer Kompensationsbestrebung, die im Unterbewusstsein erkannte vorhandene eigene Schwäche zu überwinden. Die Antwort 9 auf die Frage »Kam Ihnen nie der Gedanke 'Ich kann nimmer'?« Irene B.: »Das Maß ist voll, ja vielleicht war es das,« lässt im Zusammenhang mit dem Handlungszwang zur Selbstaufwertung zugleich ihre innere, schizoide Zerrissenheit erken-

---

[129] Konfliktverdrängung, verbunden mit der Abtrennung eigener Gefühle und Wertevorstellungen von der Realität, obgleich sie vom Probanden wahrgenommen wird.

nen. Antwort 13: »Danach war ich sehr traurig« unterstützt diese Wertung, ebenso ihr Schlusskommentar:

» ... ich bedaure ..., aber ich bereue nicht.«

Der Autor hat mit Irene B. im fünften Jahr ihrer Inhaftierung in der Haftanstalt ein Gespräch geführt. Sie machte auf ihn einen psychisch gefestigten Eindruck und ließ dabei erkennen, selbst nach den Ursachen für ihr Fehlverhalten (dem „Knacks" in ihrem Leben, wie sie sich ausdrückte) zu suchen.
Die kindlich-defizitäre Entwicklung bei Irene B. begann nach Auffassung des Buchautors aber bereits wesentlich früher als es im Gutachten angenommen wird. Aus ihrem Lebenslauf ist ersichtlich, dass sie im siebten Monat mit einem Geburtsgewicht von nur 1500 g geboren wurde. Welche Ursachen im Leben ihrer Mutter haben im Jahre 1952 zum Gebären eines zu früh geborenen **unausgereiften** Kindes geführt? (Es sei diesbezüglich auf den Schluss der Einleitung (**evolutionsbiologische Phänomene** S. 16) verwiesen). Aber es sei zugleich hervorgehoben, dass nicht jede Frühgeburt zwangsläufig irgendeine Täterschaft im späteren Leben nach sich ziehen muss. Weitere schädigende Fakten müssen hinzukommen.

---

**Der Fall des Stephan L., zwölffacher Mord und 13-facher Totschlag von Patienten durch einen Krankenpfleger**

Im Sommer des Jahres 2004 gerät der damals 25-jährige Stephan L., tätig als Krankenpfleger auf einer Inneren Station einer Klinik, in den Verdacht, stark wirksame Medikamente (darunter: Etomidat®, Diazepam®, Lystenon®, Dormikum®, Haldol®, Esmeron®) veruntreut zu haben.

---

**Etomidat®:** ultrakurz wirkendes Narkotikum (nur 4-8 min. wirksam), unmittelbar nach i.v. Injektion schwindet das Bewusstsein.
**Diazepam®:** Antiepileptikum (Mittel erster Wahl), Tranquilizer (Beruhigungsmittel).

**Lystenon®**: peripher wirkendes Muskelrelaxans, Anwendung im Rahmen der Allgemein-Anästhesie.
**Dormicum®**: Anästhetikum, sedativ, hypnotisch und muskelrelaxierend wirksam.
**Haldol®**): zur Behandlung bei akuten psychiotischen Syndromen mit Wahn und Haluzinationen.
**Esmeron®**: bewirkt Erschlaffung der quergestreiften Muskulatur, Narkosemittel.
**Midazolan®**: zur Sedierung (Ruhigstellung) vor diagnostischen und therapeutischen Eingriffen.

Stephan L. wird verhaftet. Er gesteht, etwa 30 Opfer (später korrigiert er die Zahl auf 15) durch Injektion atemlähmender Medikamente getötet zu haben. In Vorbereitung des Prozesses wurden 42 Leichen exhumiert und obduziert.

**Chronologie der Taten:**

Die erste nachgewiesene Tötung eines an Schlaganfall leidenden und nicht mehr ansprechbaren 81-jährigen Patienten erfolgt durch Injektionen von Diazepam® und Esmeron® und wird von der Kammer als Totschlag gewertet. (1.)

Vier Wochen später (am 9. März) tötet er durch Esmeron®-Injektion einen 90-jährigen Patienten kurz vor seiner Entlassung in ein Pflegeheim (als Totschlag gewertet). (2.)

Nach weiteren drei Tagen (12. März) tötet er eine 88-jährige Frau, die sich seit sechs Tagen wegen Herzinsuffizienz auf der Station befand und einen Oberschenkelbruch erlitten hatte, durch Medikamenteninjektion (als Mord gewertet). (3.)

Am 5. April tötet er (wenige Stunden nach ihrer Einlieferung!) eine 40-jährige, an Pankreaskarzinom leidende Patientin durch Medikamenteninjektion (als Mord gewertet). (4.)

Am 11. April tötet er eine 80-jährige bettlägerige, demente Patientin durch Esmeron® (eingestuft als Mord. (5.)

Am 30. April tötet er eine 81-jährige, sich nach Verdacht auf Schlaganfall auf dem Wege der Besserung befindende Patientin durch Esmeron®-Injektion (als Totschlag gewertet). (6.)

Am 6. Mai ermordet er eine 84-jährige krebskranke Frau durch Diazepam® und Lystenon®. (7.)

Am 31. Mai injiziert er einem 91-jährigen Patienten Diazepam® und Lystenon® (als Totschlag gewertet.) (8.)

Am 3. Juni injiziert er einem 95-jährigen Schlaganfallpatienten Dormicum® und Esmeron®. In diesem Fall wurde von der Kammer das Mitleidsmotiv anerkannt und versuchter Totschlag geltend gemacht. (9.)

Am 15. Juni injiziert er einer 75-jährigen, präfinalen Patienten mehrere Medikamente, nachgewiesen wurden: Dormicum®, Lystenon®, Midazolan®, Esmeron®, Lystenon® (gewertet als Totschlag). (10.)

Am 23. Juni injiziert er einem 82-jährigen, einen Tag nach dessen Aufnahme, an Morbus Alzheimer erkrankten Patienten Etomidat®, danach Lystenon® (von der Kammer als Totschlag gewertet). (11.)

Am 28. Juni injiziert er einer 79-jährigen, depressiven Patientin zunächst ein Narkotikum, danach ein Mittel zur Atemlähmung (als Mord gewertet). (12.)

Am 28. August ermordet er einen 82-jährigen, durch vorangegangenen Schlaganfall behinderten, aber auf dem Wege der Besserung befindlichen Patienten durch Dormicum®- und nachfolgender Esmeron®-Injektion. (13.)

Am 30. September tötet er eine nicht ansprechbare 83-jährige Schlaganfallpatientin wenige Stunden nach ihrer Krankenhausaufnahme durch Diazepam®- und nachfolgender Esmeron®-Injektion (gewertet als Totschlag). (14.)

Am 2. Oktober injiziert er einer 47-jährigen, alkoholkranken Frau, die bewusstlos eingeliefert worden war und an einer Leberzirrhose litt, wenige Stunden nach der Klinikaufnahme Diazepam® und Esmeron® (als Totschlag gewertet). (15.)

Am 18. Nov. injiziert er einem 84-jährigen Schlaganfallpatienten, dem er erst wenige Stunden zuvor erstmalig begegnet war, <u>Dormicum</u>® und <u>Lystenon</u>® (als Totschlag gewertet). (16.)

Am 6. Dezember verstirbt ein 59-jähriger, an einem inoperablen Hirntumor erkrankter moribunder Patient, dem Stephan L. ein <u>Narkose-</u> und ein <u>Muskelerschlaffungs-Mittel</u> injiziert hatte. Der Schuldspruch in diesem Fall lautete **Totschlag**. (17.)

Am 16. Dezember injiziert Stephan L. einem 92-jährigen Patienten, der sich nach einer akuten Bronchopneumonie auf dem Wege der Besserung befand, zugleich aber an Morbus Parkinson litt, <u>Dormicum</u>® und <u>Lystenon</u>® (gewertet als Mord). (18.)

Am 2. Februar 2004 spritzt Stephan L. einer 87-jährigen herzkranken, bewusstlosen Patientin, die er erst seit wenigen Stunden betreute, ein <u>Narkosepräparat</u>, danach <u>Esmeron</u>® (gewertet als Totschlag). (19.)

Tötung auf Verlangen einer 79-jährigen Patientin durch Stephan L. erfolgt am 14. Februar 2004 durch Injektion eines <u>Narkotikums</u> und <u>Muskellähmungsmittels</u>. (20.)

Am 27. Februar 2004 injiziert Stephan L. einem 68-jährigen suchtkranken Patienten, während dieser auf der Toilette sitzt, ein <u>Narkose-</u> und anschließend ein <u>Atemlähmungsmittel</u> (gewertet als Mord). (21.)

Einer am 24. März eingelieferten 70-jährigen Ordensschwester (sie beschwerte sich über das Krankenhausessen) injiziert Stephan L. <u>Diazepam</u>® und <u>Esmeron</u>® (gewertet als Mord). (22.)

Am 1. April 2004 injiziert Stephan L. einem krebskranken 75-jährigen Patienten <u>Dormicum</u>®, danach <u>Esmeron</u>® (Verurteilung erfolgte wegen Totschlages). (23.)

Am 14. April 2004 injiziert er einer 78-jährigen Schlaganfallpatientin, die knapp eine Woche auf der Station lag, <u>Diazepam</u>®, danach <u>Esmeron</u>® (gewertet als Totschlag). (24.)

Am 4. Mai 2004 injizierte Stephan L. einer 76-jährigen, an Speiseröhrenkrebs erkrankten Frau das peripher wirkende Muskelrelaxans <u>Lystenon</u>®. — Die besonderen Umstände dieses Falles bestehen in der

Tatsache, dass im Krankenzimmer zusammen mit der Patientin die Lebensgefährtin von Stephan L. untergebracht war und diese den Wunsch hegte, die Patientin in ein anderes Zimmer zu verlegen. Um das zu verhindern, injizierte er das Medikament. Die Patientin wurde reanimiert und überlebte (gewertet als gefährliche Körperverletzung). (25.)

Am 23. Juni spritzte Stephan L. einer 82-jährigen Schlaganfall-Patientin, die er seit drei Stunden kannte, <u>Diazepam</u>®, danach <u>Esmeron</u>®. Die anwesenden Angehörigen hatte er zuvor aus dem Zimmer geschickt, vorgeblich, um die Patientin umzubetten. Infolge Herzstillstandes wurde der Alarm ausgelöst, die Reanimation verlief erfolglos (eingestuft als Mord). (26.)

Am 25. Juni injiziert er einer 85-jährigen, niereninsuffizienten Patientin ein Narkotikum und nachfolgend ein Muskelrelaxans, woran sie verstarb (gewertet als Mord). (26.)

Am 27. Juni spritzt Stephan L. einem 88-jährigen Patienten, aus einem Altenheim kommend, mit Verdacht auf Herzinfarkt ein Narkotikum, anschließend ein Muskelrelaxans, sodass der Patient verstarb. In diesem Fall wurde auf Totschlag erkannt. (27.)

Einer 74 Jahre alten Patientin, die sich auf dem Wege der Besserung ihrer Lungenerkrankung befand, spritzt Stephan L. am 10. Juli <u>Diazepam</u>®, danach <u>Esmeron</u>®, sodass sie verstarb, obwohl er für diese Patientin gar nicht zuständig war. Der Fall wurde als Mord gewertet. (28.)

**Die Persönlichkeitsstruktur:**
Stephan L. wurde vier Wochen vor dem errechneten Geburtstermin (als gesundes Kind) geboren, obgleich der Säugling wegen seines vielen Schreiens von Mutter und Großmutter als „behindert" angesehen wurde. Zwischen seinen Eltern bestand ein gespanntes Verhältnis. Als Stephan L. zwei Jahre alt war, wurde die Ehe der Eltern geschieden. Danach resultierten bei dem Kind Verhaltensauffälligkeiten in Form von heftigen Wutausbrüchen gegen andere Kinder sowie auch gegen Erwachsene, er habe geschlagen, Türen eingetreten, er sei

schwererziehbar gewesen. Das Kind wies Schlafstörungen auf. In der neuen Ehe der Mutter kamen zwei weitere Kinder zur Welt. Im Verhältnis zum Stiefvater bestanden Spannungen.

Um das Sorgerecht des Kindes gab es zwischen den leiblichen Eltern Streit. Psychologen stellten bei Stephan L. eine (fein- und grobmotorische) Unruhe fest. Es wurde ein frühkindlicher Hirnschaden angenommen. Offenbar gefördert durch die gestörten Beziehungen zwischen leiblichem Vater und Mutter sowie den Spannungen zum Stiefvater und der Rivalität zu einem Halbbruder entwickelten sich Unsicherheits- und Isolationsgefühle. Im Alter von sieben Jahren des Stephan L. bekam der leibliche Vater das alleinige Sorgerecht zugesprochen, die Mutter wollte das Kind danach nicht mehr sehen.

Durch eine vierjährige Psychotherapie verbesserte sich sein Krankheitszustand. Es entwickelte sich in dieser Zeit jedoch eine Essstörung mit ungewöhnlicher Zunahme des Körpergewichtes und daraus folgendem Mobbing durch Mitschüler. Die Realschule beendete er nach der 10. Klasse. Es erfolgte eine Ausbildung als Krankenpfleger, zuvor war er als Rettungssanitäter angestellt gewesen.

Die erste Tötung, gewertet als Totschlag, begeht er bereits etwa vier Wochen nach Aufnahme seiner Tätigkeit im Krankenhaus Santhofen.

Zur Tatmotivation erklärt er:
»Ich wollte niemals einen Menschen quälen. Ich hatte ... Mitleid mit diesen Menschen und wollte ... sie eigentlich von dem Leiden erlösen.«

Weiter ist aus seinen Einlassungen zu entnehmen, er habe nur jenen Patienten die Medikamente verabreicht, für die es keine weitere Therapie mehr gab. In diesen Fällen habe er sich *verantwortlich* gefühlt, die Patienten seien durch seine Tätigkeit *erlöst* worden. Er habe sein Handeln quasi als *Verpflichtung vor dem Schicksal* empfunden, dieses Schicksal als eine Art *göttlicher Instanz* angesehen.

»*Wenn es nicht richtig sein sollte, [was ich tue], so würde Gott es nicht zulassen, dass ich so handele.*«
Stephan L. erklärte zu den ihm vorgehaltenen Tötungen:

»Ich habe die Verstorbenen zu Opfern werden lassen, indem ich ihnen bis auf wenige Ausnahmen den Rest ihres Lebens genommen habe.«

Auffällig ist sein Sprachduktus den Kollegen gegenüber: »Der Patient ist abgekackt.« Oder bezogen auf die getötete religiöse Patientin (22.): »Jetzt hat ihr diese Werkzeugkiste auch nicht mehr geholfen.«

Im forensisch-psychiatrischen Gutachten wird davon ausgegangen, dass der während seiner Kindheitsphase festgestellte „negative" Narzissmus auch während der Tötungsphasen weiterhin fortbestand.

Stephan L., heißt es, leide an einer leicht erzeugbaren Verletzbarkeit seines Selbstwertgefühls, leide unter Ängsten, die er durch die Patiententötungen zu kompensieren versuchte. Es werden ihm Egozentrik und gesteigerter Narzissmus attestiert.

Das von ihm geäußerte Mitleidgefühl als Tötungsursache wird für die Mehrheit der Tötungen in Abrede gestellt.

Zu analysieren, warum in den aufgeführten Fällen vom Gericht zum einen auf Mord (mit dem Merkmal der Heimtücke) in anderen Fällen auf Totschlag erkannt wurde, ist nicht Gegenstand dieses Buches und sollte im Bedarfsfall in der jeweiligen Urteilsbegründung der Kammer nachgelesen werden.

Im November 2006 verurteilt das Landgericht Kempten den zur Tatzeit 25-jährigen Krankenpfleger Stephan L. zu lebenslanger Haft. Es wird auf besondere Schwere der Schuld erkannt und damit eine Freilassung selbst bei guter Führung nach 15 Jahren ausgeschlossen, begleitet von lebenslangem Berufsverbot als Krankenpfleger.

## Der Fall des Wolfgang L.

Der zur Tatzeit 33-jährige Wolfgang L. war Krankenpfleger auf der Station Innere I einer Klinik. Im Dezember 1990 wird er unter dem Verdacht, eine Patientin getötet zu haben, festgenommen.

Bemerkenswert ist bei diesem Fall der besondere Umstand des Arbeitsklimas im Krankenhaus: Die Station Innere I, auf der Wolfgang L. arbeitete, wird als sogenannter „Mülleimer" des Krankenhauses bezeichnet. Auf dieser Station wurde ferner vom „Morbus Freitag" gesprochen, weil jeweils am Wochenende, also freitags, intensivpflegebedürftige Patienten auf diese Station verlegt wurden, damit andere, besonders die Psychiatrische Station, sich die Wochenendarbeit erleichtern konnten.

Zudem bestanden zwischen dem Personal der verschiedenen Stationen sowie dem der einzelnen Schichten innerhalb einer Station Rivalitäten. Zunehmend sei es wohl so gewesen, dass von der Psychiatrischen Station „Wochenendpatienten" auf die Innere I, den sogenannten „Mülleimer", verlegt worden seien. Diesen Dauerkonflikt zu beseitigen, wäre Aufgabe der Klinikleitung gewesen.

Wolfgang L. reagierte besonders „sauer" auf diese „Freitags-Verlegungen." Er habe sehr Ich-bezogen und überschießend darauf reagiert, so dass er im Kollegenkreis auf Ablehnung stieß. Seine negativ orientierten Impulse (auch Anbrüllen Verwirrter) richteten sich zum Teil gegen diese freitags verlegten, oft präfinalen Patienten.

Mit diesen bisweilen auch Alkoholsüchtigen angemessen umzugehen, — »wie könne man sich so zusaufen?« — so seine Rede, fühlte er sich überfordert. Über einen Verstorbenen bemerkte er bei der Dienstübergabe gegenüber einer Kollegin:
»Der ist schon in der Kiste, den brauchst du nicht mehr zu waschen.«

In der Klinik wurde bemerkt, dass sich die Todesfälle auf der Station Innere I gegenüber früher häuften und jeweils dann auftraten, wenn Wolfgang L. Dienst hatte. Anfangs sei er deswegen von den Kollegen sogar bedauert worden.

Ein besonderer Vorfall, der Aufmerksamkeit hätte erregen sollen, sei hervorgehoben: Kurz vor Dienstschluss wurde Wolfgang L. von einer auf der Psychiatrischen Intensivstation noch im Dienst befindlichen Krankenschwester informiert, dass sich dort drei Patienten befänden, mit deren Ableben möglicherweise in der bevorstehenden Nacht gerechnet werden müsse.

Er wurde gebeten, der Nachtschwester behilflich zu sein, und sie soll dabei die Worte: »Die will ich morgen hier nicht mehr sehen« gebraucht haben.

Am nächsten Morgen, als die Patienten nicht mehr lebten, soll Wolfgang L. ihr geantwortet haben: »Befehl ausgeführt!«

Später, zu den sich häufenden Todesfällen in seiner Dienstzeit befragt, habe er geantwortet:

»Das sind die besten Abgänge, die kommen nicht wieder.«

Durch die Tatsache aufmerksam geworden, dass innerhalb kurzer Zeit mehrfach Patienten infolge Atemdepressionen von der Inneren I auf die Intensivstation verlegt werden mussten, wurden in einem Abfallbehälter der Inneren I vier leere Neurocil®-Ampullen gefunden. Wolfgang L. geriet in Verdacht, drei Patienten dieses Medikament eigenmächtig appliziert zu haben.

**Neurocil®**: Neuroleptikum, anzuwenden bei psychosomatischer Unruhe, Erregungszuständen sowie bei schweren und chronischen Schmerzzuständen.

In weiteren zehn Fällen tötete er Patienten auf der Station Innere I, indem er ihnen Luft in die Vene injizierte (die Rede ist von 150 bis 200 ml) und dadurch eine absolut tödlich wirkende Luftembolie erzeugte.

Die injizierte Luft gelangt mit dem venösen Blutstrom zunächst in die rechte Herzkammer und kann dort bei sachgemäßer Obduktion der Leiche nachgewiesen werden. Bei der angegeben Menge tritt der Tod sehr schnell ein, in einem Fall wurde der Tod fünf min nach der Injektion festgestellt. Bemerkenswert in einem dieser Fälle ist, dass bei einer der exhumierten Leichen noch neun Monate nach der Injektion die Luftembolie bei der Obduktion nachweisbar gewesen sein soll (abzugrenzen gegen chemisch nachweisbare Fäulnisgase!), in einem anderen Fall sechs Monate nach der Injektion. Zur Nachweisbarkeit und zum exaktem Vorgehen bei der Untersuchung s. BAJANOWSKI et al. (1996 sowie 1998).

**Die Persönlichkeitsstruktur des Täters und seine Tatmotivation:**

Die Biographie des Wolfgang L., besonders die seiner Jugend, ist weitgehend unauffällig. Er studierte Elektrotechnik, berichtete von Konzentrationsstörungen während des Studiums. Schwierigkeiten bereitete ihm insbesondere das Fach Mathematik. Sein Vater — wie in einem nach dessen Tode gefundenen Brief zu lesen war — besaß Minderwertigkeitsgefühle und Lebensängste.

Diese Eigenschaften scheinen sich bei seinem Sohn wiederzufinden: Von seinen Mitmenschen werden ihm ständige Angst vor Ablehnung, vor Kränkungen und eine emotionale Verschlossenheit nachgesagt, zugleich aber eine überdurchschnittliche Allgemeinintelligenz bei herabgesetztem Selbstwertgefühl bestätigt. Daraus entwickelte sich offenbar ein Konflikt, den zu bewältigen er nicht imstande war.

Als er 28 Jahre alt war, verstarb der Vater an einem Herzinfarkt. Ein Patient, der mit einem Herzinfarkt auf die Station eingeliefert wurde und ein apallisches[130] Syndrom entwickelte, erinnerte ihn an seinen Vater, es heißt:

> »Ich habe irgendwie in Herrn Ru. meinen Vater gesehen, ... habe mich vor ihm geekelt, ... hatte Wut auf ihn, irgendwie habe ich dann mit Herrn Ru. meinen Vater umgebracht, ich gab ihm zuerst nur wenig Luft in die Vene, aber er starb nicht, und so war es immer und immer wieder, bis er dann endlich tot war.«

Wolfgang L., so wird ausgeführt, habe sein Handeln verurteilt und es als „etwas Fremdes" empfunden, habe sich nach den Taten als ein „Monster", sich nicht mehr als „er selbst" gesehen und gehofft, dass es nicht mehr vorkomme. Die Grenze zwischen eigenen Wünschen und den Bedürfnissen anderer verwischte sich bei ihm. Er empfand Schuldgefühle, besaß Depressionszustände und entwickelte Suizidgedanken. Das sich Wiederholen der Tötungen wird von psychiatrischer Seite in einem Absinken der inneren Hemmschwelle gesehen. Mit jeder Tat sei die eigene Gefühlswelt weiter zusammengebrochen, eine

---

[130] Siehe: Fall Soliman, Kap. IV, Abb. VI/9.

immer größere Gefühlskälte eingetreten. Durch Töten anderer habe er die eigenen suizidalen Gedanken verdrängt.

Die Tötungen seien keine Morde gewesen, so das Gericht, sondern jeweils »aus einer inneren Aufladung heraus spontan begangen« worden. Es fehle das Mordmerkmal der Heimtücke.

Er wurde am 22. Juli 1993 wegen zehnfachen Totschlages zu 15 Jahren Freiheitsentzug verurteilt.

---

**Vier Schwesternhelferinnen eines Wiener Krankenhauses ermorden durch eine „Mundpflege-Methode" 20 Patienten**

**(Stephanie M., 49-jährig; Waltraud W., 30-jährig; Irene L., 28-jährig; Maria G., 26-jährig)**

Die Morde erfolgen zwischen 1986 und 1990 auf absonderlichste Weise, indem pflegebedürftigen Patienten bei der Mundpflege die Zunge hinunter gedrückt wird. — Während dieses Hinabdrückens können sie nicht schlucken. Sodann wird ihnen Flüssigkeit in den Mund gegossen, die mit der Atmung in die Luftröhre gerät und damit zwangsweise zum Ersticken führt.

Diese Patienten sind arg- und im Grunde wehrlos. Damit ist das Mordmerkmal der Heimtücke erfüllt.

*Stephanie M.* wird wegen siebenfachen Mord*versuches* und fahrlässiger Tötung zu 20 Jahren Freiheitsstrafe verurteilt;

*Waltraud W.* erhält für 15 Morde, 16 Mord*versuche* und zweifacher Beihilfe zum Mord*versuch* sowie zwei schweren Körperverletzungen eine lebenslange Freiheitsstrafe;

*Irene L.* werden fünf Morde nachgewiesen, in zwei Fällen Beihilfe dazu, geahndet mit lebenslanger Freiheitsstrafe;

*Maria G.* erhält für zwei Mord*versuche* einen Freiheitsentzug von 15 Jahren.

Alle vier arbeiten auf verschiedenen Stationen der Inneren Abteilung desselben Krankenhauses. Was hat diese überwiegend jungen Frauen zu ihren Taten angetrieben?

Die älteste von ihnen ist **Stephanie M.** Getötet hat sie nicht als Erste der Angeklagten. Gerüchteweise hätte sie — wie andere Schwestern und auch Ärzte des Krankenhauses — Kenntnis davon erhalten, dass, wenn ihre Kollegin Waltraud W. Dienst tat, mehr Patienten verstürben als zu anderen Zeiten. In einigen Fällen injizierte Waltraut W. den Kranken Traubenzucker in hoher Dosis, so dass sie auf die Überwachungsstation verlegt werden mussten. Beobachtet habe sie ferner bei ihr die Methode, Patienten durch „Mundpflege" zu töten.

Diesen Vorgang habe Waltraud W. ihr sogar vorgeführt. Dazu geschwiegen habe sie aus Furcht, selbst beklagt zu werden.

**Ihre Persönlichkeit:**
Geboren und aufgewachsen ist sie in Slowenien, ist starke Raucherin und Bluthochdruckpatientin. Fünfjährig habe sie einer Scheinerschießung beiwohnen müssen. Der Tod ihrer 52-jährigen, asthmakranken Mutter habe traumatische Erinnerungen bei ihr zurück gelassen.

Einem Gutachter gegenüber berichtet sie:
»Ich bin Mitwisserin ... hab [zuvor] noch nie ... gesehen, wie sie [Waltraut W.] das Wasser hineinschüttet. Ich hab fast 10 Jahre mitgehalten. Ich bin schuldig, weil ich das nicht gemeldet habe.«

Über ihre Kollegin Waltraud W. berichtet sie:
»Ich hatte auch Angst vor der Waltraud, ... Sie beherrschte alles, auch die Stationsschwester, die sie ja manchmal vertreten hat.«

Bis auf das Erlebnis der Scheinerschießung in ihrer Jugend und den Verlust der Mutter finden sich in forensisch-psychiatrischer Hinsicht keinerlei Besonderheiten in ihrem Leben. Sie wird als voll zurechnungsfähig erkannt.

**Waltraud W.** war offenbar die Dominierende unter den vier aufgeführten Täterinnen. In einer Vernehmung gab sie unter Zuhilfenahme eines „Sterbebuches" der Station die Anzahl der von ihr getöteten

Patienten mit 39 an, beginnend mit aktiver Sterbehilfe durch ein zur Narkoseeinleitung verwendbares Medikament (Rohypnol®). Danach sei die „Mundpflegemethode" 'zur Erlösung der „schlechten" Patienten ... zur Gewohnheit geworden.

Ein in gewisser Weise für sie prägendes Erlebnis sei, erlebt zu haben, wie ein Arzt ihrer schwerkranken eigenen Großmutter zur Sterbeerleichterung Morphium injiziert hätte. Dadurch sei ihr verständlich geworden, dass man Todkranken das Sterben erleichtern könne. Von ihren Kolleginnen sei sie wegen der häufigen Toten die „Hexe" genannt worden.

Aus ihren späteren Diensterfahrungen berichtet sie:
»Es war immer so, dass ... die Ärzte auch etwas gespritzt haben, Morphium oder so. Dann haben wir gesehen, wie es den Menschen leichter wird. Es war oft ein stundenlanger Kampf mit dem Tod. ... Manche Ärzte haben es aber nicht gemacht. Die Leute haben immer so gekämpft.
Ich war damals, als ich es gemacht habe, der Meinung, dass es vielleicht richtig war, jetzt weiß ich, es war nicht richtig. [Die Ärzte] haben uns im Regen stehen lassen, ... sind stundenlang nicht gekommen. Und wir hatten die schreienden, verwirrten und sich vor Schmerzen krümmenden Menschen vor uns und konnten nichts dagegen tun.«

In forensisch-psychiatrischer Hinsicht finden sich auch bei ihr keinerlei Besonderheiten. Sie wird als voll zurechnungsfähig eingestuft.

**Irene L.** habe, so wird berichtet, durch Waltraud W. von den Tötungen erfahren und gibt an, dass mindestens 100 Patienten jährlich auf diese Weise umgebracht wurden. Sie berichtet ferner, dass Waltraud W. nach einer derartigen Tötung sich geäußert hätte: „Jetzt habe sie wieder einen eingepackt".

**Ihre Persönlichkeit:**
Als belastend für ihre Persönlichkeitsentwicklung wird, ohne in der Analyse näher darauf einzugehen, lediglich der Tod des Vaters erwähnt. In forensisch-psychiatrischer Hinsicht finden sich auch bei ihr keinerlei Besonderheiten. Sie wird als voll zurechnungsfähig eingestuft.

Maria G. hat, wie auch die anderen drei Helferinnen, die Schwesternausbildung nicht zu Ende geführt. Sie besaß „Lernschwierigkeiten". Ihre berufliche Ausbildung bestand in einem neunmonatigen Kurs für Stationsgehilfinnen. Auch ihr habe Waltraud W. vorgemacht, wie man Patienten „ruhig stellt".

In ihrer Grundhaltung sei Maria G. eher pessimistisch, litt unter Stimmungsschwankungen, sei selbstunsicher und gehemmt. Sie sei keine führende, sondern eher eine von anderen geführte Persönlichkeit, aber in allen ihren Handlungen voll zurechnungsfähig.

Allen vier Helferinnen ist eines gemeinsam: Sie haben ihre Ausbildung als Krankenschwester nicht abgeschlossen. Die Ursachen dafür werden zwar hervorgehoben, aber die Folgen bezüglich der individuell resultierenden Persönlichkeitsentwicklung nicht herausgearbeitet.

In diesem Zusammenhang sei auf die Fachpublikation hingewiesen: MADEA, B., „Die ärztliche Leichenschau", Springer Verlag Berlin (2006).

Der Kardinalfehler, die Todesfälle nicht bereits in ihrer Frühphase erkannt zu haben und somit dem Töten ein Ende zu setzen, liegt bei den Ärzten, die den Totenschein ausstellten, ohne die Leichenschau sachgemäß durchgeführt zu haben! Die Erstickungsblutungen (s. nachfolgende Abb. IV/2) wären nicht zu übersehen gewesen!

**Die Totenscheine wurden „an der Türschwelle ausgefüllt"!**

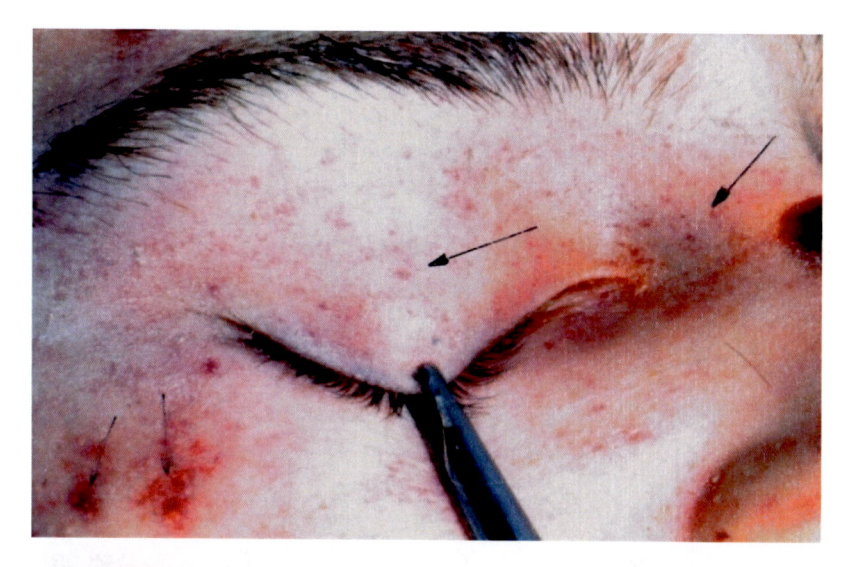

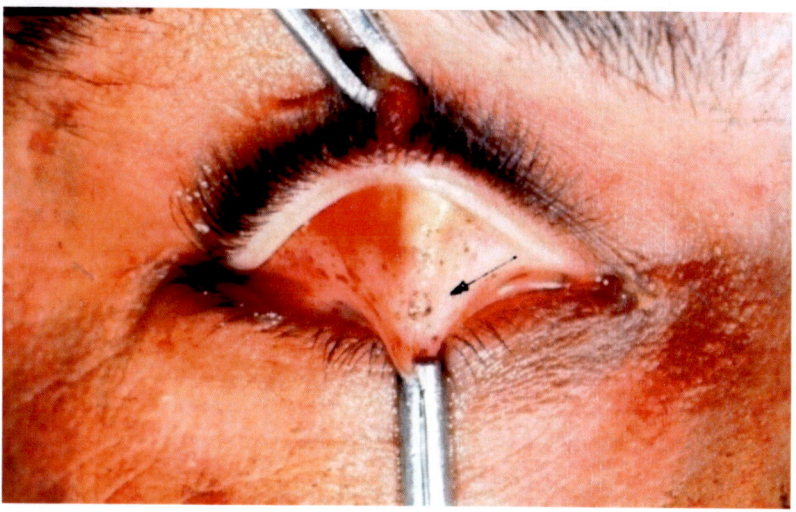

Abb. V/2: Punktförmige Blutungen im Gesicht bei Ersticken. In der Oberlidhaut und unterhalb des Auges (obers Bild), in der Bindehaut des Oberlides jeweils durch Pfeile markiert, Oberlid mit einer Pinzette angehoben (unteres Bild). Für die Aufnahmen und deren Publikationserlaubnis dankt der Autor Herrn Prof. em. Dr. med. Volkmar Schneider, ehemaliger Direktor der Rechtsmedizin Berlin

Wäre bereits bei der ersten Leichenschau lege artis vorgegangen, d.h. hätte der den Totenschein ausstellende Arzt sich die Lidbindehäute der Toten durch Hochklappen der Augenlider angeschaut, so würde er die punktförmigen Blutaustritte (petechiale Blutungen) gesehen haben, wie sie für ein Ersticken typisch sind (vgl. dazu die entsprechenden Fälle im ersten Teil dieses Buches). Aufgrund der dem Hausarzt kommenden Zweifel hätte eine **gerichtsärztliche Leichenschau** angeordnet werden müssen, und die nachfolgenden Tötungen wären mit hoher Wahrscheinlichkeit vermieden worden. Aber welcher Hausarzt macht sich die Mühe, das in der Vorlesung über Rechtsmedizin Gehörte noch einmal zu rekapitulieren?

## Der Fall der Michaela R.

Michaela R., eine vollausgebildete Pflegekraft, 27-jährig, Stationsschwester auf einer Intensivpflegestation eines Krankenhauses, steht im Verdacht, Patienten nicht verordnete Medikamente mit Todesfolge injiziert zu haben.

Michaela R. lebt allein, ohne feste Partnerschaft, leidet unter Stimmungsschwankungen, die sie nach außen durch vorgetäuschte Stärke zu kaschieren versteht. Es fiel auf, dass in ihrer Dienstzeit 1986 häufiger Patienten verstarben als in ihrer Abwesenheit. Das brachte ihr den Spitznahmen „Todesengel" ein.
Sie tötete durch Injektion von Medikamenten in überhöhten Dosen:

**Catapresan®**: Anzuwenden bei leichter Hypertonie zur Senkung des Blutdruckes.
**Baralgin®**: SchmerzsenkendesMedikament.

Die Staatsanwaltschaft wirft ihr vor, zwischen 1984 und 1986 17 Menschen getötet zu haben.

**Ihre Persönlichkeit:**
Michaela R. bekennt in den Befragungen gegenüber den Gutachtern, dass ihr kindliches Verhältnis zur Mutter in gewisser Weise belastet war: »Der Tag deiner Geburt war der schwärzeste in meinem Leben«, habe

ihr die erzürnte Mutter einmal entgegen gehalten. An anderer Stelle heißt es:
> »Ich hatte das vielleicht unrichtige Gefühl, die Mutter erkenne mich nicht an, ich sei dumm. Sie machte mich, sicher unbeabsichtigt, oft nieder.«

Von der Mutter sei ihr oft vorgehalten worden, dass sie noch als „Klofrau" enden werde. Michaela R. erkennt selbst, dass sie mehr hätte leisten können. Auch in ihrer beruflichen Ausbildung erreichte sie vor allem in den theoretischen Fächern trotz ihres Ehrgeizes als Note nur ein „ausreichend".

Wie jeder Mensch nach Anerkennung bestrebt ist, versuchte Michaela R., sie dadurch zu erreichen, dass sie stets zur Übernahme besonderer Aufgaben bereit war. Dennoch kämpfte sie (als Stationsschwester!) gegen die Angst an, die ihr gestellten oder die von ihr übernommenen Aufgaben nicht voll erfüllen zu können. Aus dieser inneren Anspannung heraus baute sie eine Gefühlswelt zwischen Selbstüberschätzung und insuffizientem Selbstwertgefühl auf. Gutachterlich ist bei ihr von einem „symbiotischen Grenzwertverlust"[131] die Rede. Es heißt weiter:
> »Größenideen und der Glaube an ihre eigene Unersetzbarkeit wechselten mit depressiven Stimmungslagen.«

Es hat sich bei ihr, so an anderer Stelle der Begutachtung, während der Belastung, Schwerkranke zu pflegen, eine „unkritische Erlebnisverarbeitung" entwickelt. An dieser Stelle sei hinzugefügt, dass sich diese Art der Erlebnisbegegnung bereits in der Jugend dadurch andeutete, indem sie ihre Unsicherheit überspielte und in solchen Situationen den „Klassenclown" mimte.

Dieses jugendliche „Klassenclown-Gebaren" ging in der Phase ihrer beruflichen Arbeit in „Flapsigkeit" und „zynisch klingende Schnoddrigkeit" über: (»Bis Mitternacht wird sie es wohl geschafft haben.« In einem anderen Fall: »Das dauert nicht mehr lange, ich bin ja jetzt da.«)

---

[131] Symbiose: Zu gegenseitigem Nutzen zusammenleben; Grenzwertverlust: zwischen eigenen und fremden Empfindungen nicht mehr unterscheiden zu können, auch als unbewusst ablaufende Abwehr zu verstehen.

Die Motive für die von ihr begangenen Tötungen (Totschlag in fünf Fällen sowie fahrlässige Tötung, versuchter Totschlag und Tötung auf Verlangen) erklärt sie als eine Form

> »humaner Sterbehilfe, ... eingegriffen zu haben, um Patienten zu erlösen, ... das Menschunwürdige ihrer Situation zu beenden.«

Die Kammer verurteilt Michaela R. nicht wegen Mordes, da das Merkmal der Heimtücke fehlt, sondern erkennt wegen Totschlages auf eine Freiheitsstrafe von elf Jahren.

---

## Der Fall des Reinhard B.

Reinhard B., tätig als Krankenpfleger auf der Intensivpflegestation eines Kreiskrankenhauses, tötet im Alter von 25 Jahren innerhalb von vier Tagen sieben Menschen.

## Zur Persönlichkeit:

Zwischen Reinhard und seinen Eltern habe ein gutes Verhältnis bestanden. Er galt als folgsam, habe als Kind „alles in sich hineingefressen". Er verließ die Realschule wegen unzureichender Leistungen. Auch eine Lehre als Schriftsetzer wurde wegen mangelndem Auffassungsvermögen abgebrochen.

Seine Ausbildung zum Krankenpfleger endete mit der Note „befriedigend". Zum Vater habe er ein inniges Verhältnis gehabt. Als dieser verstarb, war Reinhard B. 22 Jahre alt. Zu jener Zeit machte sich ein körperlicher Zusammenbruch bei ihm bemerkbar (Gastritis, Schlafstörungen, Appetitlosigkeit, Zittern der Hände, Verdacht auf Hirnhautentzündung, der sich jedoch nicht bestätigte). Nach psychiatrischer Untersuchung wird eine schizoide[132] und neurasthenische[133] Persönlichkeitsstruktur mit Hinweisen auf eine hirnorganische Schädigung

---

[132] seelisch zerrissen.
[133] körperlich und seelisch begründete Erschöpfung.

angenommen. (Zu dieser Zeit arbeitete er noch nicht in der Klinik, in der er später die Patienten tötete.) Er wechselte die Arbeitsstelle und begann als Krankenpfleger auf der Intensivstation. Von den Kollegen wird er einerseits als sehr hilfsbereit und wie ein ruhender Pol bezeichnet und andererseits wirke er kontaktarm, introvertiert und ungeschickt im Umgang mit Apparaten, erscheine verunsichert und nervös.

Er hätte, so er selbst, noch nie eine Freundin gehabt. Gutachterlich wird ein erhebliches Missverhältnis zwischen den Einschätzungen festgestellt, die Reinhard B. von sich selbst besitzt und der, die andere über ihn abgeben. Diese Diskrepanz selbst nicht wahrgenommen zu haben, wird gutachterlich als eine Art „Selbstschutz", als persönlich „nicht wahrhaben-wollen" gewertet. Inwieweit darin ein unbewusst ablaufendes Kompensationsbestreben seines bereits aus der Jugend herrührenden gestörten Selbstwertgefühls (Realschul- u. Lehrabbruch, gesundheitlicher Zusammenbruch) zum Ausdruck kommt, sei dahingestellt. Der Intelligenz-IQ-Wert von 87 entspricht einem unterdurchschnittlichen Intellekt, der Handlungs-IQ wurde mit 72 ermittelt und als grenzwertig zur Debilität eingestuft (vgl. Tabelle Kap. X, bei: Der Fall des Joachim Georg Kroll).

Dieser Tatsache trägt die Kammer Rechnung und billigt Reinhard B. eine verminderte Schuldfähigkeit zu. Ungeklärt ist aber die Frage nach den Tötungen, die sämtlich als Körperverletzungen mit Todesfolge eingestuft werden. Der Schuldspruch lautet: Sieben Jahre Freiheitsentzug bei lebenslangem Verbot, in der Krankenpflege zu arbeiten.

Er habe nicht den Tod der Patienten herbeiführen wollen, sondern durch einen „therapeutischen Kraftakt", durch eine vermeintlich bessere Therapie gegenüber der von Ärzten ihren Tod verhindern wollen. Deshalb habe er eigenmächtig die Herzmittel (Lanitop® bzw. Kombetin®) injiziert. Hierin kommt die naive Selbstüberschätzung seines krankhaften Ich-Empfindens zum Ausdruck.

> **Lanitop®**: Herzglykosid pflanzl. Herkunft (Roter Fingerhut), Wirkstoff metildigoxin (Digitoxin), zu verabreichen bei manifester chron. Herzinsuffizienz, steigert die Herzkontraktion, bei Überdosierung toxisch (Herzstillstand, Atemlähmung).
> **Kombetin®**: Herzglykosid, früher unter der Bezeichnung Strophantin bekannt.

Auf die psychiatrische Analyse schizoider Persönlichkeiten detailliert einzugehen, ist nicht Anliegen dieses Buches. Das muss der Fachliteratur vorbehalten bleiben. Zu fragen ist allerdings, ob die Einstellung des Reinhard B. auf eine Intensivstation nach den Vorkenntnissen, die über sein Wirken bekannt waren, nicht als ein Fehler oder sogar als ein Versagen der Klinikleitung einzuschätzen ist?

### Der Fall der Michaela G.

Die zur Tatzeit 27-jährige Altenpflege-Helferin Michaela G. wird im Sommer 2005 unter dem Verdacht festgenommen, zwischen November 2003 und April 2005 Bewohner des Altenheims, in dem sie arbeitete, umgebracht zu haben. Ein halbes Jahr später werden ihr im Prozess vor dem Landgericht Bonn vier Mordfälle, vier Totschlagsfälle und ein Fall von Tötung auf Verlangen nachgewiesen.

Als Tötungsart wurde in sämtlichen Fällen Ersticken mittels weicher Bedeckung (Kissen, Handtuch) festgestellt. Für den Leser ergibt sich die Frage nach dem Motiv der Handlung.

Ihr erstes Opfer ist eine 83-jährige, von einem Schlaganfall betroffene, bettlägerige Bewohnerin, die seit zehn Jahren im Heim betreut wurde. Michaela G. gab bei einer der Vernehmungen an, dass ihr eine 'innere Stimme' aufgetragen habe, die Frau zu töten.(1.)

Ihr zweites Opfer, eine 92-jährige, durch einen früheren Schlaganfall behinderte Heimbewohnerin, tötete sie Weihnachten 2003. Nachdem die Angehörigen nach Hause gegangen waren und Michaela G. sich allein bei ihr am Bett sitzend befand, hörte sie wieder „diese Stimme".

Sie ergriff ein Kissen, das sie ihr auf das Gesicht presste. In der Dokumentation notiert Michaela G.: „sie sei ganz ruhig eingeschlafen". Der Sachkenner weiß jedoch, welche Abwehrreaktion im Todeskampf beim Ersticken bestehen, nachzulesen im übernächsten Tötungsfall. (2.)

Im März 2004 erstickt sie eine 80 Jahre alte, demente und an Herzrhythmusstörungen leidende, sehr unruhige Insassin, der ihrer Unruhe wegen vom Arzt am Abend zuvor ein Beruhigungsmittel verabreicht worden war. Da die Frau morgens immer noch geschrien hätte, würde „die Stimme" wieder verlangt haben: »Du musst sie erlösen.« (3.)

Eine 87-jährige Insassin tötet sie im August 2004, indem sie ihr ein Handtuch auf das Gesicht drückt, sich dabei mit ihrem eigenen Körper auf das Opfer legt, dessen Hände sich unter der Bettdecke befinden und auf diese Weise die Abwehr verhindern. »Du blöde Kuh, jetzt ist endlich Schluss!« seien ihre Gedanken bei der Tat gewesen. – Dazu ist zu bemerken, dass die 87-jährige unter einer Angstneurose litt, ihr Herzschrittmacher könne versagen, dass sie ständig Personal herbeiklingelte und auch demonstrativ eingenässt habe, um Hilfe herbeizuholen. Michaela G. hatte der Frau die Klingel weggenommen, die daraufhin laut um Hilfe geschrien hätte. – Dieses Schreien war offenbar das tatauslösende Moment.(4.)

Eine 84-jährige Heimbewohnerin mit fortgeschrittener Demenz und stark eingeschränkter Beweglichkeit wird durch Michaela G. im Juni 2005 (ohne Angabe konkreter Gründe) erstickt.(5.)

Im April 2005 verstarb im Alter von 93 Jahren eine seit zwei Jahren im Heim lebende, von Ängsten und Unruhe geplagte Frau, deren ständiges Jammern Michaela G. auf die Nerven ging. Da die alte Frau, der Michaela B. einen Waschlappen auf die Stirn gelegt hatte, ständig nach ihrer Mutter rief („Mama, Mama, hilf mir doch"), nahm Michaela B. den Lappen von der Stirn und bedeckte damit Mund und Nase der Frau, bis sie erstickte. Die „innere Stimme", so sagt sie aus, hätte zu ihr gesagt:
»Du brauchst nicht Mama sagen, Deine Mutter hat dich nie gehört.« (6.)

Zwei Wochen später wird eine 83-jährige demente Patientin im Heim von Michaela B. erstickt. In einer der Vernehmungen sagt sie aus, nach ihrer Tat wieder die 'Stimme' gehört zu haben, die sagte: »die braucht nicht mehr leiden, das hast du gemacht«. Um einen Sturz vorzutäuschen, legte sie die Tote auf den Fußboden des Zimmers. Das Gericht geht von Mord aus. (7.)

In sämtlichen aufgeführten Tötungsfällen wurde auch ein schwerer **ärztlicher Kunstfehler** begangen: nämlich der einer unsachgemäß durchgeführten Leichenschau, wie sie bedauerlicherweise durch Hausärzte in zu vielen Fällen erfolgt!

Die ersten drei der Kardinalfragen eines Ermittlers, das *Was*, das *Wo* und *Wie* sind beantwortet. Offen bleibt die Frage nach dem *Warum*, das bedeutet, die Frage nach dem Motiv der Taten zu stellen:

Dazu muss die **Persönlichkeitsstruktur** der Täterin untersucht werden. Michaela B. litt (offenbar seit ihrer Kindheit) an Mythomanie. Darunter wird ein Verhalten (Geistesstörung) verstanden, das in regulären medizinischen Lexika gar nicht aufgeführt ist, obgleich es so selten, dass man es vernachlässigen könnte, nicht vorkommt. Mythomanie stellt eine Lügensucht bei Psychopathen dar, die sich soweit steigern kann, dass die davon betroffenen Personen die von ihnen behauptete Unwahrheit selbst für wahr halten. (Sie kommt nicht nur bei minder gebildeten Personen vor!) In der Öffentlichkeit beschuldigte Michaela B. ihren Vater, dass er sie als Kind ständig missbraucht habe, das gleiche behauptete sie vom Großvater. Ihr wird ein hohes Maß an Suggestibilität[134] bescheinigt.

Sie besaß Suizidgedanken, fügte sich Verletzungen bei, für deren Zustandekommen sie ebenfalls den Vater beschuldigte.

An Auffälligkeiten bei Michaela B. wird ferner beschrieben, dass sie bis zu ihrem neunten Lebensjahr eingenässt habe. Ob organisch-urologische bzw. pathologisch-anatomische Ursachen dafür vorhanden waren, wurde offenbar nicht geprüft. Sie wünschte sich, statt des Mädchens ein Junge zu sein, um später den Bauernhof der Eltern

---

[134] Leicht beeinflussbar für Suggestionen.

übernehmen zu können. Aus dieser Störung ihres Identitätsempfindens entstand eine sexuelle Entwicklungsstörung mit Unsicherheit, Ängsten und Depressionen und dem Wahrnehmen einer Stimme.

Im 18. Lebensjahr zog sie aus dem Elternhaus aus. Gab danach mehr Geld aus, als ihr zur Verfügung stand. Ihr Schuldenstand belief sich auf ca. 10.000 Euro, heißt es im 72 Seiten umfassenden Gerichtsurteil. Darin wird auch vermerkt, dass sie extrem übergewichtig sei.

In einer ihrer Äußerungen heißt es:

> »... die Lügen nahmen bei mir ihren Lauf. Es gab soviel Liebe, wenn ich etwas falsch erzählt habe. Die Leute hörten einem zu und nahmen einen in den Arm. Seitdem wurde der Berg der Lügen immer größer.«

Die Lügen wurden von ihr erfunden, um wegen mangelnden Selbstvertrauens Aufmerksamkeit auf sich zu lenken und eine auf Mitleid ausgerichtete Wertschätzung zu erfahren. Sie fühlte sich dadurch in den Mittelpunkt ihrer Umgebung gerückt. Autoritätspersonen gegenüber verhielt sie sich dependent, bei Gleichgestellten oder Untergeben dagegen legte sie ein dominantes und rechthaberisches Verhalten an den Tag.

Das Landgericht Bonn erkannte in vier der aufgeführten Fälle auf Mord, in vier Fällen auf Totschlag, in einem Fall auf Tötung auf Verlangen.

Es wurde eine lebenslange Freiheitsstrafe verhängt. Die weitere Ausübung ihres Berufes wurde der Verurteilten untersagt.

---

## Der Fall des Roger A.

**Roger A.**, zur Tatzeit 32 Jahre alt und tätig als Krankenpfleger in einem Altenwohnheim, wird durch die Staatsanwaltschaft des Kantons Luzern vorgehalten:

> »... in der Zeit von Anfang März 1995 bis zum 27. Juni 2001 in 22 Fällen den Tod von Bewohnerinnen und Bewohnern mehrerer Pflegeheime herbeigeführt zu haben.

Er war als Pfleger für seine Opfer verantwortlich. Der Angeklagte ging regelmäßig nach einem gleichen oder ähnlichen Muster vor. Er drückte seinen Opfern entweder Plastiksack oder/und ein Frotteetuch auf das Gesicht oder verabreichte ihnen ein Sedierungsmittel. Gelegentlich kombinierte er diese Methoden. Er ist auf die beiden Fälle BA und BB durchwegs geständig.«

Da ihm in 22 Fällen Mord und in fünf Fällen Mordversuche nachgewiesen wurden, wird er durch das Kriminalgericht Luzern im Januar 2005 zu einer lebenslangen Freiheitsstrafe verurteilt.

Bei der Appellationsverhandlung[135] vor dem Obergericht des Kantons Luzern vom 15. Feb. 2006, dessen Schriftsatz dem Autor vorliegt, wird das Urteil in einer 54-seitigen Begründung im Wesentlichen bestätigt.

Schon bei seiner ersten Vernehmung gesteht er:
»Ich habe bei einigen Bewohnerinnen nachgeholfen, damit diese sterben durften. Insgesamt habe ich im letzten Jahr bei ungefähr vier bis fünf Bewohnerinnen aktive Sterbehilfe aus Empathie[136] geleistet.«

Seine Tötungsserie begann im März 1995, indem er einer 76-jährigen Bewohnerin einen Plastiksack auf das Gesicht drückte, bis diese erstickt war. Derselben Insassin hatte er eine Woche zuvor schon einmal einen Plastiksack auf das Gesicht gedrückt, jedoch damit aufgehört, bevor sie verstarb. Dazu äußerte er sich später mit den Worten:
»Das war einfach so eine Idee von mir. Ich wusste nicht, ob es wirklich klappen würde, ich hab das einfach mal ausprobiert.« (1.)

Im Februar 1999 reichte er einer 89-jährigen Insassin einen stark sedierend wirkenden Trunk (Nozinan®), Berichten zufolge mit den Worten, „mit diesem Trunk könne sie zu ihrem verstorbenen Mann". Die Frau trank und verstarb. Er hatte sich zuvor mit dem Leben dieser Frau eingehend beschäftigt, eine Abschlussarbeit darüber geschrieben.

---

[135] Berufungsverhandlung.
[136] Wörtlich: „heftige Leidenschaft", psychologisch: sich in die Einstellung anderer hineinversetzen zu können.

Er hätte sie erlösen wollen, anschließend habe er sich entspannt gefühlt. (2.)

Im gleichen Pflegeheim tötete er zur selben Zeit eine 86-jährige Bewohnerin, indem er ihr ein Beruhigungsmittel (Flurazepan®) reichte und danach einen Plastiksack benutzte, um sie zu ersticken, sie zu „erlösen", wie er später vorgab. (3.)
(Bei diesen ersten drei Tötungen befand er sich noch in der Ausbildung zum Krankenpfleger.)

Im Mai 1999 tötete er eine 81-jährige Bewohnerin durch ein Beruhigungsmittel, ob sie ebenfalls erstickt wurde, ließ sich nicht feststellen. (4).

Einen Monat später erstickte er die 88-jährige Frau B.B. mittels eines Plastiksackes und eines Tuches. Vier Tage zuvor hatte er schon einmal versucht, sie zu töten. Sie hätte sich gewehrt, daraufhin habe er sein Vorhaben aufgegeben. Der Tod sei aber für die Frau eine Erlösung gewesen, gibt er an. Er selbst habe sich überfordert gefühlt. (5.)
Dem Autor sowie sicher auch den Lesern drängt sich die Frage auf, warum die Bewohnerin nach dem ersten Mordversuch den „Vorfall" nicht anzeigte.

Knapp drei Wochen später erstickte er im selben Heim einen 81-jährigen Mann wieder durch Verabreichen eines Beruhigungsmittels und danach mittels eines Plastiksackes sowie eines Tuches. Als Tatmotiv gibt er bei der Vernehmung an, dass das Opfer allen Pflegekräften gegenüber sehr aggressiv gewesen sei, gekratzt und gebissen habe. Er habe den Patienten zum Wohle aller, auch zu seinem eigenen umgebracht. (6.)

Die übrigen Opfer bringt er in stets gleicher Weise um: Gabe von Beruhigungsmitteln, danach Ersticken durch weiche Bedeckung. — Wieder erhebt sich die Frage bezüglich der nachlässig durchgeführten Leichenschau. Die vorhandenen Ecchymosen (Punktblutungen) an den Prädilektionsstellen hätten bei sachgemäßer Leichenschau auffallen müssen, noch zumal, da einige der Opfer sich gewehrt hatten und bei deren späteren Obduktionen Kehlkopfbrüche vorgefunden wurden (vgl. dazu den Fall: Erdrosseln im Krankenbett, Kap. I S. 113).

In der Urteilsbegründung heißt es:
»Der Umstand, dass einzelne Opfer zum Teil heftige Gegenwehr übten, ist bei der Qualifikation der einzelnen Tötungshandlungen aber nicht völlig zu vernachlässigen. Vielmehr ist dies bei den jeweiligen Opfern im Einzelfall bei der Beurteilung der Glaubhaftigkeit des vom Angeklagten vorgebrachten Motivs des Mitleids zu berücksichtigen. Je mehr sich ein Opfer gegen die Tötung gewehrt und damit seinen Lebenswillen bekundet hat, desto weniger erscheint der angegebene Beweggrund für das Handeln des Angeklagten glaubhaft. ... Zunächst ist noch auf die weiteren Mordkriterien in allgemeiner Hinsicht einzugehen.

Fraglich ist unter dem Aspekt der Tatausführung weiter, ob das Vorgehen des Angeklagten als heimtückisch zu bezeichnen ist. Heimtücke liegt nach der Rechtsprechung vor, wenn der Täter [sich] zuerst das Vertrauen des Opfers erschleicht, um es dann unter Ausnutzung seiner Arg- oder Wehrlosigkeit zu töten oder wenn er eine bereits bestehende Vertrauensstellung missbraucht[137].

Arglos ist, wer sich im Zeitpunkt der Tat keines Angriffs von Seiten des Täters versieht.«

**Die Persönlichkeitsstruktur des Täters und seine Tatmotivation:**

Als Roger A. elf Jahre alt war, wurde die elterliche Ehe geschieden. Danach verzog die Mutter von der Schweiz zu einem neuen Lebenspartner nach Deutschland. Ihre beiden Kinder, Roger und seine jüngere Schwester, nahm sie mit. Zwischen Roger und dem neuen Lebenspartner der Mutter, seinem Stiefvater, entwickelten sich Spannungen.

Nach Beendigung der Schule versuchte er zwei Berufsausbildungen, die ohne Abschluss endeten. Von Seiten des Stiefvaters wurde ihm vorgehalten, dass er zu nichts tauge. Er fühlte sich als 'Verlierer' und entwickelte offenbar ein mangelhaftes Selbstwertgefühl.

---

[137] STRATENWERTH/JENNY, Schweizerisches Strafrecht, Bes. Teil I, 6. Auflg. Bern (2003) sowie: SCHÖNKE/SCHRÖDER, Komm. zum deutschen StGB. 26. Auflg. München (2001).

Eine Frau, mit der er zusammen lebte, ermutigte ihn, sich als Pflegehelfer ausbilden zu lassen. Später wurde er Krankenpfleger. In seinem Umfeld wird er von den Kollegen einerseits als egozentrisch und dominierend, von anderen hingegen als höflich und zuvorkommend beurteilt.

Im psychiatrischen Gutachten wird davon ausgegangen, dass psychosoziale Auffälligkeiten unverkennbar sind, so seine narzisstischen Persönlichkeitsmerkmale, die jedoch die Schuldfähigkeit[138] nicht einschränken.

Als Tatmotiv führt er im Falle gegen Frau M.A. Antipathie an, für andere Fälle macht er Überforderung und Empathie geltend. Was er getan habe, sei aktive Sterbehilfe gewesen. Einesteils fühlte er unterbewusst, dass die Pflege alter, meist gebrechlicher Menschen für seine (vorgeschädigte!) Persönlichkeitsstruktur nicht der geeignete Beruf war, jedoch fügt er in der Befragung hinzu:
> »Ich stand kurz vor dem Examen. Ich war glücklich, dass ich es geschafft habe.«

Von der Staatsanwaltschaft wird geltend gemacht: ... dass es sich bei einigen Tötungen um einen sogenannten Eliminationsmord handele, bei dem sich der Täter einer von ihm als lästig empfundenen Person entledigen will. Der Täter handelt in solchem Falle aus krassem Egoismus, er tötet, um eigene, nicht essentiell wichtige Interessen zu verfolgen. Der Angeklagte sei bestrebt gewesen, sich selber von anstrengenden, aggressiven Menschen zu befreien und zwar aus Antipathie.

Die Zwiespältigkeit zwischen der oben erwähnten Tatsache, sich in seiner jugendlichen Entwicklungsphase als 'Versager' gefühlt zu haben und nun die Hoffnung zu besitzen, durch sein bestandenes Abschlussexamen als Krankenpfleger endlich die stets gesuchte Anerkennung zu finden, reichten für eine Festigung seiner geschädigten Persönlichkeitsstruktur offenbar nicht aus.

---

[138] Schuldunfähigkeit: krankhaft bedingte Unfähigkeit, das Schuldhafte einer Tat zu erkennen und entsprechend zu handeln.

Die unterbewusst ablaufenden Versagensängste blieben bestehen. Auch in diesem Fall ist davon auszugehen — obgleich nicht expressiv von ihm ausgedrückt — dass das eigentliche Tatmotiv in einem Machtausüben-wollen, in einem Sich-beweisen-wollen bestand. Denn es heißt in seiner Aussage:

»Das 'etwas beweisen müssen' könnte einen Zusammenhang mit meinen Taten haben. ... Ich war ein Täter, der sich die Freiheit nahm, Gott zu spielen und über Leben und Tod zu entscheiden. ... Ich hatte auf eine Art Angst [vor dem] was ich mache. Ich zitterte sogar ein bisschen. Trotzdem dachte ich, dass ich das Richtige mache, wenn ich sie so erlösen könne. Danach hat mich das schlechte Gewissen geplagt. Ich war unruhig. Ich kannte mich selber nicht mehr.« — An anderer Stelle heißt es: »Ich war wie gefangen in mir [hoffte], das Ganze höre mit der Zeit auf.«

Aus diesem Satz offenbart sich eine zwanghafte Haltung, unter der er vor und während der Handlung gestanden zu haben scheint. In anderen Fällen wird Mitleid glaubhaft. In wieder anderem Zusammenhang äußert er, Antipathie gegen ein Opfer gehabt zu haben. Auch das ist glaubhaft. So ergibt sich ein Komplex von Motivationen, resultierend aus übersteigertem, eigengefälligen Narzissmus, offenbar herrührend aus in der Jugend geprägten Versagensängsten mit dem Bedürfnis ihrer Kompensation.

Dass er seinen Opfern vor ihrer Tötung einen Beruhigungstrunk reichte, ist verteidigungsmäßig als „fürsorglich" zu werten, ihnen das Gesicht beim Ersticken zugleich auch mit einem Tuch zu bedecken, wurde als Ausdruck gewertet, die Todesangst, die sich im Gesicht der Opfer zu erkennen gibt, nicht mit ansehen zu müssen. Die Handlungsweise der zwei aufgeführten Fälle, in denen er das Erstickenwollen der Opfer unterbrochen hatte und später in gleicher Weise fortsetzte, entspricht dem Handlungsgeschehen der Grausamkeit.

## Der Fall des Rudi Z., (Az.:30 Ks 1/75 46/75 V:1-302)

**Rudi Z.**, ein Familienvater, ist zum Tatzeitpunkt 43 Jahre alt und leitender Krankenpfleger in einem evangelischen Altenheim. Ihm unterstehen zwei examinierte Pflegerinnen und zehn Helferinnen. Mit den Bewohnern pflegt er einen höchst unfreundlichen Umgangston (»Halt die Schnauze, Drecksau, hoffentlich bist du bald kaputt«) und ähnliche Begriffe auch erotischer Art, auf deren Wiedergabe hier verzichtet werden soll.

An einem kalendermäßigen Totensonntag injizierte Rudi Z. einer hinfälligen Bewohnerin ein Medikament, zog ihr unmittelbar danach das Laken übers Gesicht. Wenig später war die Frau tot.

Der Arzt bescheinigte einen 'Tod aus natürlicher Ursache': Bronchopneumonie. Wie hatte er die festgestellt?

Ein inkontinent gewordener Patient beklagte sich bei einem seiner Angehörigen über Rudi Z. mit den Worten:
»Du glaubst gar nicht, was der alles mit mir macht. Das ist ein Schwein, eine Bestie. Ich brauche Hilfe. Du darfst mich nicht allein lassen«.

Nach zwei Injektionen, die zwei Schwesternschülerinnen auf die Weisung ihres Vorgesetzten Rudi Z. dem Patienten zu geben hatten, verstarb der Mann.

In einem anderen Fall forderte er ebenfalls zwei Helferinnen auf, einer Bewohnerin eine Injektion zu geben. Da diese das ablehnten, griff er selbst zur Spritze und zog ihr danach mit der Bemerkung »jetzt wird sie bald tot sein« die Decke über den Kopf. Auf dem Totenschein stand: Herz-Kreislaufversagen!

Es erübrigt sich, die weiteren Tötungen im Detail aufzuführen, vermerkt sei allerdings, dass zwei der Schülerinnen Bericht erstatteten. Die beiden wurden auf ihre Schweigepflicht hingewiesen und ihnen gesagt, dass die Einrichtung sich keinen Skandal leisten könne. Sie würden doch schließlich ihr Examen bestehen wollen. Rudi Z. sei Diakon und im Übrigen werde der liebe Gott schon alles richten!

Dennoch wurde Strafanzeige gestellt und Rudi Z. vom Dienst suspendiert. Das Ermittlungsverfahren gegen ihn wurde eingestellt! Er begann — offenbar ohne, dass nachgeprüft wurde — in einem katholischen Krankenhaus als leitender Stationspfleger auf einer chirurgischen Frauenstation. Nach anfänglicher Anerkennung durch seine ihm unterstellten Mitarbeiterinnen äußerte eine Krankenschwester: „Alle Patienten, die Rudi Z. in die Hände kriegt, sind sofort tot." Er wurde in die chirurgische Ambulanz versetzt, danach schied er aus dem Krankenhaus aus und nahm eine neue Stelle in einem anderen Krankenhaus an.

In diesem Haus geriet er auch unter Verdacht, Diebstahl begangen zu haben. Einige der verschwundenen Sachen wurden bei ihm gefunden, darunter über 100 Ampullen der unterschiedlichsten Betäubungsmittel, unter anderem auch in seiner Wohnung.

Die Ermittlungen führten zu dem Vorwurf durch das Landgericht Wuppertal, in zwei Fällen Mord begangen zu haben, in vier Fällen wurde er des versuchten Mordes für schuldig befunden und zu einer lebenslangen Freiheitsstrafe verurteilt.

**Zur Persönlichkeitsstruktur des Rudi Z.:**

Er wurde 1929 in Sachsen geboren. Er besaß zwei Schwestern, als Kind habe er sich in seinem Elternhaus ihnen gegenüber benachteiligt gefühlt. Bei den Befragungen durch die Gutachter wird herausgearbeitet, dass Rudi Z. im Nationalsozialismus eine Vorbildwirkung sah, ebenso in seinem nationalsozialistisch orientierten Großvater. Von diesen „Leitbildern" fühlte er sich in seinen jugendlichen Allmachtsfantasien enttäuscht. Am Ende des zweiten Weltkrieges ist er 16 Jahre alt. Die Ausbildung in der Diakonie scheiterte zunächst. Er geriet in eine Identitätskrise. In den 23 Jahren seiner beruflichen Tätigkeit arbeitete er in 29 verschiedenen Arbeitsstellen. Er ist zweimal geschieden. Ihm werden einerseits aus Enttäuschungen resultierende Versagensängste und persönliche Insuffizienzgefühle bescheinigt, die kompensatorisch zu Größenphantasien führten, welche er aufgrund seiner neurotisch-psychopathischen Veranlagung während der Arbeit in der pflegerischen Tätigkeit nicht zu beherrschen verstand.

## Der Fall des Olaf D., bekannt geworden als „Oma-Mörder von Bremerhaven"

Ein ambulant tätiger, 32-jähriger Altenpfleger tötet innerhalb von nur zehn Tagen fünf alleinlebende Rentnerinnen in ihren Wohnungen. Opfer sind seine ehemaligen Patientinnen. Ein sechstes Schadensopfer überlebt. Er mordete nicht wie „Jack, the Ripper"[139] aus Tötungsgier, sondern um Bargeld zu erbeuten. Ihm wurde seine Großmannssucht zu einem „lebenslänglichen", strafrechtlichen Verhängnis.

(Grundlage der Darstellung dieses Falles ist das 42-seitige schriftliche Urteil des Landgerichts Bremen mit der darin enthaltenen psychiatrischen Begutachtung des Täters.)

### Täterpersönlichkeit
Olaf D. wird von seiner 23-jährigen Mutter außerehelich geboren. Nach einer Heirat seiner Mutter wird er vom Stiefvater adoptiert und wächst zusammen mit zwei Halbgeschwistern auf. Besondere Auffälligkeiten seiner Jugendentwicklung sind aus den, dem Autor zur Verfügung stehenden Unterlagen, nicht erkennbar.

### Soziales Umfeld:
Ab 01.Aug. 1994 bis 31.Juli 1997 erfolgte eine Ausbildung zum Krankenpfleger in einem Stadtkrankenhaus. Während dieser Zeit Aufstockung seiner Ausbildungsvergütung durch die Bundeswehr, bei der er langzeitig gedient hatte, von 600,- DM auf monatlich 2600,- DM.

Seit 1996 lebte er mit seiner späteren Ehefrau (einer Krankenschwester) zusammen. Beide verfügten über ein monatliches Nettoeinkommen von ca. 6300,- DM. Die Eheschließung erfolgt am 16. Mai 1999; die Ehe scheitert bereits nach einem Jahr.

Zum Verhängnis wurde **Olaf D.** seine Lebensweise, die er in der Gerichtsverhandlung selbst als eine »gewisse Großmannssucht« bezeichnete. Im schriftlichen Urteil heißt es dazu:

---

[139] Siehe dazu Glossar.

»Da die anderen Kredite für die vorherigen [gekauften] Autos jedoch nicht getilgt waren, mußte der Angeklagte nicht nur die Leasingraten aufbringen, sondern auch mehrere Kredite abzahlen. ... Gleichwohl interessierte er sich weiter für luxuriöse Fahrzeuge, unternahm Probefahrten u.a. mit der Mercedes S-Klasse, kaufte einen Range-Rover für 100.000,- DM und bestellte zugleich einen Audi A 4 mit Sonderwünschen.«

Der Schuldenstand der zu dieser Zeit noch existierenden Familie D. beträgt etwa 70.000 DM. Dennoch, so wird berichtet, sei Olaf D. bisweilen mit dem Taxi zur Arbeit gefahren.

Auf seiner Arbeitsstelle als stellvertretender Pflegedienstleiter mit einem Gehalt von 3500,- DM werden Diebstähle bekannt. Am 4. Sept. 2000 erfolgt eine Anzeige; Olaf D. wird zu einer Geldstrafe von 30 Tagessätzen (á 20,- DM) verurteilt.

Im April 2001, die Ehe ist bereits geschieden, kommt er in Kontakt mit einer Frau S.R. aus dem Prostituierten-Milieu. Es heißt diesbezüglich im Urteil:

»Für die Dienste von S.R. bezahlte er vier- oder fünfmal Beträge zwischen 300,- und 600,- DM. Dann kamen sich beide jedoch näher. ... Er gab ihr gegenüber an, daß er in einer leitenden Funktion ... tätig sei und ein monatliches Nettogehalt von 9.800 DM erziele.«

Und weiter:

»Er [Olaf D.] hatte nicht bemerkt, daß seine Zuneigung von [der Prostituierten] nicht ... erwidert wurde, sondern es ihr ... darauf ankam, ihn als vermeintlich potentiellen „Kunden" weiterhin finanziell auszunehmen. ... [Sie] steigerte ihre Forderungen bis zu 800,- DM und sah es auch gerne, daß der Angeklagte Ende Mai 2001 ein Auto für etwa 80.000 DM für sie beide bestellte und auch eine Schiffsreise für ca. 24.000 DM optionierte. ... Sie stellte weitere Geldforderungen und verband diese mit der Drohung, daß sie wieder — wie früher — der Prostitution nachgehen müsse, wenn er ihr das Geld nicht geben würde. In dieser Situation kam es zu den Taten des vorliegenden Falles.«

Am 6. Juni 2001 wurde ihm sein Arbeitsverhältnis wegen Unterschlagung fristlos gekündigt. Olaf D. brauchte dringend Geld, um der S. R. gegenüber vermögend zu erscheinen. Er hatte sich seiner Patientinnen erinnert, bei denen er Bargeld vermutete. Den ersten Mord hatte er am Vortage bereits begangen:

Sein erstes Opfer (die 87-jährige Lisbeth N.) erstickte er am 5. Juni 2001 in ihrem Bett mit einem Handtuch, nachdem er ihr zuvor das Versteck ihres Bargeldes abgepresst hatte. Seine Beute, etwa 350 DM übergibt er nach der Tat der Prostituierten S. R., ohne dass diese erfährt, woher das Geld stammt, denn sie wähnte ihn „vermögend".

Zu beachten ist in diesem Fall, zu welcher psychischen Erregung die **erste Tötung** bei einem Täter führt. In der Urteilsbegründung heißt es dazu:

>»Nach der [ersten] Tat war der Angeklagte zunächst über sich [selbst] entsetzt. Es entsetzte ihn, daß er als jemand, der Gewalt ablehnte und sogar schon seit seiner Kindheit befürchtete, mit der ihm zur Verfügung stehenden Kraft jemals einen anderen zu verletzen, in der Lage war, seinen gedanklich gefaßten Plan tatsächlich in die Tat umzusetzen und — insofern in Abweichung von seinen ursprünglichen Vorstellungen — sogar einen Menschen zu töten. Sein erbeutetes Geld übergab er am 06.06.2001 an S. R.«

Am 7. Juni 2001 wird die 85-jährige Rentnerin Margarethe M. sein nächstes Opfer, ebenfalls im Bett erstickt, nachdem sie ihm zuvor 850,- DM freiwillig übergeben hatte und dafür einen Kuss von ihm begehrte.

Am 10. Juni 2001 überfällt er die 83-jährige Helene K. in ihrer Wohnung, erstickt sie, nachdem er zuvor das Versteck ihres Geldes von ihr erpresst hatte. Die Beute: weniger als 250 DM.

Am 12. Juni 2001 verschafft er sich Zugang zu der Wohnung der 85-jährigen Rentnerin Lieselotte S., erstickt sie mit einem Kissen, zerbricht ihr dabei die Wirbelsäule. Bevor er nach Geld suchen kann, wird er durch Klingeln an der Wohnungstür gestört.

Am 14. Juni 2001 besucht er die 89-jährige ehemalige Patientin Anneliese K., erstickt sie mit einem Kissen, verlässt die Wohnung, ohne nach Beute zu suchen, da er in zeitliche Bedrängnis geriet.

Im unmittelbaren Anschluss an die begangene Tat fährt er zur Wohnung einer anderen ehemaligen Patientin (der 82-jährigen Rentnerin Martha N.), presst ihr das Geldversteck ab (700 DM im Besenschrank und 3000 DM in einer Geldkassette). Während des Erstickungsvorganges habe die Überfallene sinngemäß geäußert: »Jungchen, nimm dir doch das Geld aber tu mir nicht mehr so weh.«

Da das Telefon klingelt, verlässt Olaf D. fluchtartig den Tatort. Die Bewusstlose überlebt und kann den Täter später identifizieren. Zu beachten ist in diesem Zusammenhang, aber zugleich auch höchst verurteilungswürdig, dass sämtliche, den Totenschein ausstellenden Ärzte einen <u>natürlichen</u> Todeseintritt bescheinigten! Er wurde wieder „von der Türschwelle" her ausgestellt. Aus der psychiatrischen Begutachtung geht hervor, dass Olaf D. vermutlich weitergemordet hätte, wäre sein sechstes Opfer nicht am Leben geblieben.

Im psychiatrischen Gutachten wird ferner hervorgehoben, dass sich
»unter einer oberflächlichen Fassade der Freundlichkeit, Hilfsbereitschaft und Wohlerzogenheit [des Olaf D.] eine Aggressivität zeige, die von ihm wenig in seine Persönlichkeit habe integriert werden können.

Auffallend an den Schilderungen des Angeklagten sei ebenfalls das deutliche Geleitetsein von Wunschvorstellungen, die mit seiner realen Existenz und Lebensführung nichts zu tun hätten. ... [Für ihn] habe im Vordergrund gestanden, sich soziale Anerkennung und Bewunderung durch äußere Güter zu verschaffen. Der Ange-klagte habe sich in einer Wunschwelt verloren, in der das Realitätsprinzip, welches durch das verfügbare Geld abgebildet werde, ausgeblendet habe. ... Gleichwohl bestehe bei dem Angeklagten weder eine Krankheit aus der Merkmalskategorie der krankhaften seelischen Störung noch Schwachsinn noch eine tiefgreifende Bewußtseinsstörung. Vielmehr habe es sich um eine zunächst *tagträumerische Phantasie* gehandelt, die der Angeklagte dann in der Verhandlungssituation gezielt in betrügerische Absicht eingesetzt habe.«

Im Gutachten wird ihm ein IQ-Wert von 97 bescheinigt. Da der Angeklagte als voll schuldfähig angesehen werden muss, wird er am 22. November 2001 durch die Große Strafkammer des Landgerichtes Bremen wegen versuchten Mordes zu einer Freiheitsstrafe von 15 Jahren und wegen fünffachen Mordes zu lebenslanger Freiheitsstrafe verurteilt.

## Der Fall der Dr. med. Mechthild B.

Dr. Mechthild B. (61) betrieb eine Arztpraxis in der Nähe Hannovers und unterhielt darüber hinaus Belegbetten in der Paracelsus-Klinik Langenhagen (Hannover). Im Frühjahr 2003 fällt Mitarbeitern der AOK Niedersachsen eine ungewöhnlich hohe Zahl an Todesfällen in der Paracelsus-Klinik Langenhagen auf. Sie konzentrieren sich auf die von Dr. B. betreuten Patienten. Die Staatsanwaltschaft beginnt mit den Ermittlungen. Manche der Todesfälle liegen bereits um Jahre zurück.

Im Jahre 2003 wird die Ärztin Mechthild B. vor der 13. Großen Strafkammer des Schwurgerichtes Hannover des Totschlages nach §212 angeklagt, begangen zu haben an 13 ihrer Patienten in den Jahren zwischen 2001 bis 2003, indem sie ihnen überhöhte Dosen von Morphin und Diazepam® verabreichte.

> **Diazepam** Ratiopharm wird als Psychopharmakon geführt (s. „Rote Liste") bzw. in Pharmakologie-Lehrbüchern als Anti-epileptikum.

In zwei der Fälle soll das Merkmal der Heimtücke, also das des Mordes, geprüft werden, meldet die ÄRZTEZEITUNG.De. vom 24. Januar 2011.

Einer der sechs vor Gericht verhandelten Sachverhalte betrifft den Fall der **Huiberdina A.**, einer 80-jährigen, chronisch lungenkranken Patienten. Sie wird wegen einer Durchfallerkrankung eingewiesen, verbleibt fünf Wochen mit wechselndem Wohlgefühl in der Klinik. Am 3. Februar 2003 werden die Angehörigen wegen des präfinalen Zustandes der Mutter benachrichtigt. Sie erscheinen am Krankenbett und finden, wie sie später als Zeugen vor Gericht aussagten, keineswegs eine sterbende Patientin vor. Erst zwei Tage später verstirbt sie. In den wenigen sachdienlichen Informationen, die zur Verfügung stehen, wird berichtet, dass die Ärztin ihr zuvor Morphium, Atosil® und Fluspi® verabreicht hätte.

> **Atosil®**: Wirkstoff ist Promethazin, Anwendung bei Erregungszuständen psychiatrischer Grundkrankeit. Mögliche Nebenwirkung: Bei vorbestehender respiratorischer Störung kann dosisabhängig eine zentrale Atemdepression auftreten.

> **Fluspi®**: Wirkstoff ist Fluspirilen, ein Neuroleptikum zur Langzeitanwendung und Rezidivprophylaxe bei schizophrenen Psychosen. Mögliche Nebenwirkung: Müdigkeit, zerebral bedingte Krampfanfälle.

(Eine Obduktion der 2003 Verstorbenen ist offenbar nicht erfolgt, ein Klärungsversuch vor Gericht erfolgt erst Jahre später.)

Der Sachverständige Dr. med. Schwartau, Kardiologe und Internist, tätig für die AOK Niedersachsen, einer derjenigen, die den Prozess ins Rollen gebracht hatten, vertritt die Auffassung, die Angeklagte habe fehlerhaft gehandelt. Die gleiche Ansicht vertritt ein zweiter Gutachter, Prof. em. Dr. med. Michael Zenz, Anästhesist und Schmerztherapeut. Die Gabe der Präparate Atosil® und Fluspi® sei nicht indiziert und die Dosis von Morphium zu hoch gewesen.

Die seitens der Verteidigung bemühten Gutachter, namentlich Dr. med. Rafael Dudziak, emeritierter Anästhesist, konnten den Vorwurf nicht widerlegen.

Besondere Bedeutung gewinnt die Aussage einer Pflegekraft, dass die verwendeten Diazepam®-Ampullen sogar besonders gekennzeichnet wurden. Das spricht nicht für die Angeklagte. Ihr wurde die Frage vorgelegt, woran sie denn gemerkt habe, dass ein Mensch im Sterben läge. Darauf soll sie geantwortet haben:
>»Ich spürte, wenn ein Patient keine Aura mehr hat.«

Diese Wortwahl ist für einen Schulmediziner höchst ungewöhnlich.

Ein anderes Geschehen betrifft den an einem Tumorleiden schwer erkrankten Patienten Wolfgang S.: Gutachter **Michael Zenz** (Schmerztherapeut, s.o.) argumentiert: Die Angeklagte habe dem Patienten Wolfgang S. zu hohe Dosen Morphium und Valium verabreicht, daran sei er „mit an Sicherheit grenzender Wahrscheinlichkeit" verstorben.

Der von der Verteidigung hinzugezogene Gutachter Dr. med. **Weskott**, Internist, belegt anhand von Ultraschallaufnahmen die Existenz von vier faustgroßen Tumorgeschwülsten in der Leber, Metastasen in Lunge und Gehirn sowie eine Krebsgeschwulst in der Speiseröhre und argumentiert:

>»Dieser Patient habe sich in einem präfinalen Zustand befunden. ... Alle Befunde waren klar, eine Therapie gab es nicht mehr.«

Ein weiterer Fall: Die Insassin eines Pflegeheimes mit desolatem Allgemeinzustand (Herz-, Atem- und Niereninsuffizienz, Anämie) stürzt, sie kommt in die Paracelsus-Klinik. Erst aus der Zeitung erfährt der Ehemann von dem sturzbedingten Beckenbruch seiner Frau. Ein Herzschrittmacher war entfernt, aber nicht wieder eingesetzt worden.

Die Verteidigung hält dagegen, die Angeklagte habe ihre Patienten lediglich beim Sterben schmerzlindernd begleitet, weder habe sie den Tod ihrer Patienten gewollt noch ihn fahrlässig oder gar vorsätzlich herbeigeführt. (Zu den gesetzlichen Bestimmungen erlaubter Mittel bei Sterbehilfe s. Kapitel Suizid.) In den 72 Verhandlungstagen werden nur sechs der ihr angelasteten 13 Fälle behandelt. (Vom Medizinischen Dienst der Krankenkasse, die das Verfahren in Gang gebracht hatte, waren insgesamt 76 Fälle als fragwürdig hingestellt worden.) Im Verlaufe der Verhandlungen wird der Ärztin die Approbation aberkannt. — Am 24. Januar 2011 wird sie in ihrer Wohnung tot aufgefunden, mutmaßlich verstorben durch Suizidhandlung[140]. Das Verfahren gegen sie wird eingestellt.

Obwohl kein Urteil ergeht, in das vom Buchautor analog der anderen oben behandelten Fälle eingesehen werden könnte, scheint es ihm dennoch angemessen, den Fall Mechthild B. an dieser Stelle aufzunehmen, anderenfalls könnte ihm der Vorhalt gemacht werden, nur die Patiententötungen durch Pflegepersonal hervorheben zu wollen und im Kollegenfalle zu schweigen. Der Nachweis, ob es sich wirklich um vorsätzliche Tötungen gehandelt hat, bleibt offen.

---

[140] Siehe Hinweis im Suizid-Kapitel, dass Ärzte bis zu sechsmal häufiger Suizid begehen, insbesondere Frauen, als Angehörige anderer Berufsgruppen.

## Schlussbetrachtung

Die vorangehend nachgewiesenen über 100 vorsätzlich herbeigeführten Todesfälle in deutschsprachigen Kliniken und Altersheimen im Zeitraum zwischen 1970 bis 2010 sind als skandalös zu bezeichnen, noch zumal einige davon durch eine sachgemäß durchgeführte Leichenschau den Tod anderer vermeidbar gemacht hätten. Dem Handeln dieser Ärzte liegt nicht Leichtfertigkeit, sondern strafbare Fahrlässigkeit zu Grunde, verwiesen sei auf die Begriffsdefinition am Anfang dieses Buches.

In den genannten Fällen war der eine Leichenschau vornehmende Arzt oder die Ärztin zu bequem, den Verstorbenen, den durch Erstickung vorsätzlich Getöteten, exakt zu besichtigen, so wie es die Leichenschauverordnung von ihm verlangt. Einem Verstorbenen „in die Augen zu sehen", soll heißen, sich insbesondere die Lidbindehäute des Erstickten zu betrachten. Die dort vorhandenen punktförmigen Blutpunkte hätten ihm, falls er sich an deren Bedeutung aus der Vorlesung über Gerichtsmedizin noch erinnern könnte, nicht entgehen dürfen! Sie hätten ihn auf die Fährte eines nicht-natürlichen Todes geführt und damit die Ermittler auf den Plan gerufen.

**Ärzten könnte durch eine verpflichtende Teilnahme an einer Fortbildung in Fragen der Leichenschau Vergessenes wieder in Erinnerung gebracht werden.**

Anders verhält es sich mit den beschriebenen vorsätzlichen Tötungen durch das Pflegepersonal. Ihre individuell defizitären Persönlichkeitsstrukturen und darauf aufbauend die jeweils handlungsauslösenden Momente herauszuarbeiten, d.h. die Tatmotive zu suchen, ist Aufgabe der Psychiatrie. Wir haben es bei sämtlichen aufgeführten Personen mit „abnormen Persönlichkeiten" zu tun. Müssen wir diese Menschen als „Suchtkranke" ansehen, deren Abhängigkeit im Erfüllungszwang ihrer Sucht durch Töten besteht? In gewisser Weise ja. Der Täter oder die Täterin besitzt eine wahrscheinlich unbewusst vorhandene, besonders krasse Geringschätzung dem Leben anderer gegenüber. Wurde in den genannten Fällen aus Vorbedacht (propositum[141]) oder aus dem Affekt (impetus[142]) heraus gehandelt? Diese Frage ist im Individualfall durch den Psychiater zu entscheiden. In der Literatur wird in diesem Zusammenhang auch von „Mordlust" gesprochen (http//de. wikipedia.org/wiki/Mord, Seite 5): „Allein die Tötung eines Menschen an sich ist Zweck der Tathandlung. Die Freude an der Vernichtung eines Menschenlebens bzw. der Wunsch, jemanden sterben zu sehen, treibt den Täter zur Tat", heißt es dort. Ob der Täter dabei wirklich eine Art „Freude" empfindet, darf jedoch bezweifelt werden.

Die Grenze zwischen normalem und gestörtem Verhalten zu ziehen, bevor eine psycho-pathologische Auffälligkeit im Handeln eines Menschen sichtbar wird, dürfte in manchen Fällen äußerst schwierig sein. Verhaltensstörungen zeigen sich oft bereits im Kindesalter, wie in den Persönlichkeitsstrukturen der meisten vorangehend beschriebenen Fälle gezeigt wurde. Aber nicht jede kindlich-defizitäre Störung führt im späteren Leben zwangsläufig zur Straftäterkarriere, auch das sei hier hervorgehoben. Welche zusätzlich auslösenden Momente sind erforderlich, um die Hemmschwelle soweit sinken zu lassen, dass ein sich scheinbar zur Pflege Berufener zum Mörder oder Totschläger entwickeln kann?

Unter den zwölf aufgeführten Täter-Personen befinden sich sieben Frauen und fünf Männer im Alter zwischen 25 und 54 Jahren. Darunter sind fünf Schwesternhelferinnen, die Übrigen sind vollausgebildete Pflegekräfte. Bei den Täterinnen beträgt das Durchschnittsalter 34,5, bei den Männern 31,6 Jahre. Ein geschlechts- bzw. altersbezogener Unterschied ist aus diesen wenigen Zahlen nicht erkennbar.

Als Tötungsart überwiegt die Injektion von Medikamenten in überdosierter Konzentration (bei einem der Täter auch Luftinjektionen) gefolgt durch Ersticken mittels Plastiksack oder eine besonders perfide Methode, durch das Hinabdrücken der Zunge bei der Mundpflege und dem Nachfüllen von Flüssigkeit, ausgeübt von vier Frauen, teilweise in gemeinsamem Handeln.

---

[141] (lat.) = Ziel, Vorsatz.
[142] (lat.) = schneller Entschluss.

Sämtliche aufgeführten Täterinnen oder Täter waren ganz offensichtlich für den Pflegeberuf ungeeignet; ihre Psyche war dem Belastungsdruck, dem sie in diesem Beruf ausgesetzt sind, nicht gewachsen. Das wird besonders deutlich, wenn die Tötungen bei der Pflege Schwerstkranker auf Intensivstationen oder in Altersheimen begangen wurden.

In der Verhaltenspsychologie der genannten Täter-Personen fällt mehrfach krankhaftes Imponiergehabe auf (in einem Fall bereits in der Jugend), wodurch versucht wird, mangelhaftes Selbstwertgefühl auszugleichen oder aufzuwerten. Das reicht bis zur Mythomanie.

Eine gegenläufige Entwicklung, jedoch ebenfalls ausgelöst durch ein defizitäres Ich-Gefühl, mündet in Isolation (Vorstufe zur Depression?) und findet einen pathologischen Ausweg in der Ausübung von Macht durch Töten (s. Fall Irene B.: »Danach trat Ruhe ein«). Ein offenbar unbewusstes Suchtpotential war zunächst erfüllt, aber die Tötungs-*Sucht* staute sich offenbar erneut an.

In diesem Zusammenhang entsteht die Frage, sind Personen mit einem derartigen Täterpotential als „Monster" anzusehen (vgl. Glossar), als nicht-therapierbare Individuen wie etwa Triebtäter?

Wahrnehmung von Phonemen[143] bei einzelnen Tätern, religiös gesteuertes pathologisches Verhalten (gottgleich sein zu wollen im Widerspruch zum Gebot, nicht zu töten) erscheinen als Varianten. Die Einlassungen, aus Mitgefühl getötet zu haben, erscheinen unglaubhaft.

HARBORT, St. (Kriminalhauptkommissar) untersuchte die Gemeinsamkeiten im Handeln zahlreicher Serienmörder aus den verschiedensten Verbrechensgebieten und findet „Phasenabläufe" im Zustandekommen der Abwegigkeit. In sämtlichen Fällen steht am Beginn eine gestörte, von der Norm abweichende Jugendentwicklung der jeweiligen Täterpersönlichkeit. Was aber ist im weitesten Sinne unter „Norm" zu verstehen?

Noch ein weiteres, sozial-psychologisches Problem sei an dieser Stelle hervorgehoben: das des Tötens überhaupt.

---

[143] Wahrnehmen von Stimmen.

Töten eines Lebewesens, gleichviel mit welcher Motivation, stellt unter philosophischem Aspekt — wie in den voran dargestellten Fällen verdeutlicht wurde — das Ausüben-wollen von Macht dar.
In jedem Menschen scheint dieses „Mächtig-sein-wollen" als individuell ausgeprägtes Relikt der Phylogenese[144], unterschiedlich stark ausgeprägt, erhalten geblieben zu sein (Revieranspruch im Tierreich, Trieb zum Leittier zu werden etc.). In seiner stärksten Form offenbart es sich als mehr oder weniger verdeckt existierender „Tötungstrieb eines vermeintlichen Gegners", der unter bestimmten Extrembedingungen zur Entladung kommt. Derartige Ausnahmebedingungen im Einzelnen zu untersuchen, würde den gesetzten Rahmen dieses Buchtitels überschreiten. Vermerkt sei jedoch, dass nur durch die Existenz dieses Phylogenese-Reliktes das Führen von Kriegen möglich wird, d.h. bereit zu sein, andere Menschen, die aus politischen oder religiösen Gründen zum Feind erklärt werden, auf einen Befehl hin umzubringen. NEITZEL u. WELZER (2011) analysieren in ihrem Buch abgehörte und aufgezeichnete Gespräche deutscher Kriegsgefangener in den Internierungslagern.
Es ist erschreckend zu lesen, wie bei manchen Soldaten **Töten zur Sucht** werden kann und das sicher nicht nur bei deutschen Soldaten des zweiten Weltkrieges. Nach dem ersten Töten eines Menschen sinkt die Hemmschwelle, bis nach dem X-ten-Töten der Vorgang als „normal" empfunden wird. Allerdings — auch das sei hervorgehoben — sind die Redeinhalte der abgehörten „Soldatengespräche in der Gefangenschaft" unter dem psychologischen Aspekt einer neu entstandenen Gruppendynamik (des „Aufschneiden-Wollens") zu betrachten: Der Krieg ist vorbei, die akute Gefahr des eigenen Todes durch Kriegseinwirkungen sinkt gegen Null, und die Moral schlägt um: Das Pseudoheldentum nimmt eine neue Dimension an, es mündet in gefahrlosem Imponiergehabe.
Von Bedeutung sind in diesem Zusammenhang auch die Forschungsergebnisse der Arbeitsgruppe um Thomas Elbert von der Universität

---

[144] Phylo (gr.) als Vorsilbe, Genesis (gr.) Schöpfung, Phylogenese: Entwicklungsgeschichte der Gesamtheit der Lebewesen.

Konstanz, die sich mit den manipulierbaren Veränderungen von Hirnstrukturen bei Kindersoldaten befassen (ELBERT u.a. 2010).
Die gesellschaftliche Problematik, die sich hinter den dargelegten Geschehnissen verbirgt, besitzt noch eine weitere Dimension: jene der steigenden Anzahl Pflegebedürftiger in den kommenden Jahren, verbunden mit der entsprechenden Zunahme von Altersdemenz. Es wird davon ausgegangen, dass bis 2015 etwa 250.000 Pflegekräfte in den entsprechenden Einrichtungen benötigt werden, um die erforderliche Versorgung der Patienten gewährleisten zu können. Bemerkenswert ist, dass Frauen häufiger von Altersdemenz befallen zu werden scheinen als Männer. An verschiedenen Universitäten wurden **Institute für Pflegewissenschaften** gegründet.

# VI: Amokhandlungen im deutschsprachigen Raum

Amokhandlungen (nicht Amok<u>läufe</u>) sind kein Erscheinungsbild der Neuzeit. Während sie früher dem Erreichen eines bestimmten Zieles dienten (Amucos waren fernöstliche Krieger, die mit dem Leben abgeschlossen hatten und unter Geschrei, rasend und voller Wut den Gegner attackierten, ihm entgegen<u>liefen</u>, um ihn einzuschüchtern und ihn auf diese Weise leichter zu besiegen — der Begriff entstammt der malaiischen Sprache), sind sie heute als ein Handlungsausdruck psychisch kranker Menschen mit weitgehend planlosen, unkalkulierbaren Abläufen zu verstehen. Das der pathologischen Handlung jeweils zugrunde liegende Krankheitsbild ist bei etwa der Hälfte der Täter nicht erkennbar, da sie sich im Anschluss an die Tat oft selbst töten oder getötet werden. Geblieben bzw. entlehnt ist lediglich der Name. — Von der WHO[145] wird Amok als eine „willkürliche, anscheinend nicht provozierte Episode mörderischen oder erheblichen zerstörerischen Verhaltens" definiert.

Amokhandlungen werden (bezogen auf die in einem Habitat lebende Population) sehr selten begangen, ihre Häufigkeit steigt allerdings an, besonders unter Jugendlichen. Taten dieser Art werden meist von männlichen Tätern verübt, häufig allein-lebenden oder geschiedenen.

ADLER et al. (1993) analysierten 196 Fälle von Amokhandlungen unter psychiatrisch-diagnostischer Beurteilung: 40% der Gewalttäter besaßen keine feste Beschäftigung, waren „Waffennarren" oder „Einzelgänger", die altersinadäquat noch bei der Mutter lebten.
55% der Täter waren psychisch erkrankt (von ihnen wiesen 15% Psychosen auf, 5% zeigten Wahnkrankheiten, 15% Persönlichkeitsstörungen, 14% Intoxikationen und 6% Affektstörungen).

KNECHT (1999) gibt einen kultur-historischen Abriss über die Entstehung des Amokgeschehens. Er unterscheidet zwischen Amok und Pseudo-Amok. Die ältesten Quellen führen nach Indien und, wie eingangs erwähnt, nach Malaysia. Er schreibt: „Unter dem Einfluss des

---

[145] Weltgesundheitsorganisation.

sich vom 13./14. Jahrhundert an im malaiischen Raum ausbreitenden Islam wurde Amok mehr und mehr zu einem Akt des religiösen Fanatismus. Im Sinne des „Heiligen Krieges" wurde der strenggläubige Moslem angeleitet, unter den Ungläubigen ohne Rücksichtnahme zu wüten." Der Autor zitiert einen Stadienablauf des Amokgeschehens, der auf Studien anderer Autoren beruht. SCHÜNEMANN (1992) versucht ebenfalls Phasenabläufe von Amokhandlungen zu formulieren: Einem zeitlich nicht definierbarem **Vorstadium** des Grübelns bis hin zur psychischen Desintegration folge das eigentliche Amokgeschehen. Der Tat voraus gehe ein Wutanfall, dem die 15 bis 20 Min. währende **Tötungshandlung** folge, während dieser der Täter nicht ansprechbar sei. Danach befinde er sich in einer **Erschöpfungsphase**, zunächst begleitet von Amnesie, übergehend in selbstzerstörerischer Absicht oder „suicide by cop" (sich bewusst von der Polizei töten zu lassen). Den typischen Amoktäter gebe es allerdings nicht, heißt es in einer anderen Studie.

FREI (2010) geht in seinem Interview ebenfalls von Phasenabläufen aus, betont aber zugleich die Individualität des Geschehens und sagt: „Tatsächlich kann ein Motiv des Amoklaufes Rache oder ein grandios inszenierter Suizid sein."

Wie im vorhergehenden Kapitel beschrieben, sind im Umfeld dieser Täter (soweit dies im Nachhinein noch erforschbar ist) oft Milieuschwierigkeiten vorhanden, gefühlte oder tatsächliche: Zurücksetzung, Kränkungen, Demütigungen, mangelhafte Anerkennung eigener Leistungen, querulatorisches Verhalten, krankhaftes Geltungsbedürfnis, übersteigerter Narzissmus usw. Auch Partnerschaftskonflikte können eine Rolle spielen, die dem eigentlichen Tatgeschehen jedoch nicht unmittelbar vorausgehen müssen, sondern zurückliegen und sich emotional bis zum Handlungsausbruch anstauen können.

## Die Rechtsanwältin von Lörrach

> Amok in Lörrach: 41-jährige Rechtsanwältin erschießt in der Wohnung ihren Ehemann und den gemeinsamen fünfjährigen Sohn. Auf der Flucht betritt sie gegen 18 Uhr die Elisabeth-Klinik, schießt um sich, tötet dabei einen Pfleger und verletzt Passanten. Sie wird von der Polizei erschossen. (Ein Beziehungsdrama?)

Wie bei den Tötungen in Krankenhäusern und Altersheimen (Kapitel IV) erwächst auch bei den Amoktätern ein Bestreben nach Machtdemonstration, sie richtet sich hier allerdings oftmals blindlings und weitgehend gegen Unbeteiligte (ausgenommen davon sind Lehrer bei Amoktaten durch Schüler oder Handlungen, ausgelöst durch familiäre Konflikte), wohingegen unter den Patienten (s. Kapitel V) Schutzbefohlene die arglosen Opfer sind. In beiden Fällen verkennen die Handlungsausübenden die Realität; bei den Amoktätern erwächst das Machtdemonstrationsbestreben bisweilen aus Rachegefühlen.

Das erklärt möglicherweise das Ansteigen der Taten besonders unter Jugendlichen: Zunehmender schulischer Leistungsdruck und herabgesetzte, nachschulische Karrierechancen (gefühlte oder echte) stehen sich als Konfliktpole konträr gegenüber. Daraus resultiert bei emotional anfälligen Schülern eine unbewusst ablaufende Versagensangst begleitet von Realitätsferne, die zu Racheempfinden gegen die Schule oder einzelne Lehrer führt (Schuld sind die anderen!), bekanntgeworden als: „School Shootings[146]". In einzelnen Fällen wurden vor der Tat sogar „Todeslisten" gefertigt, was auf eine zielgerichtete Tat schließen lässt.

---

[146] Shooting = Schießerei

## Der Fall des Robert S.

Der 19-jährige Schüler Robert S. tötete im April 2002 an seiner ehemaligen Schule in Erfurt zehn Männer, darunter einen Polizisten während dessen Einsatzes und sieben Frauen (neun Lehrer, drei Lehrerinnen, die stellvertretende Schulleiterin, eine Sekretärin und zwei Kinder). Nach der Tat erschoss er sich selbst.

„Seine Freunde machen Abitur und er nicht. Da ist er vielleicht durchgeknallt", erklärte eine Mitschülerin. „Er wollte immer auffallen und ist damit bei den Lehrern angeeckt." — Als die Schüsse fielen, hätten viele Abiturienten gerade über ihren Prüfungsarbeiten gesessen, heißt es. In der Annahme, dass diese Angaben stimmen, wird die Beziehung zwischen Motiv und Tat deutlich: Gefallsucht als Ausdruck individueller Charakterprägung, verbunden mit bestehendem Leistungsdefizit und nachfolgendem Tatgeschehen.

So einfach scheint das aber nicht gewesen zu sein: SOUKUP, U. (Tagesspiegel.de „Verwischte Spuren") macht in seinem Aufsatz auf Befunde aufmerksam, die nachdenklich stimmen. Robert S. habe mit einem Drogenhändler (im Aufsatz als „BMW-Fahrer" bezeichnend) in Kontakt gestanden, wird darin berichtet.

Ein Malerlehrling, der mit Renovierungsarbeiten in der Schule beschäftigt war, sei zuvor anonym aufgefordert worden, am Tattag nicht zur Arbeit zu erscheinen. SOUKUP verdächtigt den BMW-Fahrer der Mittäterschaft, der von der Polizei vernommen wird, jedoch angibt, Robert S. nicht zu kennen.

Desweiteren soll eine weibliche Leiche im Obergeschoss der Schule gefunden worden sein, die in keinem Protokoll Erwähnung findet. Sie soll nicht zur Schule gehört haben. SOUKUP beruft sich auf Zeugen, die im Rahmen ihrer beruflichen Tätigkeit am Tatort erschienen und unbenannt bleiben wollen. Wörtlich heißt es:
»Sie sagen, „auf sie werde Druck ausgeübt. Sie haben Angst".«

Wer könnte welchen Druck auf sie ausüben? Soll in diesem Fall etwas verschwiegen werden? Siehe auch: BLATZ, B. „School Shooting" (Diplomarbeit 2009, Fachhochschule Lausitz).

## Der Fall des Bastian B.

> Der 18-jährige Bastian B. verübt 2006 an seiner ehemaligen Schule in Emsdetten ein Amokgeschehen, bei dem es zu schweren Körperverletzungen kommt. Danach erschießt er sich selbst. Aus den Ermittlungen geht hervor, dass er als „Außenseiter" in der Schule jahrelang gemobbt wurde und schulische Probleme hatte.

Er schreibt einen Abschiedsbrief, darin heißt es (auszugsweise):
»Ich hasse es, überflüssig zu sein.
Wenn man weiß, dass man in seinem Leben nicht mehr Glücklich werden kann, und sich von Tag zu Tag die Gründe dafür häufen, dann bleibt einem nichts anderes übrig als aus dem Leben zu scheiden. ... Man hat mir gesagt, ich muss zur Schule gehen, um für mein Leben zu lernen ... aber was bringt einem das dickste Auto, das größte Haus, die schönste Frau wenn es letztendlich sowieso für'n Arsch ist. Wenn deine Frau beginnt dich zu hassen, wenn dein Auto Benzin verbraucht das du nicht zahlen kannst, und wenn du niemanden hast der dich in deinem scheiss Haus besuchen kommt.
Das einzigste was ich intensiv in der Schule beigebracht bekommen habe war, das ich ein Verlierer bin. ...ich war der Konsumgeilheit verfallen, habe auch gestrebt Freunde zu bekommen, Menschen die dich nicht als Person, sondern als Statussymbol sehen.
Aber dann bin ich aufgewacht! Ich erkannte das die Welt wie sie mir erschien nicht existiert, das sie eine Illusion war, die hauptsächlich von den Medien erzeugt wurde. ...Eine Welt in der Geld alles regiert. ... Man musste das neueste Handy haben, die neuesten Klamotten und die richtigen „Freunde". Hat man eines davon nicht ist man es nicht wert beachtet zu werden. Und diese Menschen nennt man Jocks. Jocks[147] sind alle,

---

[147] Schottisch = Soldat.

die meinen aufgrund von teuren Klamotten oder schönen Mädchen an der Seite über anderen zu stehen. Ich verabscheue diese Menschen. ...
Ich habe in den 18 Jahren meines Lebens erfahren müssen, das man nur Glücklich werden kann, wenn man sich der Masse fügt, der Gesellschaft anpasst. Aber das konnte und wollte ich nicht. Ich bin frei! Niemand darf in mein Leben eingreifen, und tut er es doch, hat er die Konsequenzen zu tragen! Kein Politiker hat das Recht Gesetze zu erlassen, die mir Dinge verbieten, Kein Bulle hat das Recht mir meine Waffe wegzunehmen, schon gar nicht während er seine am Gürtel trägt.
Wozu das alles ? Wozu soll ich arbeiten? ...
Ihr habt diese Schlacht begonnen, nicht ich. Meine Handlungen sind ein Resultat eurer Welt, eine Welt die mich nicht sein lassen will wie ich bin. Ihr habt euch über mich lustig gemacht, dasselbe habe ich nun mit euch getan, ich hatte nur einen ganz anderen Humor!
Von 1994 bis 2003/2004 war es auch mein Bestreben, Freunde zu haben, Spass zu haben. Als ich dann 1998 auf die GSS kam, fing es an mit den Statussymbolen, Kleidung, Freunde, Handy usw. Dann bin ich wach geworden. Mir wurde bewusst das ich mein Leben lang der Dumme für andere war und man sich über mich lustig machte. Ich habe mir Rache geschworen.
Diese Rache wird so brutal und rücksichtslos ausgeführt werden, dass euch das Blut in den Adern gefriert. Bevor ich gehe, werde ich euch einen Denkzettel verpassen, damit mich nie wieder ein Mensch vergisst....
Ich will meinen Teil zur Revolution der Ausgestoßenen beitragen! Ich will Rache!
Ich habe darüber nachgedacht, dass die meisten der Schüler, die mich gedemütigt haben schon von der GSS abgegangen sind. Dazu habe ich zwei Dinge zu sagen: ...
2.) Ein Grossteil meiner Rache wird sich auf das Lehrpersonal richten, denn das sind Menschen die gegen meinen Willen in mein Leben eingegriffen haben, und geholfen haben mich dahin zu stellen, wo ich jetzt stehe; Auf dem Schlachtfeld! Diese Lehrer befinden sich so gut wie alle noch auf dieser verdammten Schule!
Das Leben wie es heute täglich stattfindet ist wohl das armseligste was die Welt zu bieten hat! S.A.A.R.T. — Schule, Ausbildung, Arbeit, Rente, Tod. ... .«

Damit liegt uns ein Dokument vor, das in seinen Wesenszügen einerseits zwischen logischem Protest und andererseits schizoidem Denken angesiedelt ist und zugleich offenbart, wie es durch diese Diskrepanz zu einer Amokhandlung kommen kann: Primäre Ursache für die Unfähigkeit dieses jungen Menschen, mit den Bedingungen des Lebens sinnvoll umzugehen, dürfte die individuell geprägte, schizoide Denkweise sein, deren Auswüchse sekundär durch gesellschaftliche Missstände verstärkt wurden.

Hätte ein therapeutischer Ansatz ihn aus diesem Zustand heraushelfen können? Vermutlich nicht. Diese Frage müssen Psychiater beantworten.

### Der Fall des Tim K.

Im März 2009 ereignet sich ein ähnlicher Fall an der Albertville-Realschule in Winnenden: Der 17-jährige Schüler Tim K. hatte die Mittlere Reife abgeschlossen. Er sei den Ermittlungen zufolge in psychiatrischer Vorstellung gewesen, was von den Eltern dementiert wird. Der Vater wird wegen unsachgemäßer Aufbewahrung seiner Waffe vor Gericht gestellt.

Tim K. tötet insgesamt 15 Menschen und anschließend sich selbst. Elf weitere Menschen werden verletzt. Die Tötungen erfolgen an drei verschiedenen Orten: In seiner Schule erschoss er drei Lehrerinnen, einen Schüler und sechs Schülerinnen, zwei Schülerinnen verstarben auf dem Weg ins Krankenhaus. Aus der Schule flüchtend erschießt er einen Mitarbeiter der Psychiatrie, zwingt danach einen Autofahrer (eine Geißel), ihn über 100 km weit mitzunehmen. Die Geißel entkommt, der Täter Tim K. befindet sich weiter auf der Flucht und erschießt in einem Autohaus einen Kunden sowie einen Mitarbeiter, der sich weigert, ihm ein Fluchtauto zur Verfügung zu stellen. Die Tatwaffe hatte der Vater, ein Sportschütze, im Haus unsachgemäß aufbewahrt. Welche Gründe zu der Tat geführt haben, bleibt unbekannt.

**Weitere Fälle:**
In den Jahren davor ereigneten sich weitere Fälle, insbesondere durch Jugendliche, so im Jahre 1999:

(1) Ein 16-Jähriger schießt aus dem Fenster der elterlichen Wohnung und tötet drei Passanten, ebenso seine 18-jährige Schwester, danach tötet er sich selbst.
(2) Im gleichen Jahr ersticht ein 15-Jähriger eine Lehrerin durch 22 Messerstiche.
(3) Im Jahre 2000 erschießt ein 16-Jähriger seinen Heimleiter wegen eines ihm erteilten Verweises.
(4) Am 2. Juli 2003 verletzt ein 16-jähriger Schüler in Coburg seine Lehrerin durch einen Schuss, anschließend erschießt er sich selbst.
(5) Am 17. September 2009 wollte ein 18-jähriger Schüler das Gymnasium niederbrennen und dadurch viele Menschen verletzen oder sogar töten. Er wurde festgenommen, zu neun Jahren Jugendhaft verurteilt und in die Psychiatrie eingewiesen.
(6) Im Oktober 2010 ersticht ein ehemaliger Schüler seinen früheren Mathematiklehrer, der als sehr streng galt. Als Tatmotiv gelten „schlechte Noten". Die Schule hatte der 23-Jährige bereits vor sechs Jahren verlassen! Auf seiner Internetseite hatte er sein Todesdatum angegeben. Der Täter wird von der Polizei überwältigt und festgenommen.

Über die Rolle der Medien bezüglich des Ansteigens von Amoktaten wird kontrovers diskutiert: Das zunehmende Verharren **„anfälliger"** Jugendlicher vor dem Bildschirm mit sinnlosem Einverleiben von Spielen meist gewalttätiger Art führt zweifellos zum unmerklichen Herabsetzen der Hemmschwelle, zu einer Art „Verblödung", ähnlich einem Alkoholabusus, zu einer Form von Spielsucht, die in eine abseitige Parallelwelt führen kann.

Die Anzahl der Amoktaten ist in den USA am höchsten, danach folgt, bezogen auf ihre Bevölkerungsdichte, die Bundesrepublik Deutschland.

**Jugendkriminalität und ihre möglichen Ursachen:**
An dieser Stelle ist es angezeigt, sich einen Überblick über die Entstehung kriminellen Verhaltens Jugendlicher zu machen. FRIEDRICH, M., ein Wiener Psychiater des Kinder- und Jugendalters, formulierte den bemerkenswerten Satz: „Kinder- und Jugendkriminalität wird von Erwachsenen produziert. Kinder geben [nur] weiter, was sie selbst erleben." Auch nach PFEIFFER, Ch., Leiter des Kriminologischen Forschungsinstitutes Niedersachsen, steht als Ursache für die Entstehung von Jugendkriminalität das defizitäre psychosoziale Umfeld im Elternhaus an erster Stelle. Zu nennen sind: Gewalttätigkeit, Alkoholsucht, Trennung der Eltern, Arbeitslosigkeit. Derartige Risikofaktoren begünstigen einen Schulabbruch. Als weitere ursächliche Faktoren werden aufgeführt: Gruppendruck, persönliche Unsicherheit eines Jugendlichen mit den möglichen Folgen von entstehenden inneren Spannungszuständen oder eines unbewussten Kompensieren-wollens, ein Anspruchserheben, ein auf sich „Aufmerksam-machen-wollen".
Die Fallbeschreibungen jugendlicher Täter, die HEISIG, K. (2010), als Jugendrichterin tätig, in ihrem Buch „Das Ende der Geduld" beschreibt, unterstützen die oben dargelegte These.

In diesem Zusammenhang ist bemerkenswert — wie jüngste vergleichende Psychoanalysen bei Säuglingen depressiver Mütter und gesunder Eltern ergaben —, dass die Ursachen einer defizitären Individualentwicklung nicht erst durch die oben genannten, konfliktbeladenen Verhältnisse im Jugendalter beginnen, sondern bereits im Säuglingsalter ihren Anfang nehmen, noch bevor Kinder sprechen lernen.

Die Zuwendungen, die depressiv reagierende Mütter ihren Säuglingen geben können, sind gegenüber denen von gesunden Müttern deutlich herabgesetzt, nachzuweisen durch Ableiten von Gehirnströmen der untersuchten Kleinstkinder.

Es wäre jedoch falsch, daraus den Schluss herleiten zu wollen, die Nachkommen depressiver Mütter würden a priori zu Straftätern.

# VII: Islamistische Mord-Attentate

## Einführung

An dieser Stelle ist es angezeigt, zunächst einige allgemeine Hinweise über die Entstehung des Islams[148] einzufügen, danach Aspekte zur Geburt des Hasses vorzutragen und abschließend zu fragen, auf welchem Nährboden er gedeiht.

Was verstehen die Angehörigen dieser Religion, die Muslime, unter Gott? Für sie ist es nicht „Gott Vater" wie für die Gläubigen des früher entstandenen Juden- und Christentums, sondern es ist Allah, der oder besser *die* einzige, unbedingten Gehorsam fordernde, bildlich nicht vorstellbare Allmacht, die die Geschicke der Welt, d.h. die der Menschen, als „Kismet"[149] leitet.

Islam bedeutet vom Wortbegriff her: „Hingabe" (an Gott?). „Was" oder „Wer" aber ist Gott oder soll es für sie sein?

Nicht irgendein überirdisches Wesen in der Welt hat unsere Denkfähigkeit hervorgebracht, sondern nur unser Gehirn ist es, das erst die Vorstellung eines Gottes in uns erzeugen kann!

Wenn manche Menschen eine Religion für die Bewältigung der Schwierigkeiten ihres Lebens benötigen, so soll man sie ihnen nicht streitig machen, sie aber anderen ebenso wenig aufzwingen wollen! Sie einem Gläubigen gewaltsam zu nehmen, wäre, als würden einem Lahmen die Krücken genommen oder einem Amputierten die Prothesen verweigert werden.

Entstanden ist diese monotheistische Religion zwischen dem 6. und 7. Jahrhundert. Begründet wurde sie von einem Mann namens Mohammed unter Einbeziehung jüdischer und christlicher Religionselemente mit dem Ziel der Einigung arabischer Volksstämme. (Er soll, wie es in

---

[148] Juden-, Christentum und der Islam berufen sich auf Abraham als ihren Stammvater. Sie werden als abrahamitische Religionen bezeichnet.
[149] Kismet = nach islamischem Glauben der dem Menschen von Allah 'zugeteilte', unabwendbare Schicksalanteil.

den Anmerkungen im Koran heißt, Stimmen gehört haben, die ihn dazu bewogen. Wieder sind es „Stimmen", Phoneme, wie bei Abraham.)

Zu den Pflichten gläubiger Muslime gehören:
1. Ablegen des Glaubensbekenntnisses
2. täglich fünfmaliges Gebet
3. Almosengeben
4. Fasten im Ramadan[150]
5. Pilgerfahrt nach Mekka

In anderen Darstellungen wird auch die Beteiligung an **Glaubenskriegen** gegen „Ungläubige" gefordert. Das berührt bereits die Problematik des Islamismus. Auf die Religionseigenheiten des Islam umfassend einzugehen, ist nicht das Ziel des vorliegenden Buches.

Im Streit um die Nachfolge Mohammeds nach dessen Tod spaltete sich der Islam in Sunniten (etwa 85%) und Schiiten, sowie in einen weiteren geringeren Teil, die Ibaditen. Geographisch verteilt finden sich ferner Hanafiten (Türkei), Malikiten, Hanbaliten und Schafiiten.

Die ersten Länder islamischer Glaubensverbreitung sind Syrien, Persien und Ägypten, im 8. Jh. folgen Afrika bis Spanien, um 1000 Indien, im 11. Jh. Kleinasien, um 1900 Indonesien und Südosteuropa. – Gegenwärtig werden 57 Länder mit herrschender islamischer Glaubensrichtig konstatiert. In 54 von ihnen genießen Frauen kaum irgendwelche Rechte. Beachtenswert ist ferner, dass in keinem dieser Länder eine voll ausgebildete Demokratie besteht. Lediglich in der Türkei sind diesbezügliche erste Ansätze erahnbar.

Einen beachtlichen Aufschwung in der neuzeitlich-arabischen Welt hat die islamische Religionsauslegung durch den Ausgang des sogenannten „Sechstagekrieges" genommen (5. bis 10. Juni 1967). Der

---

[150] Neunter Monat des mohammedanischen Kalenders, strenges Fasten zwischen Sonnenaufgang und Sonnenuntergang.

Sieg des jüdischen Israels über die muslimischen, die arabischen Staaten Ägypten, Irak, Jordanien, Syrien wurde von der islamischen Welt als eine „Strafe Allahs" ausgelegt und zugleich mit der Forderung nach Rückbesinnung zu den Geboten des Korans aufgefasst.

Mit etwa 1,5 Milliarden Anhängern ist die islamische Religion (nach dem Christentum) die zweitgrößte Religionsgemeinschaft der Welt, in Teilen vertreten in über 100 Ländern. Die meisten Anhänger (90% der Bevölkerung) finden sich in Indonesien sowie in Pakistan (96% der Bevölkerung), gefolgt von Bangladesch und der Türkei.

Die islamische Kultur (Architektur, Kunst, Musik, Literatur) erreichte ihren Höhepunkt bereits im 13. Jh. In der Moderne sei an die Literatur erinnert (Literaturnobelpreise: Nagip Mahfuz [1988 Ägypten], Orhan Pamuk [2006 Türkei]). Bei der Wertung kultureller Eigenheiten ist allerdings hervorzuheben, dass sie Elemente des jeweiligen Landes enthalten, aus dem sie hervorgegangen sind. Dadurch ist der Ausdruck *islamische Kultur* als umstritten zu betrachten. Vordergründig sind die religiös-kulturellen Elemente des Islam, die sich für alle Richtungen weitgehend einheitlich darstellen. Sie stoßen bei der Bevölkerung des überwiegend christlich geprägten Europa verständlicherweise auf Widerstand, insbesondere wegen der im Islam missachteten Rolle der Frau sowie der Auswüchse des islamischen Fundamentalismus.

Die Schari'a (Rechtsauslegung, nach Duden: Scharia geschrieben) ist zwischen Sunniten und Schiiten uneinheitlich.

Religionen haben über sämtliche Geschichtsepochen die Soziologie beeinflusst, beide hängen noch immer zusammen wie 'Pech und Schwefel' (auch wenn in Deutschland Staat und Kirche angeblich getrennt sind!). In jeder Religion wird die Ratio ausgeschaltet.

Warum müssen diese Gedanken den nachfolgenden Ausführungen vorangestellt werden? Weil ein Verständnis der Integrationsproblematik, um die es im Folgenden dem Wesen nach geht, nur vor diesem Hintergrund möglich wird.

## Statistische Daten über den Anteil der Ausländer in Deutschland
(Quelle: Dr. R. DONATH, BAB Lokalzeitung Strausberg 42/2010).

> Ein deutliches Ansteigen der Ausländer in Deutschland erfolgt ab 1986. Bis 1996 erhöht sich der Anteil um 2,8 Mio. auf insgesamt 7,3 Mio., darunter 1 Mio. in Deutschland geborener Kinder ausländischer Eltern.
> Im Jahre 2009 beträgt der Bevölkerungsanteil mit Migrationshintergrund über 16 Mio., davon haben 3 Mio. ihre Wurzeln in der Türkei, 2,9 Mio. stammen aus den Nachfolgestaaten der ehemaligen SU., 1,5 Mio. aus Exjugoslawien, 1,5 Mio. aus Polen, 830 000 sind Italiener, 400 000 Griechen, aus Portugal stammen 170 000, annähernd die gleiche Anzahl stammt aus Spanien.

Viele, so schreibt DONATH, der nach Deutschland eingereisten Migranten sehen ihr individuelles Integrationsziel mit dem Erhalt des deutschen Passes als erreicht an.

Statistischen Angaben zufolge leben gegenwärtig in Deutschland etwa 4 Millionen Bürger muslimischen Glaubens. Sie sind noch immer mehr oder weniger tief darin verwurzelt und werden es wahrscheinlich auch über Generationen bleiben. Dem gegenüber stehen etwa 80 Millionen Bürger christlicher oder jüdischer Glaubensrichtung bzw. anderer Religionen oder areligiöser Grundeinstellung. Auch sie sind unbewusst, aber in ihrer Kultur mehrheitlich abendländisch, d.h. christlich beeinflusst.

Das deutsche Grundgesetz (Artikel 3 und 4) gestattet jedem Bürger die gleiche Freiheit auf seine Religionsausübung, jedoch wehrt sich Europa mehrheitlich und vehement gegen eine Islamisierung. Warum? Darauf soll später eingegangen werden, zunächst sei eine der Ursachen von grundlegender Bedeutung aufgeführt:
Um eine Population gleichviel welcher Spezies in ihrer Alterspyramide stabil zu erhalten, ist sie gezwungen, eine bestimmte, statistisch errechenbare Anzahl von Nachkommen hervorzubringen. Wenn sie das nicht erreicht, bricht ihre Struktur zusammen, sie schrumpft.

In ihrem Habitat entsteht ein Freiraum, der sofort durch andere Populationen (gleicher Spezies!) erkannt und durch sie besetzt wird. Das ist im Tierreich so und nicht anders bei uns Menschen.

> Hätte die nackte Mutter Eva nicht begehrt, ihrer Neugierde wegen im Paradies vom „Apfelbaum der jüdisch-christlichen Erkenntnis" zu naschen, so würde ihre Nachkommenschaft wahrscheinlich noch heute die Vorzüge paradiesischen Lebens auf Erden genießen, allerdings unter der Voraussetzung, diese legendäre Urahne hätte nicht nur zwei (Kai und Abel), sondern statistisch mindestens **2,8** Kinder auf die Welt gebracht. Denn die Sterblichkeit von Nachkommen sowie die Unfähigkeit mancher weiblichen Geschöpfe, Kindern Leben zu schenken, muss einberechnet werden, um in der Endkonsequenz die notwendige Anzahl von zwei geschlechtsfähigen Nachfahren hervorzubringen.

In Deutschland werden statistischen Angaben zufolge aber statt **2,8** weniger als die Hälfte, nämlich nur **1,2**[151] Nachkommen je Frau geboren. 20% der deutschen Frauen zwischen 41 und 45 Jahren sind kinderlos. Das liegt zum einen an der Bequemlichkeit von Männern und Frauen in Deutschland, denn Kinder zu erziehen, erfordert Aufwand und Geld, und zum anderen an dem verständlichen Wunsch nach beruflicher Verwirklichung der europäischen Frau. Dieses Bedürfnis lässt sich nur schwerlich mit Gebären und Kindererziehen vereinbaren, sofern der Staat seine Hilfestellung in einem erforderlichen Maß dabei versagt. Anders bei den Musliminnen: Sie bringen statistisch **2,0** Nachfahren hervor und haben zumeist den häuslichen Herd zu hüten, von der „Beschneidung" ihrer weiteren Rechte ganz zu schweigen!

Wohin muss das zwangsläufigen führen?
Zu einer Völker-Einwanderung nach Europa!
Aber vergessen wir nicht: Einwandernde Völkerscharen bringen ihre religiös geprägte Kultur mit! Das war bei den afrikanischen Sklaven so, die nach Amerika verschleppt, verkauft wurden, und ist nicht anders bei Muslimen, die aus eigenem Antrieb nach Europa drängen.

---

[151] Neueren Erhebungen zufolge 1,4.

Aber wie viel „fremde" Kultur vermag eine einheimische Population zu ertragen, ohne sich in der angestammten eigenen bedrängt zu fühlen, noch zumal, wenn die eingeschleppte Kultur völlig neue Sitten mit-bringt wie die der „Ehrenmorde" und die des „Heiligen Krieges"? Und damit sind wir beim Kernpunkt des Geschehens angekommen:

Was ist Ehre? Auch wir Deutschen haben mit diesem Begriff, herrührend aus der Vergangenheit, unsere Probleme. „Blut und Ehre" aus dem Nazireich, Kaiserverehrung und preußische Königstreue aus dem Geschichtsabschnitt davor, Vaterland und dessen Verteidigung durch tapfere „Soldatenehre" bis hinein in die Gegenwart. Das ist alles Quatsch! Das ist ausschließlich politisch auferlegter „Ehre"-Gehorsam!

Worüber regen sich deutsche Bürger also auf? Über die Zuwanderung in ein freiwerdendes Habitat, das sie aus eigener Bequemlichkeit doch selbst eröffnet haben? Oder darüber, dass die Zuwandernden ihr religiös orientiertes Kulturgut mitbringen? Und darüber wollen und müssen wir nachdenken, bevor wir über die „Macho-Morde" als Ausdruck fehlverstandenen Ehrgefühls in einer modernen Zivilisation reden.

Waren die inquisatorisch verordneten Scheiterhaufen, Hexenverbrennungen, die Kreuzzüge im Namen katholischer Glaubensausbreitung denn nicht auch eine Art „christlicher Ehrenmorde"? Die heute noch praktizierte, verurteilungswürdige Steinigung in der islamischen Welt findet ihre Verteidigung auch in der Bibel: „Wer ohne Sünde ist, der werfe den ersten Stein!" Da niemand ohne Fehl ist, sollte nach christlicher Moral aber kein Stein mehr geworfen werden.

Der wesentliche Unterschied zwischen beiden Kulturkreisen besteht lediglich darin, dass die abendländische Kultur dieses Relikt aus ihrer Bibel zwar nicht getilgt hat, jedoch nicht mehr praktiziert; in ihr sind die Scheiterhaufen verbannt. — Die islamische Glaubensrichtung jedoch, herrührend aus dem afrikanischen Kulturkreis, ist noch zu tief darin verwurzelt. Und darin besteht die große Diskrepanz zwischen arabisch orientiertem Morgen- und christlich geprägtem Abendland, die letztlich zur Ablehnung der Auswüchse des Islam in der europäischen Bevölkerung führt.

In Deutschland sind Kirche und Staat (wenigstens der Form nach) voneinander getrennt. Aber wird der Laizismus[152] mit aller Konsequenz wirklich praktiziert? Wenn ja, was suchen dann noch die Kruzifixe in den Klassenzimmern bayerischer Schulen? Was die Eidesformel „So wahr mir Gott helfe" bei der Vereidigung von staatlichen Würdenträgern? Das scheint am ehesten eine Art „Rückversicherung auf ihr Versagen" zu sein, wenn es nach einer Wahl schief geht, denn Gott hilft ihnen dann nicht, kann ihnen nicht helfen, weil er nicht existiert. Erst wenn das verschwindet, sind Staat und Kirche wirklich voneinander getrennt und dann bestünde das Recht, auch ein Kopftuch und eine Burka als Zeichen einer anderen Religionszugehörigkeit in der Öffentlichkeit zu verbieten. — Aber hier versagen die Politiker, allen voran die Justizminister (weil ihnen Gott eben nicht hilft (!), wie sie es in der Eidesformel zuvor erheuchelt haben) und zwar lediglich aus dem Grunde, weil sie wie alle Politiker bei jedem Urnengang um ihre Wiederwahl besorgt sind. — Warum schließt ein deutscher Staatsrepräsentant seine erste große Rede mit dem unverständlichen Wunsch: „Gott schütze Deutschland!"? — Vor wem soll uns ein sich nur in bestimmten Gehirnen noch immer festgesetzt-habendes, vermeintlich allmächtiges, real jedoch nicht existierendes Wesen schützen? Vor dümmlichen Politikern, denen solcher Wunsch in ihrem verklärten Geist herumschwirrt, oder vor fanatischen Extremisten gleichviel welcher Couleur? Niemand sollte sich heute noch zu einem „Grüß-Gott-August" machen.

---

*Noch gibt es den Gottesbezug im Grundgesetz.*
*Bayerische Bischöfe und andere religiöse Würdenträger werden von Steuergeldern mitbezahlt. Verständlich, dass auch Imame nach diesem Leckerbissen schielen, während andere von ihnen Hass predigen.*
*33 bis 40% aller Deutschen haben der Religion den Rücken gekehrt.*

---

[152] Forderung von strenger Trennung zwischen Staat und Kirche.

Jede monotheistische Religion betet einen <u>männlichen</u> Gott an, Allah sei allerdings, so wurde der Buchautor belehrt, im biologischen Sinne geschlechtslos.

Was nach islamischem Denkschema als Ehre zu verstehen ist, wird durch den Koran, der für heilig gehaltenen Niederschrift festgelegt. Was aber ist in unserer Sprache unter „heilig" zu verstehen? Unantastbar oder nur erhaben? Vollkommen, überirdisch? — Ein Teil der darin enthaltenen Gedanken ist der vorislamischen Zeit afrikanischen Ursprungs entlehnt. Ohne darauf abzuzielen, an dieser Stelle eine fundierte Auseinandersetzung mit den Leitsätzen des Korans anzustreben, müssen einige Grundsätze jedoch erwähnt werden, die den angeblich friedlichen Charakter der islamischen Religion grundsätzlich in Frage stellen:

**Apostasie** (Abwenden vom Glauben):

»„Nach muslimischem Recht ist ein männlicher Apostat zum Tode zu verurteilen, wenn er nicht widerruft, eine Abtrünnige hingegen soll solange gefangen gehalten werden, bis sie widerruft"« (aus: Lexikon des Islam).

»„So sie [die Ungläubigen euch] den Rücken kehren, so ergreift sie und schlagt sie tot, wo immer ihr sie findet; und nehmet keinen von ihnen zum Freund oder Helfer"« (Sure 4,89).

An anderer Stelle (Bughari V4, B52 N260) heißt es » ... denn der Prophet sagt: „Wenn ein Muslim seine Religion verlässt, dann töte ihn"«.
(<u>Apostasie, Blasphemie,</u> Bughari und Sure siehe Glossarteil.)

In jedweder Religion ist es den Gläubigen erlaubt, bei Bedarf wie aus einem jeden anderen Verein wieder auszutreten, nur bei den Muslimen nicht. Aus diesem Vertrag gibt es kein Kündigungsrecht. Einmal Moslem — zwangsweise immer Moslem!

Wer sich als einmal bekennender Moslem vom Islam abwendet (<u>zu dem er zwangsweise per Geburt und Erziehung verurteilt wurde!</u>), der ist zu einem Mulhid, zu einem Ungläubigen, zu einem Apostaten geworden, zu einem, der von ihrer „Wahrheit" abgefallen ist und dafür mit dem Tode bestraft wird!

Das gilt sowohl für Frauen wie für Männer. Das soll Lehrsatz einer *friedliebenden* Religion sein, erzwungen per Geburt? Ein staatliches Pendant dazu gibt es bei den Militärs: Das ist die Fahnenflucht aus dem Lippenbekenntnis, dem Eid. Ein Fahnenflüchtiger ist ein Deserteur[153], er wird in den meisten Regimen dieser Welt hingerichtet! Nur so können klerikale und politische Machtansprüche durchgesetzt werden. Desertieren ist verboten, aus dem Islam wie beim Militär!

## Sogenannte „Ehrenmorde"

Betrachten wir den Begriff der Ehre: Sollte islamische Ehre eine andere sein als abendländische?

*Ehre* als substantiell-moralischer, als übergeordneter Wert ist wohl am ehesten über die Begriffe **Ansehen und Ehrerbietung** zu definieren und stellt einen Kulturbestandteil dar. Um einem Menschen bzw. einer Gruppe (Familie) diese kulturelle Wertigkeit zuteil werden zu lassen, sie ihm oder ihnen zu *entbieten*, müssen bestimmte Voraussetzungen erfüllt sein. Diese Vorbedingungen sind in der abendländischen Kultur andere als in der afrikanisch-orientalischen. In ihr besteht eine traditionell entstandene, streng patriarchisch dominierte Geisteshaltung, der sich sämtliche Mitglieder eines Clans zu unterwerfen haben, insbesondere Frauen und Mädchen. Knaben eignen sich diese **Dominanz** von ihren Vätern und Großvätern an (zu hoffen ist nur, dass sie über die vielen Generationen ihres Bestehens nicht bereits via Epigenetik[154] bis in ihr Genom vorgedrungen ist. – In diesem Zusammenhang erklärend die „Mem"-Konzeption[155] zu bemühen, ist nicht Anliegen des Buches).

---

[153] desertio (lat. fem.) = Abwendung, Abfall (von Gott); desertor = Ausreißer, Flüchtling, Verräter.
[154] Epi- (Präfix) = an, bei, neben. Durch Umwelteinflüsse neben der bestehenden Vererbung während der Embryogenese ins Genom gelangte und weiter vererbte Informationen.
[155] Zur „Mem"-Konzeption s. Glossar.

Wer sich in der islamischen Kultur ihrer Moralauslegung widersetzt, dem geschieht Unheilvolles. Ein solcher moslemischer „Fahnenflüchtling" wird im „Namen der Ehre" durch den Vater, den Bruder, den Cousin, den Ehemann ermordet. Im Familienclan wird eine solche Tat zuvor beraten, vorbereitet. Insofern sind auch traditionell hörige Frauen daran beteiligt. Die „Ehrenmörder" sind der irrigen Auffassung, durch den zu begehenden Mord die eingebildete, die verloren geglaubte Familien-Ehre wieder herstellen zu können. Welche Absurdität, welcher Wahnsinn, welche Abscheulichkeit greift noch immer in den Köpfen dieser Menschen um sich! — Zur Ausführung der Tat werden meist jugendliche Clanmitglieder bestimmt, weil sie das geringste Strafmaß zu erwarten haben. Und die fügen sich traditionsgemäß, empfinden es teilweise sogar als „Ehre", dazu auserkoren zu sein.

Nach Schätzungen der UNO werden **jährlich** weltweit etwa **5.000** Mädchen und Frauen wegen „Verletzung sittlicher Ehre" ermordet. Die Dunkelziffer dürfte sehr viel höher liegen.
Allein in Deutschland wurden in den letzten elf Jahren 138 solcher „Macho-Morde" oder Morde im Namen der Ehre[156] registriert:

| | | | |
|---|---|---|---|
| 2011: | **7** Morde | 2005: | **8** Morde |
| 2010: | **30** Morde (davon 3 Opfer männl.) | 2004: | **8** Morde |
| 2009: | **36** Morde | 2003: | **3** Morde |
| 2008: | **23** Morde | 2002: | **3** Morde |
| 2007: | **17** Morde | 2001: | **3** Morde |
| 2006: | **3** Morde | 2000: | **11** Morde |

Opfer sind in der Mehrzahl Frauen und Mädchen; Täter unter den oben aufgeführten Fällen: 52mal der Ehemann (Exmann, Lebensgefährte), zwölfmal der Vater, einmal der Stiefvater, achtmal der Bruder, einmal die Frau als Täterin. Die übrigen Taten wurden durch Cousins, von Freunden oder Fremden begangen. Jüngstes Opfer dieser Mordserie war ein zwölfjähriges Mädchen, das vom Vater (aus Marokko stammend) durch Stiche ins Herz getötet wurde.

---

[156] www.Ehrenmorde.de (Stand Dezember 2010).

Im Mai 2006 veröffentlichte das Bundeskriminalamt eine Analyse der polizeilich bekannt gewordenen Fälle sogenannter „Ehrenmorde" in Deutschland. In den Jahren 1996 bis 2005 wurden 55 Morde einschließlich Mordversuche mit insgesamt 70 Opfern gezählt, darunter 36 weiblich und zwölf männlich mit tödlichem Ausgang. Zu den männlichen Todesopfern gehörten Freunde (Bekannte), die für das „unehrenhafte, islamisch unsittliche Vergehen" der jeweiligen Frau als mitver-antwortlich angesehenen wurden.

Aber auch homoerotisches Sexualverhalten bei Männern wird aus islamischer Sicht als todeswürdig angesehen. Ehrenmordopfer sind daher nicht nur weiblich, wie meist angenommen wird. Lehnt ein Mann es ab, den „Ehren"-Mord zu begehen, für den er vom Clan ausgewählt wurde, so kann auch er zu einem Opfer werden.

Einzuordnen zwischen „Ehrenmord" und „Amok" steht folgender Fall:

> Ein 34-jähriger Mann türkischer Herkunft erschießt aus Wut über einen nicht erhörten Heiratsantrag sieben Mitglieder seiner Großfamilie, danach tötet er sich selbst.

**Ein anderer Fall**: Verärgert über ihren „westlichen Lebensstil" tötet der 24-jährige Ahmad-Sobair O. am 15. Mai 2008, um die „Ehre der Familie wieder herzustellen", seine 16-jährige Schwester Morsail O. auf einem Parkplatz in Hamburg durch 23(!) Messerstiche. Der Täter, aus Afghanistan stammend, ging in Deutschland zur Schule, war mit den deutschen Rechts- und Wertevorstellungen vertraut. Der psychiatrische Sachverständige spricht ihm eine emotional instabile sowie narzisstische Persönlichkeitsstörung zu.

Das Gericht folgt nicht der Einlassung der Verteidigung, dass es sich um die Austragung eines „Geschwisterkonfliktes" handele, sondern um die Ermordung, die Hinrichtung eines Mädchens, das gegen die Regeln islamischer Moralvorstellungen verstoßen hatte und mit Billigung der Familie umgebracht wurde.

Typisch ist auch der **Fall Gülsim S.**: Eine 20-jährige türkische Kurdin lebt mit Eltern und Brüdern in der Nähe Krefelds. Sie verliebt sich in einen jungen Mann (Altin P.). Die Eltern missbilligen diese Verbindung, da ihre Tochter einem anderen Mann in ihrem türkischen Heimatdorf versprochen ist, mit dem sie 2008 auch verheiratet wird, danach lässt sie sich jedoch scheiden. Daraufhin wird sie einem anderen Mann, einem Verwandten, versprochen, der sich in Deutschland illegal aufhält. Von ihm wird sie schwanger, im fünften Monat erfolgt ein Schwangerschaftsabbruch. Durch die mit einem Krankenhausaufenthalt verbundenen Folgen erfährt der Vater davon. Einer ihrer Brüder, seit 13 Jahren in Deutschland geduldet, lockt sie auf einen Feldweg, stranguliert sie und zertrümmert ihr das Gesicht. Er entwendet die Geldbörse, um einen Raubmord vorzutäuschen.

Für die Beerdigung in der Türkei beantragt der Täter bei der deutschen Behörde, dem Sozialamt, 1600,- €. Die Mitglieder der Familie Semin gelten als abgelehnte, aber geduldete Asylbewerber. Es wird vorgerechnet, dass sie insgesamt über 300.000 € an Sozialleistungen bezogen hätten. Bruder und Vater werden festgenommen. Der 20 Jahre alte Bruder gesteht die Tat und gibt verletzte Familienehre als Tatmotiv an. Der Vater wird wegen **Anstiftung zum Mord** zu lebenslanger Haft verurteilt, der Bruder zu 9,5 Jahren Jugendstrafe, ein weiterer Tatbeteiligter wegen Beihilfe zu 7,5 Jahren. In einem Pressekommentar dazu heißt es:

»Gegen das Urteil hat der verurteilte Vater Revision eingelegt. Die Tochter ermordet, den Sohn zum Mord gedrungen, die Familie zerstört, und der Hauptschuldige hält sich für schuldlos: Was für eine abgrundtief menschenfeindliche Gefangenschaft im Stammeskult.«

Das Revisionsbegehren wird durch den BGH 2010 verworfen.

**Nourig Apfeld** schildert sehr eindringlich in ihrem Buch[157], wie sie eines Nachts vom Vater geweckt und für sie zur Abschreckung gezwungen wurde, mit ansehen zu müssen, wie er zusammen mit ihren beiden Cousins ihre jüngere Schwester erdrosselte, da diese nicht nach

---

[157] Nourig Apfeld: Ich bin Zeugin des Ehrenmords an meiner Schwester, Wunderlich (2010).

seinen Vorstellungen einer Zwangsverheiratung und der Hinnahme von Vergewaltigungen durch Cousins zu leben bereit war, sondern in ihrer Lebenshaltung westlichen Vorstellungen folgte. Die Cousins hatten den Vater angestachelt, es zu tun. Die Autorin schreibt über einen der Cousins:

> »Seinen Glauben an Tradition und Religion vertrat er hasserfüllt und radikal. Diese Geisteshaltung machte ihn in meinen Augen zu einem gefährlichen Fundamentalisten, dem ich zutraute, für seine Interessen auch über Leichen zu gehen.«

Elf Jahre nach der Tat entschließt sie sich zur Zeugenaussage und damit zur Anklage der Täter. Der Vater nimmt die Schuld auf sich, die beiden Cousins entgehen der Mitschuld.

Diese Mörder verkennen, dass auch sie der westlichen Konsumgesellschaft verfallen sind, indem sie die Erzeugnisse der westlichen Hemisphäre (Fernsehen, Handy, Internet usw.) kritiklos nutzen.

Welchen moralischen Wert genießt die Frau im Islam?[158,159] Im siebenten Jahrhundert wurden neugeborene Mädchen, deren Existenz unerwünscht war, noch getötet. Heute werden sie am Leben gelassen, dafür aber verprügelt, zwangsverheiratet, vergewaltigt oder, wenn sie sich widersetzen, ermordet. Eine solche Moral ist verwerflich! Sie darf weder wie ein Parasit in die abendländische Kultur eingeschleppt noch in der orientalischen weiterhin praktiziert werden.

Der „Ehrenmord" gehört nach islamischer Gesetzgebung nicht in den Bereich der Schari'a[160], er wird offiziell strafrechtlich als Mord verfolgt. Der Versuch einer gesetzlichen Ächtung dieser Morde in islamischen Ländern hat aber zur Folge, dass sie als Selbstmorde oder Unfälle getarnt werden. Und damit entgeht der Staat seiner Pflicht. Selbstmorde sind nach islamischer Moralauffassung jedoch ehrenrührig und verpönt. In der entsprechenden Statistik tauchen sie daher nicht auf.

---

[158] BROOKS, G.: Die Töchter Allahs, btb (2002, 3. Auflg.)
[159] BREUER, R. in Alice Schwarzer (Hersg.): Die große Verschleierung, KiWi (2010, S. 75).
[160] HUGHES, Th.: Gesetze, Vorschriften des Korans einschließlich der traditionellen Lehren Mohammeds (Lexikon des Islam, Fourier Verlag 1995).

## Islamistische Selbstmordattentate

Dass „Selbstmordattentate" als eigenes Kapitel in einem Buch zur „Biologie des Verbrechens, über Klage und Urteil" nicht fehlen dürfen, steht für den Buchautor außer Zweifel. Sie, die Attentäter, stellen eine besondere Form von *Amokläufern* dar. Das Einzige, worin sie sich von ihnen unterscheiden, ist ein Teil ihres Tatmotives: die religiös ausgelöste Verführung und in Fanatismus mündende Unfähigkeit, real zu denken. Die auf der Ebene ihrer psychisch bedingten Störung ablaufenden Denkprozesse haben sie mit den Amoktätern (s. Kapitel VI) gemein. Die Vertreter beider Gattungen (Amokläufer und Selbstmordattentäter) wähnen sich auf der Verliererseite der Gesellschaft, fühlen sich den Benachteiligten zugehörig, die am Wohlstand der Welt nicht teilhaben. Schuld daran sind in ihrem Unterbewusstsein immer „die anderen"! Wen sie allerdings damit meinen, sagen sie nicht, weil sie es selbst nicht wissen.

Bei den Selbstmordattentätern kommt eine Besonderheit hinzu: ihre Gefangenschaft im islamischen Glaubensbekenntnis. Niemand komme daher und verkünde, der Islam sei eine friedliebende Religion (wie das immer wieder versucht wird)!

Der Koran, die heilige Schrift des Islam, weist zwar einige Passagen auf, die das glauben machen könnten, er enthält aber genau soviel Gegenteiliges.

Ali Khamenei, religiöser Führer und oberster Rechtsgelehrter des Iran: „Die Christen und Juden sagen. 'Du sollst nicht töten!' Wir sagen, dass das Töten einem Gebet gleichkommt, wenn es nötig ist. Täuschung, Hinterlist, Verschwörung, Betrug, Stehlen und Töten sind nichts anderes als die Mittel für die Sache Allahs!"[161]

So entsteht die Frage, warum konvertieren (meist) junge Männer, Europäer, vom Christentum hin zum Islam? Sie nehmen dabei die Tortur der Beschneidung auf sich und sind dann unter bestimmten Umständen als sogenannte Gotteskrieger bereit, in den „Heiligen Krieg" zu ziehen, um als Märtyrer zu sterben und Andersgläubige, Unschuldige,

---

[161] Quelle: islam-deuschland.info.

zu töten, wie es der Koran von ihnen verlangt. Je mehr, desto besser, umso „heiliger"! Je näher werden sie bei Allah sitzen, wird ihnen vorgegaukelt! Sie lieben den Tod mehr als das Leben! Was für ein Fanatismus steckt dahinter? Es ist der Hass. Wie wird er in ihre Köpfe hinein manipuliert? Allein durch Hasspredigten bestimmter Imame? Ein Potential von defizitärem Denkvermögen muss bei ihnen primär vorhanden sein, um einen solchen Sinneswandel überhaupt möglich zu machen.

**Wie entsteht Hass?**
Er sei von seiner Anlage her eine im Gehirn verankerte, emotional begründete **Schutzfunktion**, sagen Psychologen. Er entstehe aus der **Angst** vor der eigenen Vernichtung. Und Angst ist die **Ursache** für die Entstehung von **Hass** und **Gewalt**.

Angst ist ein archaisches[162] „Notfallprogramm", wichtig zur Entscheidung zwischen **Angriff** oder **Flucht**, gesteuert durch den Hirnstamm, dem entwicklungsgeschichtlich ältesten Teil des Gehirns.

Beeinflusst wird dieses uns innewohnende „Notfallprogramm" durch die Erfahrungen, die sich auf diesen Urinstinkt „aufpfropfen", deutlich sichtbar im Tierreich: Wildlebende Tiere ohne Berührung mit dem Menschen kennen kaum eine Scheu vor ihm. Erst durch negative Erfahrung erwächst in ihnen der Fluchtreflex oder die Wut zum Angriff, z.B. zur Verteidigung der Nachkommen durch Muttertiere mit der Freisetzung von Stresshormon.

Beim Menschen ist es ähnlich: Aus der Angst vor dem Unbekannten erwächst zunächst Unwillen. — Danach folgt die Entscheidung: **Flucht** oder **Angriff**, Ohnmacht hinnehmen oder **Macht ausüben** wollen. Aus diesem Zwiespalt heraus kann sich der primär vorhandene **Unwille** zum **Hassgefühl** steigern. Hass auf der einen und Empathie auf der anderen Seite stehen sich scheinbar konträr gegenüber, aber anlagebedingt existieren sie auch ursprünglich gleichwertig nebeneinander.

---

[162] Früh entwickelt, hier: entwicklungsgeschichtlich angelegt.

Es hängt davon ab, welche äußeren **Einflussfaktoren** (Erfahrungen) dominieren. Prägende Faktoren (Demütigungen, Gewalt, Schläge) können bereits in der Kindheit wirksam werden und zu Aggressionen führen. Hirnpathologische Ursachen (Schädigungen des Frontalhirns) sind ebenfalls dazu in der Lage, ferner eine anlagebedingt verminderte Freisetzung von Serotonin (sogenanntes Glückshormon).

Eine auch für Laien leicht verständliche Analyse zur „Biologie der Angst" ist bei HÜTHER (2011) in seinem gleichnamigen Buch nachzulesen, in dem er beschreibt, „wie aus Streß Gefühle werden". „Grundformen der Angst" beschreibt auch RIEMANN (1961) in seiner gleichnamigen Monographie in der inzwischen vierzigsten Auflage.

Derartige hirnphysiologische Erkenntnisse werden in den Terror-Ausbildungslagern genutzt, um das bei einem Menschen vorhandene Gefühl der Empathie zu unterdrücken und die Hassgefühle zu potenzieren. Das geschieht durch Drill, durch Demütigungen und unabdingbare Gehorsamsforderung analog militärischer Disziplin. (Ein Paradebeispiel dafür war Preußen!) Am leichtesten dürfte dies bei potentiellen Terroristen gelingen, die in ihrer Kindheit bereits vorgeschädigt und durch Hasspredigten weiter vorbereitet sind. Das unter Stresssituationen ausgeschüttete „Stress"-Hormon Cortisol spielt dabei neben Adrenalin eine wesentliche Rolle: Der Betreffende wird süchtig nach der Ausschüttung dieser Hormone. Dadurch werden Hass für ihn zur „Droge" und das Töten zur Sucht. In dieser Weise vorbereitet, werden die religiös-motivierten Straftaten begangen.
Sämtliche Religionen sind geistige Machtinstrumente ihrer jeweiligen „Hohen Priester". Selbst ziehen sie, diese klerikalen Potentaten, nie in den „heiligen" Krieg, den sie aus Glaubens- und Machterhaltungsansprüchen anzetteln. Vorgeschickt wird immer das Fußvolk, um die Kastanien für die Interessen dieser Kleriker aus dem Feuer zu holen. Den angeworbenen Religionssöldnern, den Gotteskriegern, wird sogar eine „Hochzeit" mit den Töchtern Allahs suggeriert, damit sie Willens werden, ihr Leben zu opfern, und sie tun es verklärt und bereitwillig, weil ihnen das klare Denkvermögen, ihr Verstand, geraubt wurde.

Leider ist es kaum möglich, mit den Konvertiten in ein ehrliches Gespräch zu kommen, um so ihre persönlichen Gründe zu erfahren. Aber es ist zu vermuten, dass die Wurzeln für die Bereitschaft zu einem solchen Sinneswandel auch bei ihnen bereits in ihrer Jugend gesucht werden müssen — wie bei den Mördern Schutzbefohlener (Kap. V), den Amoktätern (Kap. VI) sowie den Kannibalen (Kap. X). Obgleich nicht jeder mit einer defizitären Jugend zu einem Täter werden muss, das sei abermals betont.

## Terroranschläge in Deutschland:

Während in den bisherigen Kapiteln die Namen der Täter in den meisten Fällen in anonymisierter Form verwendet wurden, sollen sie hier vollständig genannt werden, denn sie sind durch Presse und Polizeiberichte mehrheitlich bekannt.

### Die Sauerland-Gruppe

Dazu gehören die zum Islam konvertierten deutschen Bürger: **Fritz Gelowicz, Daniel Schneider** und der Deutsch-Türke **Attila Selek** sowie der türkische Moslem **Adem Yilmaz**.

Sie sind Mitglieder der Terrorgruppe „Islamische Dschihad-Union", die bis zum Prozess kaum jemand in Deutschland kannte. Es sind Männer im Alter zwischen 24 und 31 Jahren. Ihr Anführer ist **Fritz Gelowicz,** ein Deutscher, verheiratet mit einer Frau, die dem Islam angehört (s.u.).

Die genannten Personen standen vor ihrer Verhaftung seit längerer Zeit unter Beobachtung. Drei von ihnen wurden im Herbst 2007 im Sauerland festgenommen, daher die Bezeichnung „Sauerland-Gruppe".

Im August 2009 wird durch die Bundesanwaltschaft bestätigt, dass gegen einen fünften Beteiligten, gegen den 30-jährigen Türken **Mevlüt K.,** Haftbefehl erlassen wurde. Er habe nach Aussagen der oben genannten Mitglieder der Terrorgruppe das Zündmaterial für ihre Bomben beschafft.

Bei Prozessbeginn am 22. April 2009 weigert sich der türkische Moslem **Adem Yilmaz** trotz mehrfacher Aufforderung, sich zu erheben. Er schreit in den Gerichtssaal: »Ich stehe nur für Allah auf«. Demonstrativ bleibt er sitzen. Auch zu späteren Anlässen erhebt er sich nicht. Von seiner Verteidigerin wird erklärt: Ihr Mandant sei aus religiösen Gründen der Auffassung, dass er vor niemandem aufzustehen habe, „außer vor Gott".
Im Prozess äußert er:
>»Heiligen Krieg zu führen sei die Pflicht eines jeden Moslem.«

In einer Pressemitteilung des OLG Düsseldorf vom 4. März 2010 heißt es u.a.:
>»Ziel der Angeklagten war es, in Deutschland — in zeitlicher Nähe zur Entscheidung des Deutschen Bundestages über die Verlängerung des Afghanistan-Einsatzes der Bundeswehr ...am 12. 10. 2007 Sprengstoffanschläge ... mit einer möglichst hohen Opferzahl zu begehen. ... Der Senat ist davon überzeugt, dass der Angeklagte Schneider, der bei seinem Fluchtversuch einem Beamten eine Pistole aus dem Holster gezogen hatte, auf den Beamten schießen wollte und einen möglichen Tod des Beamten in Kauf genommen hatte.«

Im Prozess, der sich über 65 Verhandlungstage in fast 10 Monaten erstreckte und 600 Aktenordner füllt, sind die Angeklagten zum Schluss schließlich geständig, Terroranschläge auf US-Einrichtungen in Deutschland geplant zu haben, obwohl sie anfangs hartnäckig geschwiegen hatten. Aus psychologischer Sicht sei das nicht ungewöhnlich, erklärt der Rechtspsychologe Steffen Dauer.

Die Verhaltensweise eines Täters, der vor dem Richter steht, hängt einerseits von seinem Intelligenzgrad ab und zum anderen von seinem psychologischen „Stehvermögen", seinem politischen oder religiösen Fanatismus und nicht zuletzt von der Art und Weise, wie ermittelt wird, desweiteren von der Dauer der Haft usw. Manche Täter wollen zum Schluss kommen und sind sogar bereit, eine, ihnen von der Ermittlung in den Mund gelegte Falschaussagen zu unterschreiben, um endlich Ruhe zu haben (s. Fall Kaufmann bzw. Rudolf R. Kap. II). Andere wollen, um Aufmerksamkeit zu erhalten, sich in Szene setzen. Und damit sind wir beim Kernpunkt der Gesamtproblematik angekommen: Wodurch werden Menschen ins „gesellschaftliche Abseits", in „eine Täterschaft" getrieben?

Die Grundursachen dafür dürften für sämtliche Varianten (Tötung Schutzbefohlener, Amokhandlungen, terroristische Mordtaten) annähernd gleich sein. In den meisten Fällen findet sich bei diesen Tätern eine defizitäre Jugendentwicklung, aus der sich das Bedürfnis nach Anerkennung herleitet, bisweilen unbewusst und pathologisch gesteigert. Sie fühlen sich in der gesellschaftlichen „Verliererrolle" und wollen da heraus (vergl. Abschiedsbrief Bastian B., Amokhandlung Kap. V). Sie suchen Schutz. Bezüglich der islamistischen Täterschaften finden sie ihn in der islamischen Religionsgemeinschaft. Die oben genannten Täter zeigten nach Auffassung des Bundesanwaltes Brinkmann am Ende des Prozesses jedoch keinerlei Reue. Anders dagegen ihre Schlussworte mit Ausnahme des **Adem Y**.

Im Schlusswort erklärt **Fritz G.**:

»Ich werde mich nicht mehr im Entferntesten an terroristischen Akten beteiligen oder einer solchen Gruppe anschließen. Das steht fest und ist absolut ehrlich.«

**Adem Y.**, der schon aus Protest bei der Prozesseröffnung sitzen geblieben und nur vor Allah aufzustehen bereit war (dem wird er allerdings nie begegnen), sagt lediglich:

»Ich hab nix [zu sagen].«

**Daniel S.** liest von einem Blatt ab:

»Meine Damen und Herren, ich habe mich damals falsch entschieden und falsch gehandelt. Mein Weg war falsch, ich hatte wenig Wissen darüber, was damals gerechtfertigt gewesen wäre. Zum Glück sind die Anschläge gescheitert und ich wurde festgenommen. ... Es ist beschämend, aber es stimmt. Ich habe geschossen, um abhauen zu können. Ich bedaure das sehr. Zweifel und Vernunft hatten in diesen Sekunden keinen Platz. Ich möchte mich hiermit bei dem Polizisten entschuldigen. ... Bitte geben Sie mir die Gelegenheit, im Gefängnis meinen Schulabschluss machen zu können. Durch den Abbruch der Schule 2003 bin ich aus der Bahn geworfen worden.«

(Inwieweit anwaltliche Hilfestellung bei der Abfassung dieses Textes zu vermuten ist, sei dahingestellt.)

**Attila S.**, (als einziger der Angeklagten trägt er zum Zeichen einer Religionszugehörigkeit jedoch **keinen** Vollbart) und bekennt:
»Ich habe dem Islam geschadet. Es war ein Fehler, bei den Anschlagsvorbereitungen mitzuwirken. Es tut mir leid.«

Am 4. März 2010 verhängt das OLG Düsseldorf gegen den deutschen Konvertiten **Gelowicz** eine Haftstrafe von zwölf Jahren. Der Angeklagte **Schneider** wird wegen versuchten Mordes in Tateinheit mit Widerstand gegen Vollstreckungsbeamte und Vorbereitung eines Explosionsverbrechens zu zwölf Jahren, **Adem Yilmaz** zu einer Haftstrafe von elf Jahren und der Angeklagte **Selek** zu fünf Jahren verurteilt. Im Februar 2010, also noch bevor das Urteil gesprochen wurde, werden drei weitere, als Terrorhelfer verdächtigte Personen in Berlin bzw. in Ulm festgenommen: eine 28-Jährige aus Ulm, (die Ehefrau des Anführers **Fritz Gelowicz**), ein 20-jähriger Mann aus Berlin sowie ein 31-jähriger Mann. Alle drei haben einen Migrationshintergrund, besitzen aber einen deutschen Pass.

Mit Datum vom 18.07.2011 meldet die Presse:
»Auf Grund eines Beschlusses des Oberlandesgerichtes Düsseldorf wurde einer der vier verurteilten Terroristen [Attila Selek] ...wieder auf freien Fuß gesetzt. Der heute 26-jährige Attila S. hat zwei Drittel seiner Haft abgesessen. ... Am Mittwoch wird er ... vor dem Verwaltungsgericht Sigmaringen gegen den Entzug der deutschen Staatszugehörigkeit kämpfen. Die Ausländerbehörde wirft ihm vor, er habe sich seine Einbürgerung erschlichen. Deshalb hat sie diese zurückgenommen.«

---

## Die „Kofferbomber von Köln"

Im Juli 2006 plante der Libanese **Youssef el Hajdib**, im Alter von 21 Jahren und seit zwei Jahren in Deutschland lebend, der seit Februar 2005 in Kiel Mechatronik studierte, zusammen mit dem 20 Jahre alten **Jihad Hamad** einen Bombenanschlag in Deutschland. Das Ziel ihres Attentates waren die Reisenden in zwei Fernzügen, die vom Kölner Hauptbahnhof nach Koblenz bzw. nach Hamm fuhren. Die Attentäter bestiegen die Züge, deponierten die in Rollwagen verpackten, mit

Zeitzündern bestückten Sprengkörper als Reisegepäck und verließen beim nächsten Halt wieder die Züge. Die Zeitzünder wurden zwar ausgelöst, jedoch explodierten die Bomben nicht, da sie fehlerhaft „zusammengebastelt" waren. Nach der Tat verließen die Attentäter Deutschland, zunächst per Flug von Köln-Bonn nach Istanbul und weiter nach Damaskus (Syrien). Am 8. August kehrte **Youssef el Hajdib** nach Kiel zurück und wurde am 19. August 2006 festgenommen. Im Sommer 2007 erhebt die Bundesanwaltschaft Anklage. **Jihad Hamad** stellte sich am 25. August 2006 den Behörden in Tripolis.

Am 11. April 2007 wird gegen Jihad Hamad in Beirut der Prozess eröffnet. Im Dezember 2007 wird er dort zu zwölf Jahren und Youssef el Hajdib (in Abwesenheit) zu lebenslanger Haft verurteilt. In Deutschland wird vor dem **Oberlandesgericht Düsseldorf** gegen Youssef el Hajdib der Prozess eröffnet. Im Dezember 2008 wird er zu lebenslanger Haft verurteilt. Die von der Verteidigung begehrte Revision wird verworfen.

---

**Terroristen in Deutschland**: Etwa 400 verdächtige Personen seien bekannt. Etwa fünf je Monat gehen in die entsprechenden Länder, um sich als Täter ausbilden zu lassen. Einer Studie des Innenministeriums zufolge sei etwa ein Viertel der in Deutschland lebenden Muslime zu Gewalttaten gegen „Andersgläubige" bereit. 14% der Befragten (mit deutschem Pass!) weisen eine „problematische Distanz zur Demokratie" auf.
Aus welchen Kreisen kommen sie? Sind es Enttäuschte? Kleinkriminelle? Rachsüchtige, weil sie am Reichtum nicht teilhaben?
Sie fühlen sich zu den Verlierern der Gesellschaft zugehörig, es sind „Ich-schwache" Personen wie Amokläter. Im Islam (als Glaubensbekenntnis) werden sie aufgenommen (integriert) wie in einer zusammengehörigen Familie (vgl. dazu: ROHE, M.: Islamismus in Deutschland, Politische Akademie Nr. 19).

Nach ABDEL-SAMAD (2010) ist der extremistische Terror ein Zeichen des erahnten Unterganges der islamischen Welt bei ihren Anführern: Retten, was noch zu retten ist, der Terror ist Ausdruck der erkannten Krise (S. 54 seines Buches: „Untergang der islamischen Welt").

# VIII: Selbsttötungen

Auch das Kapitel **Selbsttötungen** gehört zum Inhalt des gewählten Buchtitels. Es schließt unmittelbar an das zuvor abgehandelte Thema Amoktaten an, denn *Amokläufer* sind ebenfalls Suizidanten, jedoch solche, die fanatisch reagieren und andere, Unschuldige, vorsätzlich und dadurch demonstrativ mit in den Tod reißen wollen.

In den westeuropäischen Ländern nehmen Selbsttötungen etwa den zehnten Rang in der Todesursachenstatistik ein. Bei Jugendlichen folgt nach der häufigsten Ursache, dem Unfalltod, die Selbsttötung an zweithäufigster Stelle. Dem soll durch einen besonderen Abschnitt am Schluss dieses Kapitels Rechnung getragen werden.

> Das Demonstrative bei bestimmten **Suizidfällen** wird nachfolgend besonders herauszuarbeiten sein; der Abschiedsbrief des 18-jährigen Amoktäters Bastian B. (Kap. V) ist ein Beispiel dafür. Dass es unterschiedliche Charaktertypen von Suizidanten gibt, ist bekannt.

Einführend ist ferner darzulegen, welche Verantwortung dem Arzt obliegt, wenn ein Patient suizidale Gedanken an ihn heranträgt, das heißt, den Wunsch der **Sterbehilfe** äußert. Welchen rechtlichen Konsequenzen setzt ein Arzt sich aus, wenn er die von ihm erwartete Hilfe erfüllt oder sie ausschlägt? Dazu müssen zunächst einige Begriffe und deren juristische Bedeutung erörtert werden: **aktive** bzw. **passive Sterbehilfe**, **Tötung auf Verlangen**, **indirekte Sterbehilfe**, **assistierter Suizid**. (Zu deren Erläuterung s. Glossarteil unter Sterbehilfe, siehe ferner **BGH-Sterbehilfe-Urteil vom 25. 10. 2010**.)

Zunächst soll ein Blick auf die Ursachen eines solchen Geschehens und auf die Verteilung der Suizidhäufigkeiten in der Welt bzw. der Geschlechterverteilung erfolgen; es ist ferner nach **Ursache** und **Auslösemoment** zu unterscheiden.

Vincent van Gogh: „An der Schwelle der Ewigkeit"
(Öl auf Leinwand)

Als Hauptursachen suizidalen Geschehens werden Depressionen, Psychosen, Suchterkrankungen, Isolation, Gesundheitsstörungen (präfinale Erkrankungen vorwiegend im Alter) sowie Persönlichkeitsstörungen genannt. Auslösende Momente können je nach Persönlichkeitstyp Partnerschaftsprobleme und Aggressionen (auch gegen sich selbst) sein. Appellative[163] sowie altruistische[164] Momente kommen hinzu. DURKHEIM[165] unterscheidet in seinem Werk „Der Selbstmord" (1897, neu 2006) weiter zwischen egoistischem, fatalistischem[166] und anomischem[167] Suizid. KAMLAH[168] definiert die Selbsttötung als menschliches Grundrecht und spricht von rationalem Suizid. HOCHE[169] führt den Begriff Bilanzsuizid ein: Selbsttötung nach persönlicher (rationaler, aber wohl eher subjektiver) Einschätzung der eigenen Lebensumstände.

Welche Ursachen diesem Phänomen zugrunde liegen, ist weitgehend unbekannt. Um politische Gründe dafür anzunehmen, müsste eine detailliertere Analyse, auch bezogen auf Ländergrenzen, erfolgen, denn es besteht ein weltweites **Ost-West-Gefälle**, in Deutschland zudem ein Nord-Süd-Gefälle. Andererseits wurden in der DDR im Gegensatz zur BRD sämtliche, auch unklare Suizidverdachtsfälle einer gerichtsmedizinischen Klärung unterworfen. Das könnte die Erhöhung der Suizidrate (DDR, Abb. VIII/1) u.U. mit erklären.

Nach Einschätzung der WHO nehmen sich pro Jahr insgesamt etwa 1 Mio. Menschen das Leben. Diese Ziffer spiegelt aber die realen Zahlen nur ungenau wider, denn in manchen Staaten werden die einschlägigen Fälle kaum oder nur ungenau erfasst und in anderen werden sie aus den verschiedensten Gründen verschwiegen.

---

[163] Auf etwas hinweisend, benennend, demonstrativ.
[164] Rücksicht auf andere nehmend.
[165] DURKHEIM, Èmile, französischer Soziologe, Paris, Sohn eines Rabbiners, 1858 bis 1917.
[166] Sich dem Schicksal ausgeliefert fühlen.
[167] Gesetzlos, gesetzwidrig.
[168] KAMLAH, Wilhelm, deutscher Philosoph, (1905 bis 1976). Wählt 71-jährig und schwererkrankt, am 4. Sept., den Freitod.
[169] HOCHE, Alfred, deutscher Psychiater und Neurologe, Kritiker FREUDs und Wegbereiter der Massenvernichtung des NS-Regimes.

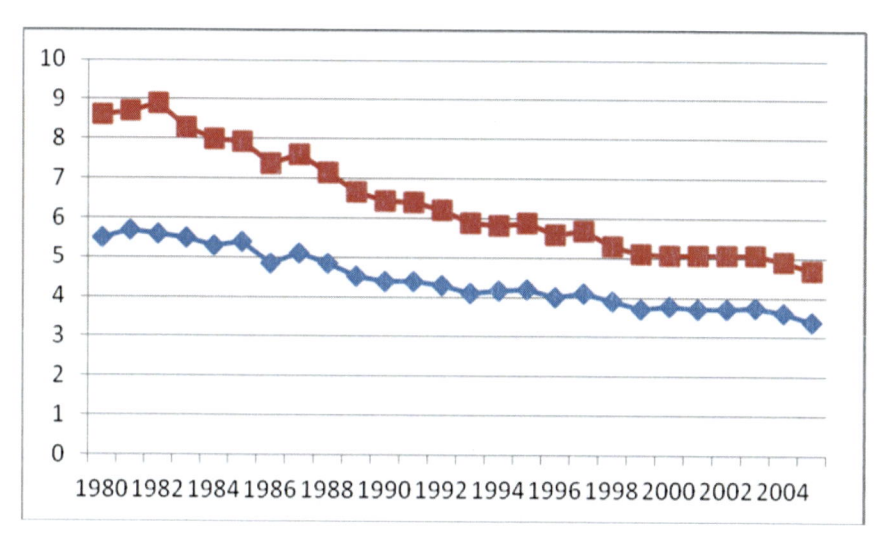

Abb. VIII/1: Suizid-Häufigkeitsunterschiede zwischen der Bevölkerung der BRD (untere Linie) und der DDR bzw. „ostdeutscher" Bundesländer (oberer Linienverlauf) in den Jahren zwischen 1980 und 2005. (Quelle: Statistisches Bundesamt)

Bei Betrachtung der Häufigkeitsverteilung der Suizide speziell in der europäischen Welt (Abb. VIII/2) fallen zwei wesentliche Befunde auf: 1. das sogenannte Ost-West-Gefälle und 2. die unterschiedliche Verteilung zwischen den Geschlechtern.

Bezüglich der Ursachen des in groben Zügen erkennbaren Ost-West-Gefälles gibt es bisher keine wissenschaftlich haltbare Erklärung. Zum einen ist zwar erkennbar, dass in den Staaten der ehemaligen SU die höchsten Selbstmordraten existieren, abnehmend in südwestlicher Richtung (Ungarn, Bulgarien, Slowenien, Kroatien, Tschechien, Österreich, Italien etc.), andererseits aber auch in nordwestliche Richtung geringer werden (Dänemark, England, Irland). Bei oberflächlicher Betrachtung sollte vermutet werden, dass gerade in den nordischen Ländern mit der dort vorherrschenden längeren Dunkelheit in den Wintermonaten die Depressionen und damit die Suizidraten zunehmen. Das ist der Statistik nach jedoch nicht der Fall.

Für das Zustandekommen des beschriebenen Ost-West-Gefälles werden genetische Ursachen vermutet.

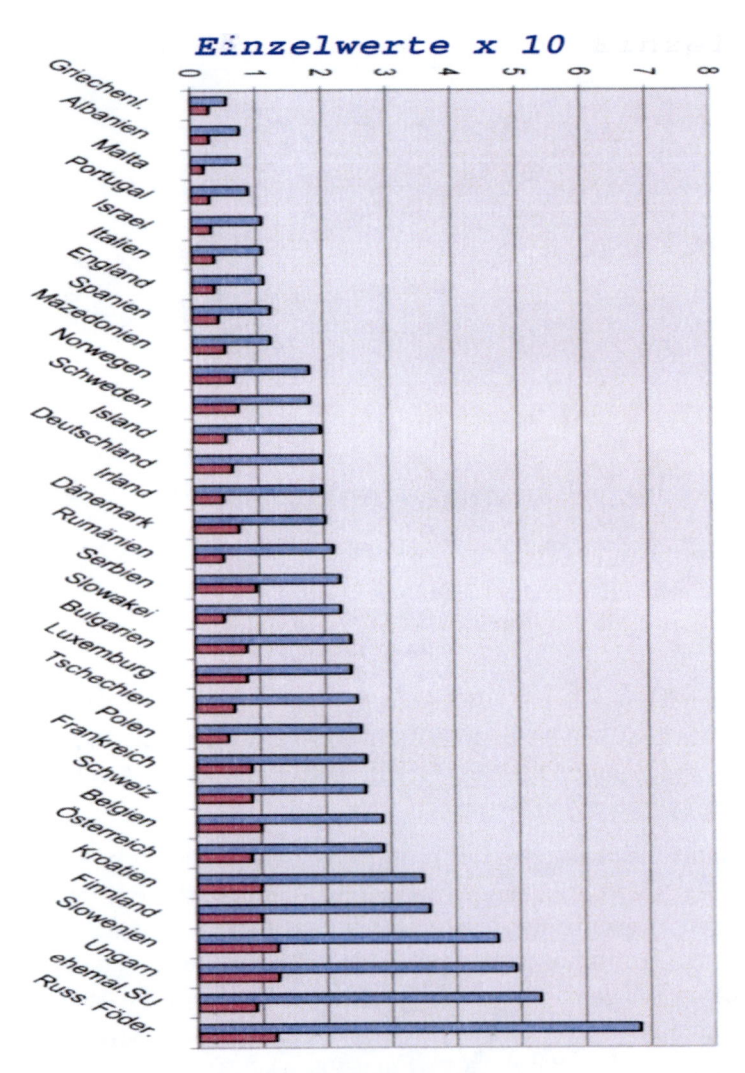

Abb. VIII/2: Verteilung der Suizidfälle in einzelnen Ländern je 100.000 Einwohner (verändert nach HAFNER). Die jeweils höheren Säulen = männl. Suizidanten

Die niedrige Häufigkeitsrate für Israel, die HAFNER hier mit aufgenommen hat, dürfte anders, vermutlich religiös zu begründen sein.

In islamischen Ländern gilt ein Suizid auch für die Familien als ehrenrühriger als in Europa und wird geächtet. Während in europäischen Ländern die Suizidrate bei etwa 14,5/100.000 Einwohnern liegt, beträgt sie in islamischen Ländern den Angaben nach MÜLLER[170] (2007) zufolge nur zwischen 0,1/100.000 für Männer und 0,0 für Frauen (Ägypten) und in Kuwait 1,9 für Männer bzw. 0,9 für Frauen.

In diesem Punkt ist der Islam höchst inkonsequent: Die Selbsttötung wird moralisch zwar geächtet, doch zugleich werden Selbstmord-Attentäter als Helden, als „verehrungswürdige Gotteskrieger" gepriesen! Sie sind nichts anderes als politische Amokläufer und kommen damit der ursprünglichen Bedeutung dieses Begriffes wieder sehr nahe: Amucos (s. Kapitelbeginn) waren fernöstliche Krieger, die mit Geschrei, rasend und voller Wut den Gegner attackierten.

Die höchste Selbsttötungsrate wird in China angenommen: über 30%, zit. nach MAYER, K. C. berichtet in LANCET (2002).

Es sollte auffallen, dass dieses sogenannte Ost-West-Gefälle in ausgeprägter Form nur bei Männern besteht. Wenn die Ursache dafür wirklich genetisch begründet ist, dann sollte sie sich ebenfalls in der am häufigsten zum Suizid führenden Ursache, der Depressionshäufigkeit, widerspiegeln. Belege dafür existieren nicht. Einem WHO-Bericht (2002) zufolge hat die Anzahl der männlichen Suizidanten von 1950 bis 2000 weltweit zugenommen.

Die Angaben des Statistischen Bundesamtes belegen jedoch, dass in den Jahren ab 1980 bis 1996 die Zahlen sowohl bei Männern wie auch bei Frauen kontinuierlich abgenommen haben und zwar (bezogen auf Deutschland) gleichermaßen in den Neuen wie in den Alten Bundesländern. Die Suizidhäufigkeit bei Männern gegenüber Frauen gibt der Textautor allerdings nur mit einer Rate von 2:1 an und nicht wie in Abb. VIII/2 mit 3:1 (FIEDLER, G., 2005).

---

[170] MÜLLER, E.: Statistische Daten zum Suizidgeschehen; in: Die Kriminalpolizei, März (2007).

## Zur Suizidhäufigkeit bei Männern:

Die Frage nach den Ursachen der höheren Selbstmordrate bei Männern gegenüber Frauen dürfte wissenschaftlich exakt schwer zu beantworten sein. Die Häufigkeitsdifferenz für die Fallzahlen in Deutschland liegt im statistischen Mittel bei 3:1 (Männer/Frauen)[171]. Als einfachste Erklärung bietet sich die Annahme an, die Frau sei von Natur her, also genetisch bedingt, primär zur Aufzucht ihrer Nachkommenschaft prädestiniert und demzufolge mit einer höheren, psychisch begründbaren Verantwortung dem Leben gegenüber ausgestattet. Einer solchen Auffassung könnte gefolgt werden, wenn nicht in China bei den Frauen eine höhere Selbsttötungsrate als bei Männern vorhanden wäre.

Zählte man die Fälle von Selbsttötungen und die der Selbsttötungsversuche je Geschlecht zusammen, so reduziert sich der krasse Unterschied bezüglich der Suizidraten zwischen Männern und Frauen, denn die Tötungsversuche von Frauen überwiegen die der Männer. Das könnte ein Hinweis darauf sein, dass die Tötungsmethode, die bei männlichen und weiblichen Suizidanten unterschiedlich ist, für die Fallzahlen zwischen den Geschlechtern eine Rolle spielt. Bei Männern dominieren absolut tödlich wirkende Methoden (Erhängen, Selbstdrosselung, Ersticken, Sturz in die Tiefe, Schienen- bzw. Straßensuizid, Erschießen). Frauen hingegen greifen eher zu einer „weicheren" Methode, z.B. Medikamentenüberdosierung, die bei rechtzeitiger Erkennung eine Wiederbelebung ermöglicht. Hinzukommt bei ihnen in manchen Fällen die demonstrative Absicht, sich töten zu wollen, wenn es nicht anders geht.

Die Verteilung der Suizidversuche gegenüber den vollendeten Suiziden bezüglich Alter und Geschlecht ist umgekehrt: Bei jungen Frauen (15- bis 24-jährig) ist die Häufigkeit der Suizidversuche am größten, etwa 300 je 100.000 Einwohnerinnen. Bei älteren Männern am niedrigsten. Im Jahre 2001 wurden für Frauen (gesamt) 131 und für Männer 108 Versuche je 100.000 geschätzt.

---

[171] Frauen verüben jedoch häufiger Selbstmordversuche als Männer.

In der nachfolgenden Graphik fällt der anscheinend „normal-verteilte" Anstieg der Selbsttötungen bei Männern um die Lebensmitte mit einem Gipfel um 50 Jahre auf. Ob dieser Anstieg in der „midlife-crisis" statistische Signifikanz aufweist, bedarf der Prüfung. Bei Frauen fehlt diese Häufung. Eine wissenschaftlich haltbare Erklärung für den Anstieg der Suizide mit zunehmendem Lebensalter der Suizidanten zu geben, ist schwierig, da verschiedene Ursachen eine Rolle spielen dürften. Krankheiten (Depressionen, körperliche Gebrechen) und Vereinsamung stehen an erster Stelle.

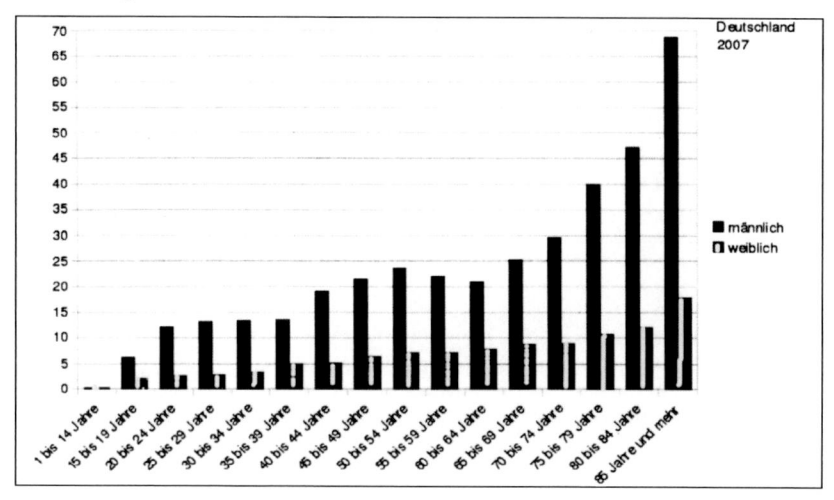

Abb. VIII/3: Suizidraten, differenziert nach Alter und Geschlecht je 100.000 Einwohner in Deutschland. (Quelle: GOOGL — SelbsttoetungSterblichkeit.png Wikipedia)

Bezüglich einer jahreszeitlichen Abhängigkeit werden aus der eigenen rechtsmedizinischen Erfahrung heraus in der „dunklen" Jahreszeit häufiger Selbsttötungen begangen als in der „hellen" Jahreszeit (bezogen auf den großstädtischen Bereich [Berlin] der 70er Jahre). Die meisten Fälle ereigneten sich der Erfahrung des Autors zufolge bei älteren Menschen zu Ostern und zu Weihnachten als Ausdruck von Vereinsamung. Diese Annahme wird von anderer Seite allerdings angezweifelt und damit begründet, dass in der „dunklen" Jahreszeit

Ruhe und Besinnlichkeit einkehren, in ländlichen Wohngebieten offenbar stärker als in städtischen.

Von gewisser Bedeutung mag die Tatsache sein, dass bei Berücksichtigung von Berufsgruppen Angehörige der Ärzteschaft sich drei- bis viermal häufiger suizidieren als andere Bürger, Ärztinnen sogar zu fünf- bis sechsmal häufiger[172]. Als Ursache wird der ständige, berufsbedingte Umgang mit Leid und Tod vermutet.

Anders sieht es dagegen bei den in Deutschland lebenden **Frauen türkischer Herkunft** aus, ihr Anteil an Selbsttötungen ist doppelt so hoch wie der altersgleicher deutscher Frauen. Die Ursachen dürften in der kulturell bedingten Integrationsproblematik zu suchen sein, verbunden mit den Schwierigkeiten, die sich aus der geringen Wertschätzung der Frau im Islam grundsätzlich ergeben. — Dieser Problematik in Deutschland entgegen zu wirken, wurden die Gesellschaft für türkische Psychotherapie (GTP) sowie die Beratungsstellen der Deutsch-türkischen Gesellschaft für Psychiatrie und Psychotherapie (DTGPP) geschaffen.

Bei den Männern türkischer Herkunft besteht kein Unterschied zu den Selbstmordraten altersgleicher deutscher männlicher Bürger.

Auch sollte nicht unerwähnt bleiben, dass es Fälle gibt (bei Männern wie Frauen unabhängig ihrer ethnischen Zugehörigkeit), die einen für schuldig am eigenen Schicksal angesehenen Dritten töten wollen, dem Suizidanten dazu aber Kraft und Mut fehlen. Als Konsequenz aus dieser Misere tötet er sich demonstrativ selbst (eine Form der Aggressionsumkehr). Demonstratives Beispiel dafür ist der Fall des Rudolf R. (s. Kap. II), dort zugleich der Hinweis auf die vorhandene Beziehung zwischen Alkoholeinfluss und Suizid.

In Deutschland nehmen sich pro Jahr über 10.000 Menschen das Leben. Umgerechnet auf die Zeit (in Stunden) bedeutet das: In weniger als jeder Stunde ein Selbstmordtoter in Deutschland! Der Trend, der

---

[172] Nach DECKE et al. (1990) liegt die Überrepräsentation weiblicher Suizidanten, erhoben im Raum Dresden gegen Ende der 70er Jahre, sogar bei einem Verhältnis von 1:19.

nach dem letzten Weltkrieg bis in die 70er Jahre anstieg, ist jedoch rückläufig, allerdings mit einem leichten Wiederanstieg in den letzten drei Jahren.

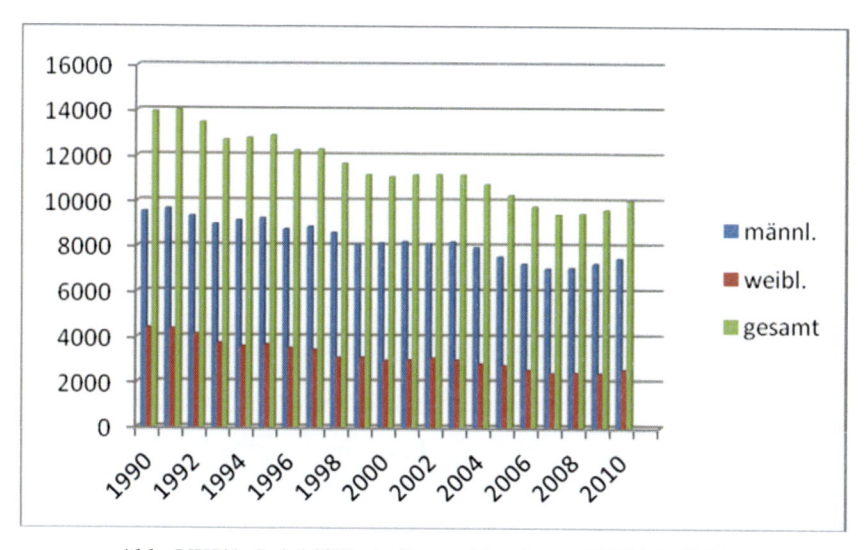

Abb. VIII/4: Suizidfälle in Deutschland von 1990 bis 2010

Auch unter den Suizidraten von Bürgern der einzelnen deutschen Bundesländer bestehen regionale Unterschiede. Sachsen weist für das Jahr 2007 mit 15,7/100.000 doppelt soviele Suizidfälle auf wie Nordrhein-Westfalen (7,95) bzw. Sachsen-Anhalt (6,63), vorbehaltlich der Annahme, dass die gemeldeten Fallzahlen exakt sind, denn nicht sämtliche Suizide werden bei einer Totenschau erkannt oder sachgerecht dokumentiert. Da ein solcher Unterschied bereits vor der Teilung Deutschlands bestand, ist ein Zusammenhang aus den staatlich-politischen Verhältnissen DDR/BRD nicht herzuleiten.

**Doppelselbstmorde:**

Von Ehepaaren, begangen aus politischen Gründen, kennen wir aus der Ära der Judendiskriminierung durch das Nazireich, ihrer sei an dieser Stelle gedacht.

Aber nicht nur unter liebenden Menschen jüdischer Glaubensrichtung gab es Doppelsuizide in dieser Zeit. Erinnert sei an die Tötung der krebskranken, der todeswilligen Henriette Vogel im November 1811 durch den sie liebenden Heinrich von Kleist, der sich anschließend selbst tötete.

Erinnert sei ferner an die verabredete, als Duell getarnte Tötungsabsicht des Hans Fallada mit seinem Freund Hans Dietrich von Necker, die Fallada schwer verletzt und psychisch labil überlebte.

Johannes R. Becher erschoss verabredungsgemäß 1910 seine Geliebte und zielte danach auf sich selbst. Er überlebte, wurde wegen 'Tötung auf Verlangen' angeklagt, Freispruch wegen Zurechnungsunfähigkeit auf Betreiben seines als Richter tätigen Vaters am Landgericht München. Mehrere Suizidversuche folgten.

1942 begingen Stephan Zweig und seine Frau im Exil Doppelselbstmord.

In den ersten Maitagen 1945, am Ende des zweiten Weltkrieges, beschlossen die Ehepaare Hitler und Goebbels ihr Leben durch Doppelselbstmord zu beenden, um auf diese Weise der Anklage für die von ihnen begangenen Verbrechen während ihrer Diktaturherrschaft zu entgehen. Frau Goebbels beging zuvor unter Beteiligung eines Arztes sechsfachen Mord an ihren Kindern.

## Freitod unter Jugendlichen[173]

Den statistischen Angaben zufolge begeht in Deutschland etwa jeden Tag ein Jugendlicher (im Alter bis zu etwa 25 Jahren) Selbstmord. In den Abb. VIII/5 und 6 wird für den Zeitraum 1990 bis 2010 die Suizidhäufigkeit Jugendlicher gezeigt. Der größte Anteil findet sich unter den männlichen Jugendlichen im Alter zwischen 20 und 25 Jahren.

---

[173] Für die Bereitstellung des statistischen Materials dankt der Autor dem Nationalen Suizidpräventionsprogramm Deutschland. Weitere Lit.: FIEDLER, G. (2010) sowie WEDLER, H. u.a. (2011).

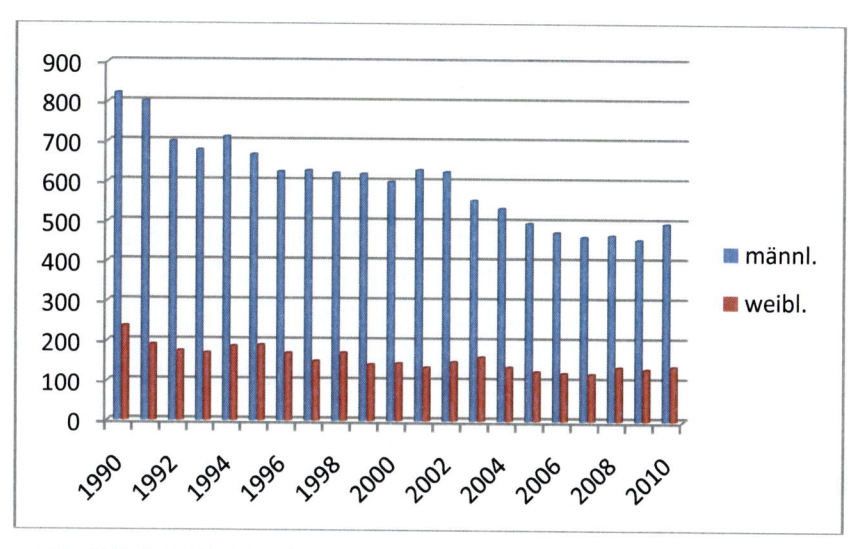

Abb. VIII/5: Fallzahlen (absolut) jugendlicher Suizidanten bis 25 Jahre in Deutschland

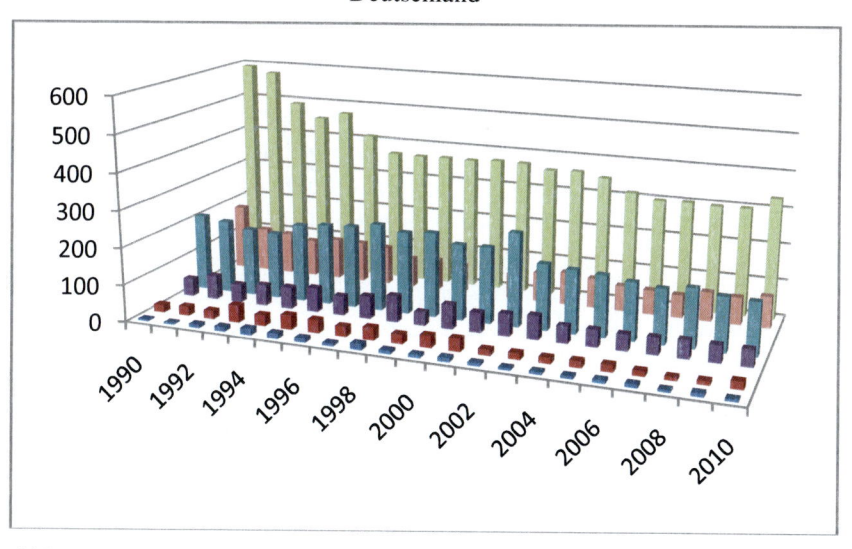

Abb. VIII/6: In der Tiefenachse markieren die ersten beiden Reihen die Fallzahlen der 10 bis 15 Jährigen (weibl./männl.); die mittleren beiden Reihen Fallzahlen der 15 bis 20 Jährigen (weibl./männl.); die hinteren beiden Reihen die 20 bis 25 Jährigen, ebenfalls weibl./männlich

Die Ursachen eines Freitodes können um Jahre zurückliegen, möglicherweise sogar genetisch veranlagt sein. Die <u>Auslöser</u> des Geschehens sind in der Regel als akut zu vermuten. In Betracht kommen: Schwierigkeiten in der Pubertät (hormonell bedingt?), schulischer Leistungsdruck mit der Folge psychischer Überlastung, möglichweise mündend in Versagensängsten.
Gefühle einer Zurücksetzung gegenüber anderen vermischen sich in der Einordnung als Ursache oder Auslöser.

**Falldarstellungen:**
Der Schüler (J.) wird wegen seines Übergewichtes und ebenso wegen der ihm fehlenden „Markenkleidung" im Internet über einen längeren Zeitraum gemobbt und — zudem verleugnend — der Homosexualität bezichtigt. Tage nach Bekanntwerden dieser Verleumdung wählt der 13-jährige Junge, sich vor einen Zug werfend, den Freitod.

Die Mutter, seit neun Jahren geschieden, mit fünf weiteren Kindern alleinerziehend, sei zu „nachsichtig" gewesen, bekennt sie im Interview. Der Junge ging jeglichen Streitigkeiten aus dem Wege, er habe sich zwischen den geschiedenen Eltern „zerrissen" gefühlt, sei gern mit dem Vater angeln gegangen.

Das vorhandene „Cyber[174]-Mobbing" war in diesem Fall sicher nicht die Ursache des Geschehens, sondern der Tatauslöser. Die eigentlichen Ursachen sind tiefer zu suchen: neunjährige Trennung der Eltern, gefühlsmäßige Zerrissenheit des pubertierenden „Scheidungskindes", das sich offenbar auch zum Vater hingezogen fühlte, zu geringes Selbstbewusstsein (er ging Streitigkeiten aus dem Wege) möglicherweise wegen seines Übergewichtes anstatt sich auch einmal anderen gegenüber körperlich durchzusetzen.

---

Ein 18-jähriger Oberschüler eines anderen kleines Dorfes, wie sein Vater Mitglied in einem Jagdverein, holt sich im November 1974 vormittags beim Jagdbeauftragten des Vereins ordnungsgemäß eine

---

[174] Über den Computer erzeugt.

Waffe mit dem Ziel, jagen zu gehen. Als er sie zur verabredeten Zeit nicht zurückbringt, benachrichtigt der Waffenbeauftragte andere Vereinsmitglieder. Im Waldstück, in dem der Junge jagen wollte, finden ihn erschossen vor. Er hatte sich selbst getötet. Warum?

Die Klärung findet sich in der Schule: Er war mit einem Mädchen seiner Klasse eng befreundet, das er auch schon des Öfteren zu Hause besucht hatte. Auf einer Klassenfahrt nach bestandenem Abitur wendet sich dieses Mädchen einem anderen, mitreisenden Jungen zu. Wie sie später (in der Auswertung des Vorfalles) der Klassenlehrerin gegenüber äußerte, soll der Suizidant sinngemäß zu ihr gesagt haben, „Wenn du das nicht unterlässt, bringe ich mich um". Sie hat diese Worte nicht ernst genommen, ihre wahre Bedeutsamkeit nicht verstanden, in ihrem Alter noch nicht verstehen können

In der Nacht nach der Reise schloss er sich in sein Zimmer ein, blieb am Morgen, als seine Eltern ihn wecken wollten, ablehnend liegen. Holte sich am Vormittag die Waffe und setzte seinem Leben, 18-jährig, ein Ende. Ursache und Auslöser der Tat, wie sind sie von einander zu unterscheiden? Seine Eltern, beide als Lehrer tätig, führten eine harmonische Ehe. Der Schüler war das Älteste von vier weiteren Geschwistern, deren Leben unauffällig verlief.

Über die Persönlichkeitsstruktur des Schülers, der sich anscheinend — oberflächlich betrachtet — aus „Liebeskummer" tötete, ist dem Autor wenig bekannt. Es sind jedoch Zweifel angebracht, ob er in seiner Psyche altersgemäß gereift war. Enttäuschungen hinzunehmen und sich daraus herleitende Konflikte verarbeiten zu können, muss erlernt werden. Haben früher erlebte Ungerechtigkeiten oder Ereignisse, die er als solche empfand, „psychische Narben" bei ihm hinterlassen, sodass die Abwendung des Mädchens als erneute schwerwiegende Enttäuschung von ihm aufgefasst wurde? Hat sich die möglicherweise unbewusst ablaufende psychische Aggression, eigentlich gerichtet gegen das Mädchen, in ihm unwillentlich umgekehrt und so zur Selbsttötung geführt? Unterstützend könnte ein noch anhaltender, abiturbedingt gewesener Stress seine Entscheidung beeinflusst haben.

1988 begehen in einer deutschen Kleinstadt ein 16-jähriger Oberschüler und eine mit ihm befreundete Schülerin derselben Klasse, Tochter eines Offiziers, gemeinsam Selbstmord: Sie zerschlagen abends in ihrer Schule ein Fenster, steigen hindurch und klettern auf das Dach. Von dort springen sie, Hand in Hand, gemeinsam in den Tod. Am Morgen findet man sie, den Jungen tot, das Mädchen lebt noch, es verstirbt kurz darauf in der Klinik. Er kam aus einfachsten sozialen Verhältnissen. Der Vater des Mädchens war Armeeoffizier im Kommandeursrang und untersagte der minderjährigen, aber doch weitgehend reifen Tochter die Liebesbeziehung.

Beide wurden auf demselben Friedhof in nebeneinanderliegenden Gräbern bestattet. Welche tiefe emotionale Beziehung muss zwischen diesen beiden Kindern bestanden haben? Eine Zeitungsnotiz über das Geschehene fand sich in den lokalen Annoncen nicht. Hier wiederholte sich ein in der Weltliteratur bekanntes Liebesdrama.

---

In einem Wohnhaus klingelt ein Oberschüler bei der Nachbarin und fragt, ob sie wisse, wie die Luke zum Dach geöffnet werden könne. Die Befragte schöpft keinerlei Verdacht. — Am selben Abend findet eine andere Nachbarin den Jungen im Keller erhängt vor.
Ursache und Motiv des Geschehens bleiben unbekannt. Aus dem sozialen Umfeld sei vermerkt, dass die Ehe der Eltern seit Jahren geschieden war. Schulische Probleme, soweit bekannt, hätten bei dem Jungen nicht bestanden. Im Haushalt der allein-erziehenden Mutter lebten zur Zeit des Suizids zwei weitere, wenig jüngere Geschwister. Zum Vater bestand ein lockerer Kontakt.

---

### Selbsttötungen bei Soldaten
Nicht unerwähnt sei an dieser Stelle die Selbsttötungsrate unter Soldaten bei Auslandseinsätzen: Auf Anfrage eines Bundestagsabgeordneten der SPD-Fraktion teilte das Verteidigungsministerium mit, dass unter den zu beklagenden 99 toten Soldaten 19 von ihnen durch Suizid ums Leben kamen.

## Suizidprävention

Wie zu Beginn dieses Kapitels erwähnt, definierte KAMLAH den Freitod als <u>menschliches Grundrecht</u>. Damit stehen sich bezüglich des Freitodes ein *menschliches* Grundrecht und das Prinzip zur Aufrechterhaltung des eigenen Lebens konträr gegenüber.

Dieser Grundgedanke, den Freitod als ein menschliches Grundrecht zu proklamieren, wirft die Frage auf, gibt es auch Formen des Freitodes im Tierreich? Mit Sicherheit nein, denn der Freitod ist an ein Bewusstsein gebunden, das im Tierreich noch nicht existiert. (Analog scheinende Formen im Tierreich basieren nicht auf einer willentlich, individuell getroffenen Entscheidung.)

Das führt uns zu der Frage, ob wir das menschliche Grundrecht KAMLAHs nicht doch in Zweifel zu ziehen haben, denn jeder Suizidant ist letztlich ein Patient. Das bedeutet: Hier befindet sich der Arzt am Scheideweg. Er muss helfen, solange ihn keine Verfügung des Patienten davon entbindet. Aber ist ein in seinem Denken und Handeln eingeengter Mensch dazu noch fähig?

Daher besteht die „Erste Hilfe", die einem solchen Menschen zuteil zu werden hat, darin, seine gestörte, seine für ihn ausweglos erscheinende Situation durch Dritte zu erkennen, zu analysieren. – Das präsuizidale Syndrom äußert sich wie eine jede andere Krankheit durch Symptome: Verhaltensauffälligkeit, Einengung des Denkens, Empfinden von Schuldgefühlen, Aggressionsäußerung (vgl. Abschiedsbrief unter Amokhandlung »Ich hasse es, überflüssig zu sein«).

Der nächste Schritt besteht in der Kontaktsuche, dem Aufbau eines Vertrauensverhältnisses zu einer Bezugs-, einer Gesprächsperson. Nicht in allen Fällen sind Angehörige dazu geeignet, sie spielen das Problem herunter (vgl. die Amokfälle) oder es fehlen ihnen die dazu erforderlichen Erfahrungen. Der zentrale Punkt in der Prophylaxe besteht darin, die Betroffenen aus ihrer Pseudoisolation, ihrer Verschlossenheit herauszuholen, mit ihnen einen Solidar-, einen „Anti-Suizidpakt" zu schließen, der sie wieder „hoffen" lässt, einen Vertrauten gefunden zu haben, der sie in ihrer verlassen geglaubten Situation

„versteht". Parallel dazu muss die Diagnostik erfolgen (Depression, schizoide Störungen). Zwangseinweisungen in die Psychiatrie sollten das letzte Mittel sein. Wer als Vertrauensperson in Betracht kommt, muss von Fall zu Fall erwogen werden (Hausarzt, Seelsorger, Psychiater, Psychologen).

Damit wird ein heikles Kapitel berührt, das in der Medizin als höchst umstritten gilt: die **ärztliche Beihilfe bei einem Suizid**. Ist der Lebenswille eines Menschen erloschen (die Gründe dafür seien hier außer Acht gelassen), so kann das Weiterleben (müssen) für einen solchen Menschen zu einer dauerhaften, kaum erträglichen Quälerei werden, die einem körperlich schmerzvollen Gebrechen um nichts nachsteht. Welche Therapien sind möglich, eine solche Qual zu lindern? Ein Mensch möchte in diesem Zustand, der nach ärztlichen Erkenntnissen nicht mehr veränderbar ist, dem Leben ein Ende setzen und bittet seinen ihm vertrauten Arzt um Beistand. Berufsethisch ist der Arzt dazu jedoch nicht verpflichtet[175]. Wenn er sich aus Gewissensgründen dennoch dazu entschließt, so können ihm juristische Konsequenzen erwachsen.

Zu der Frage, unter welchen Voraussetzungen sich ein Arzt, der einen bereits bewusstlos gewordenen Suizidanten antrifft und nichts zu dessen Lebensrettung unternimmt, wegen unterlassener Hilfeleistung schuldig macht, hat das Landgericht Krefeld 1984 **für** den angeklagt gewesenen Arzt entschieden und ihn vom Vorwurf der „Tötung auf Verlangen" freigesprochen. In der Urteilsbegründung (nachzulesen unter BGH, Urteil vom 4.7.1984 – 3StR 96/84 NJW 1984, 2639) heißt es:

»Der Angeklagte war der Hausarzt der 76-jährigen Ch. U., ...[die] an hochgradiger Verkalkung der Herzkranzgefäße und an Gehbeschwerden ... litt. ... Schon zu Lebzeiten ihres Ehemannes hatte sie sich mit der Problematik des Suizids beschäftigt.«

---

[175] In einigen europäischen Ländern ist dieser Beistand rechtlich unter bestimmten Bedingungen erlaubt. Erinnert sei an das Schweizer Modell „Dignitas", s. Glossar.

In ihrer schriftlichen Willenserklärung heißt es:
»Im Vollbesitz meiner Sinne bitte ich meinen Arzt, keine Einweisung in ein Krankenhaus oder Pflegeheim keine Intensivstation und keine Anwendung lebensverlängernder Medikamente. ... Keine Anwendung von Apparaten. Keine Organentnahme.«

Bei einem Besuch in der Wohnung (geöffnet mit einem Zweitschlüssel) fand der Hausarzt die Patienten auf der Couch liegend bewusstlos vor. Medikamentenpackungen wiesen auf die Einnahme von Schlafmitteln und Morphium hin. Sie atmete noch, der Puls war nicht mehr zu fühlen. Auf einem Zettel stand:
»An meinen Arzt – bitte kein Krankenhaus - Erlösung. ... Ich will zu meinem Peterle [dem verstorbenen Ehemann].«

»Der Angeklagte [Arzt] ging davon aus, daß die Patientin nicht ... ohne schwere Dauerschäden zu retten gewesen wäre. Das Wissen um den immer wieder geäußerten Selbsttötungswillen und die vorgefundene Situation veranlaßten ihn ..., nichts zu ihrer Rettung zu unternehmen. Er blieb in der Wohnung, bis er am nächsten Morgen gegen 7 Uhr den Tod feststellen konnte.«

Weitere Literatur bei: LIPP u. SIMON (2011) sowie in einer 19-bändigen Serie des S. Roderer-Verlages von verschiedenen Autoren.

---

Hier schließt sich ein Kapitel an, bei dem nicht ein **Tötungsvorsatz** eine Rolle spielt, sondern das Mitgefühl, das der **Sterbehilfe**:

**Erika K.** lag in einem Pflegeheim bereits fünf Jahre im Wachkoma und wurde künstlich ernährt. Der Arzt hielt lebensverlängernde Maßnahmen für nicht sinnvoll. Die Tochter bemühte sich um die Einstellung der künstlichen Ernährung ihrer Mutter, so wie diese das früher gewünscht hatte. Da die Heimleitung das ablehnte, riet der Anwalt der Tochter, den „Versorgungsschlauch durchzuschneiden", so die Pressemitteilung.
(Nachzulesen unter:)
www.spiegel.de/panorama/gesellschaft/0,1518,702945,00.html

Der Anwalt wurde vom Landgericht Fulda in 1. Instanz wegen versuchten Totschlages zu neun Monaten Freiheitsentzug auf Bewährung verurteilt. Er legte Revision ein und wurde durch das **BGH-Sterbehilfe-Urteil vom 25. 10. 2010** freigesprochen.

Die Karlsruher Richter unterschieden zwischen:
»... der auf eine Lebensbeendigung gerichteten Tötung«
und Verhaltensweisen Dritter,
»... die dem krankheitsbedingten Sterbenlassen mit Einwilligung des Betroffenen seinen Lauf lassen.«

Das Urteil eröffnet eine neue Dimension der passiven Sterbehilfe und steht an der Grenze zur aktiven Hilfeleistung. „Probleme des Lebens sind nicht mit dem Strafrecht zu lösen, sondern bedürfen der Vernunft aller Beteiligten", so sinngemäß der Vorsitzende des Ärzteverbandes Rudolf Henke nach der Urteilsverkündung. Dass Religionsverbände sich dagegenstellen, entspricht ihrer glaubensbedingten Lebensauffassung.

---

Die **Deutsche Gesellschaft für Suizidprävention**[176] bietet Hilfeleistungen an. Das sogenannte **Seelsorgetelefon** existiert seit den 50er Jahren. In Deutschland finden Hilfe suchende Patienten oder Angehörige auch einen Ansprechpartner in den Sozial-Psychiatrischen-Diensten der Städte und Gemeinden.

Hilfesuchende Suizidgefährdete sind überwiegend Frauen.

---

**Anhang** (zum Suizid aus historischer Sicht):
Zu welcher Verblendung das religiös-christlich geprägte Weltbild des späten mittelalterlichen Abendlandes, die „Heilslehre", das heißt die bei vielen Menschen kirchlich geschürte Angst vor „Hölle und Fegefeuer" führte, das legt MARTSCHUKAT, J. (2000) in seinem Aufsatz

---

[176] Nationales Suizidpräventionsprogramm Deutschland, Dr. Witte Berlin, Tel.: (030) 417 2839 52; s. ferner: SUIZIDPROPHYLAXE : S.RODERER Verlag Regensburg, Jg.38, (2011) Heft 2, ISBN 0173-458X.

„Ein Freitod durch die Hand des Henkers" dar. Er führt den Begriff des „**mittelbaren** Selbstmordes" ein und schreibt:
> »Die Hamburger Statuten, die vom Jahr 1603 an für über zweieinhalb Jahrhunderte formal gültig waren, daß „im Namen der heiligen Dreyfaltigkeit alle menschliche Satzung, Recht und Gerichte, die zu Schutz der Frommen, und Stra*ff*e der Bösen seyn verordnet, von Gott herkommen".«

Er führt den Fall an, dass eine Frau, Anna Maria Mallenberg, unter der Geburt ihrer zweiten Tochter verstarb.

> *»Der Kindesvater, ein arbeitsloser Krautkrämergeselle namens Anton Lorenz Ammon, war über den Tod seiner Lebensgefährtin sowie über seine mißliche finanzielle Lage derart verzweifelt, daß er beschloß, auch seinem eigenen Leben ein Ende zu setzen. Der 29jährige Mann tötete am frühen Abend des 26. Juni jedoch nicht sich selbst, sondern das Neugeborene. ...*
> *Die Gerichtsakten beschreiben das Verhalten des Täters nach der Tat wie folgt: „Ohne auf Flucht oder Verheimlichung seines Verbrechens bedacht zu seyn, erwartete Inquisit die Ankunft der herbeygerufenen Wache, bekannte vor dem Richter ohne Zurückhaltung, und bat um Beschleunigung der Todesstrafe, der er absichtlich entgegengeeilt war".«*

Welches Höchstmaß an religiöser Verblendung steckte dahinter, eher das eigene Neugeborene oder ein fremdes, im Sinne der Religion noch unschuldig geglaubtes Kind zu töten (dem aufgrund seiner Unschuld nach der „Dreyfaltigkeitslehre" der Himmel offensteht), als den eigenen, mit Hölle und ewigem Fegefeuer bedrohten Freitod zu wählen und stattdessen durch die ihn selig-begleitende Hand des Henkers zu sterben? In dem Aufsatz werden weitere einschlägige Fälle aufgeführt.

> Zur Erhaltung und Mehrung ihrer Macht erfanden die katholischen Glaubensväter die Beichte und das „Schlechte Gewissen".
> **Und die armen Sünderlein? Sie fallen alle darauf rein!**

# IX: Auftragsmorde im deutschen Sprachraum

Politisch motivierte Auftragsmorde sind in manchen Staaten das letzte Mittel, ein bestimmtes, verachtungswürdiges Ziel durchzusetzen. Präsidentenmorde in den USA gehörten in der Vergangenheit zum politischen Alltag. Morde an Journalisten stellen ein Gegenwarts-„Privileg" Russlands dar, ebenso die Morde an Ex-Agenten, die aufzuzählen hier fehl am Platze wäre. Bleiben wir in den Grenzen des deutschen Sprachraums und fragen, wann ist die Tötung eines Menschen ein Auftragsmord?

> Die Todesstrafe ist in Deutschland abgeschafft, aber war nicht auch sie eine „Auftrags-Tötung", sogar eine öffentliche, eine im Auftrage der Justiz und damit des Staates, im „Namen des Volkes"? (Der ausführende Henker war jedoch kein Mörder, denn es fehlte der „niedere Beweggrund" als Voraussetzung dafür, eine Tötung als Mord anzusehen.) So wurde sein Berufsstand im Laufe der Geschichte sehr bald aufgewertet, sozusagen „geadelt". Er wurde nicht mehr als Henker bezeichnet, sondern dem Richter gleichgestellt und als Scharf-„Richter" bezeichnet.
>
> Dieser „Auftrag" gehört seit 1949 der Vergangenheit an (Grundgesetz, Art. 102), damals allerdings mit dem Ziel eingeführt, die
>
> **Kriegsverbrecher**
>
> aus der Zeit des Zweiten Weltkrieges in der BRD vor der Hinrichtung zu schützen. (Betreiber war ein Herr *Hans-Christoph Seebohm*, Mitglied der damaligen „Deutschen Partei".)
>
> In der DDR wurde die Todesstrafe für Wirtschaftskriminalität und versuchter Republikflucht 1987 per Gesetzt abgeschafft.

Mit dem Begriff des Auftragsmordes verbinden wir ein Tatgeschehen, das sich im Verborgenen ereignet, denn Mord — gleichviel ob mit oder ohne „Auftrag" — stellt stets eine strafbare Handlung dar. Auftraggeber und Auftragnehmer sind voneinander getrennte Personen. Der eine will oder darf sich (aus politischen Gründen) die eigenen Finger nicht mit Blut besudeln, der andere will dafür bezahlt werden.

„Schon für 10.000 € kann ein Killer [heutzutage] angeheuert werden. Solche Berufsmörder fliegen aus Tschechien ein, erledigen ihren Auftrag und verschwinden noch am gleichen Tag. Bei dem hohen Preis kann sich der zahlende Kunde die Tötungsart aussuchen[177]."

Zur Ausführung eines solchen Mordes bedarf es weder eines tschechischen noch eines russischen oder sonst eines Mafia-Killers, er findet sich auch unter deutschen Staatsbürgern. Auftragsmord ist in der Bundesrepublik Deutschland durch die Paragraphen 25, 26 und 211 unter Strafe gestellt. Die Tötung gegen Bezahlung erfüllt den Tatbestand der Habgier und damit des „niederen Beweggrundes". Leser, die sich für dieses Genre aus journalistischer Darstellung interessieren, werden auf dem Buchmarkt reichlich bedient, u.a. durch NIGGL, P. (1996).

Morde dieser Art sind im geheimdienstlichen Bereich wie auch in der organisierten Kriminalität an der Tagesordnung. Einer der berüchtigsten Auftragskiller im deutschen Rotlicht-Milieu war Werner Pinzner, tätig in den 1980er Jahren. Auftraggeber war ein Mann mit dem Spitznamen „Wiener-Peter".

Auf Pinzners Konto gehen 14 Morde. Während der Vernehmung, so wird unter www.de.wikipedia.org/wiki/Auftragsmord berichtet, habe er am 29. Juli 1986 nicht nur seine Frau, sondern auch den Staatsanwalt Wolfgang B. getötet. Danach beging er Selbstmord.

---

**Auftragsmord,** ausgeführt durch den deutschen Staatsbürger **Michael P.** in Köln. Die Tat ereignete sich am 6. Okt. 2006 in Köln-Deutz auf der Mathildenstraße (Az: 31 Ks 10/10).
Polizeibericht Nachtrag:
»Der Angeklagte [Michael P. (48 Jahre alt)], dem ein Mord an einer Rentnerin in Altona aus dem Jahr 1999 und ein Mord an einem **italienischen Restaurantbetreiber** in Köln aus dem Jahr 2006 zur Last gelegt werden, hat im Verlauf des Verfahrens beide Taten gestanden. Er hat dabei insbesondere die Kölner Tat als einen Auftragsmord geschildert und in der Hauptverhandlung sowie in weiteren polizeilichen Verneh-

---

[177] Quelle: www.welt.de/data/2003.

mungen ... nähere Angaben zu den konkreten Personen seiner Auftraggeber bzw. deren Hintermänner und anderer Tatbeteiligter ... gemacht. Hagen, den 15. 12. 2010.«

Der Täter wurde im März 2010 in der Nähe von Lüdenscheid von einem Spezialkommando gefasst.

Urteil: zweimal lebenslänglich.
(Das Revisionsverfahren läuft.)

---

**Mord**, in Auftrag gegeben durch einen Schweizer Staatsbürger, ereignet in **Köniz-Liebefeld** bei Bern 2008.

Am Abend des 15. April 2008 wird die 31 Jahre alte Slowakin Tania S. ermordet. Sie ist im dritten. Monat schwanger. Der Auftraggeber ist ein Schweizer Bürger, ihr 26 Jahre alter Lebenspartner.

Der Verteidiger des **Anstifters** gibt zu Protokoll:
»Sein Mandant habe sich in einer tiefen Krise befunden und sich nicht mehr aus der Beziehung herauszuhelfen gewusst«...
»Er war hin- und hergerissen zwischen der Liebe, die Tania ihm entgegenbrachte, und der zunehmenden Isolation durch ihr forderndes Wesen.«
(Makaberer kann ein Anwalt wohl kaum argumentieren!)

Staatsanwalt Siegrist (Kreisgericht Bern-Lampen) über den **Täter**:
»Die vage Aussicht auf ... Geld hat ihn dazu gebracht, jemanden umzubringen.«

Die Verteidigung argumentiert dagegen:
»Er war Werkzeug, das für die Tötungsabsichten eines anderen gebraucht wurde.«

Das psychiatrische Gutachten attestiert dem Täter eine leicht bis mittelschwer verminderte Schuldfähigkeit.

Im Januar 2010 gesteht der Auftraggeber schriftlich, er habe die Tat zwar erwogen, aber nie in Auftrag gegeben. Er wird zu 18 Jahren

Freiheitsentzug verurteilt, der teilweise zurechnungsunfähige Täter zu 14 Jahren. Auf Empfehlung des psychiatrischen Gutachters wird für den Täter der Vollzug der Strafe zugunsten einer psychotherapeutischen Behandlung in einer geschlossenen Anstalt aufgeschoben[178].

**Weitere Morde,** in Auftrag gegeben und ausgeführt offensichtlich durch die „Russenmafia": Mitte Februar 2010 wurde ein russischer Autohändler in Berlin Friedrichshain, Rigaer Str., erschlagen aufgefunden. Vermisst werden seit dieser Zeit auch die zwei Ukrainer **Alexander P.** und **Petro P.** (beide 39 Jahre alt), die in Berlin gelebt habend. Sie hatten als Autokäufer große Summen Geld bei sich. Ihre Leichen wurden einen Tag später in Mecklenburg-Vorpommern, in ihrem ausgebrannten Fahrzeug sitzend, gefunden. (Fall nicht abgeschlossen.)

**Ein weiterer Fall:** Opfer sind drei Frauen aus dem Prostituierten-Milieu:

**Stella K.** (48), erschossen im Dezember **2000**,
**Nina G.** (45), erstochen im Sommer **2001** und
**Yana Z.** (33), getötet durch mehrere Schüsse im Januar **2003**.

Stella K. betrieb ein Nagelstudio in der Nähe des Kurfürstendammes in Berlin. Der Todesschütze ist **Yevgen P.** (48), Ukrainer, ehemaliger Geheimdienstoffizier des KGB, Ehemann der Stella K., die getrennt von ihm lebte. Wenige Tage nach der Tat wurde Yevgen P. bei der Wiedereinreise nach Deutschland festgenommen. Das Tatmotiv sei

---

[178] (Quelle: http:/bo.bernerzeitung.ch/region/bern/Auftragsmord)

Eifersucht gewesen, wird gesagt. Wegen Mangels an Beweisen musste er freigesprochen werden.

Der Mord an Nina G. ereignete sich in Berlin, Prenzlauer Berg. Getötet wurde sie durch einen Stich in den Hals, ausgeführt von einem Asylbewerber aus Aserbaidschan. Fünf Tage danach wurde der Täter in Berlin, am Alexanderplatz gestellt und später zu fünfeinhalb Jahren Freiheitsentzug verurteilt. In dem Haus, in dem Nina G. im Sommer 2001 getötet worden war, wohnte 2003 auch die Ukrainerin Yana Z. Ihre Leiche fanden Anwohner einen Tag nach dem Mord in einem Geländewagen in Berlin-Schöneberg. Das Fahrzeug war in einer Feuerwehrzufahrt geparkt, die Scheiben waren zugeschneit, so dass die Leiche darin nicht gesehen wurde. Ein „Knöllchen" klebte sogar hinter dem Scheibenwischer. Erst am nächsten Mittag, nach Abtauen der Scheibe, wurde das Verbrechen entdeckt.

Die drei Frauen seien befreundet gewesen. Yana Z. und Stella K. stammten aus derselben ukrainischen Stadt Cherszon. Yana Z. arbeitete als Dolmetscherin, aber auch als Prostituierte in „besseren Kreisen", wohnte zuvor in Berlin-Charlottenburg. Sie besaß einen Mercedes der S-Klasse. Nachdem an diesem Fahrzeug ein Sprengkörper angebracht worden war, der von der Polizei unschädlich gemacht werden konnte, wusste sie um die Bedrohung ihres Lebens und versteckte sich im Haus, in dem auch Nina G. gewohnt hatte. Vermutet wird, dass Yana Z. von Freiern unter Druck gesetzt worden sein könnte, um Geld von ihr zu erpressen. Sie hatte als Zeugin gegen den Ehemann der Stella K. ausgesagt. Die Freundinnen Nina G. und Stella K. könnten Mitwisserinnen gewesen sein. Der oder die Auftraggeber sind unbekannt.

Von der Ermittlungsbehörde wird vermutet, dass die „Russen-Mafia" hinter den Morden an den drei Frauen steckt oder private Gründe (Eheprobleme) eine Rolle spielen. Yana Z. war verheiratet und soll mit ihrem Mann in Streit über das Sorgerecht der gemeinsamen Kinder gelegen haben, die in der Ukraine bei Verwandten leben.

## Palästinenser-Killer-Clan vor Gericht
(AZ: 244 Js 42952/00 Staatsanwaltschaft Frankfurt/Oder)

Am 6. Nov. 2000 werden in Dahlwitz-Hoppegarten bei Berlin der 45 Jahre alte libanesische Autohändler **Ghazi Al-Aynein** und dessen deutsche Ehefrau, Ulrike A., durch Schüsse „profimäßig" ermordet. Wahrscheinlich seien mehrere hunderttausend D-Mark dabei erbeutet worden, heißt es in den einschlägigen Presseberichten. In den Hosentaschen des ermordeten Autohändlers fand die Polizei, die zum Tatort durch den Telefonanruf der sterbenden Frau gerufen worden war, noch annähernd 120.000 DM.

Den entscheidenden Hinweis auf die dieser Tat beschuldigten, ursprünglich aus Palästina stammenden Männer:

**Ibrahim A.** (66), dessen Sohn **Bassam A.** (39)
und **Abed N.** (41), Schwiegersohn des Ibrahim A.

erhält die Behörde durch den 40 Jahre alten **Nidal A.**, einen Palästinenser. Mit zwei der Beschuldigten ist er verwandt; der Beschuldigte Bassam A. ist sein Cousin. Dieser habe ihm die Tat gestanden.

»Bassam und ich [so Nidal A. in seiner Aussage] sind in einem Lager bei AL Bas im Libanon aufgewachsen. Mit 9 Jahren haben uns PLO-Leute zum Waffentraining geholt. Mit 14 Jahren ist Bassam auf Dächern herumgeklettert und hat von dort auf israelische Soldaten gefeuert. 30 Schuss, der hat ein ganzes Kalaschnikow-Magazin leer gemacht. Der war eiskalt, ohne Gnade.«

An anderer Stelle :

»Bassam hat mir mal gesagt, dass der Typ [gemeint ist der ermordete Autohändler] auf der Abschussliste stand.«

Desweiteren sei er, so der Zeuge **Nidal A.**, von seinem Cousin Bassam A. am 5. September 1991 zwischen vier und fünf Uhr morgens angerufen und gebeten worden, ihn vom Bahnhof Oldenbüttel (Bremen) abzuholen. Im Auto habe er dann von ihm erfahren:

»Wir haben zwei Weiber umgenietet.«

Es handelte sich um die 45-jährige Krankenschwester Bärbel B. aus Bremerhaven, die beim Einsteigen in ihren Pkw am 4. September

1991 gegen 21 Uhr von einer Kugel getroffen wird und Stunden danach verstirbt. Das zweite. Opfer ist die 40-jährige Ingrid R. aus Bremen, die am 5. September in eine Decke gewickelt, in ihrem Pkw tot aufgefunden wird.

Einer der Angeklagten, Bassam A., ist zu dieser Zeit überzeugter **Abu Nidal**-Anhänger (s. S. 343) und plante Anschläge auf US-Einrichtungen in Norddeutschland, heißt es. Die ermordete Bärbel B. kannte die Kaserne in Gartstedt bei Bremen, auf die offenbar ein Anschlag geplant war. Sie hatte Zugang zu der Kaserne (ihre Tochter ist mit einem GI verlobt). Bärbel B. sei bereit gewesen, eine Bombe in die Kaserne zu fahren, habe sich dann aber geweigert. Da auch Ingrid R. (das zweite Mordopfer) von dem Plan gewusst hätte, musste auch sie „beseitigt" werden.

Bassam A. war zu dieser Zeit in Schweden polizeilich gemeldet. Wegen Mitgliedschaft in der Terrororganisation **Abu Nidal** soll er auf schwedischen Gerichtsbeschluss von dort in den Libanon abgeschoben werden. — (Das Deutsche Bundesamt für Verfassungsschutz legt einen geheimen Beobachtungsvorgang unter dem Codenamen „Scanlink" an und verfolgt sämtliche Aktivitäten.)

In einem internen Untersuchungsbericht von Staatschutzexperten zu diesem Fall heißt es:
> »Es ergab sich der Verdacht, dass der Autohandel des Opfers lediglich Fassade für durchweg illegale Aktivitäten größeren Umfanges gewesen sein könnte. Möglicherweise zur Finanzierung terroristischer Aktivitäten in Nahost.«

Der Zeuge Nidal berichtet der Behörde von einer weiteren Mordtat seines Cousins Bassam:

Am 17. Januar 2001 habe der 43-jährige Bauunternehmer **Andreas Stegemann** aus Großenhain bei Dresden einen Schuss auf Bassam abgeben wollen, der möglicherweise infolge Ladehemmung nicht abgefeuert wurde. Vier Wochen später, am 21. Februar, morgens um 8 Uhr 15, ist Stegemann tot, erschossen durch einen vermeintlichen Postboten vor seiner Wohnungstür. Bassam gesteht seinem Cousin (dem Zeugen Nidal A.), das sei eine Auftragsarbeit gewesen, mit einer

Panne zu Anfang, dann aber sei alles für eine Summe von 60.000 DM erledigt worden. Unter dem Aktenzeichen 414 Js 56976/04 wird in Dresden gegen Bassam A. und seinen mutmaßlichen Komplizen, **Taleb O.**, wegen Mordes an Stegemann ermittelt.

Noch ein weiterer Mord wird ihm (Bassam A.) angelastet: Er soll zusammen mit Abed N. einen ihrer Komplizen, **Khaled Saad,** durch Kopfschuss und neun Messerstiche umgebracht haben, weil dieser von dem Mord an dem Ehepaar in Dahlwitz-Hoppegarten wusste und auszupacken drohte. Außerdem hätten sie sich von ihm bei illegalen Geschäften betrogen gefühlt.

Die oben genannten mutmaßlichen Täter sollen Ende März 2008 (erst acht Jahre nach der Tat!) vor dem Schwurgericht in Frankfurt/Oder angeklagt werden. Das Landgericht lehnte die Prozesseröffnung ab, weil es keinen dringenden Tatverdacht sah. Das Oberlandesgericht sah das jedoch anders, ebenso die Staatsanwaltschaft.

Stoff zur Spekulation unter den Journalisten ergibt sich aus dem Hinweis, dass der erschossene Autohändler in Dahlwitz-Hoppegarten und der Hauptverdächtige Bassam A. früher zwei unterschiedlichen und politisch miteinander verfeindeten palästinensischen Gruppierungen angehörten. Zudem ist Medienberichten zu entnehmen, dass der in Dahlwitz-Hoppegarten erschossene libanesische Autohändler, bevor er sich in Deutschland niederließ, zur Leibgarde des damaligen Palästinenserchefs Yassir Arafat gehörte. Er habe auch noch später für die PLO[179] durch „Geldwäsche" gearbeitet.

Prozessbeginn ist der 1. April 2008 vor dem LG Frankfurt/Oder: Auf der Anklagebank sitzt zu diesem Zeitpunkt lediglich **Ibrahim A.** (als „schwedischer Staatsbürger"), der sich inzwischen in **Josef Steve A.** umbenannt hat.

Die beiden übrigen Angeklagten (Bassam A. und Abed N.) verbüßen in Schweden wegen eines dort begangenen Verbrechens eine lebenslange, dann aber auf zehn Jahre reduzierte Haftstrafe. Sie sollen „abgeschoben" werden. Als Termin wird der 14. April 2008 genannt. Die

---

[179] Palestine Liberation Organization

deutschen Behörden haben die schwedischen Justizorgane um eine Überstellung der beiden Verurteilten ersucht. Bis zu dieser Entscheidung wurde die Verhandlung vor dem LG Frankfurt/Oder wegen der „Komplexität des Falles" unterbrochen.

Eine Abschiebung in den Libanon ist nach schwedischem Recht jedoch nicht möglich, da den beiden dort die Todesstrafe droht, denn auch da läuft ein Verfahren gegen sie. Um sie nach Deutschland zu überstellen, verlangen die schwedischen Behörden für Bassam A. und Abed N. eine Aufenthaltsgenehmigung.

Als Nebenkläger treten die vier Brüder des ermordeten Autohändlers auf.

Die beiden in Schweden verurteilten Personen (Bassam A. und Abed N.) werden nach Deutschland überstellt. Der Prozess wird fortgesetzt. In der Prozessakte (S. 14607) heißt es:

>»Aus den vorgenannten Ereignissen zieht die Kammer den Schluss, dass der **Zeuge Nidal A**. in ganz ausgeprägtem Maße in der Lage ist, geschickt Verknüpfungen und Vermischung von Fiktion und Wirklichkeit vorzunehmen, er versteht es, freierfundene Sachverhalte an objektiv nachprüfbaren, tatsächlichen Geschehnissen anzuknüpfen und scheut offenbar auch nicht davor zurück, mit Hilfe dieser Technik anderen Personen erheblichen Schaden zuzuführen«.

Und weiter an späterer Stelle:

>»Dies folgt bereits aus dem Aussageverhalten des Zeugen, der seine Angaben immer wieder geändert und widerrufen hat und sich hierdurch in Widersprüche verwickelt hat.«

Der Hauptangeklagte (Bazam A.) befand sich am 6. Nov. 2000, am Tage, als der Mord in Hoppegarten begangen worden war, in einem schwedischen Krankenhaus. In der Prozessakte (Blatt 14616) heißt es u.a. zur vermutlichen Nichtbeteiligung des Bazam A. am Mordgeschehen:

>»Zweifel auch deshalb, weil aus Röntgenaufnahmen des Bazam A. hervorgeht, dass er zum Tatzeitpunkt 6. Nov. 2000 (11:06) im Krankenhaus Helsingborg war.«

Er befand sich wegen eines Arbeitsunfalles im genannten schwedischen Krankenhaus und wurde um 13 Uhr 35 entlassen. Es bestehen bei der Kammer erhebliche Bedenken, dass er in den verbleibenden fünf Stunden bis zum Tatzeitpunkt in Hoppegarten (b/Berlin) die Reise von Schweden nach Deutschland hätte durchführen können. Dass die Angaben auf den schwedischen Röntgenaufnahmen (Name, Geburtsdatum, Datum und Uhrzeit) hätten gefälscht sein können, gilt als unwahrscheinlich.

Es festigen sich bei der Kammer erhebliche Glaubwürdigkeitsbedenken gegen den Belastungszeugen **Nidal A.**, (ein psychiatrisches Gutachten fehlt).

**Die drei Angeklagten werden freigesprochen.** Den Betroffenen wird Haftentschädigung zuerkannt. Unmittelbar nach der mündlichen Urteilsverkündung begehrt die Staatsanwaltschaft Revision, die jedoch abgelehnt wird.

**Anmerkung:** In einem persönlichen Gespräch des Buchautors mit dem Anklagevertreter verlautete, das der Belastungszeuge **Nidal A.** unter erheblichem familiärem Druck gestanden haben dürfte und seine widersprüchlichen Aussagen sich daraus herleiten könnten. Wer das Ehepaar **Al-Aynein** in Hoppegarten getötet hat, wurde bisher nicht aufgeklärt.

War der in Berlin-Hoppegarten ermordete **Ghazi Al-Aynein** wirklich ein **ehrenwerter Autohändler**? — Das wird jeder bezweifeln, der ULFKOTTEs Buch „Der Krieg in unseren Städten" gelesen hat. Im Kapitel II (Das Netzwerk der Islamisten und die organisierte Kriminalität) beschreibt ULFKOTTE ausführlich die Zusammenhänge zwischen weltweitem, „legalen" Gebrauchtwagenhandel, daraus resultierender Geldbeschaffung und einem Finanztransfer zugunsten islamistischer »Wohltäter« bzw. »Gotteskrieger«, wie er wörtlich formuliert:

> »Die über den Hamburger Hafen verschifften Autos werden meistens in Saudi-Arabien mit Gewinn verkauft. Mittelsmänner bringen das Geld dann in pakistanische Koranschulen, in die Lager der Hisbollah im Libanon oder zur palästinensischen Hamas.«

**Abu Nidal:**
Geboren **1937** in Jaffa, einer 4000 Jahre alten Stadt an der Küste Palästinas als eines von elf Geschwisterkindern. Er gründete in Riyadh die „Palästina-Geheimorganisation". Später trat er der Fatah, der Partei Jassir Arafats innerhalb der PLO bei. Durch Waffengeschäfte wurde er wohlhabend, als „sauberer Geschäftsmann" wurde er **1968** zum Fatah-Repräsentanten in Khartum ernannt.

**1971** wandelte er sich zum Gegner Arafats, erklärte ihn zum Feind des palästinensischen Volkes. **1985** verbündete er sich mit Gaddafi.

Am 27. Dez. **1985** verübten Mitglieder der Gruppe einen Anschlag auf dem Wiener Flughafen gegen den Schalter der israelischen El-Al, bei dem zahlreiche Menschen verletzt wurden und drei zu Tode kamen.

Am 21. Dez. **1988** explodierte ein Flugzeug der PanAm auf dem Flug nach New York über Lockerbie (Schottland), bei dem 270 Menschen ihr Leben verloren. Die Beteiligung Abu Nidals an diesem Anschlag konnte vermutet, aber nicht bewiesen werden.

In Jordanien wurde er wegen eines Mordes an einem Diplomaten (in Abwesenheit) zum Tode verurteilt. Seit 2001 lebte er offiziell im Irak. Im Jahre **2002** begeht er unmittelbar vor seiner Verhaftung Suizid durch Kopfschuss. Andere Quellen berichten über mehrere Schusswunden infolge eines Kampfes.

Im Osloer Abkommen aus dem Jahre **1993** verpflichtet sich die Europäische Union zur Zahlung von Hilfsgeldern an die Palästinensische Autonomiebehörde: Für das Jahr 2000 werden 30, für das Jahr 2001 bereits 60 Millionen €[180] genannt. Hinzu kommen hohe Beträge durch Brüssel und durch die Arabische Liga.

Im April 2002 forderte der palästinensische Minister Nabil Schaath auf der Mittelmeerkonferenz im spanischen Valencia von der Europäischen Kommission Hilfsforderungen in Höhe von 1,9 Milliarden $. Nach übereinstimmenden Zeugenberichten sollen darin 20,6 Millionen $ für Waffenkäufe aufgeführt sein.

---

[180] Der € wurde in der Europäischen Union 1999 als Buchgeld, 2002 als Bargeld eingeführt.

*Wer sich also auf die kleinen Schildchen an seinen Autotüren einlässt: „Wollen Sie Ihr Auto verkaufen ...", der sollte spätestens jetzt wissen, dass er damit den Islamismus finanziert. Auf diese Weise kämen weltweit Milliarden zusammen.*

## Der Fall Schmücker
### Ein Justizskandal in der westdeutschen Nachkriegsgeschichte

**Ulrich Schmücker**, deutscher Staatsbürger, geboren am 4. Aug. 1951 in Hagen, im Alter von 22 Jahren auftragsgemäß am 5. Juni 1974 im Grunewald (Berlin) ermordet, war **Terrorist** und später zugleich **V-Mann**[181]. Im Oktober 1971 schloss sich Ulrich Schmücker der militanten Gruppe „**Bewegung 2. Juni**" an.

Die „**Bewegung 2. Juni**"
Der 2. Juni (1967) ist der Todestag von Benno Ohnesorg[182].
Im Dezember 1971 fassen Mitglieder verschiedener links-gerichteter radikaler Gruppierungen den Entschluss, sich zusammenzuschließen.
Von Februar bis Mai werden von dieser Gruppierung verschiedene Anschläge verübt. Zusammenarbeit mit der RAF. (Erschießung des Kammergerichtspräsidenten Drenkmann.)
Im Austausch gegen einen im Berliner Wahlkampf entführten CDU-Spitzenpolitiker (Peter Lorenz) am 27. Februar 1975 wurden fünf inhaftierte Terroristen dieser Gruppe freigepresst.
Die „**Wolfsburger Gruppe**":
Die 'Kommune Bäckergasse' in Wolfsburg-Heßlingen ist eine links-gerichtete Gruppierung. Zu ihr gehören neben anderen: **Ilse S.** (37) und **Jürgen Bodeux**, der, wie sich später erweist, ein V-Mann war. Zu dieser Gruppierung hatte auch **Ulrich Schmücker** Kontakt.

---

[181] Private <u>V</u>erbindungs- oder <u>V</u>ertrauens-Person zu Geheimdiensten, Details s. Glossar.
[182] Ohnesorg, B., West-Berliner Student, bei einer Demonstration, gerichtet gegen den Schah-Besuch, am 2. Jun. 1967 von der Polizei erschossen.

**Handlungsablauf in Kurzfassung:**
Bei einer Routinekontrolle wurde Ulrich Schmücker vor Ausführung seines ersten Terroranschlages zusammen mit drei anderen Männern der Gruppe festgenommen. Im Gefängnis legte er ein Geständnis ab und wurde zu 30 Monaten Haft verurteilt.

»Der Verfassungsschutz wird dafür sorgen [so Grünhagen zu Schmücker im Gefängnis, s. nebenstehendes Namensverzeichnis], daß Sie nach der Hälfte bis zwei Dritteln wegen guter Führung entlassen werden. Anschließend nehmen Sie Ihre Tätigkeit für den Verfassungsschutz auf.«

Wegen der Vielzahl der in diesen Fall involvierten Personen und Gruppierungen, die u.a. an der Verschleierung der wahren Verhältnisse interessiert waren, ist zunächst die Aufstellung des nebenstehenden Namenregisters der wesentlich beteiligten Personen angezeigt:

**Ulrich Sepp Schmücker:**
Mitglied der Gruppe *„Bewegung 2. Juni"* und nachfolgend zugleich V-Mann des Verfassungsschutzes,

**Michael Grünhagen:**
alias Peter Rühl, nach eigenen Angaben 36 Jahre alt, alias Michael Wegner sowie Steinecker, Oberamtsrat des Verfassungsschutzes und „Führungsperson" u.a. des V-Mannes Schmücker,
**Franz Natusch:**
Vorgesetzter Grünhagens,
**Seifert:** Grünhagens Stellvertreter,
**Dieter Wagner:** Senatsdirigent, Chef des Amtes,
**Ahrend** und **Koppermann:** Regierungsräte beim Bundesamt für Verfassungsschutz,

**Volker von Weingraber Edler zu Grodeck,** Professorensohn:
V-Mann des Verfassungsschutzes, Decknamen „Wien", privat tätig als Bierzapfer der „Tarantel". Sein V-Mann-Führer ist Grünhagen. Weingraber ist der eigentliche „Doppelspion",
**Christian Hain:**
alias „Flach", V-Mann in der Wolfsburger Gruppe und später Spitzel in der Anwaltskanzlei der Verteidigung, geführt von Grünhagen,

**Jürgen Przytarski:**
Staatsanwalt, Ankläger im 1. Schmücker-Prozess,
**Wolfgang Müllenbrock:**
Staatsanwalt, Ankläger im 1. Schmücker-Prozess,
**Ingeborg Tepperwein:**
Vorsitzende Richterin im 4. Schmücker-Prozess,
Mitglieder der kriminell agierenden „Wolfsburger Gruppe":
**Jürgen Bodeux, Ilse Schwipper** (Hauptangeklagte), auch **Bodeux** ist, wie sich später herausstellte, V-Mann,
**Hans F. Birkenbeul:** Pressesprecher des Innensenats.

Auf Intervention eines Oberamtsrates beim Verfassungsschutz (**Michael Grünhagen** s.o.) und unter Einbeziehung des Justizsenators, der an der entsprechenden Verhandlung teilnahm, kommt Schmücker nach neun Monaten „aus gesundheitlichen Gründen" frei. Es ist vorgesehen, ihn als V-Mann des Verfassungsschutzes gegen die anderen Mitglieder der Gruppe einzusetzen.

Nach seiner vorzeitigen Entlassung kehrt Ulrich Schmücker (nun als V-Mann) in die linke Szene zurück. Auf Grund einer „undichten Stelle" beim Verfassungsschutz sickern Teile seines Geständnisses durch. Die Szene distanziert sich von ihm. Als er sein Geständnis widerrufen will, wird er von **Michael Grünhagen** im Verfassungsschutz unter Druck gesetzt, das nicht zu tun.

In der „linken Szene" wird ihm eröffnet, dass er sich jetzt zunächst bewähren müsse. Im Mai 1974 fühlte er sich von der linken Szene massiv bedroht und bat **Grünhagen** (vom Verfassungsschutz) um eine Schusswaffe, was verständlicherweise abgelehnt wurde. Ebenso wird die Observation Schmückers nicht gebilligt, dessen Bedrohung durch die linke Szene dem Verfassungsschutz bekannt wurde.

Am 5. Juni 1974 wird **Ulrich Schmücker** im Grunewald, nach einem Kopfschuss sterbend, von US-Soldaten aufgefunden.

**Volker Weingraber**, (V-Mann vom Verfassungsschutz) trifft sich danach mit einem Herrn Steinecker (**Michael Grünhagen**), um ihm die Tatwaffe, mit der Schmücker vermutlich erschossen wurde, zu übergeben. Anschließend verschwand die Waffe 15 Jahre im Tresor des Verfassungsschutzes. Diese Tatsache legt die Vermutung nahe, dass es sich um einen Auftragsmord handelte. Wer den Auftrag gab und wer geschossen hat, wurden nie aufgeklärt. Hinweisen ging die Polizei nicht oder nur halbherzig nach. Ein blauer VW-Käfer war in der Nähe gesehen worden.

AUST St. schreibt in seinem Buch „Der Lockvogel", S. 264 zum Fall Schmücker:
> »Ein über die neuen Nachforschungen erstellter Vermerk wurde auf Anweisung eines Staatsanwaltes umgeschrieben, der ur-sprüngliche Vermerk wurde dann offenbar vernichtet, der geänderte gelangte zu den Gerichtsakten. Danach sei der Halter des Fahrzeuges nicht zu ermitteln.«

Der auf die „schiefe Bahn" geratene Professorensohn **Volker von Weingraber Edler zu Grodeck** wird nach der Aussage eines Amtsleiters im Prozess folgendermaßen charakterisiert:
> »Als wir den V-Mann im November 1972 warben, war er als Zuhälter tätig. Er war zwar noch nicht straffällig geworden oder, besser gesagt, man hatte ihm noch keine Straftat nachweisen können, er lebte aber in einem eindeutig kriminellem Milieu. Er war in seiner Umgebung als nicht zimperlich bekannt[183].«

Stunden nach Auffinden der Leiche Schmückers wird der Verfassungsschutz in der Person **Grünhagen**s in die Ermittlungen einbezogen. Dieser manipuliert die Ermittlungen, indem er dafür sorgt, dass die Beteiligung des Verfassungsschutzes am Gesamtgeschehen nicht bekannt werden sollte. Der Verdacht wird auf Personen aus der „Wolfsburger Gruppe" gelenkt, zu der Schmücker Kontakt unterhalten hatte. Beteiligt sind ein Staatsanwalt, **Jürgen Przytarski**, später kommt ein Dritter hinzu, ein gewisser **Wolfgang Müllenbrock** (beide sind Ankläger im 1. Schmücker-Prozess).

Schmücker hatte Kontakte zur sogenannten „Kommune Bäckergasse" in Wolfsburg-Heßlingen. Mehrere Personen dieses Kreises wurden

---

[183] Zitiert nach AUST, St. (siehe Literaturverzeichnis).

festgenommen. Einer von ihnen, der 21-jährige **Jürgen Bodeux,** legte gegenüber Staatsanwalt Przytarski und Grünhagens Stellvertreter **Seifert** ein Geständnis ab und wird zu einem Kronzeugen im ersten Schmücker-Prozess vor der 7. Großen Strafkammer des Berliner Landgerichts, der am 6. Februar 1976 gegen sechs Angeklagte aus der Wolfsburger Gruppe eröffnet wird. **Ilse Schwipper** [36], die Hauptangeklagte, wird in diesem Prozess zu 3 x lebenslanger Haft verurteilt, die übrigen Angeklagten zu Jugendstrafen zwischen vier und acht Jahren. **Bodeux** wird zu fünf Jahren verurteilt, aber schon nach zweieinhalb Jahren kommt er frei. (Bodeux war V-Mann des Verfassungsschutzes, enttarnt wurde er zu dieser Zeit noch nicht.) Er hatte angegeben, die Tatwaffe beschafft zu haben.

Die Staatsanwälte **Jürgen Przytarski** und **Wolfgang Müllenbrock** hielten die Beweismittel über die Tätigkeit des Verfassungsschutzes geheim. Akten wurden zurückgehalten, Beamte erhielten im Zeugenstand einen „Maulkorb", Koppermann erscheint, um unerkannt zu bleiben, mit einer Perücke[184]. Eine Beschwerde über diese Einschränkungen beim Senatsdirigenten blieb ohne Erfolg.
1977 hebt der BGH das Urteil des LG Berlin nach Revisionsbegehren der Verteidigung auf.
Das 1979 nach 109 Verhandlungstagen gesprochene Urteil, nahezu identisch mit dem 1. Urteil vom Februar 1976, wird 1980 vom BGH wegen Verfahrensfehlern wiederum aufgehoben.

**Michael Grünhagens leitende Tätigkeit** im Verfassungsschutz wurde im zweiten Schmücker-Prozess enttarnt. Er wurde durch **Andreas Vogel**, einen Angeklagten in einem anderen Prozess, erkannt. **Grünhagen** tauchte mit neuem Namen (Michael Wegner) zunächst in Österreich unter und kam später nach Berlin zurück.

Dass auch eine Alliierten-Behörde auf Antrag des Verfassungsschutzes zum Abhören von Telefongesprächen der Verteidigung involviert war, geht aus einer Meldung des „Spiegel" (17/98) hervor. Erst im vierten Prozess wurden die Manipulationen öffentlich.

---

[184] Nachzulesen bei HÄUSLER, B. (1987).

Da der BGH 1980 das Urteil gegen die Wolfsburger Gruppe aufgehoben hatte, musste in einem 3. Verfahren erneut verhandelt werden. Dieser dritte Prozess dauerte von Mai 1981 bis Juni 1986 (!). Das Ausmaß der Verstrickung von Staatsanwaltschaft und BND blieb unerkannt. Die Mitglieder der Wolfsburger Gruppe wurden erneut verurteilt.
Abermals hob der BGH 1989 das Urteil wegen Unglaubwürdigkeit des Hauptbelastungszeugen **Bodeux** auf. Nach den Recherchen der Verteidigung schien es nicht ausgeschlossen, dass dieser für den Verfassungsschutz arbeitete. Ihm konnten Kontakte zum V-Mann **Volker v. Weingraber** nachgewiesen werden, jenem Verbindungsmann, der Herrn Steinecker (alias Michael Grünhagen vom Verfassungsschutz) die Tatwaffe nach der Ermordung Schmückers übergeben hatte. Volker v. Weingraber soll nach Berichten des „Spiegel" (Oktober 40/1986 und 50/86) eine Million DM Schweigegeld erhalten haben. Er war sieben Jahre lang für den Verfassungsschutz tätig.

Staatsanwalt **Jürgen Przytarski** musste 1987 seinen Dienst als stellvertretender Chef des Berliner Landesamtes für Verfassungsschutz aufgeben, nachdem seine Verstrickungen mit dem russischen KGB bekannt geworden waren („Spiegel", 17/88).
Im April 1990 begann vor der 18. Strafkammer der vierte der Schmücker-Prozesse. Fast ein Jahr später, am 28. Januar 1991, wurde er wegen **„Mitwirkung und Einwirkung des Landesamtes für Verfassungsschutz"** eingestellt. Weiterhin verwickelt sind der Bundesnachrichtendienst sowie verschiedene Landeskriminalämter.
Grünhagen sei insoweit schuldig, dass er den Mord an Schmücker nicht verhindert habe.
Das Urteil wurde rechtskräftig. Die Verurteilten wurden freigesprochen und erhielten Haftentschädigung.
Grünhagen sei, so ein Pressesprecher des Innensenats (**Hans F. Birkenbeul**)
»am 19. Januar 1998 verstorben ... [und] am 26. Januar 1988 beerdigt worden.« Sein Tod ist jedoch in keinem Sterberegister verzeichnet, das sollte zu denken geben. Die Prozessakten liegen im Berliner Landesarchiv und sind gesperrt.

# X: Kannibalismus in der menschlichen Gesellschaft der Gegenwart

Wer denkt, wenn er die Märchengeschichte vom Hänsel und seiner Schwester Gretel hört oder liest, schon an Kannibalismus? Wohl niemand. Und doch ist sie ein Beispiel dafür, dass diese Form gegenseitigen Vernichtens bereits seit Menschengedenken existiert, hervorgebracht durch die Entstehung des Lebens. Dass sie in der Kunst behandelt wird, ist nur zu verständlich. In wieweit Hungersnöte zu derartigem Geschehen beigetragen haben, soll nachfolgend unter survival[185] cannibalism behandelt werden.

Kannibalismus beginnt nach Entstehung des Lebens mit der Vernichtung des potentiellen Freßfeindes bei Einzellern: Fressen oder gefressen werden! Erhaltung des eigenen Lebens, das ist die erste Regel, erst danach kommt die zweite: die Erhaltung der Art. — Doch ein Blick ins Tierreich beweist, dass auch diese zweite Lebensregel vom Kannibalismus betroffen wird, z.B. dem Infantizid[186] bei Löwen: Ein neu von einem Rudel besitzergreifender Löwen-Pascha tötet die Jungen seines Vorgängers, um sich mit den Löwinnen des Rudels neu paaren zu können und auf diese Weise eigene Nachkommen hervorzubringen. In wieweit es dabei zum Verzehr der getöteten Jungtiere oder Teilen von ihnen kommt, sei dahingestellt. Auch bei verwildert lebenden Haus-Katern ist dieses Phänomen bekannt. Skorpion-Weibchen fressen die eigenen Jungtiere, sobald sie sich nicht früh genug von dem sie zunächst pflegenden Muttertier entfernen.

Es soll hier nicht die gesamte Palette von „tierischem" Kannibalismus aufgeführt werden, die bezüglich der Phylogenese durchaus von Interesse ist, sondern es möge lediglich deutlich werden: Kannibalismus ist als Urphänomen der Entwicklungsgeschichte zu betrachten.

---

[185] Survival (engl.) am Leben bleiben.
[186] infante (span.) Kind; -cide (fr.) schlagen, töten. Infantizid = Töten der Jungen (durch einen Elternteil).

Die ersten diesbezüglich literarischen Dokumente finden sich bereits in der Bibel, der „Heiligen Schrift", in den „Geschichtsbüchern" des Alten und Neuen Testamentes (Johannes[187] 6, 52) Was in diesen „Geschichten-Büchern" allerdings als heilig gelten soll, das bleibt jedem logisch denkenden Menschen verschlossen:

> 52. Da zankten die Juden untereinander und sprachen: Wie kann dieser uns sein Fleisch zu essen geben?
> 53. Jesus sprach zu ihnen: Wahrlich, wahrlich ich sage euch: Werdet ihr nicht essen das Fleisch des Menschensohnes und trinken sein Blut, so habt ihr kein Leben in euch.
> 54. Wer mein Fleisch isset und trinket mein Blut, der hat das ewige Leben, und ich werde ihn am Jüngsten Tage auferwecken.
> 55. Denn mein Fleisch ist die rechte Speise, und mein Blut ist der rechte Trank.
> 56. Wer mein Fleisch isset und trinket mein Blut, der *bleibt in mir und ich in ihm.
> \* K. 15, 4 ; 1. Joh. 3, 24.
> 57. Wie mich gesandt hat der lebendige Vater und ich lebe um des Vaters willen, also, wer mich isset, der wird auch leben um meinetwillen. [188]

**Sicher werden Gläubige geltend machen wollen**: Die Worte des Johannes Evangeliums seien doch nur symbolisch zu verstehen, gemeint gewesen als eine Art „leiblich fortdauernder Realpräsens", als die priesterliche Vergegenwärtigung eines Opfers. Aber wird nicht im Vers 54 durch den kannibalischen Akt „ewiges Leben" zugesichert. Was soll diese Verheißung? Weitere Zitate zu kannibalischem Inhalt,

---

[187] In einer älteren Ausgabe (1868) ist der Name als Johann*is* geschrieben, der genannte Wortlaut des Textes ist gleich dem in neueren Ausgaben.

[188] Dem Theologen G. LÜDEMANN wurde wegen seiner Kritik der „Heiligen Schrift" von der Universität Göttingen die Lehrbefugnis für sein Fach „Neues Testament" entzogen. Werk u.a.: „Der große Betrug ..." (1998).

bei denen keine Ausrede zu einem Symbolcharakter mehr möglich ist, siehe nachfolgenden Wortkasten. — Erhalten hat sich dieser Gedanke in den verschiedensten Ab- und Umwandlungen durch die Worte von „Brot und Wein" bei der Eucharistie[189] in Form der Einsetzungsworte: „Das ist mein Leib", „Das ist mein Blut".
Im Fall des Armin Meiwes (s.u.) werden wir diesem schockierenden Gedanken wiederbegegnen (einen Menschen sprichwörtlich „zum Fressen gernhaben").

**Weitere Bibeltexte** mit kannibalischem Inhalt:

> **5. Buch Mose, Kap. 28, Vers 53:** »Du wirst die Frucht deines Leibes essen, das Fleisch deiner Söhne und deiner Töchter, die dir der Herr, dein Gott, gegeben hat, in der Angst und Not, womit dich dein Feind bedrängen wird.«
> 
> **2. Buch von den Königen, Kap. 6, Verse 28** und **29:** »Und der König sprach zu ihr: Was ist dir? Sie sprach: „Dies Weib sprach zu mir: Gib deinen Sohn her, daß wir ihn heute essen; morgen wollen wir meinen Sohn essen".
> So haben wir meinen Sohn gekocht und gegessen. Und ich sprach zu ihr am andern Tage: „Gib deinen Sohn her und laß uns essen!" Aber sie hat ihren Sohn versteckt.«
> 
> **Jeremia Kap. 19 Vers 9:** »Ich will sie lassen ihrer Söhne und Töchter Fleisch fressen, und einer soll des andern Fleisch fressen in der Not und Angst, damit sie ihre Feinde und die, so nach ihrem Leben stehen, bedrängen werden.«
> 
> **Klagelieder des Jeremias, Kap. 4, Vers 10:** »Es haben die barmherzigsten Weiber ihre Kinder selbst müssen kochen, daß sie zu essen hätten in dem Jammer der Tochter meines Volkes.«
> Und weiter **Kap. 2, Vers 20:**
> »Herr, schaue und siehe doch, wen du so verderbt hast. Sollen denn die Weiber ihres Leibes Frucht essen, die Kindlein, so man auf Händen trägt?«

Die oben wiedergegebenen Zitate wurden sowohl einem jüdischen wie einem hohen katholischen Würdenträger mit der Bitte um eine zeit-

---

[189] eucharistía (gr.) Dank sagen beim hl. Abendmahl.

gemäße Interpretation vorgelegt. Aus ihren Antworten geht hervor, dass Bibeltexte, wie sie uns gegenwärtig aus der lutherischen Übertragung ins Deutsche bekannt sind, eine „freie" Übersetzung aus dem Althebräischen und bezüglich des Neuen Testamentes aus dem Altgriechischen (vollendet 1534) darstellen. Man dürfe sie nicht aus dem „Zusammenhang herauslösen" und müsse sie auf die damalige Zeit bezogen verstehen. Der Rabbiner Dr. Walter Rothschild schließt seinen an den Buchautor gerichteten Brief mit den Worten:

»Markus 13:13 spricht von Verrat innerhalb der Familien ... Spaltungen und gegenseitiges ermorden wenn nötig ... keine Freide, freude, Eierkucken ...
Schalom[190].«

Wenn es im Altertum, also vor mehr als 2000 Jahren, Hungersnöte gegeben hat, in denen Menschen ihre Kinder wirklich gegessen haben sollten, wäre es dann nicht an der Zeit, diese Texte der sogenannten „Heiligen Schrift" zu „korrigieren", d.h. sachgemäß zu interpretieren oder sie zu eliminieren, so wie auch im Laufe der Jahrhunderte andere Texte durch die katholische Obrigkeit aus dem als heilig hingestellten Geschichtsbuch ebenfalls entfernt wurden?

Doch zurück zum Human-Kannibalismus der Neuzeit, zur Anthropophagie[191] der Gegenwart: Bezüglich ihrer Ursachen kennen wir zwei Hauptvarianten.

1.: Kannibalismus normaler[192], aber unter Extremsituationen lebender, z.B. eigeschlossener, hungernder Menschen (survival cannibalism) und

2.: Kannibalismus psychisch kranker Menschen, den **Vampirismus,** eine besondere Form ist die Nekrophagie.[193]

In beiden Fällen gilt: Kannibalismus ist, moralisch gesehen, zwar verwerflich, aber er stellt juristisch keine strafbare Handlung dar.

---

[190] hebr. = Friede (hebr. Begrüßungsformel).
[191] Anthropo- = Mensch; Nekro- = Tod, phagie = fressen.
[192] „Medizinisch" begründeter Kannibalismus: Noch im 18. Jh. wurde im Rom durch Trinken von Gladiatoren-Blut versucht, Epilepsie zu heilen.
[193] Leichenfraß bei Tieren, „Vorstufe" bei Triebtätern zum Lustmord?

Sofern ein Kannibale sich an einer Leiche vergeht, kann er lediglich wegen „Störung der Totenruhe" (§168 StGB „... der Wegnahme von Teilen eines ... Menschen") belangt werden. Wird ein Mensch jedoch aus kannibalischer Absicht getötet, so greifen die entsprechenden Paragrafen: Totschlag oder Mord, Tötung auf Verlangen.

Kannibalenverhalten gesunder, normaler Menschen, das ausschließlich unter Extrembedingungen entsteht, soll aus Ehrfurcht vor jenen Toten nicht Gegenstand dieses Buches sein. Betrachtet werden im Weiteren lediglich die Fälle, in denen, wie der Buchtitel vorgibt, Menschen vorsätzlich getötet wurden, um sich an ihrem Fleisch, ihrem Blut zu vergehen.

**Windigo-Psychose:** (Windigo = „Eisriesen"); eine auf nordkanadische Indianerstämme beschränkte Form von Kannibalismus. Unter der Einwirkung von Kälte und Nahrungsknappheit während der Wintermonate erfahren Betroffene einen psychotisch bedingten „Identitätswandel", indem sie zwanghaft Menschenfleisch verzehren wollen (PFEIFFER u. SCHOENE, 1980).

**Endo-Kannibalismus,** gegenteilig **Exo-Kannibalismus:** vorkommend bei südamerikanischen Indianerstämmen der Wari. Bei Endo-Kannibalismus werden alte Eltern auf deren eigenen Wunsch getötet und gegessen, ausgehend von der Vorstellung, in den Nachkommen weiterzuleben. — Im Exo-Kannibalismus sind es die besiegten und getöteten Feinde, die in der Annahme verspeist werden, deren Kräfte würden in die sie Verspeisenden übergehen.

Eine weitere Form finden wir bei Angehörigen des Fore-Stammes auf Neu-Guinea, die zur tödlichen Kuru-Krankheit führte (s. Glossar).

# Der Fall des Armin Meiwes, der „Kannibale von Rotenburg"[194]

(Sein Name ist durch die von ihm selbst verfassten Kurzgeschichten bekannt, auf eine Anonymisierung kann daher verzichtet werden.)

> **Armin M.**, bisexuell veranlagt, zur Tatzeit 38 Jahre alt, Computertechniker, suchte via Internet und stieß auf den Berliner 43-jährigen Dipl. Ing. B. J. Armando Brandes. Beide trafen sich am 9. März 2001 und vereinbarten die Genital-Verstümmelung Brandes, das gemeinsame Verspeisen seines Geschlechtsteiles, seine nachfolgende Tötung mit anschließender teilweiser Verspeisung des Leichnams durch A. Meiwes.

Der Fall ist von KLAGES, P. (2011) sowie RIßE, M. (2007) literarisch ausführlich dargestellt, so dass hier nur das Wesentliche herauszuarbeiten ist. Auf ausdrücklichen Wunsch des Opfers Brandes sollte das Abtrennen seines Penis durch Abbeißen erfolgen, verwendet wurde dazu jedoch ein Messer. Der Austritt des Blutes aus der Wunde wurde von beiden, dem Täter und seinem Opfer, mit Wollust empfunden. KLAGES schreibt:

> »Axel F. [Name verfremdet, gemeint ist Armando Brandes] probierte vom eigenen Penis. Da das Glied sehr zäh war, bereitete Herr Meiwes es für Axel F. zu — dessen Wunsch es war, seinen eigenen Penis zu essen.«

Diese Perversion veranschaulicht die psychische Abwegigkeit des Brandes.

Der Handlungsvorgang wurde von Meiwes filmisch dokumentiert. Beim späteren Betrachten des Films habe er autoerotische Handlungen vorgenommen. Meiwes bereitet dem penisamputierten Opfer ein Bad, das über zwei Stunden andauert. Das Badewasser sei blutig durchtränkt gewesen. KLAGES schreibt weiter:

> »Nach über zwei Stunden in der Badewanne begleitet ihn Armin Meiwes wieder in das Zimmer, in dem bereits die Penisamputation stattfand. Es

---

[194] Ein ähnlicher Fall ereignete sich im August 2011: „Der Bouletten-Kannibale von Murmansk". Über eine Internetbekanntschaft gewinnt ein 21-jähriger Kannibale (von Beruf Koch) Kontakt zu einem Homosexuellen und fertigt aus dessen Fleisch Bouletten.

vergehen fast 10 Stunden, bis Axel F. sich nicht mehr bewegt. Jetzt scheint er auch nicht mehr zu atmen. ... Armin Meiwes ist ein sehr gläubiger Mensch, er beginnt zu beten und bittet Gott um Verzeihung. Der Anthropophage [also Meiwes] sticht ihm nach langem Zögern mit einem Messer in den Hals, damit das Fleisch ausbluten kann und genießbar wird.«

Dieser Sachverhalt wird für das Urteil von ausschlaggebender Bedeutung. Wenn das Opfer zu diesem Zeitpunkt noch lebte, dann lag Tötung, wenn nicht sogar Mord vor; wenn das Opfer bereits tot war, so wäre von „Leichenschändung" auszugehen, die jedoch keinen Straftatbestand im eigentlichen Sinne darstellt. Weiter heißt es bei KLAGES an anderer Stelle (der Name wurde von ihr in Axel F. verändert):
»Die „Aufnahme" des Fleisches von Axel F. war etwas Unvergleichliches. Armin Meiwes empfand ausgeprägte Gefühle der Dankbarkeit Axel F. gegenüber, der seiner Meinung nach nun für immer zu einem Teil von ihm wurde.«

Fast wortgleiche Formulierungen finden sich bei der Begründung im Endo- und Exo-Kannibalismus. Zwar anders ausgedrückt, aber im Prinzip doch sinngleich, finden sie sich in der „Heiligen Schrift" (s. Wortkasten S. 342).

Den Leichnam des Brandes habe er (Meiwes) dann portioniert eingefroren und hatte bis zu seiner Verhaftung bereits mehrere kg davon verspeist.

Durch eine spätere, neue Kontaktanzeige machte Meiwes wieder auf sich aufmerksam und wurde verhaftet. Von der Verteidigung wurde „Tötung auf Verlangen" vorgebracht (Strafmaß zwei Jahre). Das Landgericht Kassel erkannte am 30. Jan. 2004 auf Totschlag und verurteilte den Angeklagten zu achteinhalb Jahren Freiheitsentzug.

Im April 2005 hob der Bundesgerichtshof das Kasseler Urteil mit der Begründung auf:
»Die Verurteilung nur wegen Totschlages und nicht wegen Mordes hält rechtlicher Überprüfung nicht stand.«

Das Verfahren landet vor dem Frankfurter Landgericht. Die 21. Strafkammer des Schwurgerichtes erkennt auf Mord (obwohl eindeutig das

Merkmal der Heimtücke[195] fehlt!) sowie auf Störung der Totenruhe („Leichenschändung") und verurteilt den Angeklagten zu lebenslanger Haft. (Verfassungsrechtliche Einwände gegen diese Einstufung werden von SCHEINFELD [2009] erhoben).

**Zur Persönlichkeitsstörung des Täters:**
Armin Meiwes litt seit seiner Kindheit an Minderwertigkeitskomplexen. Schon als Kind, so wird berichtet, habe Meiwes nach eigenen Angaben Fantasien entwickelt, Menschen zu zerlegen und zu verspeisen. Auch bei ihm wird durch den Fortgang des Vaters eine defizitäre Kindheitsentwicklung angenommen.
Er verpflichtete sich als Soldat auf Zeit und beendete seine zwölfjährige Dienstzeit als Oberfeldwebel. Danach war er in einer Bank tätig.
Seine Neigung zu kannibalischen Vorgängen seien durch die Lektüre des Romans „Robinson Crusoe" geweckt worden, berichtet er, in dem das Verspeisen eines Menschen beschrieben wird. Das Buch habe er im Alter von 14 Jahren gelesen[196]. Aber reicht die Lektüre eines Buches aus, um einen Menschen zum Kannibalen werden zu lassen? Mit Sicherheit nein. Die tiefer liegenden psychischen Störungen, die ihn zu dem werden ließen, kennen wir nicht. Einiges ist bei KLAGES darüber nachzulesen.

---

**Der Fall des Joachim Georg Kroll, (bekannt geworden als Triebtäter und „Ruhrkannibale")**

**Täterpersönlichkeit:**
J. G. Kroll wurde 1933 als sechstes von acht Geschwisterkindern in Oberschlesien in einer Bergmannsfamilie geboren, er verstarb 1991 in der JVA am Herzinfarkt.
Er galt als schwächliches Kind, war Bettnässer, besuchte lediglich fünf Jahre die Grundschule und verfügte über einen Intelligenz-Quotienten (IQ) von 76 (vgl. nachfolgende Tabelle S. 350).

---

[195] Bewusstes Ausnutzen der Arg- u. Wehrlosigkeit des Opfers.
[196] Beschrieben in RIßE, M.: Abendmahl der Mörder.

Bereits als Jugendlicher verging er sich an geschlachteten Tieren, wird berichtet. Er bewohnte ein Zimmer in einem Ledigenwohnheim. Dort wurde ihm gekündigt, weil er das Zimmer verkommen ließ. Ein Mitbewohner des Heims berichtet:
>»manchmal hat er lebensgroße Puppen als Mädchen bekleidet und mit ihnen auf dem Flur getanzt.«

Er selbst sagt aus, diese Puppen manchmal mit der einen Hand gewürgt und mit der anderen dabei onaniert zu haben.

Im Alter von Ende 20 lebte er in Duisburg, arbeitete als Toilettenreiniger, später in der Thyssen-Hütte als Wärter. Im Sommer 1965 ist Georg K. 32 Jahre alt. Er tötet Hermann Schmitz, nachdem er zunächst die Reifen seines Pkw zerstach, ihn dann attackierte, bis dieser in den Armen seiner Freundin verstarb, auf die er es eigentlich abgesehen hatte. Er entkam unentdeckt. Der nächste Tötungsversuch ereignete sich zwei Jahre später an einem elfjährigen Mädchen, das er bis zur Bewusstlosigkeit würgte.

1976 ermordet er ein vierjähriges Mädchen, das er zerstückelt. Teile, verpackt in Plastetüten, findet die Polizei später in einer Kühltruhe seiner Wohnung, Eingeweideteile hatte er in die Toilette geworfen, so dass sie verstopfte. Eine Hand des Mädchens wurde im Kochtopf, in einem Gemüseeintopf schwimmend, auf dem Herd stehend, vorgefunden. Ihm auf die Spur gekommen war die Polizei durch die verstopfte Toilette: Er hatte Nachbarn seiner Wohnung aufgefordert, die Toilette vorerst nicht zu benutzen, da sie verstopft sei.
>»Ich habe geschlachtet, ein Kaninchen, versehentlich hab ich wohl mit den Innereien das Klo verstopft.«

Die Polizeibeamten, die nach dem verschwundenen Mädchen suchten, werden auf diese verstopfte Toilette durch Nachbarn des Kroll aufmerksam gemacht. Ein herbeigerufener Klempner findet die Eingeweideteile. Kroll, auf diesen Befund angesprochen, forderte die Polizeibeamten sogar auf: »Sehen doch mal in der Tiefkühltruhe nach«. Dort werden die in Plastiktüten verpackten, tiefgefrorenen Leichenteile des Mädchens gefunden.

Der Täter wurde verhaftet. In der Vernehmung (am 4. Juli 1976) berichtet er, das Mädchen in seine Wohnung gelockt zu haben, wie er sich an ihr vergehen wollte, wegen ihres Schreiens habe er sie erwürgt. Wissen wollte er,
»wie ein Mensch von innen aussieht und wie er schmeckt«.

Der Prozess gegen ihn wurde im Oktober 1979 eröffnet. Kroll selbst erinnert sich an 14 Morde, (elf Frauen und einen Mann):
»irgendwann habe er aufgehört zu zählen«, sagt er aus.

Nachgewiesen wurden ihm acht Morde sowie ein Mordversuch. An den ermordeten Frauen habe er sich nach der Tötung vergangen.

**Urteil: 9 x lebenslänglich.**

**Tabelle X/I**: IQ-Werte (nach alter Nomenklatur)

| IQ | Bewertung |
|---|---|
| über 126 | hervorragend |
| 126 - 118 | sehr gut |
| 117 - 110 | gut |
| 109 - 91 | durchschnittlich |
| 90 - 79 | schwach |
| 78 - 63 | debil |
| unter 62 | schwachsinnig |
| 49 - 35 | imbezil |

(Unterschieden wird in Gesamt IQ, Verbal-IQ und Handlungs-IQ.)

Wie die eingefügte Tabelle ausweist, ist Kroll auf Grund seines IQ-Wertes (IQ <63) als debil einzustufen. Eine Schuld**un**fähigkeit wegen „Schwachsinns" wird bei angeborener Intelligenzschwäche ohne nachweisbare organische Ursache zuerkannt. Bei Triebtätern sind schwere psychische Störungen dennoch individuell zu bewerten. Daher führt „Schwachsinn" (nach alter Nomenklatur) nicht automatisch zur Schuld**un**fähigkeit.

## Der Fall des Thomas S., bekannt geworden als Kannibale von Koblenz (AZ: 2 StR 436/06)

Der Fall ereignete sich 2002 in Brohl-Lützing, einem kleinen Ort bei Koblenz. **Thomas S.** (geboren 1979) habe zusammen mit seiner 22 Jahre alten Cousine gewohnt. Die junge Frau wird vermisst. In der Wohnung finden die ermittelnden Beamten Leichenteile, zum Teil im Backofen mit Reis und Wein zubereitet, andere in Tüten verpackt, weitere in einem alten Steinbruch. Der Beschuldigte gibt zu Protokoll:
»Ich hatte Haschisch geraucht. Als ich aufwachte, war die Badewanne voller Blut. Da war Sabines Kopf und ein Beckenknochen. In der Küche kokelte der Ofen. Als ich ihn aufmachte, fielen mir zwei Beine und ein Brustkorb entgegen. Es stank wie in einer Grillstation.«

Wieweit diese Einlassung des dringend Tatverdächtigen seiner realen Wahrnehmung entsprach oder von ihm „erfunden" wurde, ist schwer einzuschätzen. Auf Grund des Auffindens von Leichenteilen im Backofen seiner Wohnung und der Tatsache, dass weitere Teile der zerstückelten Leiche vermisst blieben, wird ihm Kannibalismus unterstellt.

Das Landgericht Koblenz erkennt 2003 auf Schuld**un**fähigkeit und spricht ihn vom Mordvorwurf frei. Diese Auffassung wird von Sachverständigen nicht geteilt. Wegen der Gefahr einer Tatwiederholung erfolgt Unterbringung in einer geschlossenen Anstalt.
Der Verurteilte begehrt Revision. Der BGH[197] hebt das Urteil wegen eines Verfahrensfehlers auf und weist das Landgericht zur Neuverhandlung in der Sache an. In der Urteilsbegründung des BGH vom 1. Dezember 2006 (AZ: 2 StR 436/06) heißt es:
»Das LG hatte den Angeklagten durch das Urteil vom 1. Dez. 2003 vom Vorwurf des Mordes freigesprochen und wegen eines im Zustand nicht ausschließbarer Schuldunfähigkeit begangenen Totschlages seine Unterbringung in einem psychiatrischen Krankenhaus angeordnet. Auf seine Revision hatte der Senat das Urteil aufgehoben, weil das Landgericht einen Beweisantrag auf Anhörung eines weiteren Sachverständigen ... rechtsfehlerhaft abgelehnt hatte.«

---

[197] Bundesgerichtshof

Wegen der bestehenden Gefahr einer Rückfalltäterschaft des Verurteilten bleibt seine Verwahrung in einer Psychiatrischen Klinik bestehen.

---

**Der Fall des Peter Kürten**, bekannt geworden als „**Der Vampir von Düsseldorf**" (ein „Blut"-Kannibale)

Zur **Persönlichkeitsstruktur**:
Er ist das älteste Kind von insgesamt 14 Geschwistern. Schon im Vorschulalter entdeckt Kürten Lust am Töten von Tieren und an Brandstiftungen. Bereits im Alter von neun Jahren, also noch strafunmündig, habe er zwei Spielkameraden ertränkt.
(Der Vater, ein Alkoholiker, betreibt mit der eigenen Schwester Inzest. Nach Bekanntwerden des Geschehens lässt die Mutter des P. Kürten sich scheiden.)

**Sachverhalt:**
Im Alter von 16 Jahren gehen mehrere Einbrüche und Brandstiftungen auf sein Konto. Im Alter von 24 Jahren wird er wegen „Schweren Diebstahls" zu drei Jahren Zuchthaus verurteilt.
Bei einem Einbruch in ein Haus ermordet er ein zehn Jahre altes Mädchen. Dieser Tat verdächtigt wird jedoch der Hauseigentümer, der die gleichen Initialen besaß wie Kürten, welcher sein Taschentuch am Tatort verloren hatte.
Mit 40 Jahren beginnt die Serie seiner zahlreichen Morde und Mordversuche. Es wird berichtet, dass er von dem Blut seiner Opfer getrunken habe. Die Morde habe er aus sexueller Lust begangen.

**Urteil:**
Am 22. 4. 1931 wird K. wegen neunfachen Mordes und siebenfachen Mordversuches zum Tode durch das Fallbeil verurteilt. Der Kopf wird zwecks Untersuchung auf Abnormitäten nicht beerdigt (s. BLAZEK, M.: Scharfrichter in Preußen und im Deutschen Reich 1866-1945).

## Der Fall des Jan O.

**Tatgeschehen:**
Im November 2010 tötete Jan O. im Alter von 26 Jahren in Bodenfelde bei Göttingen ein 14-jähriges Mädchen (Nina B.) und einen 13-jährigen Jungen (Tobia L.). Jan O. gab zu, an den lebenden und toten Opfern kannibalistische u. vampiristische Handlungen vorgenommen zu haben. Der Täter schildert schriftlich und mündlich grausame Einzelheiten der Taten.

Unter Vorsitz des Richters Ralf Günther erging am 27. Juni 2011 das Urteil gegen ihn: Lebenslänglich sowie Unterbringung in der Psychiatrie und Sicherungsverwahrung.

**Zur Persönlichkeitsstruktur des Täters:**
Schon in der Vorschule, so berichtet die Mutter im Zeugenstand, sei er verhaltensauffällig gewesen. Oft habe er mit anderen Kindern gezankt und wurde deswegen vom Kindergartenbesuch ausgeschlossen. — Sie selbst (46 Jahre alt) fühlte sich überfordert und habe das Kind mehrfach geschlagen.

»Ich habe ihn zwar erzogen, aber nicht gut behandelt. Jahn hätte es wohl besser gehabt wenn er zur Adoption frei gegeben worden wäre.«

(Seine Aggressivität sei später durch Alkoholkonsum verstärkt worden.)

»Man durfte nur ein Wort sagen, dann ist er schon ausgeflippt.«

Zum Vater des Kindes habe ein schwieriges Verhältnis bestanden. Die Mutter im Zeugenstand:

»Ich habe ihm nie beigestanden gegen seinen Vater. Jan habe „Scheiße" gebaut, damit der Alte ihn mal anschreit. Das waren die einzigen Situationen, wo er sich mal um ihn gekümmert hat.«

Der Vater soll den Jungen zum Diebstahl von Fahrrädern angestiftet haben, die dann verkauft wurden.

Vom Sachverständigen wird dem Angeklagten eine Paraphilie[198] und Störung der Sexualpräferenz[199] attestiert. Er sei auf Hände und Füße fixiert, insbesondere bei Mädchen.

Die Mutter habe „mit einer Selbstverständlichkeit gelogen" sagt der Richter im Urteil (Quelle: JÜTTNER, J., Spiegelonline 27. Juni 2011).

---

### Der Fall des Robert A.,
**(ein deutscher Teenager)**

Im frühen Kindesalter war Robert A. sowohl durch die Pubertät als auch das Fehlen des Vaters in der Familie mit psychologischen Problemen belastet, sein Verhalten wechselte, veränderte sich drastisch. Er begann, Stimmen zu hören und bekam Verhaltensprobleme. Im Alter von 15 Jahren lief er von zu Hause weg, experimentierte mit Methamphetaminen, Ectasy und harten Drogen und wurde kriminell. Er begann zu stehlen, gab vor, in Verbindung mit Bankbetrug ein Geschäftsmann zu sein. Er gab auch vor, Arzt zu sein.

Gutachterlich wurde bei ihm eine schizoaffektive[200] Psychose diagnostiziert. Er wurde zwar für gefährlich erachtet, aber nicht ausreichend, um in eine entsprechende Anstalt eingewiesen zu werden. Er wurde für medikamentös behandelbar eingestuft. 2007 war er in einem lokalen Hospital beschäftigt, dort „verkörperte" er einen Doktor, hoffend, als Teil des Hospitalteams angesehen zu werden, er aß im Operationsraum. Zum Tatzeitpunkt, im August 2007, war Robert A. 19 Jahre alt. Er wohnte in einem Heim, zusammen mit Josef S. (49) im gleichen Raum. Sozialbetreuer sahen nicht die Gefahr, die sich aus dem Zusammenleben der beiden entwickelte. In den Unterlagen heißt es, er war sonst ein friedlicher, normal intelligenter Junge.

---

[198] Zwanghaftes Verhalten, andere Menschen durch Aussprechen anstößiger Wörter bzw. sexuell zu belästigen.
[199] Vorrang einräumen.
[200] Schizo = gespalten, *affectus* (lat.) = kurz andauernder Gemütszustand.

In der Nacht des 26. August. 2007 vermisste der A. eine Porno-Videokasette und einen Zigarettenanzünder. Er verdächtigte seinen Mitbewohner, ihm diese entwendet zu haben und versetzte dem Verdächtigen zahlreiche Schläge mit einer Hantel, so dass dieser am nächsten Tag verstarb. Robert A. hielt ihn für schlafend.

Sein Tatmotiv war offenbar weder ritueller noch „blutdürstiger" Natur. Es scheint, als habe er Josef Schweiger impulsiv getötet. Er hat den Körper heimlich versteckt. Er wird nach der Tat festgenommen.

Nach einem Kommentar von OLSCHEWSKI, M. (2007) habe der Täter sein Opfer mit einem Messer auch aufgeschlitzt. OLSCHEWSKI schreibt:

»Die ... alarmierte Polizei traf den Täter mit blutverschmiertem Mund ... Der Schädel des Opfers war aufgebrochen, die Zunge herausgeschnitten. Auf einem Tisch stand ein Teller mit Hirnteilen und mit der Zunge des Opfers. Die Obduktion ergab, dass dem Körper [des Opfers] keine inneren Organe entnommen worden waren.
Die Polizei hat bisher nicht mitgeteilt, ob das Blut im Gesicht des Täters vom Essen [der Teile] seines Opfers stammt.«

Am 4. September 2008 erfolgt vor dem Geschworenengericht in Jugendstrafsachen beim Landgericht für Strafsachen Wien, (AZ.: 444 Hv3/08k) die Urteilsverkündung

## Im Namen der Republik
(Auszug):

»Hauptfrage A./: Hat [der Angeklagte] zu einem nicht näher feststellbaren Zeitpunkt zwischen 24.8. und 27.8. 2007 in Wien dadurch, dass er [seinem Mitbewohner] zahlreiche Schläge und Tritte gegen Kopf und Körper versetzte, ihn würgte, auf dessen Hals stieg, ihm mit einer 10 kg schweren Hantel gegen den Gesichtsschädel schlug und ihm dadurch ausgedehnte Blutunterlaufungen an Armen und Händen, beidseitige Serienrippenbrüche, einen Mehrfachbrustbeinbruch, Brüche im Bereich des Zungenbeins und des Schildknorpels sowie ein ausgedehntes offenes Schädelhirntrauma mit Zertrümmerung des Gesichtsschädels zufügte, ... vorsätzlich getötet?

8 Stimmen „ja"
0 Stimmen „nein".

Das Geschworenen-Gericht in Jugendstrafsachen beim Landgericht für Strafsachen Wien hat sohin am 4. 9. 2008
zu Recht erkannt:
[Der Angeklagte] hat ... unter Einfluss eines die Zurechnungsfähigkeit ausschließenden Zustandes, der auf einer geistigen oder seelischen Abartigkeit höheren Grades beruht, [sein Opfer] ... vorsätzlich getötet, somit eine Tat begangen, die mit einer ein Jahr übersteigenden Freiheitsstrafe bedroht ist und die ihm ... als Verbrechen des Mordes nach § 75 StGB zugerechnet würde.
Gemäß § 21 Abs. 1 StGB wird [der Angeklagte] in eine Anstalt für geistig abnorme Rechtsbrecher eingewiesen.«

Unklar bleibt, ob dem Geschehen wirklich ein kannibalisches Tatmotiv zugrunde liegt.

## Anhang:

Das Ausmaß einer grenzenlos möglichen, psychisch krankhaft bedingten Abwegigkeit der menschlichen Seele ist Normaldenkenden geradezu unvorstellbar. So soll, obwohl nicht zum deutschen Sprachraum gehörig, wie im Titel vorgegeben, dennoch wegen der Ungewöhnlichkeit des Geschehens der Fall der **sibirischen Kannibalenfamilie Spessiwzew** vorgetragen werden:

Das Geschehen ereignete sich zwischen 1991 und 1996 in Nowokuznek. Da die Personennamen durch Buchform (BUVAL, 2003), durch Presse, Internet sowie Fernsehsendung[201] bekannt geworden sind, kann auf eine Anonymisierung der Betroffenen verzichtet werden.

**Sachverhalt:** Der alkoholabhängige Vater, offenbar ein sexueller Sadist, drangsaliert die Familie, schlägt Ljudmilla, seine Ehefrau, missbraucht Nadeschda, die Tochter, seit ihrer Kindheit. Nachdem er die Familie verlassen hat, führt der herangewachsene Sohn Alexander

---

[201] „Täter: Mensch — Das Böse in uns", TV-Doku., Vox 12. März 2011 um 20:15.

Nikolajewitsch das schändliche Treiben des Vaters durch Inzest mit seiner Schwester und, wie es heißt, auch der Mutter fort.

Unverständlich bleibt, warum Mutter und Schwester sich nicht zur Wehr setzen, sondern den Bruder bei seinen abnormen Handlungen unterstützen. Die Mutter in der Weise, dass sie junge Frauen, Mädchen und „Straßen"-Kinder in die Wohnung lockte, dem Sohn zuführte, die Schwester in der Art, dass sie durch Besuche Kenntnis von den Vorfällen in der gemeinsamen Wohnung von Bruder und Mutter gehabt haben musste und sich als Sekretärin eines Richters später Einsicht in die Fahndungsunterlagen verschaffte, ohne Anzeige zu erstatten.

Die von der Mutter in die Wohnung geholten jungen Mädchen wurden von dem damals Anfang 20 Jahre alten Alexander Nikolajewitsch geschlagen, missbraucht und ermordet, ihre Leichen, nachdem ihnen der Kopf abgetrennt worden war, in den Fluss geworfen (auch daran sei die Mutter beteiligt gewesen, heißt es bei BUVAL, 2003). Die von der Mutter in die Wohnung gelockten Kinder wurden eingesperrt, gequält, getötet, zerstückelt. Leichenteile seien von der Mutter gekocht und eingeweckt, teilweise selbst verzehrt sowie anderen, gefangen gehaltenen Kindern von ihr zum Essen vorgesetzt worden. Auch der von den Kannibalen gehaltene Dobermann hätte davon gefressen.

Als wegen eines Wasserrohrbruches Handwerker im Herbst 1996 in die Wohnung gerufen werden mussten, fanden sie im Badezimmer Leichenteile von zwei Mädchen, an anderer Stelle entdeckte die alarmierte Polizei ein eingesperrtes, noch lebendes Mädchen. In einem Speisenvorratsraum fand man eingekochtes Menschenfleisch.

Beide, Mutter und Sohn, wurden festgenommen. Der Sohn wurde wegen 19 Tötungsdelikten angeklagt, zum Tode verurteilt, aber als geistesgestört erkannt und in eine Anstalt eingewiesen.

Die Mutter erhielt eine lebenslange Freiheitsstrafe.

Es darf wohl angenommen werden, dass auch bei der Mutter ein hochgradig gestörter Realitätsbezug bestanden habe. Über welchen Intelligenzgrad sie verfügt, ist aus den Unterlagen nicht bekannt.

Alkoholabusus des Vaters mit möglicher Genschädigung seiner Spermien, Zerrüttung der Familie mit resultierender defizitärer Kindheit des Sohnes, die von der möglicherweise ebenfalls gestörten, geschädigten Mutter nicht kompensiert werden konnte, haben den in der Geschichte des Kannibalismus (auch als Vampirismus bezeichnet) einmaligen Fall möglich werden lassen.

Auffällig ist, dass sämtliche in diesem Kapitel aufgeführten Täter (mit Ausnahme der Mutter des Nikolajewitsch) männlich sind. Weshalb wird dieses als Anthropophagie oder Vampirismus bezeichnete Tatgeschehen nur von Männern verübt? Der Jüngste unter ihnen ist zur Tatzeit 19, für den Ältesten ist ein Alter von 40 Jahren anzunehmen. Das ergibt ein Durchschnittsalter von 30 Jahren. Gibt es in anderen Kulturen auch Täterinnen? Von gewissem Interesse scheint noch die Beantwortung der dem Autor gestellten Frage zu sein, ob es eine Zunahme des Kannibalismus gäbe. Für das betrachtete deutschsprachige Gebiet ist das nicht der Fall.

An dieser Stelle noch ein letztes Wort zum Kannibalismus in der Kunst. Dazu findet der interessierte Leser berühmt gewordene Gemälde. Unter den Karikaturen zu diesem Thema sei die von Franz Graf von Pocci[202] hervorgehoben:

---

[202] Franz Graf v. Pocci (1807 – 1876), München, Beamter, Karikaturist, Schriftsteller, bekannt geworden als „Kasperlgraf".

„Der Menschenfresser" in: „Lustige Gesellschaft, Bilderbuch von Franz Graf v. Pocci 1867" (Abb. zur Verfügung gestellt durch die „Franz Graf von Pocci Gesellschaft e.V., Münsing)

# Schlussbetrachtung

Während der Niederschrift dieses Manuskriptes entstanden immer wieder Zweifel, ob ein Buch, wie es hier vorgelegt wird, überhaupt sinnvoll ist. Wenn ja, wie umfangreich darf es sein, ohne den Leser zu strapazieren? Und weiter, ist es zweckmäßig, eine Zusammenstellung von Fallbeispielen dieser Art zu versuchen, vor allem, mit welchem Ziel? Was für Fälle sollten darin ihren Niederschlag finden? Wo beginnen und wo enden? Unter der Last dieser Zweifel musste eine Auswahl getroffen werden, die der eine oder andere Leser möglicherweise nicht akzeptieren wird.

Einige Kategorien von Kriminalität wurden vollständig ausgeblendet: so die Fälle von politischer Radikalität, Fremdenfeindlichkeit und Sexualverbrechen mit tödlichem Ausgang, insbesondere die an Kindern verübten Vergehen, z.B. das „Wormser Verfahren". Verzichtet wurde ferner auf die Darstellung der differenten Mordmotive von Frauen und Männern und ihre unterschiedlich typischen Vorgehensweisen.

Auf einer Tagung der „Historischen Anthropologen" an der FU Berlin vertrat im Frühjahr 2011 ein Vortragender die Auffassung, „töten sei schön und erhaben, es sei ein Zeichen der Macht!". Es gäbe einen dem Menschen innewohnenden „Tötungstrieb". — Einer solchen verallgemeinernden These ist zu widersprechen. — Ein dem Menschen generell „innewohnender Tötungstrieb" ist eine unzulässige Verallgemeinerung. Sie trifft lediglich für einen Teil psychisch abnormer Persönlichkeiten zu.

Auf derselben Tagung kam ferner ein beachtenswerter Vortrag zu Gehör: „Zur Geschichte der Hinrichtung" (SCHILD, W. 2011). Herausgearbeitet wurde dabei insbesondere die Verquickung von weltlicher und geistlicher Macht („Errettung des Sünders durch Hinnahme des Getötetwerdens"). Der „Henker" wurde im geschichtlichen Verlaufe des „Tötens als Rechtsakt" aufgewertet, schreibt SCHILD.

»Schon die katholischen Theologen hatten seine Tätigkeit [die eines Henkers] als gerecht gewertet, weil er im Auftrage Gottes handele; man nannte ihn daher auch Richter, nämlich „Nachrichter" ... oder „Scharfrichter".«

Anmerkung des Buchautors: Treffender wäre es gewesen, ihn als „Hin"-Richter zu bezeichnen. SCHILD schreibt weiter:

»Die Scharfrichter nannten sich bei erfolgreicher Tätigkeit „Meister", verbanden sich in einer Art Zunft, bildeten Lehrlinge aus, die eine Enthauptung als Meisterprüfung durchführen [mussten] und dafür einen Meisterbrief erhielten.«

An anderer Stelle führt er bezüglich der Einführung der 1779 durch den französischen Arzt und Politiker Dr. Joseph Ignace Guillotin in der Nationalversammlung geforderte und später nach ihm benannte **Guillotine** aus:

»Es war schließlich der deutsche **Klavierbauer** Tobias Schmidt, der die erste, weil kostengünstigste Tötungsmaschine erbaute ... aus Holz, das Messer in einer Höhe von 5 Meter angebracht ... .«

Die Suche in der Literatur nach der besonderen Motivation, die einen Menschen der damaligen Zeit bewegt haben könnte, eine Tätigkeit als Henker oder, wie es später hieß, die des Scharfrichters auszuüben, verlief erfolglos. Bei diesen Recherchen fiel dem Buchautor allerdings eine Beschreibung aus dem Jahre 1766 in die Hände: „Ausführliche Abhandlung des Peinlichen Processes in Teutschland" von Christian Friedrich Georg Meister (1718 – 1782), Juraprofessor und Hofrat in Göttingen. Im sechsten Hauptstück (dort beginnend S. 119) heißt es „von den Scharfrichtern, und einigen anderen Leuten, die dem peinlichen Gericht dienen"[203] u.a. (S. 124):

»*Die eigentlichen Namen einer solchen Person sind: Scharfrichter, Nachrichter, Freymann, Fronbote. Obgleich nicht zu leugnen stehet, daß sie auch in einigen Provinzen durch eingewurzelten Gebrauch, oder vielmehr Mißbrauch, mit solchen Namen belegt werden, die eigentlich den Schindern zukommen.*

*Es sind außer dem Scharfrichter Leute vorhanden, welche, mit Ausschließung des Köpfens, alle Leibes– und Lebens-Strafen nebst*

---

[203] Es ist auch von „peinlicher Halsgerichtsbarkeit" die Rede.

*der Peinigung und den übrigen sogenannten grausamen Arbeiten in einer Person verrichten. Diese Leute heißen eigentlich Meister, Henker; und wir wollen uns abermal nicht irren lassen, wann wir finden, daß sie hie und da die Namen des eigentlichen Scharfrichters führen.*
*Endlich sind Leute, denen die Verrichtung der oben angezeigten stinkenden oder schmutzigen Arbeiten aufgetragen ist, welche unter den Namen Schinder, Abdecker, Klemeister, Wasenmeister, Caviller$^{204}$, Halbmeister, Racker, Abschälmer, Feldmeister u.d.m. bekannt sind.*
*Weil die Abdecker mit dem peinlichen Gerichte in keiner Verbindung stehen, so wird hier nur von dem Scharfrichtern und Henker gehandelt. Ich halte aber für nöthig, ehe ich weiter gehe, noch einige Erinnerungen zu machen, welche zur Deutlichkeit und dem Gebrauche der im vorigen Absatze gegeben Begriffe dienen.*
*Nemlich, obschon der Scharfrichter keine Hand an den Missethäter leget, so hält er doch, wofern nicht nebst ihm noch ein besonderer Henker von der Obrigkeit bestellet ist, seine Leute, durch die er, außer dem Decollieren, die Peinigung und übrigen Leibes- und Lebens-Strafen, nach seiner Anordnung vollstrecken läßt. Ferner, ist in den meisten Orten dem Scharfrichter zugleich die Abdeckerey verliehen, welche er aber ebenfalls nicht selbst übet, sondern durch seine Schinderknechte treiben läßt. Inzwischen muß noch angemerket werden, daß man nicht selten den Scharfrichter, und Henker, oder auch Abdecker, in einer Person antrifft, indem an vielen Orten der Scharfrichter zugleich die Arbeiten des Henkers verrichtet, ja gar bisweilen an das Abdecken Hand anleget; wodurch er aber die Vorrechte eines bloßen Scharfrichters verliehret, und sich in die Classe der Schinder herunter setzet. Dieser Umstand verursachet hauptsächlich, daß man in so vielen Ländern die Namen des Scharfrichters, Henkers, Schinders, und Abdeckers für gleichbedeutende hält.«*

Nach diesem historischen Exkurs zurück zu den Gemeinsamkeiten im Wesen tötender Straftäter: Danach zu suchen ist in den Kapiteln V – X. Ein Phänomen ist all diesen Tätern gemeinsam: die herabgesunkene Hemmschwelle in der Achtung dem menschlichen Leben gegenüber, unabhängig davon, aus welcher Ursache sie vermindert ist.

---

[204] Cavillereigerechtigkeit = das dem Abdecker zustehende Recht, gefallenes Vieh abzuholen und nach Belieben zu verwenden.

Werden die in den Kapiteln VIII, IX und X aufgeführten Formen (Suizide, Auftragsmorde und Kannibalismus) herausgenommen, so bleibt als weitere Gemeinsamkeit der Fanatismus, die Besessenheit, andere töten zu „wollen", zu „sollen", oder aus innerem Antrieb sogar zu „müssen" (weil möglicherweise Stimmen ihnen das eingeben?). Hinzu kommt bei der Ausführung des Vorhabens, den eigenen Tod nicht zu scheuen, ihn in einigen Fällen sogar herbeizusehnen (s. Amokhandlungen und islamistische Terroranschläge). Das bedeutet, für einen kurzen Augenblick, dem des Tötens, das eigene **defizitär entwickelte Ich** in den Mittelpunkt gestellt zu sehen (obgleich mit verwerflichen Methoden) und dafür sogar bereit zu sein, eingesperrt zu werden oder selbst zu sterben. Im Großhirn dieser Menschen besteht ein Defekt in der Kommunikation einzelner Zellsysteme, der in einem schmalen Sektor der Hirntätigkeit logisches Denken ausschaltet.

Werden die Tatmotive — soweit sie überhaupt erkennbar sind — von Täterinnen und Tätern der in den Kapiteln V bis VII und X dargelegten Tötungshandlungen im Zusammenhang betrachtet, so fällt folgender Sachverhalt auf:

1.: Während bei den Patiententötungen (Kap. V) Täter und Täterinnen etwa gleich häufig erscheinen, sind unter den Kannibalen (Kap. X) und den Amokläufern (Kap. VI) mit einer Ausnahme ausschließlich Männer die Täter. Im Zusammenhang mit der Tatsache, dass Männer gegenüber Frauen auch eine etwa dreifach höhere Suizidrate aufweisen, entsteht die Frage nach der möglicherweise größeren „Störanfälligkeit" der männlichen Psyche.

2.: Sieht man von dem 57-jährigen Amoktäter offenbar ausländischer Herkunft ab (er könnte auch zu den „Ehrenmorden" gezählt werden), so beträgt das Durchschnittsalter bei den Amoktätern **17,2** Jahre. Bei den Kannibalen-Tätern beträgt das Durchschnittsalter **30,8** Jahre.

3.: Bei sämtlichen Amok- wie auch bei den Kannibalen-Tätern und ebenso bei den Täterinnen und Tätern von Patienten-Tötungen — das sei noch einmal hervorgehoben — werden bereits in ihrer Jugend psychische Auffälligkeiten beobachtet. In diesem Zusammenhang drängt sich die Frage nach den möglichen Ursachen auf. Aber es sei zugleich auch betont, dass eine defizitäre Jugendentwicklung nicht zwangsläufig zu irgendeiner Täterschaft führen muss.

Und nicht minder wichtig erscheint eine Antwort auf die Frage, warum sind es überwiegend Männer, die aus islamisch gesteuerter Religiosität zu „Ehrenmördern" oder Selbstmordattentätern werden? Steckt bei den Tätern möglicherweise eine hormonelle oder enzymatische Abnormität dahinter, wie z.B. verantwortlich für den verzögerten Alkoholabbau mancher ethnischer Populationen? (Dies ist nicht als These zu verstehen, sondern stellt lediglich eine Frage dar.)

Nachgedacht werden sollte auch über ein Problem, das sich aus dem Fehlverhalten einiger Staatsanwälte ergibt. Sie legen sich in manchen Fällen eine Anklage-These zurecht, für die es weder Indizien und schon gar keine Beweise gibt. Das markanteste in diesem Buch dargestellte Geschehen jüngster Geschichte ist der zu einem höchstblamablen Justizskandal gewordene Fall des Rudolf R. (Kap. II). Es scheint, als würden sich bei manchen Menschen (gleichviel welcher Profession — ob Staatsanwälte, Rechtsmediziner, andere Wissenschaftler oder Personen ohne höhere Bildung) Wunschgedanken verselbständigen, einen zweifelhaften, um nicht zu sagen krankhaften Wahrheitscharakter für die Betroffenen annehmen, von dem diese Personen dann nicht mehr loslassen können. Sie werden zu Mythomanen.

Wer in unserer Gesellschaft ist berufen, solchen Menschen, auch denen mit höherer Bildung, ihr abträgliches Handwerk zu legen? Reicht es aus, wenn nach der Urteilsverkündung im Falle Rudolf R. gefragt wird: „Schämt sich denn keiner?" („Der Spiegel", 9/11). In seiner Ausgabe Nr. 22 vom 30. Mai 2011 fragt dieselbe Zeitschrift unter der Schlagzeile zu dieser Thematik: „Fehlurteile – Wie gerecht kann Justiz sein?"

Präziser sollte es heißen: „Wie **un**gerecht kann Justiz sein!"

Ein letztes Wort betrifft die Vorgehensweise mancher Ermittler: Von Erfolgsdrang getrieben, bedienen sie sich bisweilen höchst zweifelhafter Methoden; Paradebeispiele dafür sind die in Kap. II aufgeführten Fälle. Steckt eine Art „Berufskrankheit" dahinter?

Es erübrigt sich, die einzeln diesbezüglich aufgeführten Fallbeispiele noch einmal durchzugehen. Lediglich der Skandalfall des Rudolf R. soll hier noch einmal Erwähnung finden (zu den speziellen Geschehnissen s. Kap. II): Die geistig behinderten Familienangehörigen eines verschwundenen, trunksüchtigen Bauern werden beschuldigt, ihn getötet zu haben, und schließlich verurteilt. Widersinniger, dem normalen Menschenverstand und der geforderten „Unschuldsvermutung" widersprechender als in der Anklagethese des Staatsanwaltes formuliert (sowohl erstinstanzlich als auch im Wiedereröffnungsverfahren), kann es kaum zugehen. Selbst als der von der erstinstanzlichen Anklagevertretung *zerstückelt und Hunden zum Fraß vorgeworfen vermutete Bauer* sieben Jahre nach seinem Verschwinden, in seinem Pkw befindlich aus der Donau geborgen wird, unterstellt die Anklagevertretung im Wiederaufnahmeverfahren noch immer den Tötungsvorsatz durch die Angehörigen. Darin heißt es:

»Der Umstand, dass die Leiche nun gefunden wurde und der Bauer *möglicherweise* auf eine andere als der im Urteil beschriebenen Art zu Tode kam, ändert jedoch nichts an den übrigen Feststellungen des Urteils, nämlich, dass die Tat geplant war, dass der Bauer an diesem Abend nach Hause kam, dass er dort von den Verurteilten erwartet und aufgrund eines gemeinsamen Tatplanes getötet wurde.«

Weder dem Staatsanwalt, noch dem Gericht, offenbar auch nicht dem befragten KFZ-Sachverständigen und nicht den vier prozessbeteiligten Strafverteidigern scheint aufgefallen zu sein, dass bei einem Pkw mit Automatikgetriebe, dessen Schalthebel sich in „Parkposition" befindet und dessen Zündschlüssel abgezogen ist und in der Hosentasche der Leiche steckt, dass ein solches Fahrzeug **blockierte** Räder besitzt und demzufolge unmöglich durch Dritte in den Fluss geschoben worden sein kann, was seitens der Anklage auch noch in zweiter Instanz unterstellt wurde. Würde dieser Sachverhalt von der Verteidigung erkannt und beim Wiederaufnahmeverfahren ins Spiel gebracht worden sein, so wäre die Unschuld der Beklagten erwiesen. Ihr Freispruch hätte infolge „erwiesener Unschuld" und nicht nur „in dubio pro reo" erfolgen müssen.

„Wo ließen Sie denken?", möchte man in zynischer Weise manchmal fragen. Die Antwort lautet: zum einen in beruflicher Befangenheit, zum anderen in der zu schnellen, einer zu unausgereiften Beurteilung eines Geschehens und wahrscheinlich auch in der Eitelkeit so manchen Staatsanwaltes, nicht eingestehen zu wollen, sich geirrt zu haben. HÜTHER (2011) gibt auf diese Frage die Erklärung, er schreibt in „Biologie der Angst" (S. 71/72):

> **»Viel Erfolg zählt zum Schlimmsten, was einem im Leben passieren kann. Er sieht immer weniger von dem, was rechts und links von ihm passiert.«**

HÜTHER vergleicht erfolgreiche Menschen mit Rennpferden, deren Scheuklappen ihnen schließlich die Sicht versperren. Sie wollen mit dem Kopf unbedingt durch die Wand, ungeachtet des Schädelbruches, den sie sich selbst und u.U. auch anderen dabei zufügen.

Menschen in allen Professionen und in jeder Lebenslage begehen Fehler, der eine mehr, der andere weniger. Keiner ist davon frei! Transparenz schaffen und zu seinen Fehlern stehen, in diesem Sinne soll das Grundanliegen dieses Buches verstanden werden. Demgegenüber erscheint bemerkenswert, dass ein Kollege (Präsident einer Landesärztekammer!) seinen lobenden, dem Autor bereits übergeben gewesenen Vorworttext zu diesem Buchtitel wieder zurückgezogen hat, weil ihm die Transparenz dargelegter medizinischer Behandlungsfehler in diesem Buch, nachdem er sie noch einmal gelesen hatte, offenbar zu weit ging. Ist dahinter u. U. Corps-Geist mit den betroffenen Kollegen zu vermuten?

**„Im Zweifel für den Angeklagten":** Das bedeutet, im Vorfeld eines Urteilsspruches von der Unschuldsvermutung[205] des Beschuldigten

---

[205] Eingeführt bereits im 13.Jahrhundert durch den französischen Kardinal Jean Lemoine.

auszugehen. Dies gilt nicht nur für den Richter, sondern im Besonderen auch für den Ankläger!

Diese Handlungspflicht findet sich in Art. 11 Abs. 1 der „Allgemeinen Erklärung der Menschenrechte der Vereinten Nationen" von 1948:

> „Jeder Mensch, der einer strafbaren Handlung beschuldigt wird, ist solange als unschuldig anzusehen, bis seine Schuld ... gemäß dem Gesetz nachgewiesen ist."

Bleibt noch eines zu klären: Die normal entwickelte Intelligenz eines Menschen als eine der Voraussetzungen zur Erfüllung der genannten Forderung zur Unschuldsvermutung umfasst nicht sämtliche Gebiete seines Denkens und Handelns in gleichem Umfang. So verwundert es kaum, dass Menschen (auch Intellektuelle mit einem allgemein hohen Bildungsstand) sich auf diesem oder jenem Detailgebiet ihres Handelns völlig irrig, also **voreingenommen** verhalten. Die Ursachen dafür sind in einer gewissen Form von Selbstherrlichkeit und im Mangel an Objektivität zu suchen. Mit diesem Gedanken berühren wir noch einmal das Gebiet der Intelligenzminderung:

Die Einteilung in Intelligenzgrade hat in jüngster Zeit eine berechtigte Wandlung erfahren. Wurde früher ganz allgemein von „Schwachsinnigkeit" gesprochen und die geminderte Intelligenz eines Menschen in drei Schweregrade unterteilt: in **Debilität** (IQ zwischen 70 und 50%); **Imbezillität** = angeborener oder früherworbener Intelligenzdefekt mittleren Grades (IQ zwischen 49 und 35, nach anderer Quelle zwischen 20 bis 50%); **Idiotie** (IQ unter 20%), so wird gegenwärtig eine Klassifikation nach ICD[206]-10 vorgenommen (s. Wikipedia unter: Geistige Behinderung).

In seiner rechtsmedizinischen Vorlesung über Schuldunfähigkeit pflegte PROKOP stets den Hinweis vorzutragen, dass der 1.Grad des Schwachsinns (nach alter Nomenklatur) gerade noch ausreiche, um Minister werden zu können. (Ein dem entsprechender [adeliger] Fall jüngster deutscher Geschichte ist uns noch gegenwärtig.)

---

[206] International Classification of Diseases (ICD-10).

Die Schuld**un**fähigkeit eines Menschen auf Grund seines Alters (Kinder unter 14 Jahre gelten gesetzlich als schuldunfähig) oder auf Grund einer geistigen Behinderung wird durch Paragraphen der Gesetzbücher geregelt (§§19-21 StGB; §§104-113 u. 827-832 BGB). Es heißt:

> »Ohne Schuld handelt, wer bei Begehung der Tat wegen einer krankhaften seelischen Störung, ... wegen Schwachsinns oder einer schweren anderen seelischen Abartigkeit unfähig ist, das Unrecht der Tat einzusehen oder nach dieser [ihm fehlenden!] Einsicht zu handeln« (§20 StGB).

**IQ-Werte als Grundlage einer Schuld__un__fähigkeit:**

Es handelt sich dabei um „Rechenwerte", die nicht in jedem Fall die reale Intelligenzausbildung widerspiegeln müssen und zudem vom Untersucher falsch bewertet worden sein können; siehe dazu den Fall des Kindes Joseph Kantelberg-Abdulla, das tot in einem Schwimmbecken aufgefunden wurde und der Anklage nach von Rechtsradikalen grausam getötet worden sein sollte. Hierbei handelt es sich zwar nicht um einen falsch bewerteten IQ-Wert, sondern um eine fehlinterpretierte Glaubwürdigkeit der Aussage einer Kindesmutter durch einen erfahrenen Gerichtspsychiater:

Dieser war diesbezüglich beauftragt gewesen, die Aussagen der Mutter des ertrunkenen Kindes auf Glaubwürdigkeit zu prüfen. In seinem Gutachten äußerte er die Schlussfolgerung, dass die Aussagen der Mutter, die Mordabsichten unterstellte, glaubwürdig seien und der Wahrheit entsprächen. Hochrangige Politiker kondolieren daraufhin den Eltern. Es erfolgt eine Anklage Unschuldiger, darunter einer Frau, die am Unfallort gar nicht zugegen war. Wie vereinbart sich das mit der Forderung nach der Unschuldsvermutung?

Ein letztes Wort an den Leser: Aus den Darlegungen im Kapitel VII dieses Buches, in denen es unter anderem um Denkweisen von Menschen bezüglich ihrer religiösen Empfindungen geht und ebenso im Kapitel X, dort bezogen auf kannibalische Bibelzitate, könnten dem Autor Vorhalte erwachsen, dergestalt, er sei der Glaubenshaltung anderer gegenüber zu intolerant.

Der Autor erlaubt sich für diesen Fall zu antworten: Genauso wie gläubige Menschen ihrer Haltung Ausdruck verleihen dürfen, muss es auch einem „Nicht-Glaubenden" gestattet sein, seine Argumente vortragen zu dürfen, ohne dass Andersdenkende sofort vehement einen Anspruch anmelden müssen, sich durch den Inhalt atheistischer Vorträge verletzt zu fühlen.

Vergesst nicht: *Selige, Heilige* und *Propheten* werden niemals als solche geboren, erst von ihren Fan-Gemeinschaften[207] werden sie dazu erklärt. Die vermeintlich Heiligen sind nichts Besonderes, sie sind Menschen wie Du und Ich, nichts anderes! Die Kritiker dieses Buches sollten das nicht vergessen.

> Die Religionen allesamt, bar jeglicher Logik, sind in ihrer geistigen Entwicklung im tiefsten Mittelalter steckengeblieben. Ja — Gott oder besser Götter existieren, aber nicht in der Realität, sondern nur in der Fantasie gläubiger, oder genauer: „glaubender" Menschen.

Lasst sehen und hören, was bleibt, wenn die Religionsbefangenen dieser Welt endlich bereit sein werden, ihre Glaubensinhalte von der verklärenden Mystik und den sich dahinter versteckenden Machtansprüchen ihrer Anführer zu entkleiden.

(Redaktionsschluss: Dezember 2011)

---

[207] Verehrer, leidenschaftlicher Liebhaber.

| Inhalt | Seite |
|---|---|
| Einführung | 7 |
| (einleitende medizinische u. juristische Aspekte) | |
| **I: Forensische Fehlgutachten und ihre Folgen** | **19** |
| Der Fall Hetzel | 19 |
| (14 Jahre unschuldig inhaftiert) | |
| Der Fall Cb. (*Exitus letal. intra coitum*) | 29 |
| Verletzungen beim Koitus | 47 |
| Self fisting | 50 |
| Der Fall Laura Herzog | 57 |
| („Plötzlicher Kindstod" statt Mord) | |
| Der Fall Rohrbach | 61 |
| (ein Scharlatan als „Sachverständiger") | |
| Die Luxemburg-Akte | 65 |
| (peinlicher Kunstfehler oder Scharlatanerie?) | |
| Brief an die Dekanin | 88 |
| Der Fall Gunter A. (statt erstinstanzlich acht Jahre reduziert auf zwei Jahre mit Bewährung) | 93 |
| **II: Induzierte Falschaussagen, vorsätzliche Ermittlungsfehler und ihre Folgen** | **97** |
| Der Fall des Künstlers Alfred K. | 97 |
| (15 Jahre Freiheitsentzug ohne Beweise) | |
| Der Fall Rudolf R. | 99 |
| („Bilanzsuizid" oder Mord?) | |
| Der Fall Wolfgang S. | 109 |
| Erdrosseln im Krankenbett | 110 |
| (Patient wurde fixiert und erdrosselte sich) | |
| Der Fall Joseph Kantelberg-Abdulla | 130 |
| (Tod im Schwimmbecken) | |
| Der Fall Holger H. | 133 |
| („lebenslänglich" ohne Schuld) | |
| Der Fall Harry W. | 134 |
| (13 Jahre währender Justizskandal) | |

**III: Rechtsverletzung nach der Europäischen Menschenrechtskonvention durch die BRD; Todesfälle in Gewahrsamszellen der Polizei** — 141
Der Fall Oury J. (Tod im Polizeigewahrsam) — 142
Der Fall Lars R. (Tod im Polizeigewahrsam) — 151
Medizinische Maßnahmen bei Ermittlungen gegen Drogendealer (Brechmittelapplikation) — 151
Der Fall Achidi J. — 158
JALLOH ./. DEUTSCHLAND, Rechtsstreit vor dem Europäischen Gerichtshof — 160
Der Fall Laye Alama Condé (Bremen) — 162

**IV: Schwerste klinische Kunstfehler** — **164**
Zirkumzision — 164
Der Fall Bruce Reimer — 164
(„Umgestaltungsversuch" zu einem Mädchen)
pH- statt „Smegma-These" — 170
Brief an das Justizministerium — 178
Der Bernbeck-Skandal — 184
Der Fall des Dr. med. Arnold P. — 185
Der Fall Max E. — 188
Der Fall Soliman (apallisches Syndrom nach OP) — 190
Brief an den Buchautor — 199
Der Fall Sophia K. (Tod infolge falscher OP) — 200
Der Fall Maren W. (Tod infolge falscher OP) — 204
Brief an den Buchautor — 209
Der Fall des Dr. med. Garrik R. — 210
(therapeutische Gruppensitzung mit Todesfolge)
Verhängnisvolle Eingriffsverwechslungen, Fall W.H. — 212

**V: Mord u. vorsätzliche Tötungen Schutzbefohlener durch medizinisches Personal** — **218**
Der Fall Irene B. — 221
Der Fall Stephan L. — 231
Der Fall Wolfgang L. — 238
Vier Schwesternhelferinnen — 241
Der Fall Michaela R. — 246
Der Fall Reinhard B. — 248

| | |
|---|---|
| Der Fall Michaela G. | 250 |
| Der Fall Roger A. | 253 |
| Der Fall Rudi Z. | 258 |
| Der Fall des Olaf D. | 261 |
| Der Fall der Dr. med. Mechthild B. | 265 |
| Schlussbetrachtung | 268 |
| **VI: Amokhandlungen im deutschen Sprachraum** | **273** |
| Rechtsanwältin von Lörrach | 275 |
| Robert St. | 276 |
| Bastian B. | 277 |
| Tim K. | 279 |
| Weitere Fälle | 280 |
| Jugendkriminalität und ihre möglichen Ursachen | 281 |
| **VII: Islamistische Mord-Attentate** | **282** |
| Einführung | 282 |
| Ausländeranteil in Deutschland | 285 |
| Sogenannte „Ehrenmorde" | 292 |
| Islamistische Selbstmordattentate | 295 |
| Hassentstehung | 296 |
| Terroranschläge in Deutschland | 298 |
| „Die Sauerlandgruppe" | 298 |
| „Die Kofferbomber von Köln" | 301 |
| **VIII: Selbsttötungen** | **304** |
| Suizidhäufigkeit bei Männern | 310 |
| Doppelselbstmorde | 313 |
| Freitod unter Jugendlichen und Soldaten | 314 |
| Falldarstellungen | 316 |
| Suizidprävention | 319 |
| Der Fall Erika K. | 321 |
| (unterlassenen Hilfeleistung bei Sterbewunsch?) | |
| Suizide aus historischer Sicht | 322 |
| **IX: Auftragsmorde im deutschen Sprachraum** | **324** |
| Der Fall Michael P. | 325 |
| Der Fall aus Könitz-Liebefeld | 326 |
| Weitere Auftragsmorde | 327 |

| | |
|---|---|
| Der Palästinenser Killer-Clan | 329 |
| Abu Nidal | 334 |
| Die Schmücker-Prozesse | 335 |

**X: Kannibalismus in der menschlichen Gesellschaft** **341**
Bibeltexte mit kannibalischem Inhalt 342
Exo- und Endokannibalismus 345
Armin Meiwes, der Kannibale von Rotenburg 346
Der Ruhrkannibale J. G. Kroll 348
Thomas S., der Kannibale von Koblenz 351
Der Vampir von Düsseldorf (Peter Kürten) 352
Der Fall des Jan O. 353
Robert A., ein deutscher Teenager 354
Anhang: Eine sibirische „Kannibalenfamilie" 356

**Schlussbetrachtung** **360**
IQ-Werte (als Grundlage von Schuldfähigkeit) 368

Gliederung 370
Glossar 374
Sachverzeichnis 379
Literatur 384

# Glossar

**Abort:** (Fehlgeburt) Verlust des Fetus vor Erreichen der Lebensfähigkeit außerhalb der Gebärmutter aus unterschiedlichen Ursachen. Als Grenzwert des Geburtsgewichtes der Frucht gelten gegenwärtig 500 g.

**Suizid, assistierter:** stellt eine Form der eigenverantwortlichen Selbsttötung dar, in der dem Suizidenten das den Tod herbeiführende Mittel nicht aktiv verabreicht, sondern nur zur Verfügung gestellt wird (in Deutschland juristisch nicht strafbar, arztethisch aber höchst umstritten, anders wird in der Schweiz verfahren, Modelle „Dignitas" und. „Exit").

**Blasphemie:** „Gotteslästerung", wörtlich: Verbergen (der Wahrheit); Feme = heimlich. *Blasphêmia* (f) = Rufschädigung, öffentliches Verhöhnen bestimmter Glaubensinhalte einer Religion (nach Wikipedia). Ein Muslim, der wegen Blasphemie verurteilt wird, hat in muslimischen Ländern mit der Todesstrafe zu rechnen (nach HUGHES, P. in: Lexikon des Islam). — In Deutschland macht sich ein Bürger dann nach §166 (StGB) strafbar, wenn er durch Verbreiten von Schriften den Inhalt des religiösen oder weltanschaulichen Bekenntnisses anderer in einer Weise beschimpft, die geeignet ist, den öffentlichen Frieden zu stören.

**„Bouletten-Kannibale"** von Murmansk: Über eine Internetbekanntschaft gewinnt ein 21-jähriger Kannibale (von Beruf Koch) Kontakt zu einem Homosexuellen und fertigt aus dessen Fleisch Bouletten.

**Bukhari:** (vollständiger Name: Abu 'Abdu'llah Muhammad ibn Isma'il ibn Ibrahim ibn al-Mughira al-Dschu'fi al-Bukhar), Bekanntester unter den Hadithgelehrten, geb 810 n. Chr. Weitere Grundlage des Islams ist die prophetische Tradition, Hadith genannt. Es handelt sich um Sammlungen von Begebenheiten, Verhaltensweisen, Absichten, die Mohammed gemäß islamischer Tradition als Leiter der muslimischen Gemeinschaft erlaubt, verboten oder kommentarlos zugelassen hat. Sie gelten dem Muslim als verbindliche Richtschnur für sein Handeln. Näheres bei BÜRGEL, J. Chr.: Allmacht und Mächtigkeit, Religion und Welt im Islam, C. H. Beck, München 1991, S. 105.

**EMU** (Abk. für „Erweiterte Materielle Unterstützung"): Seit 1949 in der DDR gesetzlich geregelte Kostenübernahme durch die Staatliche Versicherung bei Folgeschäden durch medizinische Fehlbehandlung. Eingetretene gesundheitliche Schäden jedweder Art waren einer unabhängigen Gutachterkommission zu melden und wurden durch medizinische Fachexperten nach den Kriterien „vermeidbar", „bedingt vermeidbar" oder „unvermeidbar" eingestuft. Im Todesfall eines Patienten wurde ein verantwortlicher Vertreter der Schadensfall-Einrichtung zur Kommissionsitzung hinzugezogen.
Bei Feststellung einer Sorgfaltspflichtverletzung bestanden Ansprüche auf Leistungsgewährung, sofern von der Geschädigtenseite Anklage erhoben wurde (Lit. s.: SCHUCH, H.J. (1993), sowie LAMM, D. (2005).

**Euthanasie**: zusammengesetzt aus: *eu...* (Präfix) = gut-, wohl- und *thánatos* (gr.) = Tod (leichter Tod), umschrieben als „Sterbehilfe". Die international gebräuchliche Bezeichnung Euthanasie wird in Deutschland mit Rücksicht auf den Missbrauch während der Nazidiktatur jedoch weitgehend vermieden.

**Gewahrsamsfähigkeit,** polizeiliche: Sie wird auf Landesebenen unterschiedlich geregelt, das trifft auch für die Promillegrenze zu. In Brandenburg gibt es nach Auskunft des Innenministeriums keinen Grenzwert. Es heißt unter §2.2.: »Nicht gewahrsamsfähig ist grundsätzlich, wer bewusstlos ist oder sonst einer sofortigen ärztlichen Versorgung im Krankenhaus bedarf«. Und weiter unter §2.3.2.: »Erheblicher Alkoholgenuss kann zur Gewahrsams<u>un</u>fähigkeit führen. Bei entsprechendem Verdacht ist nach §2.2 zu verfahren.«

**Intelligenztest, -quotient (IQ-Wert):** Mit Hilfe eines Testes feststellbare Kenngröße (Punktbewertung) der Intellekt-Leistung eines Menschen. Je größer die errechnete, gemittelte (!) Kenngröße (IQ-Wert), desto höher die Intellekt-Leistung. IQ-Werte zwischen 85 und 115 werden als „normal" angesehen. Da die Intellekt-Leistung vom Lebensalter abhängt, ergibt sich der IQ-Wert aus Intelligenzalter/Lebensalter x 100.

Als „hochbegabt" gelten Menschen mit IQ-Werten von 150 und mehr, eine solche Begabung ist oft schon im Kindesalter bemerkbar (Lit.: EYSENCK, H.J. 1995).

**„Jack, the Ripper":** Jack, der „Aufschlitzer". Von August bis November 1888 wurden im Londoner Elendsviertel East End fünf Prostituierte ermordet und vier von ihnen „aufgeschlitzt" vorgefunden, insbesondere im Unterleib verstümmelt, mutmaßlich durch ein und denselben Täter, der nie gefasst wurde. Die Opfer wurden nicht nur verstümmelt, sondern ihnen wurden auch Organe herausgeschnitten. Der Name („Ripper") entstammt einem während der Taten anonym an die Behörde gerichteten Brief.

**Kuru-Krankheit:** „Kuru" übersetzt: „ängstliches Zittern" oder „Der lachende Tod". Von GAJDUSEK u. ZIGAS 1957 erstmalig beschriebene, stets tödlich verlaufende Krankheit bei Kannibalen des Fore-Stammes auf Neu-Guinea, erkannt als Slow-Virus-Infektion des ZNS nach rituellem Kannibalismus Erkrankter. Inkubation 5-10 Jahre. (DAVID, H. (Hrsg.): Wörterbuch der Medizin Bd. 1, VEB Verlag Volk u. Gesundheit (1984).

**Lichen sclerosus:** Lichen (dermatologisch) = Sammelbegriff für akut auftretende oder chronisch verlaufende Hautkrankheiten verschiedenster Formen, charakterisiert wie hier als: *sklerosus* = verhärtend, straff, atrophisch, auftretend u.a. bei Knaben im Bereich der Vorhaut, unbehandelt zwangsläufig zur Phimose führend.

**Mem:** Kunstwort, 1976 durch den Evolutionsbiologen Richard Davkins eingeführt, analog der biologischen Gen-Einheit des DNA-Stranges als „geistige" Informations-Einheit zur Weitergabe von Erkenntnisgewinn auf nachfolgende Generationen (Quelle Internet: http://de. Wikipedia.org/wiki/mem).

**Monster** (lat. monstrum [monsträre]): „Mahnzeichen", Ungeheuer, Scheusal, Gespenst, (monstruosus = widernatürlich, seltsam).

**§81a StPO,** (Fassung vom 01.01.2005): Entnahme von Blutproben, körperliche Eingriffe

Eine körperliche Untersuchung des Beschuldigten darf zur Feststellung von Tatsachen angeordnet werden, die für das Verfahren von Bedeutung sind. Zu diesem Zweck sind *Entnahmen* von Blutproben und andere *körperliche Eingriffe*, die von einem Arzt nach den Regeln der ärztlichen Kunst zu Untersuchungszwecken vorgenommen werden, ohne Einwilligung des Beschuldigten zulässig, wenn *kein Nachteil* für seine Gesundheit zu befürchten ist.

**Sterbehilfe:** medizinischer Beistand in der letzten Lebensphase eines Menschen. Sie kann **passiv** durch Verzicht auf lebensverlängernde Maßnahmen erfolgen, sofern eine entsprechende Patientenverfügung vorliegt oder *sein letzter diesbezüglicher Wille* glaubhaft gemacht werden kann (arztethisch und juristisch statthaft).
Neufassung nachzulesen unter: www.aerzteblatt.de/grundsaetze. Sie kann **aktiv** durch Verabreichen oder zur Verfügung-stellen eines den Tod herbeiführenden Mittels stattfinden („Tötung auf Verlangen", strafbar nach §216 StGB). Bestehen Zweifel am „ernsthaft" geäußerten Verlangen des Getöteten, so ist der Sachverhalt des Totschlages nach §212 StGB zu hinterfragen.

**Sterbehilfe-Urteil:** Die Karlsruher Richter unterschieden in ihrem BGH-Sterbehilfe-Urteil vom 25. 10. 2010 zwischen »der auf eine Lebensbeendigung gerichteten Tötung« und Verhaltensweisen Dritter, »die dem krankheitsbedingten Sterbenlassen mit Einwilligung des Betroffenen seinen Lauf lassen«. Konkret bezog sich dieses Urteil auf das Durchschneiden einer Ernährungssonde bei einer fünf Jahre im Wachkoma liegenden Patienten, angeraten durch einen Anwalt.

**Sure:** Kapitel, Bezeichnung der Kapitel im Koran; z.B. Sure 4:89 bedeutet: „Kapitel" 4, Vers 89. In neueren Koranausgaben wird auf Vers-Ziffern verzichtet.

**V-Mann** (**V**erbindungs-Person): Privatperson, die aus ideellem oder finanziellem Vorteil Informationen aus einem bestimmten, kriminalverdächtigem Milieu an Geheimdienste weiterleitet. Die V-Person ist in dem jeweiligen Kriminalmilieu meist selbst aktiv. (V-Leute gehören nicht wie „Verdeckte-Ermittler" der Ermittlungsbehörde an.)

V-Männer werden von Geheimdiensten angeworben und im Milieu, aus dem sie stammen, gezielt eingesetzt, um Informationen aus der kriminellen Szene zu gewinnen mit dem Ziel, diese zu bekämpfen. Anwerben und Einsatz erfolgen in Deutschland auf der Grundlage *„gemeinsamer Richtlinien der Länder-Innenminister über die Inanspruchnahme von Informanten sowie über den Einsatz von Vertrauenspersonen und verdeckten Ermittlern im Rahmen der Strafverfolgung".*

V-Personen unterliegen der Führung eines zugeordneten VP-Führers der zuständigen staatlichen Behörde. Sie werden für ihre Tätigkeit nach einer Tarifordnung mit dem Namen *„Allgemeine Grundsätze zur Bezahlung von V-Personen und Informanten"* entlohnt, die auch darin bestehen kann, ihnen Strafmilderung für selbst begangenen Straftaten zuzugestehen.

Im Grunde stellt die Tätigkeit von V-Personen eine „Spitzeltätigkeit" dar, die — wenn sie auffliegt — für den Betreffenden tödlich enden kann, es sei denn, die V-Person wird durch den Staat mit einer **neuen Identität** ausgestattet.

# Sachwortverzeichnis

Abort 28, 374
Abrasio 36
Abu Nidal 330, 334
Adrenalin 16, 148, 297
Allotransplantat 175
Amokhandlungen, Phasenab- läufe 273
Anämie 34, 267
Angst 17, 52, 105, 230, 240, 257, 276,269, 322, 343, 366
apallisches Syndrom 136, 196
Apostasie 289
Arglist, 129
Auftragsmord 324,338, 363
Ausländer in Deutschland, 285

Befragungssuggestion 110
Behandlungsfehler 11, 186, 197, 366
Beschneidung (historisch) 164, 176
Beweislast 11
Bibeltexte 343
Bilanzsuizid 103, 306
Blebs 171
Blutungen 23, 188, 193, 244
Blutverlust 33, 37
Bodypacker 152
Borderline-Persönlichkeitsstörung 379
Brechmittel 156, 161
Bubbles 161

Cortisiol 297

Doppelselbstmorde 313
Drogen 139, 142, 354
Drogendealer 155
Duschschlauch (vaginale Einführung) 38, 40, 50

Ecstasy 210
Ehrenmorde 285, 287, 290, 363

Eingriffsverwechslungen 215
Entschädigungsfond 11
Erdrosseln im Krankenbett 110
Ermittlungsfehler 97
Erstickung (äußere/innere) 22, 33, 52, 60, 147, 244, 268
Exitus letales intra coitum 56

Fahrlässigkeit 12, 163
Fall Bruce Reimer 164,184
Fettwachsleiche, Liegezeit 69
Fixierung des Patienten 110, 122
Fünfer-Kommission 24

Geburtsgewicht 17, 226, 231, 374
Geschlechtsakt 170, (im MRT) 47
Geschlechtsumwandlung 166, 182
Geschlechtszugehörigkeit, unklare 183
Gewahrsam, -nahme, 141, 375
Gewebevertrocknung 113
Grausamkeit 258

Hass, Einflussfaktoren 281, 288, <u>296</u> <u>319</u>
Heimtücke 218, 223, 237, 241, 256, 265, 348
Histrione 87
Hitzeschock 146
HPV 167
Hypostase 27, 44

iatrogener Schaden 12, 195
IQ-Wert 101, 264, <u>350</u>, <u>368</u>
Islamistische Selbstmordattentate 295

Justizirrtum 12, 61, 133

Kälberstrick-Gutachten 19
Kannibalische Bibeltexte 343
Kannibalismus 15, 341, 344, 356
Kehlkopf 200
Kindstod, Plötzlicher 57
Knochenmarkriesenzellen 52

Kofferbomber von Köln 301
Koitus 47, 164
Koitus, Verletzungen beim 47
Körpergewicht 37, 191, 236
Körpermaße 78
Körperverletzung Schutzbefohlener 176
Körpervitalfunktionen 115
Kunstfehler, ärztlicher 10, 129, 164, 208, 214

Leichenschau 20, 67, 114, 244, 252, 268
Luftembolie 29, 35, 239
Lungenemphysem, kongenitales 200
Luxemburg-Akte 65

Menschenrechtsverletzung 141
Mörder 18, 33, 63, 134, <u>218</u>, 269
Mythomanie 87, 252, 270

Narzissmus 87, 237, 258, 274
Nasensonde 157

Ontogenese 16

Palästinenser Killer-Clan 329
Patientenfixierung 110
PEG 157
Peniskarzinom 167
Petechien (Blutungen) 26, 32, <u>51</u>
Phimose 164
Phylogenese 16, 271, 341
Plastibell-Verfahren 182
Portugaleser 184

Sauerland-Gruppe 298
Sauerstoffmangel 52
Schlafmittel 321
Schmücker-Prozesse 335
Schnürmarke 20
Schockäquivalente 42, <u>53</u>
School Shooting 275

Schuldgeständnis 98
Schuldunfähigkeit 350, <u>367</u>
Schusskanal 71
Self-Fisting 50
Smegma-These 170, 175
Soor 190
Sorgfaltspflicht 12, 207, 375
Sterbehilfe 243, 248, 254, 267, <u>304</u>

STIFFNECK-Verband 111
Strafrecht 12, 132, 177, 262, 295, 323
Straftäter 9, 15, 270, 282, 363
Strangmarke, Doppelung der 25, 124
Strangulierung 24, 124
Strassburger Urteil 162
Stresshormon 16, 297
Sudden Infant Death 57
Suizid 313, 323
Suizidhäufigkeiten 311
Suizidprävention 320
Sure 8, 377

Terroranschläge in Deutschland 9, 298
Testosteron 183
Thallium 62
Todesstrafe, Abschaffung der 324
Torso 76
Totenstarre 115
Triebtäter 15, 270, 348
Tuberkulose 188

Vaginalflora 176
Vaginalschleim 172
Vaginalverletzung 48
Valsalva 28
Vampirismus 344
Veronal 62
Vertrocknungsspuren, postmortale 26

Vitale Reaktion 53
Vorsatz 143, 147, 321, 365

Windigo Psychiose 345

Zervikalkarzinom 169
Zervikalstütze 118
Zirkumzision 164
Zitronensäue (Wundbehandlung) 186
Zivilprozessordnung 12
Zwangsverheiratung 249

# Literatur

ABDEL-SAMAD, H: Der Untergang der islamischen Welt; Drömer (2010)

ADLER, L., K. LEHMANN, K. RÄDER, K.F. SCHÜNEMANN: Amokläufer – Kontent—ananalytische Untersuchungen an 196 Pressemitteilungen aus industrialisierten Ländern; Fortschr Neurol Psychiatrie S.424-433 (1993)

APFELD, N.: Ich bin Zeugin des Ehrenmords an meiner Schwester; Wunderlich (2010)

AUST, St.: Der Lockvogel; Rowohlt (2002)

BAJANOWSKI, T., A. DUCHESNE u. B. BRINKMANN: Tötungsserie durch Luftembolie; In OEHMICHEN (Hergb.) Lebensverkürzung, Tötung u. Serientötung – eine interdisziplinäre Analyse der „Euthanasie"; Schmidt-Römhild, Lübeck (1996)

BAJANOWSKI, T., H. KÖHLER, A. DUCHESNE, E. KOOPS u. B. BRINKMANN: Proof of air embolism after exhumation; Int. J Legal Med 112:2-7 (1998)

BALZER, K.: (Fernsehdokumentation) „Patient ohne Rechte"; NDR. Am 22. 02. um 22:30 (2011)

BECKER, K.: Lichen sklerosus bei Jungen; Deutsches Ärzteblatt Heft 4, S. 53-58 (2011)

BEINE, K. H.: Krankentötungen in Kliniken und Heimen; Lambertus Verlag (2010)

BERZLANOVICH, A., W. Keil u. J. Schöpfer.: Anwendung von freiheitsentziehenden Maßnahmen bei Pflegebedürftigen; Bayerisches Ärzteblatt S. 515 (9/2007)

*BGH Beschluss 1. STR 349/01, StOP §261*

*BGH, Urteil vom 4.7.1984 – 3StR 96/84 NJW (1984, 2639)*

BIERHENKE, N. S.: Drogentodesfälle in Hamburg im Zeitraum 1990 bis 2005 – unter besonderer Berücksichtigung Methadon-assoziierter Todesfälle; Dissertation, Hamburg (2007)

BLATZ, B.: School Shooting; Diplomarbeit, Fachhochschule Lausitz (2009)

BLAZEK, M.: Scharfrichter in Preußen und im Deutschen Reich 1866-1945; ibidem Verlag Stuttgart, S. 74 (2010)

BREUER, R.: in A. Schwarzer (Hergb.): Die große Verschleierung; KiWi, S. 75 (2010)

*Brockhaus Recht, Redaktion F.A. Brockhaus, Mannheim (2005)*

BROOKS, G.: Die Töchter Allahs; btb, 3. Auflg. (2002)

BRUNS,: ArztR, 60 (2003) zit. nach KUDLICH, H. und U. SCHULTE-SASSE (2011)

BÜRGEL, J. Chr.: Allmacht und Mächtigkeit, Religion und Welt im Islam, C. H. Beck, München 1991, S. 105.
BUNDSCHUH, G. (Herausg.): Immunologische Aspekte der Mammalia-Reproduktion. In: Repetitorium immunologicum, Gustav Fischer Verlag Jena/Stuttgart, 2. Auflg. (1991, S.297)
BUNDSCHUH, G.: Somatische Effekte nach Applikation geringster Wirkstoffdosen (Non-Dosis/Wirkungsbeziehung) ÄrzteZ. Naturheilverfahren (2005, 46, 5 S. 261-266)
BUNDSCHUH, G.: Erdrosseln im Krankenbett; KRIMINALISTIK (11/2010)
BUNDSCHUH; G. Thrombozytäres Immuninvolvement; Vortrag anlässlich der Bewerbung einer Professur für das Direktorat der vom Autor gegründeten Abteilung für „Klinische und Experimentelle Immunologie" an der Charité, Berlin; (Dezember 1992)
BUNDSCHUH/SCHNEEWEIß/BRÄUER: Biotest Lexikon der Immunologie; Medical Service München (1992) 2. Auflg. S.981
BUVAL, J.: Der Kannibalenclan; Weltbild Buchverlag, 5. Auflg. (2003)

CAPINTO, J.: Der Junge, der als Mädchen aufwuchs; GOLDMANN Verlag (2002)

DAVID, H. (Hrsg.): Wörterbuch der Med.; VEB Verlag Volk u. Gesundheit, Berlin, 12. Auflage, 1. Bd., S. 991 (1984), Dito: S. 1010
DECKE, D., E. LANGE u. F. FICKER: Suizidale Handlungen bei Mitarbeitern des Gesundheitswesens; Z. Klin. Med. 45 (1990) 26, 2303-2307
DINES, A.: Tod im Paradies. Die Tragödie des Stefan Zweig; Büchergilde Gutenberg (2006)
DONATH, R.: BAB Lokalzeitung Strausberg (42/2010)
DURKHEIM, Emile: Der Selbstmord; Suhrkamp (2006)

EBERT, St.: Auswertung der Brechmitteleinsätze am Institut für Rechtsmedizin; Dissertation, Hamburg (2007)
*Ehrenmorde.de. (dokumentierte Ehrenmorde)*
ELBERT, Th., R. WEISTALL u. M. SCHAUER; Fascination violence; Eur Arch Psychiatry Clin Neurosci (2010)
EYSENCK, H.J.: Intelligenztest; Rowohlt Taschenbuch (1995)

FIEDLER, G.: Suizide, Suizidversuche und Suizidalität in Deutschland, www.suicidology.de/online-text/daten.pdf (2005)
FISHER, R.N. (The Insitute for Advances Study of Human Sexuality, San Francisco, California); zitiert nach: Electronic Journal of Human Sexuality, Vol. 1, Aug. 27 (1998)

FOX, C.A., S.J. MELDRUM and B.W. WATSON: Continuous Measurement by Radio-Telemetry of Vaginal pH During Human Coitus; J. Reprod. Fert. (1973) 33, 69-75
FREI, A.: Amoklauf in Lörach; Interview, www.badische Zeitung.de/kreisloerach/psychologe-zugang-zu schusswaffen
FRIEDRICHSEN, G.: in: „Der Spiegel" 9/(2011)
FRISCH, M. et al.: Falling incidence of penis cancer in an uncircumcised population (Denmark 1943-1990); British J. (London) (1995, Vol. 311, pag.1471

GALLUP, G.: Semen acts as an antidepressivum; Nev Scientist (Juni 2002)
GDANIETZ, K. u. Th. EULE: Bedeutung der Beschneidung – Wissenswertes über das Präputium; Pädiatr. Grenzgeb., Vol 39, pp.223-241 (2000)
GERST, Th.: Verfahren gegen Wegberger Klinikchef: Ein Urteil nach Absprache; Deutsch Arztebl 2011: 108(14):A-746 /B-616 / C-616

HAGEN, B. :Verhütung: Zitronenhälften, Scheidenpulver und Pessare; *DAS PTA MAGAZIN* (2011) S. 56)
HÄUSLER, B.: Der unendliche Zeuge; Transit Buchverlag (1987)
HARBORT, St.: Das Serienmörderprinzip – Was zwingt Menschen zum Bösen?; PIPER 4. Auflg. (2011)
HARE u. NEUMANN: Psychopathy as a clinical and empirical construct; Annual review clinical psychology (2008) vol. 4 ,217 - 246
HEISIG, K.: Das Ende der Geduld; Verlag Herder (2010)
HOFFMANN: aus: RAUBER–KOPSCH; Lehrbuch Anatomie des Menschen, 18. Auflg. Bd. I, S. 124 (1955)
HOVE, van R.S.: Human papillomavirus and circuncision: a meta-analysis; J Infect (2007, 54[5] 490-6)
*http:// www.brechmitteleinsatz. De/infos/chrono.html*
*http://bo.bernerzeitung.ch/region/bern/Auftragsmord)*
HÜTHER, G.: Biologie der Angst; Vandenhoeck & Ruprecht, Göttingen, 10. Auflg. (2011)
HUGHES, Th. P.: Lexikon des Islam, Gesetze, Vorschriften des Korans einschließlich der traditionellen Lehren Mohammeds; Fourier Verlag (1995)
HUGGINS, G.R. and G. PETRI: Vaginal odors and secretions; Clinical obstetrics and gynecology (1981) Nr. 24, Bd.2 S. 355-377

KAMAH, W.: Das Recht auf den eigenen Tod; (Nachdruck in: Hans Ebeling: Der Tod in der Moderne); Frankfurt Taschenbuchausgabe, (1984) S. 210 – 225

KEHRER, J.: Mord in Münster, Kriminalfälle aus fünf Jahrhunderten; WAXMANN /Münster 3. Auflg. (2000)

KERMANI, N.: Gott ist schön: Das ästhetische Erleben des Koran; Beck, München (2000)

KNECHT, Th.: Amok und Pseudo-Amok; Schweizer Arch. Neurolog. Psychiatrie (1999) S. 142-148

KLAGES, P. (Hrgb.): serienmord und kannibalismus in deutschland; V.F.Sammler (2011)

KOHLBRUGGE, J.: Die Verbreitung der Spermatozoiden im weiblichen Körper und im befruchteten Ei; Arch. Entw.—Mech. 35 (1913)

KUDLICH, H. und U. SCHULTE-SASSE: Täter hinter den Tätern in deutschen Krankenhäusern?; Neue Z. Strafrecht 31, S. 241-304 (2011)

KUNKEL/SCHUHBAUER: Justizirrtum; Campus Verlag Frankfurt/M., S.213 (2004)

LAITENBERGER, Ch.: Klinische und rechtsmedizinische Aspekte des intestinalen Rauschmitteltransportes in Hamburg 1989-2004; Dissertation, Hamburg (2005)

LAMM, D.: Arzthaftpflicht im Umbruch; Information und Service für Deutsche Chirurgen; Berufsverband der Deutschen Chirurgen e.v. (2005)

LASCHITZA, A. und K. GIETINGER (Hrgb.): Rosa Luxemburgs Tod - Dokumente und Kommentare; Heft 7 Rosa-Luxemburg-Stiftung, Sachsen (2010)

LEIBLUM, S.R. und R. NEEDLE: Female ejaculation: Fact or fiction; Current Sexual Health Reports (2006) Bd. 3, Heft 2, S. 85-88

LEONHARDT, J.G.: Das Plastibell-Verfahren zur Behandlung der Phimose im Kindesalter; Med. Diss. FU-Berlin (1994)

LIPP, V. und A. SIMON: Keine ärztliche Aufgabe; Dtsch Ärztbl;108(5):A 212-6 (2011)

LORCH, O. in: KUNKEL/SCHUHBAUER: Justizirrtum; Campus Verlag Frankfurt/M., S.213 (2004)

LÜDEMANN, G.: Der große Betrug. Und was Jesus wirklich sagte und tat; Zu Klampen Verlag 1998

MADEA, B.: Die ärztliche Leichenschau; Springer Verlag, Berlin (2006)

MARTSCHUKAT, J.: Der Freitod durch die Hand des Henkers: Erörterungen zur Komplementarität von Diskursen und Praktiken am Beispiel von 'Mord aus Lebensüberdruß' und Todesstrafe im 18. Jahrhundert; Z. historische Forschung 27 H.1 S.53-74 (2000)

MAYER, Karl C.: LANCET (2002) 359, S. 835-840

MEM: Internet: http://de. Wikipedia.org/wiki/mem).
MEISTER, Chr. F. G.: Ausführliche Abhandlung des Peinlichen Processes in Teutschland; Verlag Victorin Bossigols, (1766) 2. Auflg
MÜLLER, E.: Statistische Daten zum Suizidgeschehen; Die Kriminalpolizei, März (2007)
MÜLLER-ENGBERGS, H., H. SCHMOLL und W. STOCK: Das Fanal. Das Opfer des Pfarrers Brüsewitz und die evangelische Kirche; Ullstein, Berlin (1993)

NEHM, K. (Generalbundesanwalt): Die Bedeutung der Rechtsmedizin für ein rechtsstaatliches Strafverfahren; Rechtsmedizin (2000), 4, S. 122-125
NEITZEL, S. und H. WELZER: Soldaten. Protokolle vom Kämpfen, Töten und Sterben; R.G. Fischer Verlag, Frankfurt/M.
NIGGL, P.: Killer aus dem Katalog; Verlag Das Neue Berlin (1996)

OLSCHEWSKI, M.: Der Menschenfresser von Wien; READERS-EDITION (2007)
ORR et al.: Fatal Anorectal Injuries: A Series of Four Cases; J Forensic Sci. (1995) 40, 2, pp 219-221

PARZELLER, M. et al.: Der plötzliche kardiovaskuläre Tod bei der sexuellen Betätigung; Z. Kardiol. (1999) 88: 44-48
PFEIFFER,Ch.:www.buch-klub.at/magazine/gorilla/caro/jugendkriminalitaet.htm
PFEIFFER,W.W. und W. SCHOENE (Hrgb.): Psychopathologie im Kulturvergleich; Enke, Stuttgart (1980) S. 156 -170
POHLE, F.J.: In: Amer.J. med. Sci. 197 (1939) zit. aus GEIGY-Wiss. Tab. 7. Auflg. (1968) S. 617
PROKOP, O.: Der Fall Hetzel; Kriminalistik u. forens. Wissensch. (2/1970) S. 81-111
PUTZKE, H.: Rechtliche Grenzen der Zirkumzision bei Minderjährigen. Zur Frage der Strafbarkeit des Operateurs nach §223 des StGB; MedR (2008) S. 268-272

RIEMANN, F.: Grundformen der Angst, eine tiefenpsychologische Studie; Ernst Reinhardt Verlag, München u. Basel (2009)
RIßE, M.: Abendmahl der Mörder. Kannibalen-Mythos und Wirklichkeit; Militzke, Leipzig (2007)
ROHE, M.: Islamismus in Deutschland; Politische Akademie Nr. 19
RUSCHE, St.: Entschädigung leichter gemacht?; Apothekenumschau (05/2011)

SALING, E. :(1991) www.saling-institut.de (Informationen für Fachkreise)
SALOMON, M.G.: Die Beschneidung: Historisch und medizinisch beleuchtet; Druck u. Verlag Friedrich Bieweg u. Sohn (1844)
SCHÄFLER, A. und N. MENCHE: Mensch – Körper – Krankheit. Urban & Fischer München, (1999) 3. Auflg. S. 396
SCHEINFELD, J.: Der Kannibalen-Fall, Verfassungsrechtliche Einwände gegen die Einstufung als Mord und gegen die Verhängung lebenslanger Freiheitsstrafe; Mohr Siebeck (2009)
SCHIMA, W.: Fehllage einer Magensonde; J. Gastroenterolog. u. Hepatolog. Erkrankungen (2006) 4(2) S. 21
SCHILD, J.: Töten als Rechtsakt; in: WULF / ZIRFAS (Hrsg.) Töten, Affekte, Akte und Formen; *Paragrana* Z. Historische Anthropologie, Akademie Verlag, Bln. (2011) Bd. 20, S. 32-50
SCHLOTHAUER, N. I.: Strafbarkeit ärztlicher Brechmittelvergabe; Verlag Dr. KOVAC, Hamburg (2010)
SCHNEIDER, V. und E. KLUG: Tödlicher Heroinschmuggel; D. Med. Wschr. 104, 36, 122-123 (1979)
SCHNEIDER, V.: … und Tote reden doch; militzke Verlag GmbH, Leipzig (2008)
SCHNEIDER, V.: Wo befindet sich die Leiche von Rosa Luxemburg?; Books on Demand (2009)
SCHNEIDER, V.: Der Suizid (Vortrag 21. Febr. 2012) Berlin, Forum Medizin
SCHÖBERLEIN, W.: Münch. Med. Wochenschrift (1966) 7
SCHÖNKE/SCHRÖDER: Komm. zum deutschen StGB. München (2001) 26. Auflg.
SCHRAPPE, M.: www.Aktionsbuendnis-Patientensicherheit.de
SCHUCH, H.J. : Aufgaben und Tätigkeit des ärztlichen Begutachterwesens in der ehemaligen DDR; Der med. Sachverständige (1993) 89, S. 1-6
SCHÜNEMANN. K.-F.: Über nicht kulturgebundene Amokläufe: Dissertation (1992)
Segufix-Shop; www.patientenfixierung.de.
SelbsttoetungSterblichkeit.png Quelle: Wikipedia,
SOUKUP, U.: *www.Verwischte Spuren; (Tagesspiegel.de).*
SOUKUP, U.: Wie starb Benno Ohnesorg?: Verlag 1900 Berlin (2007)
SPODEN, G., K. FREITAG, M. HUSMANN, K. BOLLER, M. SAPP, C. LAMBERT und L. FLORIN; Clatrin- and Caveolin-Indepedent Entry of Human Papillomavirus Type 16-Involement of Tetraspamin-Enriched Microdomains (TEMs): PLos One (2008, Vol. 3)

STERN, Elizabeth und P.M. NEELY: Cancer of the Cervix in Reference to Circumcision and marital History; J. American medical women's Association (1962) Vol. 17 Num. 9, P.739-740

STRATENWERTH/JENNY: Schweizerisches Strafrecht, Bern (2003) Teil I, 6. Auflg.

THOMSON, Chr. W.: Menschenfresser in Mythen, Kunst u. fernen Ländern; Christian Brandstätter Verlag, Wien (1983)

ULFKOTTE, U.: Der Krieg in unseren Städten, Eichborn (2003)

UMSTÄTTER, W.: Informationsmanagement und die Schlamperei in der Wissenschaft; Simon Verlag (2009)

WIRTH, I., G. GESERICK u. K. VENDURA: Das Universitätsinstitut für Rechtsmedizin der Charité 1833–2008; Schmidt-Römhild, Lübeck (2008)

WOLF, E.: Vaginalflora in Aufruhr; Pharmazeutische Zeitung online, Govi-Verlag (2011)

WÜPPESAHL, Th.: Bundesarbeitsgemeinschaft kritische Polizisten; in:www.de.wikipedia.org/wiki/Auftragsmord

WULF, W. u. J. ZIRFAS (Hrsg.): Töten, Affekte, Akte und Formen; Akademie-Verlag, Berlin (2011)

# Gerhard Bundschuh

Der Autor

Gerhard Bundschuh wurde 1933 in einem kleinen brandenburgischen Ort geboren.
Er besuchte die dörfliche „Volksschule", absolvierte in Berlin eine Lehre zum Werkzeugmacher und erwarb daraufhin sein Abitur an der ABF Berlin. Nach dem sechsjährigen Studium der Medizin an der Humboldt-Universität zu Berlin wurde er 1960 am Institut für gerichtliche Medizin der Charité Berlin zum Dr. med. promoviert und weitere sechs Jahre später wurde er am gleichen Institut habilitiert. Bis 1968 arbeitete er hier als Gerichtsarzt.
Es folgten eine Tätigkeit als Laborarzt im Hospital Nacional der Universität Havanna und eine dortige Position als wissenschaftlicher Berater beim Aufbau eines immunologischen Institutes.
1972 kehrte er an die Charité zurück. Er gründete die Abteilung, aus der dann das Institut für Klinische Immunologie mit heute über 100 Mitarbeitern hervorging und jetzt von einem seiner damaligen Doktoranden geleitet wird.
Die Vergabe einer Universitätsprofessur erfolgte 1994.
Bis zum Eintritt in den beruflichen Ruhestand 1998 veröffentlichte er zwölf wissenschaftliche Buchtitel und über 100 Fachpublikationen. Im Jahr 2005 veröffentlichte er seinen ersten von bisher sieben Romanen, darunter die „Esel-Trilogie".

Gutenberg-Buchhandlung
Breite Straße 40
16225 Eberswalde

268660

Bundschuh Klage u Urteil
SICH
978-3-942503-28-0  7.0%  **24,50** EUR
39562355/030214/Wittenberg
UMBNR: 3961513 UMBREIT  **Kein RR**

9 783942503280